读春秋·中原

DU CHUNQIU ZHONGYUAN

杨正再 著

北京理工大学出版社
BEIJING INSTITUTE OF TECHNOLOGY PRESS

版权专有　侵权必究

图书在版编目（CIP）数据

读春秋·中原／杨正再著．－－北京：北京理工大学出版社，2024．1
ISBN 978－7－5763－3405－0

Ⅰ．①读…　Ⅱ．①杨…　Ⅲ．①中国历史－研究－春秋时代　Ⅳ．①K225.07

中国国家版本馆 CIP 数据核字（2024）第 032996 号

责任编辑：李慧智　　　文案编辑：李慧智
责任校对：周瑞红　　　责任印制：李志强

出版发行 ／	北京理工大学出版社有限责任公司
社　　址 ／	北京市丰台区四合庄路 6 号
邮　　编 ／	100070
电　　话 ／	（010）68944439（学术售后服务热线）
网　　址 ／	http：//www.bitpress.com.cn

版印次 ／	2024 年 1 月第 1 版第 1 次印刷
印　　刷 ／	保定市中画美凯印刷有限公司
开　　本 ／	710 mm×1000 mm　1/16
印　　张 ／	25.75
字　　数 ／	422 千字
定　　价 ／	98.00 元

图书出现印装质量问题，请拨打售后服务热线，负责调换

目录 Contents

上篇（第四届）晋霸文公：实力造就 …………………………（ 1 ）

一、唐晋的来龙去脉 ……………………………………………（ 4 ）
  祖地名唐、文侯强晋、曲沃代翼

二、献公的丰功伟绩 ……………………………………………（ 11 ）
  诛杀公族、晋国扩张、虢国硬菜、假途灭虢、回途灭虞、诡诸实力

三、晋国的公子洗牌 ……………………………………………（ 26 ）
  美人心计、晋国起风、申生猛人、陷害世子、祸及重耳、奚齐继位

四、惠公的强行插队 ……………………………………………（ 41 ）
  权威跳空、里克野性、弑杀奚齐、屠岸关键、里克心思、夷吾反制、诛杀里克、屠岸再择

五、秦晋的合同纠纷 ……………………………………………（ 56 ）
  惠公毁约、秦国愤怒、韩原大战、庆郑忠奸

六、重耳的日积月累 ……………………………………………（ 67 ）
  重耳光环、公子无辜、惝恍跑路、遇见小白

七、晋国的真命王侯 ……………………………………………（ 77 ）
  最后一圈、借曹去宋、过郑去楚、秦国相亲、穆公心思、怀公焦躁、重耳得国、郤吕反叛、文公主晋

八、文公的厚积薄发 ……………………………………………（ 93 ）
  壶叔摆罐、封赏法则、头须效应、介子不推、文公武治

九、晋霸的安周功德 …………………………………… （106）
　　周襄烦恼、翟国介入、襄王避郑、秦晋救周、晋文信原

十、中原的矛盾交织 …………………………………… （117）
　　齐欺鲁难、鲁国展禽、鲁请楚兵、楚国子玉

十一、晋国的伯业初探 ………………………………… （125）
　　先轸主战、攻打卫国、攻打曹国、军法颠颉、隔山打牛、诱激子玉

十二、智慧的城濮之战 ………………………………… （138）
　　厉兵秣马、退避三舍、先轸谋略、子玉宁碎

十三、晋文的霸业成型 ………………………………… （147）
　　践土会盟、卫国议题、叔武委屈、成公失卫、共公复曹、卫成成功

十四、郑秦的秘密反复 ………………………………… （160）
　　郑国罪晋、之武哭秦、叔詹退晋

十五、晋霸的前赴后继 ………………………………… （168）
　　文公离世、襄公继霸、秦晋不好、殽山伏击、白翟之战、战神先轸

十六、伯业的三家相争 ………………………………… （183）
　　泜水之战、成王去世、狼瞫战秦、秦国复仇、晋襄霸业

中篇（第五届）秦霸穆公：苦难逆袭 ………………… （195）

十七、秦人的奋斗不屈 ………………………………… （197）
　　先祖传说、秦非身份、秦仲地位、庄公承业、襄公和亲、秦救东周

十八、前辈的励精图治 ………………………………… （207）
　　文公筑城、文明建设、宪公生猛、8弟出子、武德相继

十九、穆公的东邪西毒 ………………………………… （219）
　　宣公养息、秦晋矛盾、穆公继位、重臣百里、牛贩弦高、伯乐相马、九方皋者、天降神兵

二十、战争的丰功伟绩 ………………………………… （237）
　　韩原大战、殽山之战、彭衙之战、王官之战、大灭西戎、绰余有余、穆公去世

下篇（第六届）楚霸庄王：传统逞强 ············· (256)

二十一、中原的晋霸衰期 ············· (261)
赵盾立君、秦争晋君、权臣相争、河曲之战、召回士会、君臣生隙、赵氏诛君、成公守成

二十二、诸侯的家门事故 ············· (281)
郑灵嬉亡、陈灵淫亡、齐懿乱政、宋昭祖母、三桓东门

二十三、楚国的辛苦崛起 ············· (297)
上古传奇、祖先辛苦、熊渠称王、武王定型、文王武功

二十四、成穆的持续强悍 ············· (311)
成者为王、穆王继位、楚进中原、平治内乱

二十五、庄王的蛰伏起步 ············· (322)
见面有礼、有惊无险、大醉初醒、灭掉庸国、郑陈摇摆、郑国攻宋

二十六、楚国的步步为营 ············· (333)
问鼎中原、平灭若敖、绝缨之宴

二十七、强楚的中原争雄 ············· (342)
晋楚争郑、灭陈复陈、百日攻郑、晋来救郑

二十八、楚霸的邲地之战 ············· (351)
楚不想打、晋想不打、郑国想打、厮杀升级、晋军溃败、庄王远谋

二十九、春秋的楚庄霸王 ············· (366)
晋救败帅、楚势威武、围攻宋国、晋国解扬、花开三枝

三十、晋齐的鞌地之战 ············· (377)
晋欲和齐、郤克结仇、鲁国出击、卫国出动、晋国出战、齐顷败退、齐晋和谈

三十一、楚庄的上善若水 ············· (392)
蝴蝶效应、楚国水利、楚有叔敖、楚霸隐患

上 篇

（第四届）晋霸文公：实力造就

这是春秋最复杂，也是最有故事性的二十年。为了理清楚诸侯国之间的恩怨是非、情仇纠缠，春秋故事爱好者决定请晋文公在晋国组织召开**第四届诸侯国秩序委员大会。**（注：第一至第三届见《正再读春秋·伯业》）

本届大会是团结、胜利的大会。大会顺利产生了新一届诸侯国秩序委员会常任国、成员国，并选举产生第四届秘书长、理事以及一批干部代表。

本届大会的主题是"**晋建官制，礼复春秋**"。大会讨论研究了晋国文公、襄公父子的主要工作成绩和诸侯国的未来展望。

晋国在大会上回顾了文公重耳在立国之前的困难历程和顽强意志。晋献公晚年犯下个人错误，迫使公子重耳周游列国，受尽流离失所之苦。重耳在十九年的游历间，接触了社会真实情况，体会了民众生活疾苦，了解了诸侯实际困难，掌握了春秋发展规律。他**扛得住打击、忍得住欺辱、耐得住寂寞、经得起考验**，在"天命所归"的召唤下主政晋国。他及时拨乱反正，迅速稳定晋国局势，并在周襄王的指导下，带领中原各诸侯国与楚国进行面对面的军事对话，提升了中原士气，扩大了礼仪影响，进一步完善了"尊王攘夷"的春秋秩序。

大会充分肯定晋文公在晋国创立的"**六卿制度**"，认为该制度是封建王朝的文明基础，是中华民族的文化财富。

大会高度赞誉晋襄公是个有能力、有毅力、有魄力的领导人，他全面继承了晋文公的伯侯基业，巩固了晋国内政制度，维护了春秋诸侯秩序，为后世的国家建设提供了一套优良的模式样本。

大会再次讨论了楚国的形象和地位问题。大会认为楚国虽然在城濮之战、泜水之战中受晋国压制，但实力并未受损，诚望楚国能吸取教训，扩大与中原诸侯的睦邻友好关系，希望新继位的楚穆王能克制情绪，以和为主，以谈为要，止戈克武，握手言欢，与中原和平相处，携手共建春秋的美好明天。

大会肯定了秦穆公为晋国的稳定与发展做出的重要贡献。他思想品德好、业务能力强、综合素质高，并且有强烈的承办下届大会的愿望。鉴于此，大会决定**第五届秩序委员代表大会**将在秦国召开，会议议题和具体事宜将另行通报。

最后，大会在宏伟盛大的礼乐声中胜利闭幕。

本届时间跨度：公元前637—前621年

主盟国：晋国

常任国：秦国、楚国、齐国、宋国、鲁国、郑国、卫国、蔡国、陈国、许国、滑国、曹国、翟国

名誉主席：周襄王

秘书长：晋文公、晋襄公

理事：晋惠公、晋怀公、秦穆公、楚成王、楚穆王、郑文公、郑穆公、齐孝公、齐昭公、宋襄公、宋成公、鲁僖公、鲁文公、卫文公、卫成公、卫废公、陈共公、曹共公、许僖公

代表：【晋】唐叔虞、姬燮、晋穆侯、姬仇、成师、师服、潘父、曲沃桓叔、曲沃庄伯、曲沃武公、士蒍（wěi）、富子、赵夙、姬（毕）高、荀息、舟之侨、骊姬、申生、杜原款、齐姜、郭偃、史苏、奚齐、卓子、梁五、东关五、优施、狐突、勃鞮（dī）、贾华、赵衰（cuī）、狐偃、贾佗、先轸（zhěn）、魏犨（chōu）、介子推、丕郑父、栾枝、里克、屠岸夷、骓遄（zhuīchuán）、梁繇（yóu）、靡、郤芮、吕饴甥、共华、祁瞒、祁举、庆郑、韩简、虢射、郤步扬、郤乞、姬圉（yǔ）、蛾晰、头须、壶叔、颠颉（diānxié）、先蔑、狼瞫（shěn）、先且居；【秦】公子絷、冷至、公孙枝、丕豹、百里奚、繇余、胥臣、杞子、逢孙、杨孙、白乙丙、孟明视、西乞术、褎蛮子；【楚】成得臣、斗子文、蒍吕臣、蒍贾、宛春、斗勃、成大心、潘崇；【宋】门尹般、华秀老；【曹】僖负羁、侯獳（nòu）；【周】富辰、颓叔、桃子、后叔隗、王子带、小东、简师父；【鲁】臧孙辰、展喜、展获（禽）；【齐】高虎、崔夭；【卫】宁俞、公子歂（chuán）犬、孙炎、叔武、元咺（xuān）、元角、司马瞒、箴（zhēn）庄子、士荣、周歂、冶

堇(jǐn);【郑】叔詹、佚之狐、烛之武、弦高。

主要工作要点：桐叶封弟、晋承唐号、殇叔乱晋、文侯强晋、成师曲沃、晋出二宗、曲沃代翼、士蒍公族、献公扩张、虢国历史、假途灭虢、回途灭虞、献公制军、美人骊姬、献公立骊、诬蔑世子、后园戏蝶、胙肉鸩毒、逼子自尽、重耳出奔、追杀重耳、重耳居翟、奚齐继位、里克力克、克弑奚齐、卓子继位、骊姬反击、屠岸弃暗、晋邀重耳、秦择夷吾、惠公画饼、诛杀里克、屠岸卧底、共华追义、惠公赖账、泛舟之役、善小不为、晋激秦怒、韩原大战、惠公被俘、秦晋和谈、诛杀庆郑、厚葬申生、重耳光环、追杀重耳、勃鞮失误、重耳再奔、卫国拒收、农夫言土、子推割股、入住齐国、齐桓好客、桑林密谋、劫君回国、晋惠去世、怀公抢位、曹公戏弄、宋襄遗憾、郑国闭门、楚成设宴、重耳对答、重耳入秦、再婚怀嬴、狐突正义、秦护重耳、郤吕投诚、重耳入晋、刺杀怀公、郤吕反叛、勃鞮投诚、文公奔秦、秦晋之好、文公继位、大器晚成、壶叔念旧、黄河盟誓、赏罚分明、头须效应、政局稳定、子推论赏、寒食清明、设置三军、晋国六卿、卫滑欺郑、周翟制郑、襄王和翟、太叔通槐、太叔作乱、翟国攻周、周襄逃郑、秦晋争周、晋文救周、问请隧葬、周赏四邑、文公信原、齐鲁相争、齐兵迫鲁、展喜说齐、鲁国展禽、坐怀不乱、三进三出、开门传学、鲁邀楚兵、楚下齐城、子玉相楚、楚围宋城、晋攻曹卫、郤縠稳重、晋克卫城、先轸挂帅、曹共之谋、曹悬晋尸、晋挖曹墓、晋灭曹国、晋将纵火、罪杀颠颉、魏犨活命、楚国分兵、成王欲和、子玉主战、先轸谋略、牵涉齐秦、诱激子玉、曹卫叛楚、城濮之战、退避三舍、虚实相合、楚王责难、子玉自尽、晋文赏罚、践土会盟、周授晋伯、叔武代卫、卫成回卫、歂犬乱卫、温地议卫、卫成囚周、姬瑕继位、晋文梦鬼、曹共复国、宁俞假戏、鲁僖求情、卫成复国、郑投楚诚、晋秦围郑、之武哭秦、秦郑和谈、叔詹言晋、晋郑和谈、文公离世、文学功绩、襄公继位、秦国图霸、秦兵袭郑、弦高犒秦、秦袭滑城、殽(xiáo)山伏击、晋释秦将、先轸之怒、戎狄之战、先轸之义、战神先轸、许蔡投楚、阳处出兵、对峙泜水、晋哄楚退、阳处舆论、斗勃冤死、商臣弑父、穆王继位、晋襄征卫、秦国复仇、狼瞫神攻、秦师再败、秦师三出、晋国避战、秦师祭亡、襄公治霸、赵盾主帅、襄公去世。

3

一、唐晋的来龙去脉

晋国牛不牛？到底有多牛？

这么说吧，一部春秋史其实就是一段诸侯争霸史。这段诸侯争霸史有七成是晋楚在争霸，两成是晋齐在争霸、晋秦在争霸。晋国在献公时，正式抢到诸侯国的话语权，到文公时，便接管中原诸侯，确立春秋霸业，随后又有襄公、景公、厉公、悼公、平公等几代君侯，薪火相传，霸业相继，枝繁叶茂，百年不衰。

晋国完结也是春秋完结，晋国一退，战国即起。晋国一分为三，以**赵国**、**魏国**、**韩国**参与战国争雄。"七雄"占其三，晋人仍拥有天下的半壁江山。

所以你问我晋国有多牛？春秋代表他的心。

祖地名唐

晋国的开国之君是唐叔虞。他是周武王的儿子、周成王的弟弟，名字叫虞。弟弟长大后一般尊称"叔"，又封在"唐"地，所以称"唐叔虞"。周武王死得早，太子姬诵继承王位时还是个孩子。据说有一次他和弟弟虞一起玩，把一片叶子撕成玉圭（一种庄严的礼仪器具）的形状，然后说这个封给你。旁边的史官听到后，十分慎重地拜下说，大王你要封弟弟为诸侯请挑选一个吉日，组织正式的仪式。成王说，我开玩笑的。史官说，君无戏言，大王你说了我就记下，然后乐官就会演奏官乐来歌颂，士官就会按照礼仪来传颂。

掌握朝政的周公听到这事后，就对成王说，我们刚刚搞定唐地叛乱，正好需要一名诸侯去镇守，就安排你弟弟去吧。

于是，姬虞就实现了三级跳，由小虞变叔虞，再变成唐叔虞。

周成王：是不是有什么阴谋？

就是，一个小屁孩扯一片叶子就能撕出玉圭的样子？这么有艺术天分，他上兴趣班了？还有，成王说赏赐就不能只赏赐树叶本身，一定要牵出这么强大的"被代表"？一定要付出如此昂贵的代价吗？

其实王子长大后，按惯例也不能留在京城，都要分封诸侯。这是早晚的事，正常的事，哪有那么多阴谋？这些故事大多是后人编造的传奇或故意突出的炫耀，只为丰富晋国的"人设"，证明晋国的"天设"而已。

叔虞到唐地后，发现唐地住着很多夏朝的遗民。他们不服管，不服教，成天就怒火冲冲，喊打喊杀。叔虞一了解，原来是急于推广"周礼"闹出的问题。夏朝擅长农业，商朝擅长商业，周朝擅长礼仪。叔虞便决定因地制宜，优先发展农业，至于周礼，可以慢慢再来。这样因势利导后，唐人的怒火慢慢平息了，唐地就逐渐稳定下来。

唐叔虞死后，儿子**姬燮**继位。姬燮把封地的办事机构（国都）迁移到**晋水**之旁，逐水而居，并按地理标志的注册习惯，改国号为"晋"。

"晋"字的甲骨文图形很像一个箭袋，而晋人又善射，所以也有人说"晋"是常年挨打的北戎给唐人取的外号。唐人觉得这个外号听起来很不错，有震慑力，有文化味道，也有武力味道，就默许了大家称呼自己为"晋"。如同黄药师的"东邪"一样。"邪"字有风格、有品位，还带点独树一帜的倔强，他也就喜欢听别人叫他"黄老邪"。所以江湖有诨号，演员有艺名，差不多都是一个意思，只是外号叫多了、叫久了，人们常常就不知道真名叫什么。

要是不说，很多人可能就忘记了晋国的原名叫唐国。

文侯强晋

姬燮更唐国之名为晋国后，晋国国君们生生死死，连续出了六个没有什么故事记载的王侯。我们拉下快进条，直接说到第九代君侯，**晋穆侯费王**。

费王这名字，到底是"收费"的费，还是"浪费"的费，怎么有点反"富贵"的意思？猜测他应该叫费，王是尊称吧。

晋穆侯很有作为，或至少很想有作为。他常常出去打仗，而且喜欢用儿子的名字来纪念战争，颇有"结绳记事"的借代思维。有一年，他打了败仗，心里充满仇恨，就给新生儿子取名为仇。又一年，他打了胜仗，意气风发，就给另一个新生儿子取名为成师。

当然，他取得很随意，我猜得也很随意。他应该是打仗回来听说某个老婆又生了，就顺着战争中还未平息的心情延续下去，取个名字。而不是说发现哪个老婆怀孕了,就出去打一仗,打个名字回来。毕竟**打仗是打仗,又不是算卦**。但这样取名后,却会产生类似算卦的问题。

有一个很会看门道、名叫师服的大夫认为,晋国这样给子嗣取名字很危险。因为"仇"字,是逼仄的小词,给人一种压抑的感觉,而"成师"是大格局大气魄的大词,给人一种舒展的感觉。哥哥是小词,弟弟反而是大词,与礼不和,容易滋生动乱。

晋穆侯:多事,那为什么我叫费王?

确实,"事多"就是从费王开始的——浪费国王?我们家有的是国王。

一般来说,常年打仗都容易导致权力外移。费王喜欢干仗,国家的军政大权就渐渐落到他弟弟手里。穆侯去世时,功高盖主的弟弟就发动政变,抢走君位。于是,**原本的世子姬仇,就变成侄儿"记仇"**。

这个弟弟没留下名字,**史称晋殇叔**。

晋殇叔:你们听说过兄终弟及吗?

仇:我不听我不听。

姬仇没什么更好的选择,只能带着"仇"逃跑了。

四年后,养精蓄锐的**姬仇**率领其追随者成功袭杀殇叔,夺回君侯之位,是为**晋文侯**。这次内战在当时并没有造成太大的震动,但却为晋国后来长达六十多年的内战埋下了伏笔。

晋文侯:我只听说是子承父业。

晋殇叔:呵呵!

晋文侯在晋国历史上很有分量。他协助周平王东迁洛邑后,还杀掉了周幽王余党虢石父拥立的周携王(周幽王另一个儿子姬余臣),让天下重新一统到周平王治下。周平王很感激他,想把晋国由侯爵升为公爵。

但事业上颇有建树的文侯也犯下他父亲同样的毛病——太信任弟弟。弟弟成师在姬仇夺回君位等战役中,立下汗马功劳,并逐步掌控了晋国的军政大权,形成了上面说的"伏笔"。

历史似乎正在被复制。

晋文侯去世后,他的儿子**姬伯**继位为**晋昭侯**。晋昭侯或是迫于无奈,或是受到奸臣蛊惑,居然分封曲沃给叔叔成师,号称**曲沃桓叔**。曲沃城比晋国的都城翼城还大,明显违背周礼规定的等级制度。大夫师服劝谏晋昭侯说,国家的模式应该是君王的力量和地盘都大于臣下,这样才能巩固地位和统治，如果本末倒置，就容易产生不稳定的隐患。曲沃日后必为祸害。

历史记载，晋昭侯不听。

怎么可能不听，晋昭侯是弱智吗？这很明显是无奈之举。你不封试试？你让成师留在翼城，就有好果子吃？

七年后，晋国大臣潘父弑杀晋昭侯，迎立曲沃桓叔。这一事实再次说明成师叔叔早就掌控了全局。只是封建历史是由胜利者所写，胜利者总说失败者昏聩无能，天理循环迫使他们出来担当大任，拯救苍生。曲沃的子孙最后成功逆袭成为晋国主人，成就晋国丰碑，他们当然希望找些典故来证明逆袭的天意、成功的天意。"典故"中师傅、师父、师服这类的大师预言一遍又一遍，就是要强调曲沃才是祖宗"领会"上天的意图所做的最佳"伏笔"。

晋昭侯只能不听，因为是上天安排的这段感情。

晋昭侯：我不听，做七年侯；我听了，估计就只有一年。

现在"伏笔"呈现了。它将生根发芽，妙笔生花出一段血与火的"晋国家门不幸史"。潘父是可以杀死晋昭侯，但历史一直告诉我们：**有权有势的人可以轻易地杀死他不喜欢的人，却很难让自己成为别人喜欢的人**。

曲沃代翼

就在曲沃桓叔准备进入翼城夺权之际，其他的政治势力坐不住了。晋昭侯的支持者和贵族们根本不认同什么兄终弟及、天意取名的鬼理论，或者在此前的争权中早就看成师不顺眼。总之，在共同利益（危害）面前，老贵族们捐弃前嫌、抱团取暖，组成了一股强大的"护翼"力量。

翼城人秉承"**我是大宗，你是小宗**"的观念，出兵攻打曲沃桓叔。成师兵败，只好退回曲沃。晋人立晋昭侯的儿子**姬平**为**晋孝侯**，并诛杀叛党潘父。

【大小宗】哥哥继承父亲的祖业是为**大宗**，弟弟出去再建立新地盘是为**小宗**。大宗的地位比小宗大、高。大宗只有一个，小宗可以有很多。这里所谓的"哥哥"和"弟弟"不一定就是年龄的区别，也有嫡出和庶出等其他因素的影响，总之谁继承"大统"，谁就是大宗。

通常情况下，王的大宗是王，小宗是诸侯；诸侯的大宗是诸侯，小宗是大夫。以此类推，层层递减，便造就了春秋时期新的阶层——士。

经此一战，翼城与曲沃的对立就完全公开化。晋国已形成两个并立的政权。不甘失败的曲沃人把"回翼夺权"作为祖训，开始齐心协力为"自加"的历史使命而奋斗。长路漫漫，他们将上下而求索。

退回曲沃的成师不久便去世了。儿子**姬鳝**继位，史称**曲沃庄伯**。

庄伯继位七年后，晋国遭到东部山区赤狄部落侵扰。正在积蓄力量的曲沃人看到可以沾点"趁火打劫"的喜兴，就率军攻进晋都翼城，杀死了晋孝侯。翼城人在**荀国**等诸侯国的援助下进行反击，曲沃庄伯打不过突如其来的"联军"只好退回曲沃。晋人拥立晋孝侯的儿子（也可能是弟弟）**姬郤**（xī）为君，是为**晋鄂侯**。**这是曲沃人的第二次尝试。**

实际上，所谓的赤狄"侵扰"，就是曲沃庄伯在背后挑唆的"成果"。也就是说，真正的**天机还没有到**。他自己造的"天机"不算，还是"人机"。

庄伯痛定思痛：为什么曲沃进了翼城却又不能拿下？终究还是力量不够，后继无力。六年后，曲沃庄伯贿赂周王室，联合郑国、邢国攻打翼城，改单干为组团。周桓王派大夫尹氏和武氏出兵协助曲沃庄伯。正如金钱买不来真爱一样，贿赂也买不来战斗力。春秋"助威团"的职业道德普遍较差，常常都是出工不出力，所以双方在战场上的厮杀也很平淡无奇。曲沃人最后还是未能入主翼城，**这是他们的第三次尝试**。不过这仗也有意外收获，年轻的晋鄂侯似乎中了什么奸计，落入圈套，战败逃奔随邑。同年夏天，病死在随邑。

已退回曲沃的庄伯得知晋鄂侯去世的消息后很激动，再次兴兵攻打晋国。无主的翼城确实不是曲沃的对手。曲沃人甚至看到了胜利在招手。但不知道为什么，关键时刻"历史"说此时的庄伯居然在某事上背叛了周桓王。

晕，到底是在什么"某事"上这么急着背叛呢？

从时间上看，此时的周桓王正和叔公郑庄公闹矛盾，估计被类似"犯上的行为"搞得情绪波动很大。曲沃毕竟是小宗，身为大宗的周桓王感同身受，便反过来支持翼城，派遣虢公讨伐庄伯。庄伯腹背受敌，再次兵败退回曲沃，变攻为守。周桓王就顺路立晋鄂侯的儿子**姬光**为君，即**晋哀侯**。

这是曲沃人的第四次尝试。

第二年，连气带恨的曲沃庄伯去世了，其子**姬称**继位，称**曲沃武公**。

因为周桓王的介入，在随后几年，只要曲沃稍微有点动静，周王室就会跳出来吹哨子，所以曲沃人除了等，也找不出什么好办法对付翼城。

周桓王：爱有多深，恨有多深。

晋哀侯八年（前710年），姬光不知闹什么幺蛾子，侵占了陉庭的田地。陉庭人很不爽，就主动联系曲沃武公一起去攻打翼城。曲沃武公简直乐开了花，**机会终于要留给有准备的人**。

曲沃人：这次应该是天意的暗示吧。

天意：有事，等下回复。

要说打翼城，曲沃一家就可以搞定，现在又联合陉庭，更是如虎添翼。不知天高地厚的晋哀侯主动出击，没几下就被曲沃武公俘获了。哪想翼城的贵族们在对付曲沃上没什么办法，但在确立君侯上却很有心得，轻车熟路地又立晋哀侯的小儿子为国君，是为**晋小子侯**。你抓你的，我立我的。曲沃武公的花又谢了，**机会有时也会捉弄有准备的人**。

这是曲沃人的第五次尝试。

曲沃：你们到底有多少个国君？抓不完，杀不完，到底有完没完？

翼城：你们到底有多少份理想？打不完，抢不完，怎么没完没了？

周王室：说句公道话，是先有曲沃的"没完没了"，才有翼城的"有完没完"。

经历了五次失败，曲沃开始调整思路。他们突然宣布罢兵，想与翼城和谈。翼城人开始也不信，但耐不住曲沃"渣男"的软磨硬泡，最终好傻好天真的晋小子侯还是按照约定去了××酒店，带着诚意毫无戒备地去了。结果渣男很快就露出"割肾"的本性，小子侯被曲沃武公诱杀。曲沃人借机第六次攻打翼城。

晋小子侯：好吧，但我为什么叫小子？

还没谅解曲沃的周桓王再次派虢仲讨伐曲沃武公。武公再次抵挡不住，退回曲沃。剧本被重复使用，翼城人立了哀侯的弟弟姬缗为国君，是为**晋侯缗**。

这是曲沃人的第六次尝试。

第二年，不甘心的曲沃人发动第七次努力，并且再次攻破翼城。看到形势越来越紧张，虢仲担心力量不够，就召集虢国、芮国、梁国、荀国、贾国共同出兵攻打曲沃武公。曲沃人打不过，只得第七次退兵。

到底是什么狗血剧情？编剧是不是心累了，只以复制粘贴交差。

这是曲沃人的第七次尝试，也是第七次失败。

翼城：曲沃人亡我之心不死。

曲沃：周人玩我之心不死？

周人：你们想累死我？

上天：烦死了！

六年后，曲沃人终于熬死了那个仇视他们的周桓王。不久，虢仲也死掉了，甚至，周桓王的儿子周庄王也去世了。公元前679年，曲沃人这一次终于开启摧枯拉朽的模式，灭掉了翼城的贵族们。

这是曲沃人的第八次尝试，终于成功了。你们所谓的"屡败屡战"在曲沃人这里，应该是"屡七败，屡八战"。

做了三十五年小宗的曲沃武公早已老奸巨猾，他用翼城所有的珍宝器物贿赂周釐王。周釐王见钱眼开，不仅承认了武公的合法地位，封他为晋国国君，还"买一送一"重提晋国当年辅佐周平王的功劳，正式晋级晋国为公爵，补办了诸如祭天祀祖的任命程序。

有了正式的任命文件，曲沃武公终于变成晋武公。

这是一条艰辛的逆袭之路，三代人的坚持，曲沃人六十载的鸡血。这是一条苦涩的颠覆之路，五代人的顽强，翼城人噩梦般的无奈。

从晋昭侯封叔叔成师为曲沃桓叔开始。曲沃桓叔借潘父之手杀掉晋昭侯，拉开了帷幕，到曲沃武公杀掉缗侯入主翼城，谢幕剧终，历时六十七年。

曲沃人代表晋人，完成了一次脱胎换骨。

姬仇这一脉没了，但翼城还在，晋国还在，并将更加强大。"仇"已消除，翼城人和曲沃人相逢一笑泯恩仇。"成师"已"成狮"，现在大家都是晋国人，新晋人。新晋人不打新晋人。他们已经打通任督二脉，睥睨春秋，傲视中原。

完成夙愿的曲沃武公只做了两年的晋武公便去世了，儿子晋献公继位，属于晋国的时间到了。诸侯们嘻嘻哈哈围观了六十七年，现在要开始瑟瑟发抖了。晋国留给他们的时间不多了。

二、献公的丰功伟绩

曲沃武公曾在某次战役中活捉戎狄首领诡诸。为了纪念也为了炫耀，武公就借鉴文侯取名的智慧，给儿子取名为**诡诸**。诡诸就是后来的晋献公。

银角：我喊一声诡诸，你敢应吗？

紫金红葫芦：等等，我要吸哪个诡诸啊？

晋献公的继位很顺利，还有点坐享其成的嫌疑，但摆在他面前的其实是一个表面风光但又危机四伏的晋国。

诛杀公族

晋国刚刚得到周王室的最新认证，正式成为公卿。曲沃姬称打拼一辈子，也就最后两年才拿到正式文书，称上"公"。姬诡诸一上台就"公"起来，口含金钥匙。**这是风光的一面。**

常年打仗意味着常年都有人立功，所以曲沃代翼后，来自曲沃的战场功臣和本在翼城的投诚功臣都有一大把。这里功劳最大的人当然是武公自己。别人不敢在武公面前摆谱论功。但现在他死了，儿子继位，那就呵呵！"呵呵"里一定会有人开始装腔作势、谈资论辈，暴露出功高盖主的嫌疑。**这是危机的一面。**

晋献公做公子时也立下不少功劳，但这些功劳的面额不大、影响不深，压不住那些老功臣。功臣们成天吆三喝四，喜欢动辄就摆功劳、摆资格，一言不合就说当年我跟先君什么什么的，他还不好反驳，他反驳人家就等于反对先君。

而且，这些功臣的身份也不低，主要来自公族。

【公族】诸侯王的儿子很多，除了嫡子（长子）称世子，将来继承王位外，其他儿子都叫公子。公子们一般都有封地，有官职。封地有远有近，总能供给一些财富；官职有大有小，总要负责一摊事务。他们就像周公在周朝一样，有自己的诸侯国，又在王朝上班。

但也有不一样的地方。诸侯的封国与周王室相隔较远，层级较高，往来不多；公子们的封地与国都较近，层级也低，往来密切。几代人后，公子们就慢慢形成（组成）了政坛的一股重要力量，称为公族。

有些诸侯国还规定某些特殊岗位必须由公族担任。

以公族为代表的功臣便成了国家集权的一道障碍，降又降不住，动又动不得。诡诸很郁闷。其实封建王朝的开国之君都有类似的郁闷。汉朝的刘邦、明朝的朱元璋一样要考虑如何对待"良弓神犬"的问题。

既然问题一样，那智慧一样的人想到的办法应该也差不多，就是杀。不过春秋的政治生态还处在原始状态，"杀"的方式也比较野蛮。主持杀人活动的国君花心思的重点不是考虑找"谋反"之类的好听理由，而是想着如何找到更好的机会，一次性全部杀掉。

这种**好机会不好找，更不好等，只能造。**

一个叫**士蒍**的大夫想晋国之所想，急献公之所急。他三天两头去找晋献公，劝说要除掉这些功臣，并商议着如何除掉这些公族大夫。他们想用最小的代价达到最理想的效果。为了这个效果，士蒍还决定亲自去实施他们的计划——"做间谍"。他要做的是不用说"对不起，我是卧底"的那种间谍，非常不讲情面。

晋国的公族大夫里，有个挑头的功臣叫富子。士蒍很有针对性、很用心地花费半年时间，终于和他交上朋友，成功地当上卧底。

士蒍告诉富子，献公早就想提拔重用你，但你老和那些公族大夫们混在一起，献公有所顾忌，所以没有动。你最好要远离他们。富子听到**这个交了长达半年的"猪朋狗友"推心置腹的提醒**，就真的远离了原来的公族朋友，然后就真的被提拔了。

富子很高兴，也没想更多的问题。为什么我和公族大夫们一起献公就有顾忌？顾忌什么？是顾忌公族，还是顾忌我？我分出来后，顾忌就没了？同样，其他的公族大夫们也没考虑这些问题。他们很不爽，光顾着羡慕嫉妒恨，没空考虑献公顾忌什么事。

士蒍又趁热打铁教唆富子与其他的公族大夫在封地边界上闹出矛盾纠纷。公族大夫们火了，联合起来说要杀死"叛徒"富子。士蒍就跑去告诉富子，并劝他快跑。这样，两边就完全对立起来。

很明显，信息公开很重要。

士蒍：是信息闭塞很重要。

这叫挑拨离间，瓦解对手。公族大夫们散了，没有了主心骨。

不久，士蒍又对公族大夫们说，你们不是很讨厌那个叫游的大夫吗？他不就是在我们攻打翼城的时候里应外合立了一点功劳吗？先君居然分封那么多好地给他。可他还不满足，居功自傲又常常顶撞主公。主公密令你们到他的封地聚城去，去杀了他。至于他的财物，谁拿到就算谁的，能拿多少算多少。

有这好事？这不是合法哄抢吗？美好的不劳而获的愿景瞬间占领了公族大夫们的大脑。聚城真是个好地方。公族大夫们就一窝蜂全跑过去。这可是比减价大促销还好的事，慢了可能就什么都捞不到。

这下好了。躲在背后的献公立即出兵，一锅端，将公族大夫们全杀掉了。

如同对待蟑螂那样，你一只一只抓，不知要抓到什么时候。你就想着如果能找个瓶子，把所有的蟑螂都集中到一起，装进瓶子里，然后拿杀虫剂对准瓶嘴一顿喷。那种屠杀的快感，复仇的快感！哈哈，想想都开心。

聚城的名字可能是后世追取的吧？根据此次事件总结得出的结论——"聚"起来杀。游，也是个好名字，你们杀没杀到游不知道，但你们一定是来参加"聚城一日游"。

为了这一游，导游士蒍等了很久，晋献公也等了很久。为此，士蒍放弃士大夫的"光明正大"，混进古惑仔里，做托当卧底，去挑拨离间，玩坑蒙拐骗。

士蒍：很苦，很累，很矛盾。

献公：知道，理解，可提拔。

事后，士蒍成为晋国的司空，位列六卿。

这算不算士蒍的诡计？"屠杀公族"后，晋国朝堂上出现许多非公族的卿士，再过几代人的发展，晋国变成君弱臣强，最后再演变成三家分晋。于是，就有人追本溯源怪罪到献公的这次屠杀。

但这本追的，也忒远了！夸父追日都没这么能跑。

其实，从长远看权力角逐，很难确定是谁得利。社会科学不是数理工程，可以拿计算器加减乘除算出大小。

诸侯开地建国后，国家的事务总要有人做。做事就会有权力，有功劳有封赏，就会有人得势。这是一个很绝对的逻辑规律。不管是公族还是士大夫，不管是外戚还是宦官，国家的政权总要有人把持运行。你不能埋怨是谁种下的什么因果。政权矛盾中的主要矛盾一定源自君王本人的制衡能力。毕竟主动权在君王手里,如果他年富力强、智勇双全,就一定能驾驭得住局面;如果他年幼无知、懦弱可欺,那政权旁落几乎在所难免。

"诛杀公族"至少消除了晋国眼下的危机,解除了晋献公的内忧。晋国终于迎来平稳发展和强盛繁荣的机会。

赢家当然也包括士蒍本人。他还有个强大的特点——贼能生。其强大的生育能力一发不可收拾,繁衍生息出一个庞大的家族。他的子子孙孙,不断建功立业,封侯拜相,**相继为随氏之祖、范氏之祖、彘氏之祖**。还有一支去秦国,变成**刘氏之祖**。刘氏有段时间比较没落,某个子孙为谋生计,只好出任亭长。职务很低级,但名字很霸气。他叫刘邦。

晋国扩张

公族的政治势力消除后,献公已无后顾之忧,可全心投入对外事务。正好,曲沃人几十年来不间断的内战,血脉还在偾张,武力还要炫耀。有土壤有种子,有群众基础,有领导英明,养精蓄锐几十年的晋国终于迈开了对外疯狂扩张的步伐,开启了鲸吞的模式,开始了蚕食的游戏。

此时的中华大地,春秋首霸齐桓公正在东边开启**伯业秩序**。回顾此前的讲述,为什么在齐国的各次会盟中,几乎没有晋国的影子?

现在可以揭开谜底。

一是相去甚远。春秋早期的诸侯比较多,从地理位置上看,晋国与齐国中间还隔着好几个诸侯国,与齐国紧邻的主要包括鲁国、宋国、郑国、卫国等。齐国所举的旗帜是"尊王攘夷",制定的主要政策是针对楚国,所以靠近南边的小国,如蔡、陈、徐等国的戏份反而比晋国还多。

二是晋国没空。齐桓公上位十年后,晋国才进入献公时代。此前六十多年,晋国都忙着内乱,根本没时间理会外面的事。关键也是巧,献公某次也准备去参加齐桓公的会盟,却正好生病了。等病好后再出发,会盟已接近尾声。献公出门不久,又遇到周王室的使者。使者因为看不惯齐桓公的膨胀,就跟献公说不用去了。然后,献公就借坡下驴,真的不去了。

三是齐国需要。齐国的"尊王攘夷"完全可以不用理会晋国。晋国没空出席,就不会参与竞争,更不影响自己称霸,所以齐国乐观其变。**邻居家打老婆打孩子,你看看就可以,不要掺和太深,否则容易出新话题。**

但齐国没想到晋国这么快就重归一统，还消除了内部隐患。没想到普天之下的雄主除了他齐桓公，还有晋献公；没想到晋献公能利用齐楚相争的机会，做大做强，闷声发财。

史书说晋献公"并国十七，服国三十八"。似乎是吞并了十七个诸侯国，并且让三十八个诸侯国变成自己的附属国。什么概念？春秋初期，一百九十多个诸侯，再加上一些没有登记在册的部落，算二百多个吧，也就是说约四分之一的国家都被晋国打服。晋国的国土在晋献公手里就基本定型了。

晋**献**公是上天**献**给晋国最好的礼物。

晋献公灭掉的诸侯里，除了有几个顽强地留下姓名外，大多没什么信息。他们像一群跑龙套的甲乙丙、张三李四，**生活已经把他们的名字逼成了数字**。

这里简单介绍几个我"道听途说"的诸侯吧。

【骊戎】是古戎人的一支。他们是姬姓，可能也有王族的血统，只是长久在边境生活，和外族通婚（还通好几代），再加上路途遥远，不便参与中原交往，就渐渐被边缘化了。所以虽是同姓，但它的名字已不像诸侯。骊戎的"出名"不只因它是晋献公灭掉的第一个国家，更重要的是骊戎当时为避免灭亡，曾向晋献公献出两个美女公主。他们将**骊姬**、**少姬**两姐妹送给献公求和。"和"没求成，骊戎最终还是被灭，但晋国的政治风云却被"求"出不少。

骊姬被称为春秋"四大妖姬"之一，标准的红颜祸水，她为长保自己的地位，借"宠幸"在晋国兴风作浪，设计杀太子申生，让儿子奚齐上位。当然，也正是靠这事的发酵，才有重耳、夷吾两兄弟的故事，才有重耳继位的机会。

重耳：我与罪恶不共戴天。

【耿国】完全是一个地名标识。在商朝的时候就有耿国，嬴姓，后来被周灭掉。周王室又将它封给族人。于是，耿国还是耿国，姓却变成姬姓。晋国灭了耿国后，是耿姬还是晋姬已经"姬"不清了，中华大地就有了"耿"姓。

在吞灭耿国的过程中，晋臣**赵夙**表现英勇，是最大的功臣。事后，晋献公就把耿地封赏给他。赵夙不出名，但他的弟弟赵衰很出彩。也有说是孙子赵衰，差距好大，但在历史长河中，这点差辈不算什么，主要是为什么"衰"？不合理！衰字主要体现于"丧礼"中，赵衰可能是在某个服丧期间出生的。赵衰跟随重耳漂泊十九年后回晋立国，变成晋国的大功臣，进入晋国的卿士行列。赵氏从此一发不可收拾，直到与魏、韩一起三家分晋。

那么按照习惯，赵夙为什么没有变成耿夙呢？很简单，赵夙是**姓嬴**，最初的封地在赵，已经把赵作为氏了。入主耿地后，其他的子女会有分支，可能会出耿氏，但是赵氏的一宗是主力、是大宗，当然要一直"赵"下去。

【霍国】也是姬姓的诸侯国。周武王灭商后分封八弟**姬处**于霍。**霍叔处**不是个安分的叔叔。有迹象表明，他或明或暗地参与周朝初期的"三监之乱"，所以平乱后就被周王室削掉爵位，降级使用。但霍国却没有被收回，而是由**霍叔处**的儿子继承下去。

周成王：爹是爹来儿是儿。

霍国在此后安静地渡过西周。到春秋时期，霍国传到**姬求**手里。姬求或许认为周成王当年"爹是爹，儿是儿"的处置方式还不够彻底，爹应该"爹"得更独立一点，不该把霍国由霍侯变成霍伯。姬求决定自己为周王室纠正错误，就对外宣称自己为"霍公"。但**这叫僭越**。

此时的周王室已经是"怒有余而力不足"，拿不出像样的反制措施来证明不满，反而是晋国对此很有意见。你们乱标爵位，乱印名片，自己提拔自己，满大街都是经理，那我晋公还有什么意思？**这叫贬值**。

为了制止继续贬值，晋国决定和霍国讲讲"做国"的道理。哪想晋人用力过猛，道理讲得太透，直接把人家给讲没了，灭了。**这叫理由**。

献公其实早就看上了这块地，就差理由。现在终于等到你违章搭盖，可以名正言顺地来拆除，强拆。**这叫不作死就不会这么早死**。

当然，实力不行，早晚也会死。

不过晋国的"灭霍运动"并没有像以往那么顺利。问题不在军事，而是心理。灭霍次年，晋国大旱。于是有人说这是因为灭了霍国，得罪了霍山神。山神不爽，就降灾给晋国。晋献公是不可能相信这事的，**只是大家信，他就必须跟着信，否则便是与大家对立**。这种毫无意义的"对立"和去年姬求想要自封为霍公一样，都属于没事找抽型。晋献公没那么傻，就将计就计下令去找流浪在齐国的霍人回来。不过不是让他们复国，而是回来做官，专职供奉霍山神。

霍人真要感谢霍山神。神想为霍国出头为什么不直接找晋献公算账？完全可以搞他肚子疼、感冒、做噩梦什么的。没有！神选择去晋国折腾旱灾。这样一来，晋国上下就都知道了霍山神。**正是霍山神刷出了漂亮的存在感，中华大地上又有了霍姓。**

霍霍、霍霍霍、霍霍霍，霍山神的套路招式灵活。

【魏国】也是周成王早期分封的诸侯，但缺乏记载，留存的信息不多。当它来到我们的视野时，也正是它灭亡的故事。**我们不知道你是怎么来的，但是我们知道你是怎么没的。**

灭魏的领队是晋国一个很有名的大夫，叫**毕万**。毕万是毕公高的后代。毕公高是周文王第十五子，姬姓，因为封国在毕地而称毕氏。

周老爷子真能生，都第十五个了。

毕高的子孙不高，他们在西周末年就被西戎给灭掉了。老毕的子孙就逃到晋国，成为落魄的贵族。到毕万这一代，适逢曲沃代翼。毕万作为曲沃人，屡次参战，表现英勇，成功地吸引了晋献公的注意。献公后来派他去打魏国。老毕很牛很卖力，灭掉了魏国。献公很爽很高兴，就把魏国作为封地赏给了老毕。

阔气，老板这样发奖金，谁都会拼命。

封在魏国的毕万就顺理成章地变成了魏万。有个叫**偃**的史官给魏万免费算了一卦，大吉。说"万"是盈足之数，"魏"又同"巍"，有高大雄伟之意，得此封赏，相得益彰，符合天意。天子拥有**兆民**，诸侯管辖**万民**。所以毕万福大命大，将来子孙必定会越来越兴旺发达。

果不其然，魏万的孙子**魏犨**（chōu）智商不高，但眼光高，"快、准、狠"地压注赌公子重耳。重耳继位后，魏氏再次数倍获利，赢得卿士的封爵。魏家自此登上晋国的士族舞台，为此后三分晋国奠定了基础。

虢国硬菜

相对骊戎、耿、霍、魏"四小碟"来说，虢国就是一道硬菜，还硬得很有花样。

上册曾讲过虢国，这里再介绍另一个版本的故事。

虢国有东虢、西虢、南虢、北虢、小虢之分。光听名字就知道他们一定是一群很有故事的诸侯，只是这些故事我们已经听不到了。

大体的脉络是这样的：周武王取得天下后，就把两个叔叔都封到"虢"地（部落）。后来为了区别，哥哥虢仲的封地叫东虢，弟弟虢叔的封地叫西虢。

区别的程度非常高，但区别的态度感觉非常敷衍。

"虢"字结构里，有老虎，有生态链。如果是地名的话，说明这里是一片生机勃勃的山林。如果是一个部落的名字，能把老虎"捋一捋"，说明是一群十分彪悍的土著。

不管怎么说，虢地的居民至少是好猎手，打仗对他们来说，可能就是一种基本的生活方式。周朝还特意把他们当作屏障，用来对付戎狄。虢人也不负所望，很好地"以攻代守"压制着戎狄。只是"花无百日红"+"常在河边走，哪有不湿鞋"，到西周后期，东虢就衰败了，反被戎狄暴打几次，实力大不如前。更要命的是，国君又在关键时刻站错队，不支持周平王，而是另立周携王。垂涎这片土地已久的郑国人就以此为借口把东虢灭掉了。

西虢也差不多，持续打打杀杀，不过他们不是被戎狄消耗掉，而是毁于内耗。他们是兄弟之间闹不愉快，分家过，一个往南边，成南虢；另一个往北边，成北虢；第三个说你们走我不走，就坚持留下来。留下来的"×虢"实力比较弱，只好委屈一点，被叫作小虢。没多久，小虢就被秦国灭掉。

秦国：我读书少，实在太乱了！

另外，被郑国灭掉的东虢有一部分遗民跑到北虢，去找亲戚。于是有人就说北虢其实是东虢演变出来的。北虢和南虢相距不远，两者之间隔一条黄河，黄河很宽，不好随便来去，就被看作两家诸侯。

晋献公执政时，距离桓公灭掉东虢已经过去近百年。英雄所见略同，晋献公也对晋国周边的"小肥牛"很感兴趣。原因有三个：一是肥牛"肥"在地皮好，居民还很彪悍，这是兵，好用；二是从曲沃桓叔开始，几次都在接近成功"逆袭翼城"之际，"×虢国"就准时出现，对着曲沃背后来一刀，导致他们多次功败垂成，这是仇，得报；三是晋献公与士蒍清洗诸公族大夫后，有部分漏网之鱼跑到虢国躲起来，虢国不知天高地厚，居然还为这些逃难的公子哥出头，主动去打晋国，这是刺，要拔。

虢国攻晋未遂后，晋献公就想着反击吃掉虢国。晋国开会一研究，发现攻打虢国也不好打,因为中间(旁边)还隔着一个诸侯国,叫虞国。在地理位置上,三个国家应该都有相邻的边境,可能虞国与晋国的边境线更长一点而已。虞国和虢国的关系还不一般,他们似乎不约而同地看透了晋国的心思。只要晋国出兵打虞国,虢国就去救,晋国出兵打虢国,虞国就去救。

晋国很郁闷,明明是一只肥牛加一只肥羊,但看得见吃不着。

好在办法总比困难多,此时的晋国人才济济,有能打仗的武将,还有能出谋划策的文臣,比如前有士蒍,还比如现有荀息。

假途灭虢

荀息对晋献公说,要想打下虢国、虞国,必须先离间他们,使他们互不支持。

晋献公说,哪那么容易?

他们不是一直在发朋友圈,秀关系秀恩爱吗?

荀息说,虢公名丑,但好美色,常常在家搞选美。咱们可以送几个美女过去,能歌善舞,陪他一起醉生梦死。他又好高骛远,我们再送上一些谦卑的语言(文书),歌颂他的丰功伟绩,请他庇佑晋国。他一得意就不会骚扰晋国,说不定反而会帮我们抵抗犬戎。

晋献公很奇怪,他会打犬戎?

荀息说,我们要先贿赂犬戎,让犬戎主动进攻虢国,给虢丑造成"一举两得"的错觉,既能达成帮助晋国打犬戎的心意,也是抵御犬戎入侵的需要。

晋献公觉得有道理,花点钱,送几个女人,拍拍马屁而已。

虢丑收到晋国美女后果然变了样,找到人生的新风景,还与第一贤臣**舟之侨**大夫闹翻了。爱情这杯酒,谁喝都得醉。

舟之侨能看穿晋国的阴谋,但在晋国的美女诱惑和虢国的美好生活面前,他无力回天,既改变不了前者,也不想放弃后者。

生活最大的讽刺莫过于:**你知道某个悲剧肯定会发生,但你只能眼睁睁地看着它发生。**

你有一个怀揣发财梦的兄弟被传销机构忽悠了,跟打鸡血似的,百无禁忌,谁也说不动他。你费尽心机,各种苦口婆心后,发现那么多话其实不是说给他听，而是说给自己听，给以后的自己一个自我安慰的理由。我尽力了，"那一年我曾经劝过他"。但这样温润如细雨的劝说，也一样充满风险，如果"劝说"太直接还可能换来反目成仇的后果。

父亲劝诫女儿，不要跟那个男人走，那个男人十有八九是个骗子。但游荡在爱河中的江湖儿女们，**他们的道理与感情一样丰富。她对他有多少爱，有多少信任，她就有多少理由去找他**。可悲剧如果真的来了，又总是父亲去收拾女儿委屈的人生，杀人不过诛心，诛父爱的心。

人间的悲剧和喜剧其实一样多。有时候我们宁愿不要聪明，因为**该死的聪明总是斗不过该死的温柔**。

不过舟之侨也不用伤心，你既不是第一个，更不是最后一个。在文人治世的大地上，这样的故事多了去。谁都不寂寞。

与虢丑闹掰后，舟之侨就被贬去下阳城守城。不甘寂寞的他就开始不厚道了。他在下阳暗通晋国，并在晋军后来攻打下阳时，交出一份厚重的"投名状"，主动打开了城门。

舟之侨：*良禽择木而栖。*

这是舟之侨的故事。但他叛变的故事还没开始，我们要继续虢丑的丑事。

荀息挑拨离间的效果很快就呈现出来。虢国真的与犬戎打起来，而且越打越凶、不断升级。晋献公很激动，鱼儿咬钩了，他想提竿，打虢国。但荀息劝他等一等，晋国要下一盘很大的棋，可以**今天取虢国，明天取虞国**。

荀息说，虞公不那么喜欢美女，但很喜欢财宝。如果我们送他财宝，与他建交和好，然后借条道路去虢国，去处理一些"罚酒三杯"的矛盾纠纷。那样的话，他一定会同意。

什么纠纷还要三杯？就是边境的士兵闹点小误会，起点小冲突，人为制造出一场可控范围、可调程度的矛盾纠纷。

荀息又说虞公虽贪，但一般的宝物他也看不上。**他不是那种贪得无厌的饿贪，而是颇有品位的雅贪**。所以晋国可能要拿出压箱底的"垂棘之璧，屈产之乘"（一块顶级的玉和一匹顶级的马）。

献公有点心疼，这两件都是至宝，能不能换点别的？

不能！就是因为至宝才有至用。不过虢国灭了，虞国灭了，这璧与马还能去哪里？还不是要回到你的盒子里、你的马厩里。

舍不得孩子套不着狼，舍不得诱饵钓不到鱼（虞）。

见到晋国送来的"马玉"，虞公的态度果然大变。心情和脸色由"你个小人，你想做什么我还不知道？你不要小看我们！"切换成"你们对我这么好，肯定有什么事求我。有什么需要我帮忙，请尽管说"。

晋国就说了借路的事。虞公觉得完全不是事，但大夫宫之奇觉得到处都是事。

宫之奇说，国君你听说过"唇亡齿寒"吗？晋国是狼子野心，到处吞噬诸侯，唯独不敢在虞、虢身上动刀，就是因为我们两国有唇齿相助。如果今日虢国灭亡，那明日就要轮到我们虞国灭亡。

虞公说，你这是哪里话？以前晋国当我们是敌人，所以我们才要联合虢国对抗它。现在人家当我们是朋友，还这么有诚意，我们还有必要对抗它吗？用一个弱小的虢国换一个强大的晋国做朋友，你说哪个更值得？

没毛病！虞公的因果关系听起来似乎更加顺溜。但问题的重点不是虞公的逻辑，而是晋国的心，谁也看不清的心。你如何确定晋国就一定会成为你的新朋友？就因为送了马和玉？他发誓了，哪个渣男不发誓？他温柔着，哪杯绿茶不温柔？

许多"自以为是"的模式都是这样：他明明是被 A 吸引住了，却认为 B 一定是对的，就因为 B 是 A 说的。

宫之奇的担心很实际，但没有用，虞国的解释权归虞公所有。最后，虞国不但借道给晋国，还表示要为**新哥们儿两肋插刀，去插老兄弟两刀**。

所以谋略真的可以极大地改变战场格局。原本打来打去打到半死也不见成效的"晋虢虞之战"，经过荀息几轮调度后，晋国就像偷到考卷，查到答案一样，轻轻松松，开始走过场。

晋国任命里克为大将，荀息为副将，率车四百乘，在虞国的带路下，来到虢国。荀息三言两语就做通虢国下阳守将舟之侨的思想工作。前面介绍过，舟之侨的思想其实早就在下阳等着"有人"来做工作。最后，晋兵在虞国友军、舟之侨新军的帮助下，一路势如破竹，欢歌笑语地很快就来到虢丑面前。此时的虢丑军队已经与犬戎对抗许久，疲惫不堪。

里克不费吹灰之力，拿下虢国。

虢丑跑路了。虢公他不是人，虢国破产了，他深夜带着他的小姨子跑了！他欠虢国人一个交代。

交代什么？虢丑自己都没有明白这到底是怎么回事！为什么这些人会突然在一起？里克、荀息、舟之侨、虞公，到底谁起头组的局？

到底是谁把鬼子引进来的？

虢丑：是你把鬼子带进村的？

虞公：是我把皇军领进村的。

攻下虢国的里克也不追赶虢公，而是将虢国的宝库打开，把里面的好东西拿出来，全部送给虞公。虞公很高兴，吭哧吭哧地卖力运回虞国。

虞公：晋国这个朋友我交定了！

回途灭虞

灭虢回来，晋兵再次路过虞国。里克以身体不舒服、不能继续赶路为由，请求在虞国休息几天。虞公很热情、很真诚，甚至还请郎中来问诊把脉。

再过几天，晋献公说要来虞国看望生病的里克。

虞公也很兴奋。早就听说过这位新朋友的威名，如雷贯耳，现在终于有机会见面，一定要好好招待他，百闻不如一见。

双方在箕山一边打猎一边聊天，谈谈江湖，说说道义，其乐融融。但就在和睦的气氛中，突然传来虞城失火的消息。

虞公感觉很丢人啊！在晋国大哥面前，我们居然连这点小事都做不好。

一旁的大夫百里奚很快就发现苗头不对，怎么可能无故失火，肯定有事。他催促虞公赶快回城。

在回城路上，虞公发现好多难民跑出城来。城池已经被晋兵乘虚拿下。城上的晋兵见到愚公（虞公）还调戏说，多谢你上回借路给我们，这次也请借国给我们吧！

晕，这么臭不要脸，哪有借国的？哪有这样做兄弟的？老婆能借吗？

虞公十分气愤：我正准备待你如初恋，你却一直当我"大保健"。

我要化悲痛为力量，化愤怒为力量，攻城。

但大家都说别攻了，晋侯已经带兵把我们反包围了，谁攻谁还不知道。

虞公：什么素质啊？

献公：马还给我。

虞公：还能这样做人？

献公：玉还给我。

虞公已经丧失话语权。舟之侨倒很积极，就像先失足的姐妹一样，竟也劝虞公投降。你和虢丑的弱点被人家捏得死死的，还有什么好说的。蛇的七寸，牛的鼻子。

还有虞公旁边的百里奚，你也一起去我们晋国吧。

百里奚没答应。他的故事还没开始，他是秦国的菜。秦国还没出场，我们要安排他再等一等，先随虞公一起到晋国等。

晋国现在也不在意是百里奚，还是千里奚。它终于拿下两个重要的邻国，面积变大，人口变多，隐患消除。晋国现在只想锣鼓喧天，鞭炮齐鸣，人山人海，既是为自己欢歌，也是为虞、虢欢送。

春秋时期的"国家政治"还不成熟，国与国的外交实际上就是君王个人的外交。国君的个人喜好会严重影响诸侯国的利益和策略。所以虢公、虞公表现任性，虢国、虞国就跟着倒霉。

虢公：我色令智昏。

虞公：我利令智昏。

不过我们今天再来看，**反而可以从春秋的国家关系看到我们的人际关系**。如果两人没有两小无猜的友情基础，他突然对你无事献殷勤，热情洋溢，此时，你最好先估量一下自己几斤几两。没有感情基础的利益关系如何维持？你们是否具备对等的能力水平？

你非权非贵，他们非富即贵，你硬凑上去，热闹是热闹，人家热闹着下棋，你可能就热闹着当棋子。幸运的时候，你是车马炮；不幸的时候，你就是兵与卒。

你不努力不学习，成天幻想走捷径，指望着天上掉下某个贵人提携你？不，老天没有那么闲，林妹妹不会掉，贵人也不会掉。

【朋友】一定是平等的，所以产生（维持）这种关系也需要平等或对等的基础条件。条件的细化内容很多，比如说**财富、地位、才华、经历、观念、品德、面缘，等等，或许还有其他内容**。这些因素，因人而异，权重不一，你们对等的属性越多、程度越深，关系就越铁。某人最近突然对你很好，你应先自我感觉一下，你对他如何？理智分析一下，你们有什么对等的内容？如果仅仅只是希望对等，那还是要留点心。**不要把对方只是为**

了体现个人素质而对你的友好态度，理解成自己已经进入"尊贵光环"的朋友圈。

忘年交，忘钱交，忘地位交，等等看起来不平等的友谊，多是荧屏上的故事、穷酸文人的空想、吃瓜群众的幻想。

人与人如此，国与国可能略有不同。国家的寿命一般比个人长，体量比个人大，关系反而简单些。国家机制完善后，国与国的关系会很简单，就是利益，当前利益或局部利益，长远利益或全局利益，以及各种利益的博弈。

虞国凭什么做晋国的朋友？钱没它多，兵没它强，小时候也没在一起玩过家家。所以晋国想和虞国做朋友的唯一理由就是虢国。如果虢国没了，等于女人的美貌没了，虞国你还拿什么吸引晋国？

想想你一个几万元的小散户，凭什么那些从微信中跳出的陌生庄家就会带你一起飞？所谓的"内幕消息""专家指导"为什么要给你这个路人甲？他们身边的亲戚朋友、兄弟同学都"死绝"了吗？

人人确实平等，但那是政治权利的平等，不是社会待遇的平等。

有个各方面都比你强的人，要和你做朋友，如果**这是确定的前提**，然后呢，社会会因为朋友之间的"平等关系"提升了你的"实力地位"。你的新地位与你真正的实力地位就会有差距。这个差距就像股市的"缺口"一样，要求你预支其他"资源"来弥补。这便是所谓的"知遇（滴水）之恩必当涌泉相报"，搞不好就要拿命来报。

你一个小科员和那些大佬们是玩不到一块的。大佬们看你这人不是人，而是一张纸、一张名片。他们带你一起高消费、一起飞过之后，你拿什么还？你还不起的时候，很有可能就只能用一生相还。这便是某些官员腐败堕落的"潜伏期"。

我们还是安静地找找自己的小伙伴吧。一样的水平，一样的层次，吃吃大排档，玩玩八十分，安贫乐道，沧桑正道。

理想可以有，但不要老拿出来显摆。还是悄悄地奋斗比较好。

诡诸实力

受演义影响，我们习惯把历史看作一场场打打杀杀，一次次阴谋诡计，一座座丰功伟绩。我们把历史故事化，故事就把历史片面化。

你会发现，战争的输赢常常就埋伏在某些关键环节。谁听了哪句话，谁没听哪句话，谁做一件什么事，然后就导致战争的胜负结局。我们总被讲故事者带进这种简单（虚拟）的因果关系中。好像战争就这么简单，谁把握了历史记载中的某个关键点，谁就赢得了胜利。

其实不然。**双方的实力才是战争胜负的根本原因**。战场上的计谋，不过是实力基础上的一种意外，或锦上添花，或马失前蹄。没有哪个国家会把"意外"当作国策来努力。实力才是它们追求的目的。实力强劲的国家就算被打败，也不过是场面没有预想得那么美好而已。

注意，我说的实力不等于人数。

不要指望计谋总能逆天改命，扭转乾坤。我们会这样想，不过是故事偏好造成的错觉。正常以实力论输赢的战争没有新闻点、没有戏点，就没有流传的原动力，而某些以少胜多的战役犹如烧脑悬疑，一路充满逆转，流传起来有节奏、有吸引力，说的人激动，听的人感动，自然就热起来。而且谋士多出身于书生，**书生当然更喜欢突出谋士的重要性**。

晋国的强劲其实已经让周边诸侯望尘莫及。但我们不传晋献公的励精图治、晋国的兵强马壮，因为文字很苍白；我们更喜欢"诛杀公族"的卧底、"假道灭国"的欺诈，认为正是这些猛料才让晋人赢下战争，因为故事很跌宕。

在当时，普通诸侯只能有一个军，而晋国却要设置两军，说明晋国在兵力、供给、人才等方面的发展（膨胀）已经隐瞒不住了。"能量"要井喷出来，就不得不冲破周朝的规矩。

这一点也让周天子很不满意。晋国只好又去协调与周王室的关系。用什么协调？很简单，钱。周王室已美人迟暮，原来年轻的时候，美貌可以压住一切，一俊遮百丑，现在年老色衰，除了会化妆打扮外，什么都不擅长。他们已经不擅农业、不会商业，国力越来越衰弱，想要保持住美丽，吸引别人注意，就只有靠打扮，扮嫩装高贵。但这些活动都要烧钱。

晋献公说，我可以给钱。

周王室就看在钱的面上，原谅了晋国的"僭越"。

或许是晋献公看到齐桓公的做法，感觉不错就学了。这也算是一种"尊王"。礼可以"尊"，钱也可以"尊"，王能满意就是"尊"。

多人家一倍的军队建制,说明晋国在军事实力、治理能力、外交智慧等各方面已经跑到了其他诸侯国的前头。骊戎、耿、霍、魏这些诸侯没什么故事就灭了,并不能说明他们比虢国、虞国差很多。虢国只是运气好,遇到晋国想用最小的代价换取最大的胜利,所以才有那么多周折,那么多故事。其实就算没什么马啊玉啊,这两诸侯早晚也要灭在晋献公手里。

在晋献公的眼里,这两诸侯并没什么特别之处。他原来的计划只是想叫世子申生去把他们灭掉。

也就是谈笑间一道很轻松的指令,非常能体现对虢国、虞国的态度,非常能说明虢、虞两国的实力,非常能反映出世子申生的能力。

当然也非常能说明一个问题。为什么要叫世子申生去?所以,在实力强劲的晋国面前,**真正复杂的不是指令的指向,而是指令背后的故事**。

三、晋国的公子洗牌

晋献公会下令让申生去打虢国、虞国,看不起虢、虞是一方面,还有一个真实的目,就是针对世子。同样,荀息出谋划策,又是马,又是玉,其中有国家利益、个人利益的一方面,也有想表达支持世子的态度。荀息并非一定要站在申生这一边。他作为臣子,只是出于忠心要保护国家的继承人。但继承人的问题远比虢国、虞国更复杂。因为骊姬已经浮出水面,晋献公不再那么疼爱世子。

这样一来,晋国的军事剧就要切换到宫廷剧。

美人心计

骊姬原本是"贡品"。晋国攻打骊戎时,骊戎主为了求和,把骊姬和少姬送给晋献公。晋献公笑纳了两位美女,但最终还是灭掉了骊戎。骊姬和少姬也就因此由贡品变成战利品。

骊戎主:说好的一家人不打一家人呢?

晋献公:打打更健康。

不过从后来发生的事反推过来看,骊戎输是输,但也输得很顽强。骊姬也许得到父亲的遗愿嘱托并牢记在心,然后忍辱负重,迅速融入新家庭。

等到确立地位后,立马兴风作浪,让强劲一时的晋国再次进入内乱的节奏。

骊戎男人在战场上无法做到的事情,骊戎女人在宫殿上做到了!

当然,这是开玩笑的推论。实际上,骊姬只是很正常地遵循人类生存的一个基本社会法则:**个人利益最大化,个人权力最久化。**

骊姬来到晋国不久就当上夫人,顺利实现**一化**"个人利益最大化"。但此时的晋献公已经老了,所以要实现**二化**"最久化",就必须让自己的儿子继承晋公之位。否则,别说"二化"拿不到,就连前面的"一化"也容易被清算。

因为此前的"一化"来得太强硬,强人心,硬天意。**故事说来话长,源头还是在晋献公这里。**晋献公的强悍是全面性强悍,在政治上杀伐果决(杀公族大夫)以消除隐患;在经济上知人善任以提升国力;在战场上能所向披靡以灭国扩土,所以在生活上一定也有过人之处,比如不检点。

晋献公诡诸做公子的时候,就与老爸的小老婆齐姜弄到一块,而且还不是随便弄,是弄出个儿子的那种一块。诡诸很害怕,就把孩子放养在民间,直到自己继位晋侯,才开始扬眉吐气立齐姜为夫人,立儿子申生为世子。这段故事,好像也能体现晋献公敢爱敢恨、勇于负责的一面,但毕竟不光彩,在晋国谁还好意思提起?据说齐姜还是齐桓公的女儿。但齐国知道后,也一样不好意思提及。

不过这故事也有瑕疵。如果是齐桓公的女儿,她嫁过去不可能当小老婆,应该对等为夫人。所以有可能是身份被误传,齐姜根本不是齐桓公的女儿,或者是别的小老婆的事,被张冠李戴到齐姜身上,传混了。好在这个疑问也就停留在母亲的身份上,申生还是比较确定的儿子,正经的"世子"。

申生的出生比较坎坷,但为人贤明,得到大家的普遍认可。可惜他的生母(不管是哪个)没有那么好的运气,很早就去世了。

这样一来,"夫人"的位置就空了出来。

晋献公想立新欢为夫人,但大臣们纷纷不同意。新欢骊姬已经生了一个儿子,叫奚齐。如果骊姬当上夫人,就可能出现"子以母贵、母以子贵"的互助现象,奚齐就会威胁到申生的世子之位。这是许多诸侯国的动乱之源。所以**你爱睡谁我们不管,那是你的家事,但是你要立谁,我们就要管,那是国事。**

晋献公就说，要不，我们问神吧。

当时流行的问神方法有两种。其一，太卜郭偃是兼职的占卜人，但水平很高。他用**龟壳法**，就是烧裂一个龟壳，然后根据纹理去算奇偶单双，再对应出数字去查找卜辞。**卜辞说**，"会臭十年"。

晋献公：龟壳过保质期了吧。

乌龟：那你们以后少算。

其二，**史苏**是个筮（shì）卜的职业人。他对着一堆据说极有灵性的蓍（shì）草念念有词，从中随机抽取若干，数每一根的节数，然后得出数字，再查自己的秘籍《观卦》找出爻词。**爻词说**，"**窥（kuī）观，利女贞**"。

晋献公说，女是内家的主，只要女的地位明确了，就是利。

史苏说，嫡子只有一个，没有两个，所以才有"一大宗，众小宗"的礼仪。诸侯们都不敢随便重立夫人，就是怕名不正利不顺。

晋献公大怒，如果鬼神那么灵的话，还要人做什么，都让鬼神定不就得了？

晋人：开始还不是你自己说要问神？

献公说得没错。至少我们对这些"迷信"不要太认真。

占卜的卜词多是后世书生想要给晋献公扣屎盆才造出来的言语，或是别人的卜词张冠李戴给他，目的就是要宣传出骊姬的祸水红颜，连神都拒绝她。问题是神能预知一切，为什么不阻止一切？所以占卜的表面是骊姬，实际却是重耳，要通过骊姬的"注定"推论出晋文公的"注定"。骊姬注定要让晋国臭十年，重耳就注定要在外"流浪"十几年。

另外，问神也是一件相对的事。对了谁的口味和意愿，谁就更会信。大家本来就不喜欢立骊姬，现在问神的结果正好迎合了大家的需求，所以大臣很愿意相信，并以此为依据，动不动搬出神的旨意，不断地出来说事。

但决绝的献公最终还是不肯妥协。他很清楚**问神只是一种手段，不是一个目的**。目的怎么可能被手段牵制。他只是需要神的帮助，不会被神所束缚。最后，晋国还是立骊姬为夫人，并封少姬为次妃。

晋献公：其实我是一个无神论者。

晋国起风

面对不如意的结局，郭偃只能感叹一声。作为晋国历史上与士蒍齐名的牛人，他以为可以用鬼神把事情糊弄过去，没想到晋献公现在反而把鬼神糊弄过去了。他明白了，鬼神可能也会畏惧权势，也只是政权体系下的一种治理工具。

对了，郭偃是谁？

郭偃是虢序的后代，是×虢的某一支。他们在某次被吞并后，虢序及其后代就成了晋国大夫，郭偃也就顺理成章地成为晋献公的臣子。献公十分信任他，放手让他施展天才般的治国才能。可惜当时的宣传跟不上或是资料失传，让这位在国家治理上可以与管仲齐名的晋国一号辅臣少了许多精彩的戏份。

戏份都让那群打仗的人给抢去了。

他主导晋国的社会改革，被后世称为"郭偃之法"。 他由经济领域开始实施改革，进而逐步扩展到用人制度上。"先赚钱，后招人"的思路更容易被帝王们采纳。他设计的用人制度并没有全盘否定传统的"贵族亲亲"，只是更加注重平民与贵族之间无差异的"尚贤"原则。

"郭偃之法"大胆采用**"君食贡"**的国家财政概念，要求国君不再保留任何土地，而是通过从土地上取税赋来解决财政问题。他的思想与管仲有诸多相似之处，他的改革不但促进了晋国社会快速发展，还为法家提供了思想源泉。

郭偃：低调！低调！低调！我只是一个算命的老先生。

郭偃看似巫史，实际上应该是改革家。另一个史苏才是真正的算卦之人。从名字上看，人家就是祖传算卦。他是周王室史官史佚的后代，家里的历史故事书到处都是。他从小就耳濡目染学了一堆的历史典故。他一开口就是"昔夏桀伐有施，有施人以女妹喜归之，桀宠妹喜，遂以亡夏；殷辛伐有苏，有苏氏以女妲己归之，纣宠妲己，遂以亡殷；周幽王伐有褒，有褒人以女褒姒归之，幽王宠褒姒，西周遂亡。今晋伐骊戎而获其女，又加宠焉，不亡得乎？"等等，非常有学院派资深老专家的派头。

史苏想通过旁征博引各种案例，勾勒出一个类似"命理"的逻辑：他们都是去打一个国家赢了，带回一个女子，宠爱生子，又一定要立夫人，然后国家就乱了。他的证据确实很严密，晋献公也无法反驳，但他是君王，可以不听。

在晋献公的眼里，他们是他们，我是我。我们不一样！

但历史常常又一样，一样雷同，一样巧合。

没过多久，拿下"夫人"的骊姬果然开始她的第二步计划，要立儿子奚齐为世子，实现利益最久化。但世子只有一个，已经是申生了。所以申生就必须出事，为奚齐让路。那些年长的公子们最好也一起出事，消除路上的障碍。这一步有点复杂，不能只靠睡觉吹枕头风，需要组个团，里应外合。

骊姬：**一个好汉三个帮**。

骊姬自己算一个，女汉子。这三个帮是：大夫梁五、东关五，朝野人称"二五"；还有一个是艺人，演艺圈的头牌，叫优施。

优施的地位不高，但智商不低。他不光会艺术，还擅长谋略。他很早就得到晋献公的宠爱，获得随意出入后宫的"通行证"。通行证既能让他随时面见献公，也能让他常常遇见骊姬。优施和骊姬就通过"少年可好""长发及腰""相见恨晚"之类的无病呻吟，互相少年、互相狼狈了。

优施很清楚骊姬的处境，就提议先把世子申生和极具竞争力的公子夷吾、重耳都调离京城。**在信息不通畅的背景下，远离政治中心就等于掐住"夺位"的咽喉**。但不能由骊姬提出来，要借外官之口说出。骊姬利益直接相关，太敏感，容易受到献公的猜忌。虽然献公已经老糊涂，但他身边还有不少智囊会看出门道，就难保他不会跟着进入门道。外官就不一样，他们是履行职责提的意见建议，顺理成章，合情合理。

晋国：**艺术耽误不了他的智慧和缺德**。

外官就是大夫**梁五、东关五**。他们也是晋献公的宠臣，有点能耐。晋国通过"郭偃之法"释放出人才储备后，朝堂上人才济济，如果没有两把刷子别说受献公宠爱，可能脚都站不住。不过他们拥护的奚齐最终没能继位晋侯，他们有没有政治才能也不得而知，就只剩迫害申生及众公子的事实，成为纯纯的坏蛋。

在"二五"的运作下，世子申生被派去曲沃。我感觉这是一个非常复杂的过程，但历史就这么简单的一句话。"二五"说世子是国家的未来，是二号人物，而曲沃是"新晋国"的发源地，是二号国都，对应起来，世子去曲沃非常般配，也非常合适。

献公也觉得可行，趁自己还行，让世子多去体察民情，多点历练，以后就能做一个优秀的君侯。这个思路也没毛病。

献公还买一送一，派赵夙帮助世子修建曲沃城。赵夙做事很认真，把曲沃城修得比过去更牢固，墙更高，地更广。大家都称曲沃作"新城"。

同样，公子重耳、夷吾也要去实地锻炼，以后可以做个好辅臣。"二五"建议派二人去边疆要地蒲城和屈城，去抵御戎狄。献公说，那里很贫瘠。"二五"说，就是因为贫瘠才要去建设，重耳和夷吾的能力很强，追随的人很多。他们去后，这两座城就会繁荣起来，发挥固边的作用。献公觉得有理，也买一送一，派士蔿去修蒲城、屈城。

比起赵夙，士蔿的工作态度十分消极。他草草修补就准备回去交差。有人提醒他这样修城很不牢固，豆腐渣工程。士蔿笑着说，用不了几年，这里可能就是翼城的仇敌，修那么牢固干什么？

赵夙：看把你能的！

申生猛人

申生已经身不由己。他早年寄篱民间，对宫廷缺乏自信，畏惧父亲，但为人贤达，看重孝道。他的性格外刚内柔，怎么说都有点软弱，逆来顺受。

晋献公常年对外发动战争，需要大量军队，就突破规制设立"两军"。他自己带一军，让申生带一军。申生作为将领十分称职，率领赵夙、毕万等人，攻灭狄、霍、魏等国，战功赫赫。

牛是牛，但战功的辉煌属于过去，软弱的问题留到现在。

骊姬为了陷害申生，就怂恿献公下令申生只带曲沃部队去攻打赤狄的皋落氏。如果打败，就算不死，也可以削弱下他这些年建功立业带来的威望。许多大臣都看到了其中的危机，"有输无赢，非死即伤"，都替世子着急。里克劝献公不能把世子放在危险的位置；狐突劝世子赶紧跑路，不要去打什么皋落。

但出乎大家预料，悉听父命的申生不但打了，还打赢了。

申生：我也想低调啊，可实力不允许啊。

骊姬很失望，猜想一定是皋落氏不够猛，就继续怂恿献公让申生去报仇虢国。献公这次犹豫了，因为虢国与虞国的关系很密切，报仇就不是简单地打仗，还要涉及外交的问题，所以就询问大夫荀息。大概是想征求一下意见，世子的那些兵够不够、后勤足不足之类的问题。

这一问，就促成了前面讲的"假道灭虢"。

申生：那没我什么事了！

骊姬也只能再次失望。经过这几次试探，骊姬终于明白用武力根本解决不了申生，因为申生自己就颇具武力。

骊姬问优施，还有没有其他办法，能合情合理地搞死申生？

优施说，申生仁慈而精洁，"仁慈"就会忌讳得罪他人，不会用诡异之道去对待他人，如果遇到棘手的事情，只会想委屈自己算了。"精洁"就会爱惜名誉，如果发现名声受到玷污一定难以忍耐，咽不下去，肯定会表现出来。

骊姬说，说重点。

优施说，主公现在虽然远离申生，但对申生的为人还是比较了解的。你要说申生造反他肯定不信。你与主公夜谈时，可以试着用为世子说好话的方式，道出世子对献公的潜在威胁。

骊姬说，说具体点。

很具体了。难道要我优施自己去睡晋献公？

于是，半夜三更，骊姬就起来哭，半夜鸡叫。

献公问，你为什么哭。骊姬说，我说了你肯定也不信，我还不如不说，哭一会儿就好，你不用管。

这明显是钓鱼，勾起你聊天的欲望。**你不用管**就是**快点管**的意思。

献公的好奇心哪经得住这般挑逗？一定要问。

骊姬说，听说世子在曲沃施恩惠，收民心。他**外仁内忍**，常常抱怨主公太过宠我，说我早晚会乱了晋国。我越想越伤心，请主公现在就杀了我，堵住他的借口，免得反给他一个乱晋的机会。

献公说，我儿子对百姓仁慈，难道会对父亲残忍？

骊姬说，我听说匹夫的仁慈是仁于亲人，君王的仁慈是仁于社稷。如果申生只考虑晋国的利益，只想断了你对我的恩宠，哪还有什么父子之情可谈？

献公说，他很爱惜自己的名誉，就不怕人家说他？

骊姬说，我听说当年幽王不杀宜臼，只赶去申国。后来申公却起兵杀掉幽王，让宜臼继位成周平王。现在谁会说宜臼的坏话？反而都在埋怨幽王的错。

东周的案例确实很生动，但有点扯淡。骊姬自己愿意做褒姒，献公为什么要跟你做幽王？而且当时造反的人也不是世子，而是申公。如果要预防案例再现，也应该杀"申公"才对。把杀申公的假设转移成杀世子，是不是有点牵强？

可惜献公没能想到这些逻辑问题，他的思路已经被骊姬带偏。他年纪这么大，独立思考的能力有限。**谁在他身边谁就占优势，何况还是睡在身边**。所以，顺着骊姬思路的献公立即被她的分析吓了一跳。

献公想不到**一向仁慈的儿子被解释起来居然这么可怕**，就下床披着衣服走来走去。今天"对话练习"的内容有点多，有点复杂，需要消化消化。

献公：为什么都是**听说**！

骊姬：我可以继续"听说"。

优施：《论语言的杀伤力》将于近期发表在东周 A 类期刊《晋国时政》上。

骊姬说，现在还有一个办法，主公可以提前退位，把晋侯之位让给世子。申生如果得到晋国，就不会再计较你我的恩情。

这是典型的反向激将法，文人认为很有效的"倒地碰瓷法"。似乎只要女人退一步哀情服软，男人就会难堪并逆反逞强，然后沿着女人设计好的"瞎"路线一路狂奔。我看书经常看到类似的对话，鬼知道他们是不是真这样，但历史有时候就要靠猜测才会更加精彩。

反正**故事的精彩归我们，故事的严密归专家**。

献公果然被激，宣布本次"倒地碰瓷"继续有效。

晋献公说，我以武威名显诸侯，如果失去国家，就不叫武，如果连自己的儿子都压不住，也不叫威。没有武和威，谁都可以反制我。到时我必生不如死。你也不要继续听说，我自有办法。

这个办法就是：起杀心。

骊姬：我可什么都没说。

优施：你就一直"听说"。

陷害世子

半夜鸡叫"唤醒"老财主后，骊姬的阴谋就算正式启动。既然献公也想杀、同意杀，那接下来就是帮他找个杀的理由。

如果你确定要做的话,那"有没有理由"就很重要,但"什么理由"就不重要。不是因为申生哪里做得不对而被杀,而是因为献公要杀申生,所以申生就很容易哪儿做不对,或者到处都做得不对。

　　因果关系是根据你的世界观、人生观、价值观做出的逻辑判断,但最根本还是看你的需要,心里的潜在暗示。

　　有了枕头风的铺垫,骊姬需要的理由就很好找。

　　说来就来。骊姬把申生从曲沃召回绛都(翼城的别称),说是要消除世子对自己的误会。什么误会呢?消除了没有?都没有结果。结果只有骊姬向献公汇报一个惊天的忤逆案。案情经过掐头去尾后,重点就是世子在宴会上调戏了她。

　　献公很不满意这个理由,从来没听说我儿子还有"好色"的特点。说我调戏你、调戏××还更有可能。

　　骊姬说,他说他爷爷去世后,留下齐姜给他的父亲(也就是献公你),现在他父亲也应该留下我给他。

　　咋的?这种事还有遗传?还整得跟绕口令似的。

　　献公根本不信,这也太扯了吧,他母亲的事是我的羞羞之事,可不也正是他生母的羞羞之事?又不是后妈,哪有自取其辱?

　　骊姬说她可以提供证据。

　　什么证据?案情回放?不,是再造案情。

　　骊姬叫献公第二天躲在楼台上,她要现场证明给他看,什么叫"调戏"。

　　她预先在自己的头发上涂点蜜,然后叫申生一起去花园散步。

　　原先说好叫申生回绛都,是为了消除所谓的误会。现在这误会却越来越多,既包括旧的**妲己式误会(政治)**,又引入新的**调戏式误会(感情)**。骊姬说自己昨天被申生调戏,今天却又主动约会申生,着实不易。为了勾出这个小流氓,她"以身试法",毫不怯场。

　　就是吃瓜群众容易搞混,你俩到底谁调戏谁啊?到底谁是西门大官人?你骊姬主动约他,到底是钓鱼执法,还是协同犯法?人家都是舍不得孩子套不住狼,骊姬是舍不得自己套不死世子?都不是!在老糊涂晋献公的眼里,这是舍不得老婆套不住色狼。

　　父亲为了证明儿子是色狼,拿自己小老婆来测试,也是蛮拼的。

在正常情况下，骊姬是母亲走在前面，申生作为儿子走在后头。带路的骊姬就故意走到有花有草的地方。没多久，她头上散发的蜜香味就招来蜂蝶。骊姬转身对申生说，儿啊，你上来帮忙驱赶一下蚊虫。申生就上去挥了挥手。就在这时候，暗中观察的献公突然脑子缺氧，一下子就看到了"调戏"。

献公很吃惊：畜生，后妈也是妈。你学我什么不好？学这个！没想到我儿子居然变成这个样子。不分场合，**随时随地调戏妇女，而且完全在别人的预料之中**。晕，曲沃到底是个什么地方？

我们现在已经很难理解这个故事。在献公的视野范围里，连续性的画面完全可以表现前因后果、动作尺度，甚至人物表情。但故事就是这么传。故事说，此时的献公愿意相信眼前发生的一切。因为他老了，色令智昏。

于是，偷窥的献公就变成生气的献公。被调戏的骊姬就变成得逞的骊姬。

骊姬又趁献公出去打猎时，托人告诉申生，说献公最近老是梦见齐姜，你的生母可能在阴间"吃不饱"，请你赶紧去祭拜把。孝子申生就赶紧去祭拜。按照当时的传统，祭拜用的胙肉是高贵的食物，要分给最亲的人。申生就派人送一块给老爸献公。骊姬代收下后就把鸩毒注入肉里。六天后，献公打猎归来正准备吃肉时，骊姬突然说要检测一下肉的质量。这种"突然"非常像是知道结果的"突然"。没错，测试的结果完全在骊姬的预料之内，狗吃狗死，小太监吃小太监死。骊姬装作大吃一惊："天哪，世子恨我，让我死便可，怎能加害父亲？"

这种舞台剧，烂到脚的剧情与烂到头的人物，画面死板，情景脱节，角色又相互独立，太假了，谁信啊？前次说世子调戏你，今天又说世子恨你，世子到底是因爱生恨，还是人格分裂？

但献公信。糊涂的诡诸，骊姬随便给点阳光，他就灿烂给你看。

小太监：我是不是死得有点多余？

晋献公很生气，似乎气生得合情合理。他说要把这种大逆不道的事公之于天下，然后杀掉这个逆子。

第二天，献公宣布开会。狐突没有去，他最近都请假；里克没有去，他说脚受伤；丕郑父没有去，他说出差了。其他人呢？来是有来的，但听献公说要问罪申生的时候，都不敢，也不好说什么。

如果你有一个家庭，要杀儿子，顶多也就给别人一个"惊"吃，多一道唏嘘。如果你有一个国，要杀的儿子又是世子，那别人就不能光吃惊。他们会感到恐惧。杀世子不是家事，而是国事，会给政局、国家带来各种不确定因素，所以朝中谋国的大臣们必定会有所反应、有所行动。

能突破对君王忠心的力量一定是来自对社稷的忠心。

老臣**狐突**就是这么想的。狐突，现在谐音"糊涂"，这名字多少沾点土气。他祖上姓姬，也是唐叔虞的后代，只是岁月变迁后沦为狄族的一支。狐突聪慧过人，有先见之明。他很早就预见"曲沃代翼"，所以良禽择木出仕曲沃武公，并成为晋武公的重臣。他的女儿嫁给晋武公的儿子晋献公，生了公子重耳。

狐突的形象是忠厚的长者，这样的人设可能与他的外孙重耳有关。重耳的形象、阅历、功绩完全迎合了知识分子的价值取向，是一个近乎完美的典型人物。"完美"是有辐射力的，一个人的完美容易带动一群人的美丽。狐突是重耳的身边人，重要的支持者。为了重耳，狐突不但让两个儿子追随流亡，还牺牲了自己的性命。能这样做的狐突必须是好人，而且是公忠体国型的好人。

按照周礼秩序，如果世子申生去世，他的外孙就有机会顺继世子之位。从这个角度看，献公要杀申生，应该算一个利好的消息。但有先见之明的老狐突不这么认为，因为杀申生的背后主谋不是自己，而是骊姬。换句话说，这个局的下棋人不是他，骊姬才是掌控局面的人。如果申生没死，骊姬的注意力会保留在申生身上，重耳就相对安全。如果申生死了，那么名声在外的公子重耳就会成为骊姬的下一个目标。骊姬现在握着献公的枕头，对公子们的生死予取予夺，手到擒来。在子嗣问题上，狐突还不是她的对手。

综上所述：申生不能死，至少暂时不能死。所以不是对手也要出手。

狐突是个坚定的力行者。他维护大统就是出于纯粹的忠心，不需要我解释得那么多"厚黑"。他一定要想办法保护申生。

狐突第一时间派人把消息告知申生，希望他能早做准备。但很奇怪，狐突并没有指点申生具体如何应对这次危机，是不是是考虑世子身边也有智囊，不好瞎说？毕竟"你老爸要杀你"的课题相当犀利，是晋国时事的**难点**、**重点**。如果不是资深的"辅导老师"，一般人也不敢轻易下主张。

申生的老师杜原款说，这"狗死太监死"的案件明显是一个冤枉人的屎盆。**咱也别申生，先申冤吧。**

申生说，有什么好申？如果申不了冤，那不是罪加一等？如果申了冤，就要处罚骊姬。但我父亲没有骊姬就睡不着吃不香。他活得不快活啊！

杜老师说，那我们就跑路吧。

申生说，我背着杀父的罪名跑出去，人家看我就像鸱鸮（chīxiāo）一样。我出逃就等于彰显我父亲的罪名，不也会让诸侯耻笑吗？

杜师傅被反驳得没辙，心想这也不行，那也不行，难道就等死吗？当然不等。申生可能早就拿定了主意，他不等死，而是找死。哀叹后不久，申生就上吊自杀了。

谁能想到，"阴谋"的过程这么复杂，"斗争"的结局却这么简单。我们拼命地学习十几年，又是上课又是写作业，又是考试又是补习，最后也只换来某大学一句话"恭喜你，被我校录取了"。

优施：这难道不正是我们想要的吗？

其实，也正是过程这么复杂，才能换来结局这么简单。要知道，骊姬一伙为了这个简单的结局也是费尽心机。撇开人设不说，人家也是厚积薄发，也会在墙上挂着"天道酬勤"。

老天：人品是归"善有善报，恶有恶报"，我这次就负责"付出总有回报"。

去抓捕申生的军队只好把杜原款带回去复命。骊姬以老师教导学生无方为由，劝献公杀掉杜老师。

杜原款：他都自杀了，我还无方？那要怎样才叫有方？

杜老师不服，向献公申述一番太子的冤屈后，撞柱而死。可惜献公没什么反应，白撞了。骊姬是真想不到申生和杜原款能死得这么利索。她的心情很愉悦，但"二五"说，**申生的威胁只是身份的威胁，重耳和夷吾才是实力的威胁。**

"二五"的担心没错，狐突也不糊涂，高手对招，双方都招得很准。现在申生没了，等于"保护"消失，危险就来到重耳身上，还很快。

祸及重耳

优施和骊姬商量后，决定把申生的"谋杀未遂案"进一步延伸，引火烧到重耳和夷吾身上。既然扯淡"申生杀父"这事都能成立，说明"荒唐"二字也可以成立，那就让"荒唐"走得更远一点吧。

人做坏事，成功一次后，胆子就会变大，容易一犯再犯，直到被外力干预。很少有犯罪分子会自我罢手，善罢甘休。"盲目侥幸"总会让他根本停不下来。出租车最贵的是起步价，既然已经起步，那就多走一段吧。既然剑已经出鞘，那就继续砍吧。道理差不多！

献公已经老年痴呆，从色令智昏到二级残疾，所以骊姬这回连故事都懒得编，就按熟悉的套路继续向老年痴呆症患者打感情牌。同样的场景、台词、剧情，同样发生在半夜鸡叫。她向献公哭诉，说重耳、夷吾是申生的同谋，说他们已开始练兵，早晚要来杀她，请高龄老情人一定要替她做主。

谁知道事情就是这么巧。重耳、夷吾正好去绛都准备汇报戍边工作，路上听说"要谋杀老爸"的哥哥申生已经自杀，吓得赶紧跑回去。这无疑又应和了骊姬的"吹风"和献公的"猜忌"。

于是，献公下令**勃鞮**去蒲城抓重耳，派**贾华**去屈城抓夷吾。

狐突大吃一惊，想不到骊姬出手如此迅速，这么快就把"鬼话"烧到外孙身上。狐突赶紧叫儿子狐毛、狐偃去蒲城帮助重耳逃跑。他也摊牌了，不装了，说出最后的理由：申生已死，按照顺序是重耳继承君位，你们快去辅佐他。

"鹬蚌相争，渔翁得利"，但得利也不能得意，因为岸上有一堆渔翁呢。

重耳不像申生，他没有思想困惑，没有负担，没有那么多父父子子的约束理由。他见到两位舅舅后，不是商量怎么办，而是直接研究往哪里逃。但逃跑的"攻略"还没研究出来，勃鞮就赶到了蒲城。

这是一幕十分紧张的场面，请自行脑补画面以及背景音乐。

勃鞮是个超级敬业的小太监，接到命令后不打招呼也不回家换衣服，直接奔去蒲城。说时迟那时快，勃鞮追着重耳追到后花园，伸手都够得着，但不知道为什么，两人拉拉扯扯又只拉到重耳的衣服，砍断一片。给人的感觉就是过程非常有真实感，结局又非常有戏剧性。

我们有理由怀疑勃鞮是个**深得政治智慧的大艺术家**？

大家先记住这个人。他除了名字不好念外，做事的方式更不好理解。

重耳一顿瞎跑，就到翟国去。翟国国君非常欢迎来自晋国的公子。没几天，一批追随重耳的大臣也赶来了，其中**赵衰、狐偃、贾佗、先轸、魏犨比较有名，被司马迁称作"五贤士"**。贾佗这人有点争议，联想狐偃的儿子狐射姑叫贾季，推测他们家分封在贾，那贾佗也有可能是狐毛？此外，还有一个知名度很高的人，叫介子推。

这样看来，"二五"说得一点没错，重耳这么得臣心，对君位的威胁丝毫不比申生差。

花开两朵，各表一枝。弟弟夷吾并没有直接跑，而是在谋臣吕饴甥（或称吕甥、吕省）、郤芮的帮助下准备守城。贾华是个明白人，他慢吞吞地来到屈城，出工不出力，还使眼神、递纸条，暗示夷吾你赶紧跑！夷吾想来想去，最后还是跑去梁国。然后贾华又假装去追，追得满头大汗就是没追着，只能"遗憾"地回去复命。

人家父子间的误会，帝王家的恩怨，你一个打工的群演凑什么热闹？ 贾华和勃鞮都能看到这一点，但在表演功力上，勃鞮略胜一筹。他不像贾华把底直接兜出来，而是希望用行动让重耳感受到他的良苦用心。他演得更走心。

但献公很生气，管你们什么动机，打折执行我的命令，就是对我的蔑视，所以"去也匆匆，回也匆匆"的贾华马上面临被问罪。

丕郑父就对献公说，先前你派重耳和夷吾去守边疆，不是还为他们重修城池吗？他们现在有坚固的城池，不好攻打也是情有可原。

献公觉得有道理，就转问勃鞮，你不是已经追到了吗？怎么只砍下一段衣服。勃鞮不解释，只表态说，我现在带兵去翟国，把他捉回来。

于是，勃鞮又继续他的"表演"，带兵到翟国门口与翟人对视对峙了两个月，什么进展都没有。我就这样静静地看着你，你怕了吧？我盯死你。

丕郑父又劝献公说，重耳终究是你的儿子，父子之情不可断绝。既然两位公子都已出奔，他们的逆行也已公布于世，可我们的士兵还在翟国打仗（有点多此一举）。翟人很凶猛，我们也没有必胜的把握。如果再这样下去，不止会空耗我们的军力，还容易让人耻笑。

献公想想也是。"家丑不可外扬"，我把部队放在翟国门口，不等于在诸侯面前**晒朋友圈提醒我的家丑**？献公就命令勃鞮撤回，别看了，别瞪了，**你花两个月都没把重耳看出什么毛病，却让诸侯们看出我有病**。

献公是有老年痴呆，但不发病的时候政治意识还在。他同意撤回兵马一定有他的理由、他的条件和他的想法。

政治要讲规矩，很多事情只能做，不能说，双方心里有数就可以。献公知道大臣们喜欢重耳，撤回勃鞮就是意味着不杀重耳，免了重耳的罪，满足大家的心理要求。那对应的你们也要满足一个我的要求。我的要求可能比较无理，但操作很简单，就是立骊姬的儿子奚齐为世子。

这是对等的条件，你们希望我不杀重耳、夷吾，我借坡下驴同意你们，那你们也要同意我立奚齐为世子。这也是交易。**生意上的交易可掌声雷动，还要合同随行；政治上的交易要无声无息，习惯旁敲侧击。**

奚齐继位

既然献公在各种无理发飙后还能退让一步，大臣也只好妥协，又委屈又勉强地同意让奚齐当世子。

骊姬的理想终于实现。这一年是献公在位的第二十六年。史书记载，献公也就在位二十六年。很明显，他马上要去世！

骊姬赶上了帝国的最后一波人事调整。骊姬也很清楚自己和奚齐的威信不足，压不住局面，所以她不得不第三次启动"夜半起哭"。

骊姬说，我和奚齐没有什么实力，都是因为你的恩宠才有今天。奚齐立为世子违背了许多大臣的意愿，他们一定恨死了。如果你百年之后，他们要联合在外的公子们起来攻打我们，我们还能依靠谁？

言下之意，你要负责到底，要给我们安排一个依靠，然后再死。

献公说，我已经任命荀息为奚齐的师父、太傅。

荀息名黯，字息，本为原氏，或称原黯，深得晋武公信任。武公灭荀国后，以荀地赏赐原黯为封邑，原黯便以荀为姓氏，史称荀息。荀息足智多谋，曾一手策划"假道灭虢"，为晋国一举两得，也让自己一举成名。

所以献公将奚齐托付给荀息没毛病，没看错人，但此后朝局的演变就不是他所能控制得了的事。毕竟一个把智力混到二级残疾的君侯还能出一个如此合理的决策，已经很不容易。

安排这一切后，一代枭雄晋献公诡诸没多久便去世了。

连续多日涨停的晋国开始进入盘整期。

晋献公是春秋时期一个非常伟大的君主。他的功业和他的糟粕一样突出。**认识骊姬之前，他走出一条纯粹的政治路线，将曲沃人的血性撒向周**

边的诸侯，不断为晋国开疆辟土。原本还会被周王室、虢国欺负的晋国一跃成为当时最厉害的诸侯国。**在认识骊姬之后，他走上了一条复杂的感情路线**，你侬我侬的柔情渐渐消融了曲沃人的血性。他变了，他的心变了，智商也跟着变了。他犯下一个许多男人都会犯的错误。只不过我们普通人犯了，错误也就扯淡自己的一生，但献公犯了，错误就是扯淡晋国的未来。

幸运的是晋献公前半生积攒的"能量"足够他后半生的"荒唐"。好在地主的家底厚，禁得起折腾。但折腾也使得强劲崛起的晋国突然刹车减速，给其他诸侯国喘气的空间和崛起的机会。大家变得实力相当，谁也吃不掉谁。最终形成混战的春秋格局，演绎精彩的春秋故事。

如果没有这一出，晋国的牛掰可能就要让东周提前进入战国。

历史没有如果。**虽然我们看到的历史可能也是一种"如果"，但它已变成大家都认定的事实，取名正史**。其他的"如果"就只能退为佐料，携名历史去丰富文学，吸引文学来精彩历史，或取名野史。

四、惠公的强行插队

在骊姬等人各种折腾下，晋国终于变成电影、电视剧最喜欢的样子。献公去世后，各方势力蠢蠢欲动，他们都想扬长避短，抓住机会追逐梦想，但到底谁是"先发制人"，谁是"螳螂捕蝉"，谁是"鹬蚌相争"，就没几个人知道，也没几个人愿意知道。

因为**诱惑与恐惧远大于理智**。"豁出去"一定会比"想清楚"更常见。

权威跳空

晋献公雄才大略，能继往开来、励精图治，带领晋国迅速崛起。他开疆辟土、治国固本的功勋足以让他获得"最佳诸侯"的称号。但他杀世子、逐公子、立太傅等为奚齐祭出的每一份苦心，又差点毁掉这个称号。

这是一份老父亲的努力，也是一份老情人的厚礼。晋国上下都很清楚，**王位可以完全传递，但威信不能整体过渡。权力只是威信的一种来源**。

【发展与稳定】你作为诸侯，如果只是按部就班、得过且过，你的国家没什么发展，但也相对稳定。此时的国家体系里，权力就约等于威望

（信），君王的最高权力携带着最高威望。君王想做什么，就算有人反对，因为反对的力量低微，缺乏"高威信"的领头人，对君王构不成威胁。君王想立谁为世子，只要不太离谱，一般都能成，国事就像家事一样。换算数字来对比，王的威望指数是40，其他人最高也不过10。差距太大，构不成威胁。

如果你现在开始发展国家，对内改革弊端、打击势力、建立新制度，对外发动战争、吞并小国、探索新秩序，那么，持续的国事就会有人持续地建功。此时，王的威望值可能达到80，某些功臣的威望值也可以达到60。差距在缩小，他们威胁不了你，但可能影响你的子孙。子孙继承你的王位，但王位自带的威望值还是40+。权力和威望的相互倒挂很容易形成不稳定的隐患。

这就叫"功高盖主"。许多王朝的高祖晚年要杀功臣，他们担心自己儿子的40+，压不住大臣的60+。

这也是晋国所面临的问题。

晋献公通过内治外攻，建立了极高的个人威望。晋国也因此出现许多功臣。比如儿子申生，威望值就可能到达60。献公有足够的威信更换世子，但奚齐和骊姬的威望加起来也没多少，除礼仪制度外，没有额外的补充，根本抵不住来自功臣的蔑视，更别说世子申生。

申生可以死，公子们可以死，但大臣们却不能一个个都杀掉。

简单说，**奚齐和骊姬压不住晋献公留下的朝局**。晋献公发展了晋国，他让手下的羊变成狼，狼变成虎。现在自己这个牢门要拆掉，而新的牢门还不够高，虎和狼就都关不住。

献公不得已要启用最后一次威望，化作春泥更护花。他用自己的威望牵制住最重要的大臣荀息。感受到威力的荀息，也将进一步传达忠心，在献公面前明确表态将无条件支持奚齐。

荀息是最重要的朝臣，最大的老虎。但问题是老虎不止一只。献公是个好猎手，他想制服一只最大的老虎，然后再用这只大老虎去牵制别的老虎。

理想很丰满，但现实很骨感。老虎们之间的差距没有君臣之间的差距那么大。荀息只是大只一点，根本镇不住别的老虎。

不管献公能不能看到这一点，他已经尽力，已无能为力。他不能一个个托孤下去。"托孤"的价值就在于其少而珍，如果到处托、人人托，那就变成了买卖的"托"，贬值了。

这些问题，里克比他更有体会。

里克野性

里克是公认的猛人，武力、胆略、勇毅等都很突出，就是心智谋略这门课略输给"假道灭虢"的荀息。他是学霸，不是学神，所以对全国作文竞赛一等奖的荀息还存点尊重。

里克的特长不是文科，而是理科。里克，理科的谐音，没毛病。

他的得分点在军事。

里克姓嬴，是晋献公的第一猛将。他参加过诸如西伐骊戎、北征皋落狄部、灭霍、灭魏、灭耿、灭虞、灭虢等所有重大战役，均取得胜利。数理化地生门门满分。里克非常崇敬献公，正是献公的文韬武略和信任成就了他的辉煌荣耀。

世子申生是第二军的将领，常常穿梭在各大灭×的战场上，和里克建立了深厚的战友感情。所以里克对"一起扛过枪"的世子一样崇敬有加，毫不掩饰。

晋献公当年准备派申生去曲沃时，里克就直接向献公提出反对意见，说了一大通道理。世子是负责祭祀宗庙、守护社稷、照顾国君早晚起居饮食的人，因此称为"冢子"（类比犬子）。如果国君有事外出，世子就应该守护国都，谓之"监国"。如果又有合适的大臣留守，就应该随从国君出征，谓之"抚军"。两者都是培养和对待世子的优良传统。至于率军作战、出谋决策、发号施令等都是国君与正卿策划的事，不该由世子来担当。世子擅自发号施令，是不孝（你老爸还没死，政令就不能二出），所以世子只能坐朝，不可单独外征，不可置于外地。

里克很用心，他是做足功课才去找献公。理科生被逼着去背文科的内容，他是真担心申生离开政治中心。

但晋献公没有理会他的意思。**你的意思可以有，我的意思也可以有，如果我按照你的意思来了，那我的意思就没意思了。**既然你说的是世子的事，我就顺着你的意思说。我赞同你的世子理论，不过我有这么多儿子，又没说一定要让申生（继续）做世子。

里克讨了个没趣。他知道献公在做奚齐的文章。他也无能为力，但一颗不服的种子就此种下。里克常年征战，军队里重要的岗位几乎都是他的手下。书上记载"七舆大夫，半出其门"。"七舆"开始是指七个重要的兵车将领，后来泛指挥军队的一种官职名称。

所以这颗种子一旦发芽就可能是一枚核弹。晋国的朝局危机四伏。

献公也考虑过种子们的危机。他认为荀息可以镇得住局，压得住种，顶得住危机。他还给荀息打补丁、上外挂，任命他为相国。

荀息也表示愿意试试，一试到底，不成功就成仁的那种"试"。

现在，荀息和里克拿着各自的剧本，来到晋国的舞台中央。

弑杀奚齐

献公去世后，荀息以相国（首辅）身份，立奚齐为君。

大夫丕郑父也是一个有理想、有抱负的高级干部。他与里克一起找荀息，说奚齐是奴隶生的儿子，没有威信。三位公子的支持者还散布在朝堂各处，如果他们不服，就可能与在外的公子里应外合，然后借助秦国的力量回来争位。晋国将会很危险，不如直接立长公子重耳为君吧。

荀息果断拒绝。他说自己是个讲诚信的人，既然答应先君立奚齐为君，奚齐现在就是晋国的国君。

里克说，如果有人不服，起来造反呢？

荀息说，我会尽力辅佐奚齐，如果我力不从心，那就拼死。

里克：那我就懒得和你说。

荀息：你不说我就不知道你想干什么吗？

荀息了解里克，知道手握兵权的里克始终是一个隐患。什么"如果有人"，不就是你吗？他早就想好制约里克的办法。计划书就放在书桌上，只等献公的丧期一过，就开始落实。

里克也不傻，他可不会跟荀息一起等什么丧期。"我又不是宋襄公，我还会武功。"这个没有机会都会想方设法制造机会的将军，现在机会来临，谁还敢指望他能安静地守什么礼制？

一个月后，里克安排两名刺客假装成侍卫，混进献公的丧事现场，借机杀掉奚齐，顺便也杀掉正在一旁发呆的优施。在一个驰骋沙场的将军面前，这两个对手还不够他打个喷嚏。优施这种演艺圈的大腕，唱歌卖萌还可以，要来真刀真枪那哪行？一旦出门没带剧本，智慧和眼力就跟不上节奏，杀手们一龇牙咧嘴就可以让他追着晋献公去。

荀息听闻事变后大哭，真要去拼死，准备撞柱。刚刚信誓旦旦的理想还余音绕梁，一瞬间誓言就变成死言。骊姬还比较冷静。她立即收拾丧子之痛，急忙拉住荀息。告诉他不要急，奚齐死了，还有卓子。

卓子是骊姬妹妹生的儿子。

事实是不是真这样？这么镇定的骊姬也算有政治家的天分。可惜历史证明她不是。政治家除了要坚持理想、沉着冷静、处事果断外，还必须具备灵敏的政治嗅觉，超前的政治觉悟。很明显，骊姬除了冷酷的镇定外，再没有其他的政治智慧。否则她就不会对晋国局势产生如此糊涂的判断，想仅凭献公一张牌就要拿下晋国一副牌。

许多时候，**我们以卵击石的勇气都是来自贪欲和无知。**

荀息回头看了看卓子。他已经拒绝里克关于重耳为君的提议，也拒绝过其他大臣关于夷吾等公子的推举，为了平衡，为了两边三边都不得罪，似乎也没有比卓子更好的人选。

于是卓子上台，九岁。

屠岸关键

骊姬、梁五、东关五知道刺杀奚齐的背后肯定是里克所为。为安全起见，他们决定先发制人，杀掉里克。

荀息也知道，但他假装不知道，只以侍卫失职为由，杀几个侍卫，就把"弑君事变"草草了结。这个老谋深算的辅政大臣知道，自己现在的武装实力还不是里克的对手，局势还没到彻底摊牌的时候。他所能做的事就是小心再小心，免得卓子也被刺杀。等过些日子，慢慢剪除里克的羽翼，借到外力，壮大实力，再做对决也不迟。

这套策略简称"慢慢来"。如果现在就和里克撕破脸，双方就必须由暗转明，刀兵相见。但自己手下那几个木棍一样的卫兵，哪是里克的对手。他是武官，我是文官，最好是文斗，最好用上前面说过的"放在书桌上的计划书"。

可"二五"不这么认为。猪一样的队友要不出来帮几个倒忙都对不住自己的角色。他们有一套"完美"的**反扑理论**，擒贼只擒王，和兵多少没什么关系。他们想以其人之道反治其人之身,也准备请刺客刺杀里克。

按说这个办法也一样可行。奚齐作为国君都能被刺死,说明刺杀还是很靠谱。**可是,许多事情不是别人行你也行**。你只看到几张浮出水面的明牌,却不知人家还有多少张类似外挂的暗牌。政治斗争,双方的力量对比首先是**人脉厚度**的对比。他要杀你,就算一百个人知道,你也是第一百零一个。你们想去杀他,只要第三个人知道,他就知道。刺客的刺杀行动主要靠出其不意、攻其不备,最重要的因素就是你能不能守得住秘密。"二五"的反扑有点玄。

代表智慧的荀息知道,**实力的差距源于军事但是绝不只是军事,影响力会渗透到朝堂的每个角落。**

代表迂腐的"二五"认为,我们家杀鸡就是这样杀,哪有那么多顾忌。只要有足够勇气,再加上一点点运气,找到合适的刺客就可以。

至于什么叫合适?首先要力气大。

东关五想到门客屠岸夷。眼熟吗?但东关五对刺客的认识好像也只是停留在"力气大"这个层面。对于刺客的人品和来往起居居然一点不清楚。

屠岸夷在接到任务后,第一时间就与好朋友骓遄大夫商量。好友骓遄一直都认为,正是骊姬一伙害死世子申生,才导致晋国的大乱。

骓遄问屠岸夷,你为一个被道德抛弃的人卖命,能好到哪里去?何况此时的里克是你能杀得了的人吗?到时候不管成不成功,你都是替死鬼。

屠岸夷觉得有道理,那就收手吧,去找东关五,推掉这差事。

骓遄说,你傻啊,这个时候说不干,"二五"能放过你?他一定会为了保密而杀掉你。

屠岸夷问那怎么办,这浑水已经蹚进去了。

骓遄说,你应该和里克联合,"弃暗投明"才是你最好的出路。不亏本还能赚大钱的买卖已经来了。

屠岸夷想了想,认为好朋友的考虑确实很周到。失去晋献公庇佑的"二五"犹如丧家之犬,在里克面前毛都不算。自己去刺杀里克不就是以卵击石吗?还不如趁早良禽择木改事里克。毕竟,过了这村就没了那店。面,要趁热吃。

于是,剧情逆转。屠岸夷披上了里克集团赠送的"披风"外挂。

东关五快乐地挖开一个坑,然后一边念着"一切竟在我掌握中"的咒语，一边数钱。钱是正经钱，一张假钞没有，他数得也很认真，但那是屠岸夷卖他的钱。这样的故事在历史中屡见不鲜，可称"作茧自缚之被将计就计"。自以为是的人，总有他懵圈的时候。

结果东关五反被屠岸夷杀掉，梁五也被逼自杀。雇主雇个杀手，兜兜转转把自己杀了，惊悚变悬疑，悬疑变搞笑。一个非常好的黑色幽默题材。

屠岸夷还买一送一，杀掉了卓子。骊姬这回也没什么余地了，备胎用尽，万念俱灰，便跳水自尽。

荀息质问里克：你们就不能给先君留下一点骨肉吗？

里克说，申生不是骨肉吗？

荀息大怒，就拔剑冲向里克。

屠岸夷又买一送二，把荀息也杀掉了。连着杀杀杀，屠屠屠，他的"投名状"着实厚重。里克和朝臣都很满意，为他解决了身份问题。屠岸家族也开始随着屠岸夷的建功立业，像黑马一样蹿到历史面前，越来越强盛。但关于这个家族的故事一直都是扑朔迷离，似有似无，尤其是孙子屠岸贾，还（被）参演出了一场大戏——**赵氏孤儿**。

《左传》：我不知道这事啊。

《史记》：我想应该有这事。

里克心思

里克可以杀王，但不能称王。这是春秋的规矩，很好的规矩。**这条周礼的潜规矩保障（导致）春秋的诸侯国只会越来越少，并最终走向大一统。**

卓子一死，晋侯的位置又空出来，要再找个公子补上。许多人都想到重耳，按照长幼顺序，也应该是重耳。

晋国已经没有荀息，"视弑君如粪土"的里克接管立君工作。里克的工作很细致，他联名丕郑父、共华、贾华、雅遄等三十多人写了封联名信，请重耳回晋为君。

敲黑板强调一下，名单里没有狐突。实际上，里克是找过狐突，想请他出来，但狐突推辞了。老头子很谦虚地说请里克大人做主，他老了没什么能耐，在一旁听听就是。里克信了，估计也是权欲作怪，不希望德高望重的狐突真的出来抢风头、拿话筒、唱大戏，另一方面也说明里克的政治手腕还有短板。总之，里克不再继续强求狐突，真的开始自己做主。

快递小哥：我信你个鬼，你个糟老头子，坏得很。

狐突是老狐狸，他把局势看得很透。晋国风平浪静的表象下暗流涌动。里克要迎接重耳，但他自己是权臣，手握重兵。重耳回来为君，不能恩将仇报吧，**那以后谁管得住里克**？狐突可能希望再借他人之手除掉里克，**这样既能扫清权障，也能保全重耳的贤明人设。**

狐突对里克的谦让，其实也是试探。但里克没看出来，就真的顺杆爬，宣布自己主持工作。这再次说明"里克眼里有我，但心里没我"，他的"弑君政变"不是为了重耳，就是为了他自己。

里克身上有两张很明显的标签，即前太子的拥护者和兵权的拥有者，这些特征在新君面前都属于不安全属性。这是一种具有危险性的博弈：**如果我（里克）今天在"有力"的位置上没有发力，今后就可能失去发力的机会。**他必须发力，赌一把，"我拿青春赌明天"。

所以"重耳为君"只是他的次要目的，没有奚齐、卓子，也没有申生，那最好的选择就只能是重耳。如果重耳回来，他还要加一个拥立之功。

然而，老狐狸狐突不糊涂。

狐突没有签名。三十多人没有他的名字，重耳一眼就发现这个信号。外公还在犹豫，晋国还有变数。

这是"你懂的"的信号，当然不能说，否则重耳的名声就不贤了，否则狐突在京城就尴尬了。狐偃这个老师可不是白教重耳的。

重耳果断拒绝。他说，我得罪了父亲跑出来，父亲去世时我不能回去哭丧，现在哪里还敢趁乱回去争国？

人家又劝，重耳又拒，几个回合下来，使者也看出，重耳是真不愿回晋。

既然重耳不肯，按照排队顺序就应该是夷吾。里克开始不同意，认为夷吾比较"贪忍"。**贪，就容易见利忘义，不讲信用；忍，就容易不认亲情，缺乏感恩的心**。但他经不住大家劝，最后也只好勉强同意。就像大夫**梁繇靡**说的，夷吾是比不过重耳，但总比其他公子强。比上不足比下有余，"矮个头里拔高个"。

于是，屠岸夷和梁繇靡就去梁国，找夷吾。

夷吾反制

夷吾在梁国望着晋国，翘首以盼。

听说重耳拒绝了群臣的邀请，夷吾赶紧召集谋士吕饴甥和郤芮，研究下一步举措。郤芮的眼光很刁，能看穿重耳的心思和顾忌。他对夷吾说，咱们不能学，也不能等。重耳年长是哥，你是弟，这是天然的劣势。晋国没有那么多机会留给你让来让去。

机会是留给有准备的人，但有准备人也不要推来推去。

夷吾也怕里克。他们就想出两个对付的办法：一个是许诺给里克封赏汾阳之田百万，给丕郑父封赏负葵之田七十万，稳住两个重要权臣；另一个办法是找秦国帮忙，找个撑腰的后盾。一内一外，双保险。

简单说就是用行贿腐败的手段笼络人心。夷吾想通过里克和丕郑父来压制其他的大夫，再用秦国来压制里克。借力发力的太极，用重叠交互的威信达到不战而屈人。

收到邀请的秦穆公很犹豫，不确定要支持谁，就派公子絷去面试重耳和夷吾。问题一样，都是"秦国帮你回晋继位，如何报答秦国？"

重耳说，不，我很伤心，我想念父亲，然后就趴在地上真哭。

夷吾说，好，如果秦国帮我成功上位，我愿意割河西五城给秦国。

五城？夷吾行贿的慷慨颇有一代就败光家底的气势。但我们都错了，我们是按照常理来判断，哪里知道人家压根就不想按套路出牌。五城六城都是夷吾的一种手段，一种摆脱道德束缚而采取的低级趣味的缓兵之计。按照里克的说法，他是贪的人、是忍的人。按照郤芮的说法，你没有国，别说城啊、田啊，连晋国的屁都不是你的。

夷吾：那我就先画一个饼。

战国时的秦国张仪可能就是从夷吾身上得到启发，也画饼给楚怀王，说给你六百里地，然后把楚人骗个半死。这大概就是久病成医，从春秋的受害者，一路成长，到战国的施暴者。

通过公子絷的考察，秦穆公认定重耳更贤。

对，成绩是重耳高，但录取的对象却是夷吾。就算夷吾没有贿赂考官公子絷，秦国也会录取夷吾。

公子絷说，我们不管帮助谁复国，都有助人为乐的美名。如果让贤者重耳上，晋国就会成秦国的强劲对手，如果让贪者夷吾上，晋国的发展将不如秦国。

厚黑的道理在国际交往中确实可以冠冕堂皇。但实践似乎也同时证明，贿赂（五座城池）真的是一把很管用的剑（贱）。不管是秦国还是公子絷，拿了人家的手短、嘴软。

于是秦穆公出兵车三百乘，派公孙枝护送夷吾回晋。

秦穆公的夫人穆姬，是申生的亲姐姐。姐弟俩的生母早亡，后被晋献公次妃贾君收养。穆姬是个有教养、有素质的姐姐。她听说公孙枝准备护送夷吾回晋国，就写信给夷吾，请他务必厚待贾君，还有那些因战乱而出奔的公子（弟弟）们，也请尽快召回晋国。

夷吾很爽快地答应了。为了能快点回到晋国，他什么都会答应，他甚至可以管任何人叫"小甜甜"。等真回到晋国就不一样了，立即改口叫人家"牛夫人"。

事情进展得很顺利，但成为晋公的夷吾突然发现，现在晋国的城啊，田啊，屁啊，全是我的，如果要一一兑现给他们，那是真的心疼！

为了不让心继续疼，那就不给了。

夷吾：谢谢你，秦穆公！谢谢你，里克！有空一起喝茶。

里克：我料到你会翻脸，没想到会翻得这么快。

夷吾的违约也再次证明里克的政治不成熟。你没有为他争取晋国，只是去迎接一下，就可以得到百万田地，那跟着夷吾逃难并时时出谋划策的郤芮呢？他的功劳是不是更大？为什么没有封赏百万田地？

如果郤芮没有，反推过来，里克又怎么会有？

夷吾违约后，里克和郤芮都没有，两人就平等了，也包括秦穆公，人人平等。里克有怨气，但碍于面子，只敢在嘴上发发牢骚，说你刚刚得国就要得罪秦国。这个强悍的邻居可不好惹。

没错，秦国的威胁和里克的牢骚都是夷吾集团必须面对的问题。但问题要一个一个解决，做事分轻重，先讨论秦国。

吕饴甥说，你答应给秦国五城时，你不是国君，没有晋国又有什么权力给人家五座城池？再说，你现在有晋国，就算不给，秦国又能奈你何？

这是非常流氓的理论，单单挑出承诺合同中涉嫌的逻辑"漏洞"来说事。鸡生蛋蛋生鸡，因果颠倒。但夷吾就喜欢这种"我是流氓我怕谁"的解释。

郤芮也认为秦国再怎么强大,要夺五座城池也没有那么容易。

里克说,当年曲沃先君只有曲沃一座小城,不是一样打出现在的晋国?要成大事怎能言而无信?

郤芮说,你不是担心秦国的五城,你是担心你那百万田地吧?

同样拿着"七十万田"口头支票的丕郑,听到郤芮主动提起这个敏感话题,就赶紧示意里克不要再说。"利令智暂时昏"的里克也立即回过神来。

对面的夷吾,可不是奚齐、卓子。

他们最明显的区别是,夷吾有一群人支持,有郤芮、吕饴甥这种高明的谋士。而奚齐、卓子只有一个老辅臣加一个傻女人。

丕郑和里克只好带着怨恨搁置话题,先行退下。他们意识到只有除掉郤芮、吕饴甥,才能回到属于他们的黄金时代。

同样的算盘也拨打在郤芮和吕饴甥的心里,只有除掉里克、丕郑,才能真正步入属于他们的辉煌时代。

英雄所见略同。四颗智慧脑袋就干上了。**在利益和权力面前,智慧与智慧的碰撞,除了火花,还有满地的节操和满屋子的血光。**

诛杀里克

丕郑首先想到秦国。秦穆公肯定会因为被忽悠了五城而恼怒夷吾,其中一定有文章可以做。老丕就主动请命出使秦国去"回复谢绝交城"的事。这是高风险的公差,夷吾正愁没有人去。

好,那就你!

丕郑在政治斗争中似乎更加聪明一些,但他忘了,把比自己不聪明的盟友里克单独留在晋国才是真正的风险。

郤芮对夷吾说,里克没有得到田地一直有怨言,恐怕早晚生变。而且,他原本是想迎立重耳回国,是重耳拒绝了才想到你。他现在心中不服,万一哪天又和重耳里应外合,就麻烦了。不如现在把他杀掉,以绝后患。

夷吾说,人家刚迎立我,我就杀他,影响不好吧。

郤芮说,理由还怕没有?就问罪他擅杀诸侯大臣的大逆不道。他迎立你,是私恩;弑君乱政,是公罪,国君你怎么能因私枉公呢?

听郤芮这么一解释,夷吾顿觉豁然开朗,原来自己已站在道德的制高点还差点"自甘堕落";原来干一件这么不要脸的事,还有这么冠冕堂皇的理由。

真是知识改变命运。郤芮的知识改变了里克的命运。他们把里克骗进宫中,宣布了罪证。

里克大怒,没有我杀掉他们,哪有你上台的机会?哪有你杀我的权力?居然跟我玩绕口令?

郤芮也大怒,少扯没用的,我们为什么要杀你,你心里不清楚吗?

清楚是清楚了,但在权谋高自己一等、脸皮厚自己一寸的人面前,里克已经找不到造反的机会。场景根本就不像以前那样。在夷吾和郤芮面前,奚齐和卓子那两张考卷简直就是两套送分题。

里克没办法。他连回军营发难的机会都没有,只好被逼自杀。

可惜了里克。一代战将,不能喋血疆场,却要陷身宫廷。历史欠他一个记载,文学欠他一个评价。

春秋要遵循"争霸"的路线,突出礼仪框架下的"尊王攘夷"。他们对战争的刻画相对简单,使得里克的特长与光辉被历史的偏好埋没了。今天已很难知道里克在灭诸侯国时充当多牛的角色。多数只有两个字,灭魏,灭×,连想象都没有附着的空间。里克吃亏在走错考场,明明擅长武术,可面前的评委老师却只听歌曲。

里克死了,以一种毫无**戏剧期待**的方式离开晋国的政治舞台。但事情好像才刚刚开始,里克当时是联合三十多名大夫去邀请重耳,现在却被一个让人口服心不服的理由自杀,其他人的心里就再也不能平静了。他们白天感到压抑,夜里感到恐惧,所以时而出点怨言、发点牢骚也是一种正常的排解。

然而夷吾却觉得不正常。什么排解排泄?都是隐患。他想一并杀掉。

但郤芮说等一等,让子弹飞会儿。丕郑出使秦国还没有回来。

屠岸再择

丕郑主动出使秦国,其实心里也有自己的小盘算。他游说秦穆公,说阻止晋国向秦国履行合约的人其实是郤芮和吕饴甥。秦人问他什么意思啊,丕郑说其实我也是债主,我也有七十万亩田的合约一样被这两人给黑掉。

对了，里克将军更惨，他有一百万亩田的合约。

原来大家都是战友啊……债友啊！

秦人信了。丕郑不但化险为夷，而且成功地和秦穆公站在同一条战线上，"同是天涯沦落人，同是夷吾所骗人"。为了共同的讨债目标，双方商定出一个计谋：丕郑先骗郤芮和吕饴甥到秦国，然后秦穆公"发怒"除掉夷吾的这两个心腹，最后再去找晋国谈履行合约的事。

丕郑便起身回晋国，但刚到绛都郊外就获悉里克被迫自杀的消息，心想打草惊蛇形势有变，不如先回秦国再从长计议。这是正确的选择，但**正确的事情不一定就是要做的事情**，因为丕郑想到儿子丕豹还在晋国，如果自己临阵脱逃，那儿子的小命就难保。

正在犹豫不决时，丕郑遇到出来郊游的大夫共华。共华说，与里克一起签名的人多了去了，我共华也在其中，但现在只杀里克一人，其他人都没处理，说明没什么问题。而且你又出使秦国，根本不知道国中发生的事，"里克事件"完全和你没关系。但你如果现在逃走，反而说明心虚。

丕郑听共华这么说，就一起回到绛都。倒不是共华的话多么有道理，而是他心中挂念儿子丕豹，**舐犊之情占据上风**，就偏向于侥幸的心理自慰。

其实丕郑不知道，他的处境完全和共华不一样。包括共华在内，很多人都不知道还有一件很要命的事关联着丕郑。原来，里克听说丕郑出使秦国时，居然匆忙出城去追，只是没追上而已。

这事很简单，但性质很复杂。关键这事被郤芮知道了。

郤芮不傻，不会单纯地认为没追到就没事。他会认为"追"这事就说明他俩有事，他俩是一回事。而且，他俩都是债主。

郤芮要等这条大鱼。漏网之鱼回来了再说别的事。

丕郑回来说秦国愿意放弃五座城池的交割，只希望郤芮和吕饴甥两人去秦国谈其他边界的划分问题。郤芮和吕饴甥马上识破其中阴谋。太具体了，为什么要点名我们去？谜面就是答案啊！

在自私的眼里，这世界哪里有慷慨？何况是五座城池，何况还这么心平气和地放弃？这把戏太幼稚了吧，我们光闻空气中的味道就能闻到阵阵杀气。

这一次他们是对的。

他们就对秦国使者冷至说，你先回去，我们最近没空，过段时间我们会自己过去。冷至没办法，就这样被打发走了。

这样一来，丕郑反而忍不住了。计划无法顺利进行，说明计划已经被识破。**这次破的是计划，那下一次要破的就是自己。**既然自己是被夷吾判定为必须死的人，倒不如来个反客为主。于是，他召集祁举和七个舆大夫（共华、贾华、叔坚、骓遄、累虎、特宫、山祁）等人到家里商议对策。

实力的差距再次体现到信息工作的不对称上。

聚会这事居然很快被郤芮和吕饴甥知道。既然行动诡异，那就一定有文章。但要知道到底是什么文章，最好安插一个"木马"过去。

郤吕选的木马就是屠岸夷。他们对屠岸夷的了解远超过"二五"几百条街。

他们对屠岸夷说，你曾帮助里克弑君杀臣，现在里克已经伏法，你也有同伙之罪，但国君念你有迎驾之功，所以还犹豫不决。你现在唯一能自救的办法就是立功，将功赎罪。

立什么功？怎么立功？

很简单，你混到丕郑父身边去，做卧底。如果能探清楚他们的阴谋，并取得证据，你不但不会死，还会提拔封赏。

屠岸夷听说里面有自己的好朋友骓遄，有点小犹豫。

郤芮就提醒他，还记得东关五吗？成大事不拘小节。

屠岸夷立即豁然开朗，严重同意这么"有道理"，又这么"有诱惑"的建议。东关五是老板，骓遄是朋友，但在封官许愿面前，都可以大义灭亲。

可以看出，里克和丕郑在郤芮面前，就像"二五"在里克面前，根本不是一个数量级的较量，处处都是漏洞。真是一物降一物，院队打班级队跟玩似的，等院队遇到校队的时候，就一样跟被玩似的。

面对"木马"屠岸夷，丕郑明显没有更新杀毒软件，直接信任放过，很快就被渗透。毕竟屠岸夷刚刚还是自己和里克最忠实的战友，投名状上的血迹都还没干。自家兄弟不信你还能信谁？而且屠岸夷还拿出了撒手锏，他咬破手指对天发誓说如果不是诚心迎立重耳的话就让他断子绝孙。**这种话要搁在现在，估计屁都不是，谁都不信，但在当时，尤其是在忠义的人面前，那是掏箱底的坦诚。**

获得信任后，屠岸夷又主动要求去翟国对接重耳。那拿什么对接？手书！

好了，这就是关键的证据。

我不得不再次为丕郑的奇怪智商着急。先前里克领三十多个大臣邀请重耳回来主持没有国君的晋国，被重耳拒绝。现在你带十个人（含屠岸夷）邀请重耳回来不是主持，而是抢夺夷吾的君王之位，贤人会答应？这不是一个纯粹的自我感觉良好的理想寄托吗？

但身处险境的丕郑可能心智已乱，想来想去除了破罐子破摔的勇气，已找不到更好的办法。他决定试一试，试出了那份请愿书。

屠岸夷拿到请愿书后，如获至宝。什么叫书中自有黄金屋？这份请愿书里面的黄金多到你一个屋放不下，就看你够不够缺德，敢不敢去兑换。

屠岸夷：现在你们说什么？我都听不见。

毫无道德压力的屠岸夷并没去翟国找什么重耳、重眼，而是直接跑到郤芮家里，交出人生第二份投名状。

郤芮马上报告晋惠公，"事实清楚，证据确凿"。第二天上朝的时候，郤芮就对照名单逐个点名，叫到谁就请谁往这边站一站。**新鲜的请愿书，新鲜的墨迹以及新鲜的晋惠公，他做事一点不磨叽**。丕郑等八个懵圈的造反派就这样束手就擒，直接被咔嚓掉。

那个叫贾华的大夫临刑前还大声呼叫，提起当年晋献公派他去追杀夷吾时，是他故意放走了夷吾。这份恩，这份情，够不够抵罪？

君上，你还记得大明湖畔的"贾华"吗？

晋惠公一听这事，突然陷入深深的回忆中。但善于找理由的郤芮再次发挥他的才智特长。他说，贾华做献公臣子的时候违背献公的命令，现在做惠公臣子又想着造惠公的反，是个典型的反复小人。

晋惠公：对哦！想不到这个小人还小得这么工整！

小得工整又何如？一会儿用砍得工整来报答？等等，为什么只有八个？除了屠岸夷大人外，共华大夫正巧今天请假，没有去上朝。他本来有机会逃走，但他放弃了，因为情结。

共华是自己跑到朝堂上，大呼我要来领死。

共华说，我叫他们不要造事他们偏要，现在发生这样的事我自己逃走算什么？我不想抹黑贵族的气节。而且，丕郑本来不想回晋国，是因为我的劝说才回来。现在居然是这样的结局，我的心又何安？

惠公看到共华非常吃惊。他说他非常佩服共华的勇气和为人。然后一边佩服,一边下令把共华抓起来,陪着"工整"的贾华,一起杀掉。

杀完该杀的人,惠公转身对屠岸说,你有功,我养你。

屠岸夷就由一名刚脱籍的"门客"直接升为中大夫,临时工突然变中层干部,非常的"封建糟粕"。另外,晋侯又把原本许诺给丕郑的七十万田中割出三十万给屠岸中大夫。只是经过两次教科书式的卖友求荣后,不知道屠岸夷会形成怎样的人生观?我们不得而知,让《走出科学》去探究吧。

丕郑父的儿子丕豹,听到老爸的噩耗后,迅速逃到了秦国。

先前,丕郑本来是可以不回晋国,但担心儿子丕豹的安危,最后还是回去了。原本是"父安子危",现在变成"父危子安",真是一命换一命。

不过,这故事还有一个大同小异的版本。《左传》和《史记》都说丕郑出使秦国时,就传来里克被杀的消息。他就与秦穆公商议,准备骗吕甥、郤称、冀芮(后两人可能混淆了郤芮)来秦,再借机赶走惠公,迎重耳回晋。但丕郑一回晋国就被看穿。他们直接杀了丕郑,以及上面的七舆大夫。

丕豹跑到秦国后,立即受到秦穆公的重用。这种身背血海深仇的弃暗投明,比什么投名状都管用、都真实。而且,秦穆公也不是一般人,他一样会看人、会用人,虽然上次在惠公身上,看走了眼,用错了人。

五、秦晋的合同纠纷

鼎鼎大名的秦穆公,也是春秋五霸之一,有属于他的专题汇报演出,后面会有专题介绍。现在在晋国的舞台上,暂时委屈一下,继续做个配角,配合演好别人的故事,虽然故事有点不要脸。

穆公:说清楚,不是我不要脸。

惠公毁约

夷吾成为晋惠公以后,关于他的记载几乎都是职业反派、标准坏蛋的故事。

历史:大概是为了铺垫,反衬文公的需要吧。

杀掉里克、丕郑后,晋惠公想起另一件事。回晋国之前,他的姐姐、秦穆公的老婆穆姬曾经嘱咐他,回国要好生对待那些因战乱而出逃的公子,并且善待穆姬的养母贾君。

晋惠公想把这些公子找回来。

郤芮说,不可,这些公子哪个不能做国君?如果他们在晋国,我们都要想着如何防备他们,如何除掉他们。现在他们在外面好好的,召回来不是给自己找麻烦吗?你的姐姐只考虑家庭亲情,没有想过晋国的安定。你想遵循她的嘱托,善待她的养母就可以。

晋惠公觉得有道理,就去找后妈贾君。他见到贾君后,发现贾君很漂亮,很合自己的牲口味,心痒痒,非常有感觉。于是,几句简单的对白后,夷吾就在贾君的住所把男女的事情给办了。有点霸王硬上弓的嫌疑,毫无忌讳。

郤芮:晕,你是这样理解我说的"善待"?

晋国上下只能无语以对,这办事效率要是用在建设晋国上,估计晋国历史就要马上改写。但老天爷不高兴了,要降灾警示了。

按说夷吾作为国君,犯点生活作风问题也不是什么大事。在礼崩乐坏的春秋,哪家诸侯国没有点风月故事?只有他一以贯之的行政缺德才会被后人诟病,关于天人感应的迷信才会被暗示性地加到晋国身上。

史官:晋惠公这个大坏蛋,老天都不会放过。

记载说,自晋惠公继位以来,晋国就常遭天灾,不是旱就是涝,到第五年,终于撑不住了。

这就是老天的能耐,国君做了错事,就降祸给他的子民?什么鬼道理!直接打君王的屁股不行吗?让他得个痔疮也可以啊!儒家说,国君是天的儿子,天子。难道是老天舐犊情深?诸侯也是天子的儿子,天孙,隔辈亲?

蒙老天"照顾",晋国老遭灾,老百姓已经快到没饭吃的地步了。晋惠公也没有不管不顾,很着急,但也没什么好办法。他想向隔壁邻居,有钱的地主家(秦国)借粮食,但碍于赖过五座城池的事,就不好开口。

"不好开口"这种状态,无非是缺乏一个心安理得的理由。但缺理由可以找郤芮啊。

郤芮果然帮他找到一个可以补天的理由:我们现在为人民向秦国借粮食,他如果因为此前城池的事拒绝,而不顾百姓的死活,说明他的"素质"和我们一样,那就不存在谁辜负谁。

晋惠公竖起大拇指:就服你!就咱目前这条件,还能考验别人的素质?

没想到，秦穆公说，我借！

从这一点看，晋惠公和郤芮倒是一对很负责任的领导，**他们考虑子民的吃饭问题远超过自己的名声问题**。后世的道德家们只记得他们的不要脸，却不知道正是他们愿意放弃自己的脸才挽救晋国多少百姓免于饿死。

当然，他们体察民情是一回事，"脸多"耐丢也是一回事。他们大概已经把丢脸当作一种能耐了，如螃蟹弃腿、金蝉脱壳一样，件件都豁得出去。

晋惠公：我就鄙视你们这些靠脸吃饭的小鲜肉。

他确实不是靠脸吃饭，他是靠不要脸吃饭。

秦国愤怒

实际上，秦国在是否给晋国粮食的问题也有过一番思想斗争。秦穆公不愧是春秋五霸之一，关键时刻会采纳百里奚、蹇叔等人的建议，认为辜负我老秦的王八蛋是晋惠公，不是晋国人民，所以同意给粮食而不是乘机攻打晋国。

秦国最后不但给晋国粮食，还给不少，据说运粮食的船都快把河道堵塞了。秦国人很自豪，说这叫"**泛舟之役**"。

郤芮：也可能河道比较窄。

秦国：积了一票德。

老天：我忘了记。

德刚刚积下，估计还没来得及生根发芽。没想到，第二年轮到秦国大旱，荒年，而晋国却丰收。

剧情这么刺激，只能说老天爷是故意的。

穆公自我感觉良好。幸亏我是明君，去年借粮食给他们，现在好了，轮我们去向晋国要粮食，那还不理直气壮？

没想到，晋国不给，而且也是非常理直气壮的样子。

晋惠公原来是想给，但郤芮说，五座城池和一堆粮食比，哪边分量重？你给他粮食不给他城池，是舍大报小。如果你现在只想报答他的"泛舟之役"，那当年他给予我们的复国之恩呢？

小心眼的惠公集团什么都缺，就不缺理由。

夷吾说，爱卿你说得很对，对事物的分析总是有独到的一面。

郤芮：关键是你喜欢。

那么问题来了，到底是郤芮影响了惠公，把他变成自私自利的君主，还是惠公本来就是个尖酸小人，喜欢、信任并迫使郤芮成为理由大王？

晋惠公：*也就相辅相成吧。*

大夫庆郑却坚决反对，因为去年是他去秦国借粮食。领导你这样不靠谱，让具体的经办人真的很难受。你不要脸在家就好，我们当手下还要出去混事，没脸怎么办？

庆郑想自己去年为了完成使命，费老大劲，刷老多脸，哪想到回过头来，你们居然爆出个这么惊悚的理论，那我以后再遇见秦人，是不是要躲着走？

吕饴甥补充说，秦国给我们米粟，不是他爱晋国，而是爱晋地。我们不给他米粟，他会怨，我们给米粟不给地，他一样会怨，反正都是怨，干吗要给？

庆郑：*怨的程度可以不一样啊！*

庆郑说，人家有灾我们不救是不仁，人家借我们粮食，我们不还，这是不义。这样不仁不义，以后还怎么立国？

大夫韩简也说，如果秦人去年不给我们粮食，那个时候我们会怎样呢？

韩简就是后来韩国（不是欧巴的韩国）的祖先之一。他是韩武子韩万的孙子，是个明白人，也是个敢说的人，言下之意是我们会饿死很多人。

但反方又出来一个叫虢射的大夫。他反驳说，去年晋国受灾，是老天给秦国攻打晋国的机会，但他不珍惜，还给我们粮食，那是他愚昧。现在老天反给晋国机会，难道我们也要犯同样的错误吗？

他们说得都很好。其实不管哪个国家，讨论事情的时候，总会有不同的人发出不同的声音。不能怪他们，他们只负责说，把各种情况都考虑到，领导才要负责断，做最后的决定。但同样是面对纷纷扰扰的理论分析和意见建议，晋惠公总能做出和秦穆公不一样的决定。这就是区别，这就是**为什么人家是五霸之一，而你只是五霸之一的弟弟**。

秦穆公听到冷至的回报后，气炸了。一个人再怎么无道无耻，大概也无法超越隔壁的晋惠公。

你前面骗我一回说给五座城池，现在又骗我一回送你们 N 船粮食。当我傻就算了，居然还是二傻。你们是在嘲弄秦国的智商，还是在鄙视秦国的实力？没的说，打仗吧，出不出气先不说，再不打一场，以后我在诸侯国里面还怎么混?"傻子"不发威,都把我当成"二傻子""三傻子"了?

打仗确实是个好东西。春秋时期,天下没有什么矛盾纠纷不是一场战争解决不了的。如果有,那就多打两场。反正大家的日子都这么过。

那就打吧!

韩原大战

老秦人愤怒了,雄赳赳气昂昂朝晋国打过去!

但晋人很镇定。晋惠公不怕打,他的晋国很大。他动员比秦国多几倍的兵力到前线去迎敌。家里有矿的富二代终于要开始败家了。

这是一场很有想象空间的战事。历史只是偏好地记载了战争与冲突、矛盾与反矛盾。如果我们自己去做的话,就会发现有远比书中多得多的工作要做,比如说动员令。事实若真如此,晋国该如何动员大家去打去年刚刚给我们米粟、今年我们又赖账不还的秦国?怎么跟士兵说为什么要打?

一个人的脸皮可以很厚很无耻,但一国子民的脸皮不可能都那么厚,那么无耻。唯一的办法就是欺骗,但到底怎么骗就只有鬼知道!**或许我们才是被这些偏好所欺骗的人。**

两军在韩原相遇,此一战役被称为韩原大战或龙门山大战。战争的场面很乱,他们是这样打的——咚咚锵咚咚锵!(此处略去×××字,因为战争的详细内容,我要留给秦穆公的篇章)

结果是晋国输了!为什么?士气!

上天对秦国说:**你有理,你怕啥**?

晋国输得很彻底,屠岸夷拼到力尽,被俘后又被杀。晋惠公也成俘虏。其他战将如虢射、韩简、梁繇靡、郤步扬、郭偃、郤乞等虽没被俘,但因为老大被抓,他们也只好以败将的身份尾随跟在后面。

这就奇怪了,如果晋惠公真那么垃圾的话,为什么还有这么多忠心之士死心塌地跟着?不会做鸟兽散吗?

实际上,惠公被俘既有战争之败,也有他自己太作的原因。刚要出征时,因为庆郑还在提反对意见,惠公就想杀了庆郑祭旗,但被虢射以出师不吉为由劝解了。出征时,惠公又坚持用郑国产的马,外地马,马夫不熟悉,但惠公喜欢它,一直把它当作宠物养。它是马中的帅马,名叫小驷,有一匹顶四匹的感觉。但这种"顶",也就是颜值顶一顶。然后是人,战车上要三个人。除了中间惠公自己外,两边还各一人。一个是驾车的马夫,郤芮的侄子郤步扬。另一个是护卫,到底选谁?高级占卜师郭偃"轰玛尼玛尼轰"算出来,说庆郑最适合。惠公大怒:差点要祭旗的老庆怎么能在放在身边?换其他人!

晋惠公:老郭,我怀疑你的业务水平不讲政治。

结果战争一打响,帅马小驷就被咚咚锵的战场吓得半死,到处乱窜,把车带入泥潭中起不来。惠公正焦急时,看见庆郑路过,就大喊老庆来帮忙。庆郑却使坏说,你坐好你的"驷马难追",我去找虢射、韩简他们来帮忙。然后就心安理得地继续路过,去找正在围攻秦穆公的韩简等人。韩简一听老大被困,就弃围穆公赶紧跑去救惠公,但已经来不及了。因为庆郑走后没多久,秦兵就像闻到血腥味的鲨鱼一样游到晋惠公这边来。失去保护的晋惠公,想跑也跑不动,生生矗立在泥潭中,非常有仪式感地变成秦军的战利品。

晋惠公:我就这样来到秦国。

秦穆公哈哈大笑,我要把惠公像猪牛一样杀掉祭天,给他极致的人品画上一个匹配的句号。但大家纷纷提反对意见:杀掉夷吾,谁当晋侯?到时我们不是白白增添一段仇恨吗?最好是让他还我们五座城市,然后放他回去。

毕竟这么优秀的败家子也不好再找。

秦穆公一想也对,差点忘记我已经是文化人,要有素质。**我知书达理是为了能像以前那样心平气和地和你签订合同,我文治武功是为了能像现在这样让你心平气和地遵守合同。**

同时,穆姬也向着娘家人。她说晋君如果被杀就等于她没了娘家,就以死要挟穆公释放惠公。穆姬是有名的贤后烈女,但流传下来比较具体的故事也只有救弟弟。救这个弟弟(夷吾),救那个弟弟(重耳),"扶弟魔"。

秦穆公很爱这个老婆,所以老婆的意见也很重要。

还有一点,在晋国守家的郤芮和吕饴甥也开始运用外交挽救惠公。

所以许多时候,**事情一定是多个原因共同作用的结果。你从一个角度看就只能得出一个结论。**秦国大臣可以出去吹牛说正是他们的据理力争,才使得晋惠公活命回国;姐姐认为正是自己的要死要活,才让弟弟保全性命；家臣们则认为是因为他们的外交智慧，才使得国君只在秦国走两个多月亲戚，过段百日游，然后安全回国。

实际上，秦穆公不想杀他才是真正的内因。**内因决定事物的发展方向，外因只是决定事物以何种形式走向它该去的方向。**

秦穆公现在可以由自己来定游戏规则，大做惠公的文章：第一步晋国先移交五座城池给秦国；第二步秦国放夷吾回家过年；第三步惠公再把儿子姬圉送到秦国来做人质。

说起姬圉，也很有意思。他老爸夷吾逃难在梁国时，娶了梁国公主，生下一男一女。某个算命的老头一顿占卜后说，生儿子就要去做人质，生女儿就要去做小妾。

我就想知道，这位"耿直"的算命先生还能活多久？

这么扯淡的"一卜就知"的故事我也是醉了。但没有办法，人家就这样说，并且证据很充分——他取个"圉"的名字。

那会不会是夷吾被困在梁国很郁闷，然后取名"圉"？

然而事实还真是姬圉去做人质，你还不好反驳。唯一的解释就是：故事是由成功者编写。他们是倒推着写。

晋惠公最后能四肢健全回到晋国，连他自己都想不到。但充满小人智慧的晋惠公回家的第一件事不是烧香拜佛，也不是痛定思痛改过自新，而是杀庆郑。

庆郑忠奸

听说惠公要回晋国，大夫蛾晣就劝庆郑赶紧跑。龙门山大战时，你不但没救国君，还瞎诓韩简去救，结果两边都耽误了，国君被秦国俘虏，韩简也没抓住秦君。国君回来后，肯定新账旧账一起算，你还会有命吗？赶紧跑吧！

庆郑说，按军法兵败当死，我贻误战机使得国君受辱，这是多大的罪啊。如果国君不能回来，我还准备带着家人去攻打秦国报仇，战死沙场。现在国君回来，我又怎能让他失去执行刑罚的机会？我留下来，让国君来杀我，让他发泄愤怒，也让大臣们知道，犯错了，就不能也不该逃。

这话听起来慷慨激扬，其实多有扯淡嫌疑。你带家人去打秦国？就像一只蚊子去咬炮弹，你当是演戏、演小品啊，"用小拳拳捶打你胸口"？就算你真要出来作秀,秦国会陪你作?秦人才不会吃饱撑的,他只会把你当作恶意骚扰直接驱赶。庆郑敢留下来应该是一种心理逆反的表现。惠公此前不听他的忠言,结果一败涂地。他现在就要留下来,看笑话"说"笑话。**只要我存在着就等于他被鄙视着**,就等于在不断提醒世人,我庆郑是对的,他惠公是错的。这是对羞辱的"瘾"超越对生死的"惧"。

好奇害死猫,过瘾害死人。

另外,庆郑还存有一种侥幸心理,以为横溢的才华一定能生出足够的理由,说服(欺压)惠公,指望在智商上碾压他,在道义上欺负他。

庆郑很自信,跟没事一样,陪着世子圉,和狐突、郤芮、蛾晰、司马说、寺人勃鞮一起去城外迎接惠公。惠公远远望见庆郑,压不住怒火就大喊,庆郑你还敢来见我?

庆郑回答道,如果你一开始听我话,报答秦国的恩惠,人家就不会出兵;再者你要听我劝,与秦兵和谈,就不用打仗;还有,如果你听我言,不用小驷,就不会败。我是一直忠于国君,为什么不敢来迎接?

惠公说,那今天你还有什么话说?(确实败了,就要杀你)

庆郑说,我知道自己有三大罪过,一是我有忠言却不能让国君采纳;二是占卜我为车右,但我却不能让国君用我;三是我去叫人来救国君,却没有救到国君,反而被秦擒。有这三条罪过,我愿意接受刑罚。

这是什么罪?**这是一个书生的巧言令色,谜面上是说自己罪过,谜底里哪一条不是在数落国君的不是**?就像某些律师的伎俩,明明是危害社会公共安全,却断章取义,顾盼左右而言其他,说要以制造假药来顶罪。

晋惠公也不傻,听得出话语中饱含着书生的酸臭味,但遗憾自己才疏学浅不能硬杠回去,因为人家说的都是事实。难道就这样便宜庆郑?不,惠公转身要求梁繇靡来数落他的罪。

晋惠公:我读书少,他在骗我。

梁繇靡:光看名字就知道我常常读书。

确实,梁繇靡这名字不好念,而且考试的时候,等你把名字写完,估计其他同学已经做到第五题了!所以他一定很会念书。

梁繇靡说,庆郑你说的那些都不是死罪,避重就轻。你真正的死罪有三:国君被困在泥潭中,向你呼救,你却见死不救,这是死罪;我们几乎要抓到秦君,你却跑来叫我们去救国君,贻误战机,这也是死罪;仗打完,我们伤的伤，死的死，被俘的被俘，你却毫发无损地回来，你不力战，这还是死罪。

这也是理，非常在理，还是死理。又一个知识改变命运的案例。梁繇靡的知识要改变庆郑的命运。

庆郑估计被轰懵了，想不到傻傻的惠公还真会承认自己傻，直接搬出救兵梁繇靡。这一来，就变成读书人与读书人之间的事，文人相轻，刀笔相见。

梁繇靡就是猴子搬来的救兵，非常管用。他不按照庆郑的思路去反驳，而是另起炉灶，说出新三条，条条致命。

庆郑又说，敢待在这里等死的人，会是战场上怕死的人？

呵呵，或许你以为凭着自己的口才不会死。你假装在等死。

大意了吧？梁繇靡一直都没什么名气，但今天居然能在"理由界"推陈出新，爆出一个冷门。

蛾晰说，庆郑宁愿等死都不逃避刑罚，这是勇敢的表现，留他一命可以用来报韩原之战的仇。

梁繇靡说，用一个罪人来替晋国报仇，这是嘲笑我们晋国无人吗？

又有人替庆郑求情说，庆郑也有忠心的行为。国君可以用罪行来杀他，也可以以仁义赦免他。

梁繇靡说，国家能不能强大，就看执法严格不严格，如果今天就这样赦免庆郑，那以后打仗还怎么号令将士？

庆郑：老梁你大爷，我和你什么仇什么怨？

梁繇靡：立功心切。

这下再没人替庆郑说话。因为大家都看出来，惠公是真想杀他。

梁繇靡：还有谁？今天有一个算一个，我一起反驳。

嗯，老梁这张嘴今天开光了；好，惠公这颗心现在开心了！

惠公就叫司马过来。既然道理说清楚了，那就快点行刑吧。不要再耽误大家回家的时间。

庆郑死了，他是自己把自己玩死了，太把"能耐"当回事。因为国君不按他的意思做，就从心里排斥领导。到战场后，又故意捣乱，一波"调戏"把惠公的内裤都输光了。等秋后算账时，还逗能才华，想利用君王们尊礼仪、爱面子的"缺点"，驾驭惠公的畏惧，免于责罚。但"算盘"全算错了。

惠公完全无所谓面子。他是**一个权力型君王**，哪会认为自己有错？他是**一个自私型领导**，从来只把自己的感受作为第一要务，"爱自己，人生在世不易，要对自己好一点"；他是**一个边界型领导**，上位是靠着插队重耳哥哥，从政权的边界突然来到中心，所以不加点血腥，如何化解边缘危机呢？

庆郑恰恰就这样撞到枪口上。

庆郑这种人，其实大奸似忠。为什么？他做的事情面上是忠心，但内心其实非常自我。**如果君王听我的，我就忠下去，如果君王不听我的，那我就"行动忠，内心反"**。"当领导与自己意见相左，又发现领导错了时，他会耐心向领导解释，如果还是相左，那就谁有道理他听谁"，他是当代典型的自主型创业人才。但不好意思，此时是春秋。

你问那些喝野鸡汤长大的孩子，如果你的意见和领导不一致该如何？他们也会这么说，非常独立。但领导不是你爸，不是你叔，领导是决策者，决策前你有屁就放，一旦决策，你只有服从，否则要领导有什么用？

【领导】也是一种分工，只是他"分工"的岗位比较突出。他要负责事务的成败得失。本着权责一致的原则，他就必须有做决定的权力。老板出钱，你打工，亏是亏他的家底，他当然要获得决策的权力。如果你和他一样有决策权，那凭什么人家要亏的比你多？而决策，当然有可能和你一样，也有可能和你不一样。不能一样了就说领导英明，不一样就认为领导不行。

其实领导的决策最后成功与否，与员工的执行力也有很大关系。人家一个好好的决策，你吃里扒外导致功败垂成，人家为什么不能开除正在幸灾乐祸的你？

所以老要和领导商量的员工都不是什么好员工。人家有谋士的岗位，有参谋长，你着什么急？去安静地做好"敲键盘"这份很有前途的职业不行吗？那些动辄坚持意见，动辄人格尊严的员工，还是回家吧，回家研究你的励志杂志，自己去当老板不香吗？

我们遇到一个美好的时代，个个都自以为是做领导的料。除了职场，生活也一样。如果大家观点一样还好说，如果不一样，他就说要找你再交流、再沟通。态度很积极，其实是"沟通个寂寞"，他根本就没想过沟通也包括自己有错误的可能。**他只是再给自己一个继续说服你的机会，给你一个接受他道理的机会**。我们要尽量远离这种固执而且偏执，还偏执得要命的人。

如果我们的意见一样，我听你的；如果我们意见不一样，你听我的。这不叫商量，这叫话语权。说话管用的权力。

【话语权】是政权中最重要的表现，是做主的权力，而不只是说话的权力。话语很随意，谁都可以有，但话语权很严肃，很难获得。它绝不是书生们想的那样，把自私自大埋伏在"素质"下，念几本破书，就可以拥有，就想以"建言献策"的名义上书领导，要求领导三顾自己。

政权的任何权力都是通过**前置牺牲（媳妇熬成婆，先当孙子后做爷）**来换取，绝不是通过自我感觉良好来获得。

庆郑的死，成全了梁繇靡的活，成名了。虽然他只是一个过程，一种手段。大家都知道真正要杀庆郑的是晋惠公。

在场的郤芮很清楚这一点。否则，以他理由大王的能力，早就开口了，但他却一直沉默。推测他可能是庆郑的朋友。他不想庆郑死，但又明白国君绝对不会饶恕庆郑。他夹在中间，只能是做块金子，沉默是金的"金子"。

晋惠公应该知道他们的关系，所以不叫理由界的男神郤芮出马，而是叫梁繇靡这个中级职称的"理由小哥"来反驳庆郑那些初级职称水平的理由。

也可能梁繇靡和庆郑的关系并不好。

如果真这样的话，那说明晋惠公在看人用人上，有非常高超的领导水平。否则，光凭他流传下来的那些故事，动辄测试社会道德底线的本事，还有谁会跟他混，他还能做晋侯做到死？

对惠公来说，杀掉庆郑的最大好处是解释自己为什么会被秦国俘虏。这次失败应该有人出来被处罚。是问题总要有人来解决，是责任总要有人来承担。很明显，庆郑就是。那就赶紧去死吧，不要影响领导的英明神武。

这是惠公回国的第一件事，解释了过去两个月的糟心。这事相对好办，因为完全掌握在自己手里，生杀予夺，要不要理由随你，要多少跌宕起伏也随你，这是内政。

第二件事就没那么容易。有点外政的成分，要面对一个更高水平的对手——重耳。惠公想要杀掉重耳。他在秦国时，最担心的就是重耳趁机回晋国夺位。

重耳很郁闷。我待在翟国五六年了，成天就诗词歌赋、钓鱼下棋，我得罪你什么了？躺着也中枪？

重耳：做人难，做公子难，做名老公子，更难。

但事情就是这样，作为公子不是你想躺就能躺。什么叫威胁？政治斗争的威胁不是你举起手，不是你拿着刀，而是因为你就是威胁，你存在就是威胁。

六、重耳的日积月累

重耳是宠儿，是历史文学的宠儿。他身上有丰富的励志故事、儒家故事。一个按照儒家标准成长起来的君王，没有偷，没有抢，就一味修身、齐家，然后依天命所归，治国平天下。在儒者的眼里，他完美得像个小说中的人物。

他是如何受到迫害但始终保持斗志，如何四处流浪但始终坚持理想，如何先苦后甜先抑后扬、厚积薄发不言放弃？他的每个角度都有惊起四座的卖点。有这种肥而不腻的题材，后世的文人岂能善罢甘休？他们不会吝啬手中的笔墨，要多少就给多少，一定要让重耳的形象更加饱满、更加伟岸。他们甚至爱屋及乌，重耳身边的人，如介子推等，也跟着沾光得到质的升华，由一个普通人、一个臣子变成一个模范、一尊神。

重耳光环

儒家的"惯例"说，伟大人物之所以能继承君王之位，一定要有一个十分强硬的排他性理由，只能是他具备，别人再怎么努力也不行。

理由叫：天生的，天注定。

【神话】在封建社会有巨大的市场需求。拼力量，你说你有力气，武力十级便可以为王，那哪天你力气衰竭时，别人就可以取代你，**这是猴群的规则**；拼智慧，你说你比别人聪明，那科技进步后，也会有更聪明的人取代你，**这是公司的原则**。这些都不可以作为世袭制帝王的原则。因为它们有一个共同的特点，也是最大的弱点——**"看得见"**。太具体的规则，有说明书，就会对应很现实的事物，**而现实的事物都有可预见的生命期。**

帝王需要一个大家看不见但又都相信的事物来做理由,比如鬼神。看不见的优点是只要你有话语权,就可以按照自己的意愿对它进行解释。"画虎难,画鬼易"。帝王取得权力后,拥有最高级的话语权和解释权。他解释鬼是什么样,神是什么,神的意志是什么,就必须是什么。

所以历朝历代的开国皇帝们身上总有奇奇妙妙的神话色彩。

神话光环就是最大的排他性。比如出生时,有异常的极端天气。虽然电闪雷鸣的那一刻,全中华出生的小孩多了去,但不要紧,好解释:帝王出生时,电闪雷鸣是专程为他而来,是他的专属背景音乐。其他的孩子只是沾光,顺路,路过而已。他是没有闪电生不出来,你是生出来遇到闪电。完全是不同的待遇。

当然,同时出生那么多小孩,我们也不知道谁会是帝王。只有"帝王"产生后倒推回去才知道谁是谁,所以"**后来**"很重要。

如果后来的你没有取得权力地位,谁还管你出生的什么事。只有在你取得权力后,要维持地位,要给别人一种"你根本无法取代"的感觉,才可以说那天的"电闪雷鸣"是专门为你而来。你是天的儿子,来人间一趟,雷公电母履行本职工作,必须出来奏响背景音乐。

毕竟你已经为王,有事实做依据,再怎么扯淡都有人愿意相信。

出生归出生,长大后的光环也不能停。通常伴随着偶遇龙蛇、神仙、鬼怪之类的话题。在你啥也不是的时候,这事说出来充其量只是一个喝茶聊天的话题,农夫还和蛇有故事呢,许仙也没说什么。但某天你取得一定的权力地位后,这些故事就非常值钱,你身边的御用文人会加以修饰,说那不是一般的蛇,对应的你也不是一般的人。比如,白蛇是赤帝,那你就是汉高祖。

这种传闻越不真实越可靠、越好用,因为上天的意志从来都是模糊的言词,不是一般人可以理解的。它越模糊,你解释的空间就越大,越不会出错。

同理,"做梦"也被广泛使用,还怎么用就怎么有效。它已成为历代帝王居家旅行、坑蒙拐骗的必备良药。

你梦见什么只有你知道,全是你一人说了算。只要你在现实社会有话语权,你的梦就可以为你锦上添花。

所以不管什么传奇,都是手段,**配合权力形成威望的手段**。

你问为什么是我？因为我除了有强硬的拳头，还有一个十分强硬的排他性理由，所以必须是我，只能是我。你还是放弃抵抗吧，快顺从，服从我。

真实情况是因为我有拳头，才有扯淡的故事。但我只会说，因为我是上天选定的人，所以才吉人天相，才有今天的拳头。这是天意，"这个因果是老天注定的"，你不服不行。

因果关系在智者的眼里，就是一种"晃点游戏"。明明是因为A，所以B，但他一定有办法解释成因为B，所以A，听起来还很顺畅。

重耳的身上就有不少这样的光环。

晋惠公回晋继位后，想起穆姬的要求。穆姬除了叫他善待那些外逃的兄弟和养母贾君外，还要求他为申生申冤。惠公很乐意，因为死人不会跟他抢君位，而且替申生申冤等于宣传骊姬的恶行，还可以收买支持申生的人，是一个加分项。惠公只是贪、忍，又不傻，否则哪能坐稳晋国国君的位置。

惠公：我哥哥是冤枉的。

他令郤乞（郤芮的弟弟）和狐突去重新安葬申生。

郤乞去申生的墓地，挖出尸体准备重葬，发现申生的尸体并没有腐烂，但奇臭无比。大家都不敢靠近。郤乞就摆上香案，拜着说，世子你是爱惜名声的人，一生为人清白洁净，死后能不洁净吗？如果有什么不洁（冤枉）那也不是你的原因。请你不要再吓（迁怒）这些人。

祈求完后，臭气没了，香气反而升起来。大家就按照**世子的礼仪**为申生重新举行葬礼。申生此前被晋献公问罪，剥夺政治权利终身，只按照坏人标准草草埋葬。现在平反，补办仪式，曲沃不少群众也自发来参加葬礼。

葬礼有一个环节是请德高望重的狐突为申生追授谥号。狐突按照惠公和太史的意思，宣布谥号为"共世子"。他办完后，在回来的路上做了一个梦。

狐突梦见申生和杜太傅驾车而来。申生对他说，上帝怜悯我的仁孝，封我为"乔山之主"。夷吾欺负贾君，我厌恶这种人行为不端，所以不想接受他给予我的重葬，但看到大家的好意就作罢了。秦穆公是个贤君，我想把晋国交与秦国，让秦人侍奉我的祭祀，你看如何？

狐突说，世子你厌恶夷吾的为人，但晋国百姓又有什么罪呢？晋国那些先君又有什么罪？如果你舍弃同姓去求异姓祭祀，不是辜负了仁孝的美名吗？

申生说，你的话有道理，那我再去奏报上帝。你等我七天，七天后我会安排城西的巫者来回话。

狐突醒过来吓了一跳。梦做得这么清晰，这么有条理，就应该认真对待。狐突当即下令回途的队伍停下来，就地参观七天。

七天后，真的有个城西的巫者来见狐突。狐突非常热情地接待了。

巫者说，有乔山之主来找我，他令我转告你，他已奏请上帝。只侮辱那人的身躯，斩断他的君脉，如此惩罚便罢，不再波及晋国百姓。以后再安排贤明的人来主政，更不会害晋国。

狐突假装不懂，惩罚谁？

巫者说，我不知道，我只是传话，也不知道是怎么回事。

晕，都说得这么明白，你还不知道？糊涂狐突也好意思装？

狐突听他这样说，心里早就乐开了花。一是晋国没事，二是夷吾有事，三是外孙有戏。所以他一回去找丕豹谈这事。丕豹马上反应过来，说贤明的人就是重耳啊。（此时的丕郑还在秦国谈赖账五城的事）

果然，晋秦不久就爆发龙门山大战，晋侯被俘虏。这便应了"侮辱他的身躯"。那"斩断他的君脉，再安排贤明的人"也一样是天命，自然一样不可抗拒。

重耳后来杀侄儿、夺君位也只是按照天意办的事。反正重耳必须是国君——因为"这段感情是上天安排的"，有梦奏请过上帝，有人证有理证，非常清晰，谁都不能埋怨重耳。

除了"讨来"上帝任命外，重耳还有一项"光环"——**天生异象**。

他名叫重耳，倒不是说耳朵有什么问题。刘备的耳朵才有点重。重耳的亮点是眼睛，双瞳孔，而且还骈胁（piánxié），肋骨紧密相连如一整体。如果搁在普通人身上，他的瞳双不双、肋骨并不并其实也无所谓。但作为公子的重耳，有与别人不一样的"异相"就容易让人联想到君王。

君王的唯一性很需要相貌的特异性。听说，"下雨天"巧克力和音乐更配。听说，"政治天"身体的唯一性才配得上身份的唯一性。

此外，史书说他十七岁时，把狐偃当干爹一样尊敬，把赵衰当师傅，把狐射姑当大哥。其他知名人士，也都常常交往，见面主动打招呼，有空一起喝茶。这种谦卑对我们没有什么,但人家是公子哥,能礼贤下士,实属难能可贵,所以朝野上下个个称颂。重耳的贤明"人设"就渐渐形成了。实际上在晋国做了四十一年公子的重耳根本没像他哥哥申生那样建功立业。他每天最多只按照"贵族标准",读书写字、骑马射箭、交友聊天。刚好他结交的人都很牛,按照"物以类聚,人以群分"的观点,他的贤明"人设"也就跟着涨起来。

当然,不管你天不天生、卓不卓越,优秀的领导者都不是一天可以炼成的。首先你要能熬。熬也有风险,**有可能熬出头,也有可能熬过头,死了**。如果晋国只是规规矩矩,那他熬到死都不可能有机会。但骊姬突然出现,规矩改变了。

介子推:*我就说这是天意嘛。*

公子无辜

晋献公的儿子很多,要不是中途杀出个不知天高地厚的骊姬,怎么轮都轮不到夷吾。所以夷吾当上晋侯就像中了彩票、捡到宝一样。面对没怎么费力就得来的君位,他的首要任务不是急于建功立业,而是巩固地位。

他要尽快消除晋侯的备选项,销毁政治备胎。惠公拒绝召回跑路的公子们,尤其是重耳。且不说他的长相和贤名,光想想那些跟着他一起跑路的大臣就够了。其他公子就算有机会,也只是被动的机会,遇到哪个大臣有非分之念,弑君乱政,需要找个有资格的公子来替位,这些公子哥就拼命举手,"选我,快选我",非常随机,非常不由自主。但重耳不同,他是具备主动机会的哥哥。他完全有能力制造机会,带着流亡队伍反攻回来。

在受俘秦国的那些日子,惠公怕穆公,更担心重耳。秦穆公既然能送他米粟,就不会随意背上杀国君的骂名。但如果重耳乘机打回去抢走晋国,那是晋国的家事,名正言顺。所以惠公一回国,就把对重耳哥哥的"思念"提上议事日程。

哥哥是正经哥哥,但还是杀了比较安全。再说,春秋弑君弑父都多了去,我多个杀哥杀弟的经历,又能怎么了?

晋惠公和郤芮商量,认为勃鞮是解决重耳问题的最佳人选。勃鞮上回负责追杀重耳,很积极很卖力,还斩断了重耳衣服,仇恨拉得十分完美。

爱一个人,说不清理由,但恨一个人,理由通常十分明确。

人选确实完美，晋惠公正准备让勃鞮带兵去干仗。勃鞮说重耳在翟国都十二年了，我们派兵去抓，翟国肯定也会派兵保护。十二年前，我和翟国干过，最终还不是无功而返？这次请让我微服私行，带上几个刺客潜入翟国，再找机会直接刺杀重耳。

晋惠公很满意。勃鞮的主动意识和担当精神值得大家学习。好，给你三天的时间做准备吧。

勃鞮说，这么重要的事，三天时间早就泄露了。我还是明天就去翟国吧。

没错，确实容易泄露。政坛实力的对比总会体现到信息渠道和信息获得上。老狐突不只是重耳的外公，更是晋国的国舅，德高望重的大臣。他的耳目遍布每个角落，勃鞮招募刺客的事很快就传到他那里。他马上派人把"惠公要杀重耳"的情报送去翟国。重耳已离开晋国十二年，依然还有这么强大的影响力，越来越能证明惠公的判断是正确的。这种备胎比正胎更有影响力，更可怕。

此时的重耳，心潮起伏。

这十二年我重耳除了"贤明"外，什么事都没有干。碍你们什么了？翟国已经把公主季槐嫁给我，我每天就赏花赏月赏季槐，过着小日子，要不是听说你们准备杀我，我都快忘记自己是晋国公子了。

狐偃说，不要牢骚那么多，就算没有勃鞮来杀你，你也该挪挪身了。**我们是一群有远大理想的人**，要图国图天下，不是终身"脚踏实地"在这里经营你的小家。我们只因力量不足才在这里暂时躲避。十二年过去了，我们也该去大国找帮手。勃鞮来袭，想必也是上天在提醒你。

重耳一想也对，既然老天**提醒**我，那我也得回去**提醒**一下季槐。

重耳说，季槐啊，你是我老婆。现在我要出去办大事，你至少要等我二十五年，才能考虑再嫁人。

季槐惊呆了，**这是哪来的吉利数字？晋国的文化这么深奥吗？**二十五年后我都几岁了？谁要？行，你也别说没用的，放心吧，我等你！

不知道重耳当时是愧疚还是欣慰，反正我们是羡慕嫉妒恨。鸡汤说一个成功男人的背后总有一个女人。鸡汤面说可能是一群。这些大概都是封建糟粕吧。

不过夫妻的告别场面还没有来得及缠绵，勃鞮就来了。**我让你虐狗，**

欺负我们太监是单身狗是吧?

重耳慌了,光顾着走感情线,没有考虑经济线。跑走的时候都来不及换衣服。这就不是衣服的事。来不及换衣服,说明也来不及带盘缠。这不是奔跑,不是综艺节目,是真正跑路。现在只能裸奔。还好,裸奔成功。

勃鞮什么都好,起得早、追得快,立场坚定、态度明确,就是在临门一脚失误、失误,老失误。

惠公为什么不下死命令?因为勃鞮尽力了,态度还这么好!你一提问,人家就抢答。多好的学生啊,多快的举手啊,就是老答错,得势不得分。

但只有鬼才知道到底怎么回事?反正**勃鞮的心事你别猜,你猜来猜去就会把他爱**。而且,"天意"就这样。天意一定不可违背、不可抗拒,管你有多大的威胁,我重耳都必须跑掉。

惝恍跑路

重耳十二年前跑过一次,但跑路的经验用不上。上次的目标是翟国,比较近,这次的目的地是齐国,比较远。这次是一群人,又来不及带钱,口粮不够,经费紧张,情况更加糟糕。

本来也做过各项准备,但勃鞮反应太迅猛,突然赶来,重耳打包好的辎重也没来得及带。那个负责收拾金银财宝叫头须的小侍,看到重耳跑了,自己也跑。他往不同的方向跑,而且带着足够的财宝。

说白点,就是趁火打劫。

大喇叭:翟国最大的小侍头须跑了,带着重耳他们十几年来的血汗钱跑了。重耳们没办法,只好拉着这辆牛车出来,到处讨吃讨喝。

去齐国,要路过卫国。如果是正常外交,卫国也算兄弟单位。谁没个落难时候啊?但卫文公可不这么认为,他说自己能当卫侯和晋国没半点关系,两国虽然同姓,但平时也不常来往。况且,流亡的公子又不是诸侯王,不是什么重要人物,接待重耳一批人跟接待旅行团似的,等于浪费钱。

真是一个勤俭持家的好诸侯,就是眼神不好,看人不准。

重耳一行在城外满怀信心地等着,心想往上数几代,大家都是实在亲戚,这名片一递进去,对方还不得客气死。结果却发现卫国人一点都不好客,还有点鄙视穷亲戚的感觉。

看来又要忍饥挨饿了。

作为武将，魏犨提议通过打家劫舍来改善伙食。

重耳果断拒绝，我们是贵族，文明人。

那文明人怎么办？一般会先表明身份，说些好听的话，然后看人家愿不愿意搭救一下，杀只老母鸡炖锅汤什么的。毕竟傻瓜小姐挽救落魄公子的故事还是很深入人心。当然，本质上，再文明也还是乞讨。

"准丐帮"队伍经过五鹿时，重耳看见一名农夫，就叫狐偃去求食物。

唐僧：悟空，前方有户人家，你去化点斋饭来。

农夫可能心情不好，不但不给还奚落说，你们几个堂堂男子汉，有手有脚不干活，还好意思出来乞讨？**我就一农夫，只有吃饱了才能干活**，哪有什么余粮？

狐偃面子挂不住，便不依不饶说，要不你送个碗吧？

注：碗和拐杖是乞丐的标配，这些人终于意识到设备的重要性。

农夫不耐烦了，就随地捡起一块泥巴，说这就是碗。

魏犨很生气。我忍你很久了。他抢过泥巴，直接摔掉。重耳也很生气，拿起皮鞭准备甩打过去，不要以为"我很贤"我就不打人。

但狐偃急忙制止，猛虎不压地头蛇，少惹是生非，一不小心把事情闹大，还会暴露目标，就说得饭容易得土难，土是国的根本，这是上天在借农夫之手，准备授国给你啊！大吉大利的事，你赶紧接受吧！

重耳马上反应过来，礼貌地拜了拜农夫，很郑重地捧起地上那坯破碎的泥巴。

这就是书生的厉害，什么尴尬都能圆回去。说你好，怎么来都有一套理论，说你不好，怎么躲都一样说死你。出去讨饭能讨到土确实很难，不过说讨饭容易，也没见你讨到饭啊。狐偃就是老狐狸，明显在偷换概念。

实际上，他们的早餐就真的只能吃土。

看到重耳突然毕恭毕敬，农夫蒙了。一群神经病，黑色幽默还是舞台剧？

介子推：不说了，轮我上场了。

一行人就告别了农夫继续赶路，没走多久又耐不住饥饿，便去找野菜吃。野菜汤很难喝，重耳喝不下。可没一会儿，介子推却端来一碗汤给重耳，味道很好。重耳说介子推好厉害，哪里还能搞到肉？介子推拉起裤脚说，是我的腿肉。

这是什么画面？这是介子推推出的血腥版成语——股肱之臣，事实可能不好理解但不影响其为事实。今天会有人怀疑这个那个，依据自己做不到做不了的"无能"就质疑祖先们、英雄们的事迹。我是真不想反驳他们的反驳，夏虫不可以语冰，没有意志力的人很难想象意志力有多大的意义。有过奋斗经历的人挖掘过潜能，见识过"人定胜天"，他们就会相信有人可以做得到。

遇见小白

重耳一行就这样磕磕碰碰，有上顿没下顿，终于到了齐国。

齐国的天是蓝蓝的天，齐国的国民我好喜欢。"中原伯"齐桓公好贤礼士，不顾六十多岁高龄，仍旧亲自出城迎接。果然是慧眼识英雄，英雄惜英雄。

他们一个是当前的齐霸桓公，一个是未来的晋霸文公，他们的碰撞一定有火花吧？我们是不是很期待？**通过艺术升华起来的普通人，很容易变成大家共同约定的不普通人**。这种塑造，过去主要发生在政治圈，现在主要在娱乐圈。然而谁能想到，华山论剑这种高级论坛居然只讨论菜市场的大蒜问题。

小白、重耳的会面，居然只有客套的礼仪，并没留下什么有价值的对话。没什么双方就春秋局势交换了看法，就齐国当前与晋国未来提出合作的意向。没有，什么都没有，很安静，很随意。

一个重要原因是当时两人的地位不对等。他们没有必要扯那么远，小白也不想和重耳说那些不实际的话。政治的对话需要双方有一样的政治地位。如同做生意的只和做生意的聊生意，哪个咖位就找哪个咖位，什么实用就聊什么，而不是什么高雅聊什么。干什么事都有圈子，每个圈子都有门槛。法律可以"规定"人人平等，但是"**社会的传统偏见，文化的水平差异，行业的高低层级**"等都回避不了。我没有欺负你，但我不理你，不和你说，又能如何？政府可以强制人民的外在平等，但不能阻止人们的内心蔑视。

好在他们也有一个共同点——年龄，重耳五十三岁，小白也就六十多岁。两人可以坐在摇椅上，一起慢慢老，可以聊烂漫的话题，也可以聊带劲的话题。

齐霸王问重耳，你老婆呢？重耳说没带，留在翟国。桓公又说他一个人晚上根本睡不着，然后看了看重耳。重耳也看了看他。两个糟老头子相互邪魅一笑。

小白决定就在家族中挑个好看的女子嫁给重耳。

重耳大为感动。本地帮派实在太好客，太霸气了。重耳说他想多住几天。

齐国说，没事，你们爱住多久就住多久。

结果一个不留神，重耳一行在齐国又前后住了七年。

翟国：这个数字不算什么。

时间长短、服务好坏都先不说，关键是好客的齐桓公第二年就去世了。齐国的几个公子打来打去，乱成一团。但重耳还是这么没心没肺地继续住在齐国。他可能找到了钉子户的感觉。

赵衰他们很不爽，多次提醒重耳：我们是干什么来了？可五十九岁的重耳真不一样了。他认为晋国有我没我都照样转，但在齐国的齐姜小家，他是顶梁柱。人的一生身体健康最重要，健康没了，钱有什么用？国家又有什么用？

听着耳熟吧？没错，它就是职场短视频常常出现的垃圾话：对于公司，你是随机，有你没你一样转，你走了，马上就会有人顶替你的职位；但对于家庭，你是唯一，你没了，家就没了。

这话听起来有道理，但它忽略了一个重要前提。你去公司上班的目的就是赚钱，然后养家。这是先后关系，你为什么要放在平行关系上对比？

这话让也赵衰直骂娘：老重耳最近都在看什么书？

听说晋惠公病危了，**晋国那边的时机又一次刚好成熟**。赵衰急得直跺脚，我们赶紧走吧！

重耳说，不走，没人追，你跑什么跑？

那怎么办？谁能想到这边的重耳却熟过头了！

魏犨说，绑也要把他绑走！

文明人做事怎么能这么粗鲁？不好意思，这回还真就这么粗鲁，形势都已这样，文明没药效了。他们的计划就是把重耳绑走。当然也要先骗他去打猎，出了城再绑。做事也要注意影响嘛！

可是他们躲在桑树林里商量计划的时候被齐姜的丫鬟们听见了。就是这么巧,你装探头装窃听器还不一定能听到。丫鬟们以为获悉重大消息,以为是一个重大的立功机会。谁知报告齐姜后,齐姜竟然把她们全杀掉。注意:不是她,是她们,有十个。

太狠了,这个女人!但历史并没有谴责齐姜。她是担心丫头们泄露秘密。她还主动与赵衰联系,一起实施绑架计划。所以她的动机很有大局观,足够给儒生做漂白粉。

那一夜,她劝说重耳,说"纵欲怀安,非丈夫之事"。重耳却说,**我现在不做大丈夫,就想做好丈夫。**

齐姜没办法,又说了一通情话,改走感情路线。大概意思是重耳哥哥想走说明你爱国,如果你不走说明你爱我,难得你能为我舍弃江山,我以后一定什么什么的,总之各种哄骗,各种甜言蜜语。很快,年过半百的重耳就招架不住了,没几下就被灌醉。然后,按照与赵衰的约定,一伙人把醉如死猪的重耳运出城外!

齐姜:晋国,我只能帮你到这儿了!

醒来的重耳气炸了。要杀狐偃,杀赵衰。有你们这样做事吗?这是破坏人家婚姻家庭,知道吗?不过,经过大家的轮番劝说后,贤德的重耳还是消气了。**而且那股天生的政治雄心又再度被激活。**

重耳同意和大家一起回晋国,继续为理想而奋斗。前面一不小心把初心给忘了,现经你们提醒,记忆恢复,满血复原。

重耳:晋国,你给我等着……我要,我要先去一下宋国。

七、晋国的真命王侯

重耳流浪浪了这么久,如果是考试的话,也差不多该交卷了,就等着公布成绩吧!如果是挖矿的话,也差不多该出矿了,可以盘算分成的事了吧!如果是戏剧的话,都过了十八年,英俊潇洒的主人翁已白发苍苍,那收获的季节该到了吧!

真是磨人啊!

最后一圈

经过一番周折,重耳终于半推半就地离开了本想安度晚年的齐国。

这一年他五十九岁。感觉寿命也在半推半就。

想象我们五十九岁会怎样?我们的斗志早被岁月和"领导"消磨殆尽,带着看破红尘、看透人生、看清自己的心态,准备跟世界说,我已经放下、接受并适应了。我要退休回家抱孙子去。

这就是差距。作为政治家的重耳,五十九岁还有勇毅和坚韧,越挫越勇。他的血性在离开齐国的被窝后又一次自燃沸腾。他接受了赵衰的意见,又以流亡公子的身份,重新迈开求国的道路。

晋惠公刚刚去世。按照秦晋的约定,晋世子姬圉此时应该还在秦国做人质。实际呢?他在惠公卧病时就偷偷跑回了晋国。秦穆公很生气,他都把女儿(后称怀嬴)嫁给了姬圉,想不到晋人还是这么无礼。

秦穆公:我都那样对你,你居然还这样对我?

世子圉没空和穆公这样那样。他匆匆忙忙总算赶上惠公的最后一口气,听到父亲的遗言——杀掉重耳。世子圉牢牢记住。他知道,老爸的遗愿和自己继位的利益完全一致。他常年在外,在晋国的影响力远比不过父亲,现又因私自逃回晋国而得罪秦国,在这种复杂的形势下,难保重耳不乘乱杀回。

大伯不死,地位不稳。这是姬圉成为晋怀公后一直缠绕在心间的梦魇。

叔伯打侄儿的故事在晋国常常上演。怀公想过先下手为强,但一来师出无名,二来找不到重耳。他刚刚听说重耳在齐国,又离开了,然后不知所踪。

侄儿很郁闷,但大伯也好不到哪里去,一样是匆忙离开的重耳,正开启穷游2.0之旅。上一次穷游是逃跑,没钱,"穷"来自贫困的贫,常常吃不饱饭,身子冷;这一次穷游是进取,没兵,"穷"来自贫困的困,到处去找支持,心里冷。

支持者可以是宋国,是楚国,或者秦国,但又不能确定是×国,只能一个一个试着来,穷举法。如同翻牌一样,幸运的话,第一张牌就是,比如宋国;如果运气不好的话,要到第×张才是,那是秦国。

事实就是秦国,答案就是秦国。**成功没有捷径可走,努力没有快进可**

拉，许多时候，坚持就是智慧。

借曹去宋

那就先从宋国开始。什么事情都要试一试，不试你怎么知道宋国不行？

重耳一行准备去宋国，寻求宋襄公的帮助。宋襄公前阵子宣传工作做得比较到位，一直标榜自己为中原诸侯伯，要做老大，让人觉得很有公益心的样子，而且他也真的帮助齐国平定了内乱。

赵衰打开"地图"一看，去宋国要先路过曹国。

曹共公和卫文公在公款接待上有相同的认识，开始也不想接待，说国家小，浪费钱。但听大夫僖负羁说重耳双瞳、骈胁的天生富贵相后，突然对"骈胁"很感兴趣，又同意接待。曹共公不满足于僖负羁关于骈胁的解释，太抽象。他决定实地看看，现场考证。他就留宿重耳，然后在重耳洗澡的时候，带着几个同样好奇的小太监一起冲进去。

看也罢，嬉笑也罢，摸也罢，讨论也罢，此处略去五百字。毕竟重耳只是一个流浪的老公子，如同诸侯圈的孤寡老人，曹共公不会有任何忌惮。

重耳：一群死变态。

身困曹国的重耳有一种虎落平阳的感觉，敢怒不敢言，也无处可言。狐偃等人也是怒火中烧，一国之君，居然搞出如此荒唐的事，真是让人哭笑不得。于是重耳怒，狐偃怒，赵衰怒，一行人在曹国装满了怒火。

不得不恭喜曹共公。你摸到骈胁的肌体，应该也摸到了肌体的墓碑。重耳回晋继位后，直接就把曹共公抓了。不过，这家伙命大，没有被杀掉，因为重耳正想收买人心。当然，大夫僖负羁在其中也起了不少作用。

僖负羁的老婆看人很准。她不知是从哪里听到什么，还是自己会算命，居然只见过重耳一面就认定重耳不但会得国，还会称霸，到时必将报复曹国。她要求老公提前结交重耳，把感情工作做在前。所以重耳在曹国期间，僖负羁自费做了不少接待工作。

僖负羁：听老婆的话，错不了。

离开曹国后，重耳一行来到宋国。作为春秋五霸里最水的一个，宋襄公刚刚在泓水之战吃了败仗，屁股受伤没有办法起床。他交代公孙固一定要按照国君的礼仪接待重耳。重耳很感激，但也很无奈。双方提及重耳回晋复国时，公孙固说宋国刚刚打了败仗，遮风挡雨、包吃包住可以，如是争国复仇之类的大事,宋国现在自己屁股都疼,真疼,真的帮不了!

确实如此,宋国的实力本来就一般,这么多年,常常连郑国都打不过,现又新败于楚国,哪还有底气去掺和晋国的事?

而且没多久,宋襄公自己也死了!

过郑去楚

想想真可怕,重耳去齐国做客克死霸主齐桓公,去宋国做客又克死霸主宋襄公。这是上天安排的传递仪式吗?当然不是!扯淡的,其实主要原因是年龄差距,本"克死"纯属巧合。

重耳:这个锅我不背。

既然宋国没戏,大家就准备去楚国。事实好像形成了一个规律:要去一个大国前,总是要经过一个小国,然后这个小国还特别不靠谱。

这次是郑国。

其实春秋的诸侯国一大堆。一路上肯定经过许多诸侯国,只是多数国家没什么戏,就没有记载的意义。也可能是晋文公后面要打卫曹郑,就故意把这些事拿来做文章,大说特说。

郑文公说重耳是背叛父亲的逆子,不想接待。上卿叔詹说,重耳不但自己是个牛人,身后还有一堆牛人跟随,他们是个很强大、很有潜力的团队,我们还是以礼相待吧。

郑文公不当回事,依旧不肯。叔詹说,要不就杀掉他们,免得后患。

郑文公也不同意,只是吩咐守城的门卫不要开门,不理他们。

重耳尴尬地吃了闭门羹,继续赶路,终于来到楚国。

楚成王的实力一点都不会比他的孙子楚庄王差,但他似乎不喜欢玩"伯业"那一套,他认为楚国已经是王。这样也好,"专克霸主"的重耳就克不到他。

见到重耳的成王很兴奋,惺惺相惜,按国君的标准三天两头请吃请喝,一起打猎。这种待遇让重耳十分受用,也十分不好意思。

有一天,楚王问重耳,我这么热情对你,你回国后要怎么报答我?

这是一个陷阱式的问题:因为到目前为止,楚王也就请他吃吃喝喝,并没有为重耳在政治上做什么,双方还属于酒肉朋友。但重耳又是客人,毕竟吃人家的嘴软,拿人家的手短,答不好这样的问题,别说贤名受损,还有可能立即卷铺盖走人。而且有夷吾的前科做案例,重耳也不能许诺城池之类的国器,太敏感,还可能被扣上败家子的帽子。

同时这又是一场很重要的面试。楚国是一个实力足以左右春秋局势的诸侯。它帮你不一定成功,但毁你却绰绰有余,非常像某些单位的副职领导和八卦中层,好话不灵坏话灵。楚国幅员辽阔、人口众多,还有许多附属国,重耳如果表现不好,答得不够合理,那么关于"落魄重耳"的**负面消息和贬义传说**就会很快传开。在你还没回到晋国前,你的坏名声会按照"坏事传千里"的八卦规则先到绛城,然后被心怀鬼胎的人加以利用,直接影响你是否回得去晋国,影响你回到晋国后获得的支持力度有多大。但这一切对于一个五十九岁的老同志来说不算什么,他十八年的流浪阅历真不是白写,肚子不白挨饿,肋骨不白被摸。

重耳很自如地回答:钱和女人你们都很多了,我如果能回国主政,就一定好好工作,让晋国和楚国成为好朋友。万一哪天楚晋两家实在不得已,要打仗,那我会让晋兵**退避三舍**,作为对楚国的敬意。舍是宿,是古人以一宿能走的路程作为度量单位,约等于现在的三十里。

很明显,**圆滑的重耳是个善于面试的人。**

但这个回答让楚国大将成得臣(子玉)很不舒服。他不明白其中道理,认为重耳太不礼貌。我们天天请你吃饭喝酒斗地主,你连句吉利话都不会说。成得臣建议成王杀掉重耳。

其实关于"战争",估计只有重耳和楚王两大高手才能明白其中的内涵。

楚国和晋国都是大国,地大物博,国力强盛。晋国是姬姓,王族。楚国是芈姓,是周王为稳定南方而在"苗族"里面封的诸侯。封的时候还只是一个小部落,爵位也很低——子爵。

楚国后来不断壮大,但因为文化差异,始终得不到中原诸侯的认可。每次去参加中原的盛会都给人一种**暴发户参加经济论坛**的感觉。由于地理和历史因素,楚国与周王室的交流不多,没有机会像秦国那样立功受封、加爵提拔。楚国很不爽,郑、曹、卫之流的爵位都比他高。好比去周王室开会,有人有钱有地盘的楚国居然要排在那些小屁孩后面。

楚国的第六代君主熊渠因此决定抛弃周礼的"伦理"排序,另起炉灶,直接宣告楚国是王。不过他自己不称王,而是给儿子封王,一步到位不说,还带点藐视和侮辱的意思。可惜他运气不好,周王室那时刚好出现一个爱打仗、不要命的王,叫周厉王。熊渠听说周厉王常常没事找事,找理由打人,担心自己"自封为王"招来祸害,不久取消了称号。

到十七世熊通继位后,楚国更加强大,周王室又日渐衰弱。熊通便再次宣告称王,史称楚武王。这次来真的了。

"称王"是十分严重的挑衅,是最严重的僭越,大逆不道,但楚国的军事实力已经非常厉害,周王室也无可奈何。中原的诸侯国搞骂战时骂过楚国,取笑熊氏蛮夷,打仗却很难打过楚国。

到了春秋,天下就形成了**楚国政治与中原文化**的相持阶段。

在这个大背景下,齐、宋、晋等代表中原文化的诸侯想要称伯,主持公道,就绕不开楚国的问题。一个这么大的政治错误你不处理,主持其他的文化礼仪就没有权威,缺乏说服力。西瓜不捡,拿几颗芝麻搁在那儿吆喝什么呢?

另一方面,春秋经过早期的混战,能存活下来的诸侯也就几十个,天下的格局暂时定型。社会秩序只能靠不断衰弱的礼仪维持着。**诸侯国谁也难吃掉谁,它们之间的战争常常还要挂上礼仪之名**,参与者也多是贵族、国民,不是平民、奴隶。能从铁血丹心活到华山论剑的都是武林高手,大家比画比画,点到即止。所以战争常常有,但规模不大,伤亡也不大,多是"帮"人家换个君主、讨个说法,很少能像早期那样毁城灭国。

楚成王既然认定重耳会得国,就必然知道重耳要称霸,晋楚之间就必有一战,打给大家看的一仗。重耳的意思是大家把表演做足,不真打,让他回去和中原诸侯有个交代。你楚王还是楚王,就像上次齐国兴师动众来要一车茅草一样。**有没有打比怎么打、打多少重要得多**。

所以他们两人聊"战"的天儿都很自然,心照不宣。

但我后来又看到一个厚黑的推论。

制度总有生命周期。分封制运行久了就可能出现**周天子叫不动诸侯,诸侯叫不动大夫,大夫也怕家臣的现象**。楚国就有这样的权臣——成得臣。所以楚王就和重耳用"你懂的"的方式协商,下次打仗,楚国就派成得臣去。你帮我打,就算打不死也要让他的威信尽失,无法构成对楚王的威胁。

听着有点扯,但关键是子玉真的死于晋楚的城濮之战。

秦国相亲

通过楚国"面试"的重耳并不知道,与此同时还有一个更大的好消息属于他,就是前面说的秦晋人质事件。

按照常理,人质是个好东西。如果大家谈感情,哪天你要回去继承君位,我欢送你,你感激我。推杯换盏的交情,至少在外交中会多点尊重。如果大家谈利益,你要回去?可以!拿点好处来,金银财宝的交情,至少在国库中会多点赎金。

春秋的人质不多,对待人质也比较客气,基本的生活待遇都有保证。战国就不一样,国家之间的利益勾兑错综复杂,就像工业时代进入金融时代,抵押成风,人质就是一般抵押品,有赖账的,也有撕票的。姬圉的运气不错,此时正是春秋,但他过分了,一声不吭就逃回了晋国。

秦国变成人财两空,感情没有,利益没有,什么都没有。煮熟的鸭子飞了,留给秦国的"回报"只剩下嘲讽。

秦穆公很生气,后果很严重。他再次想到了重耳。

秦国派公孙枝来楚国,开门见山,直接与重耳商量回晋的事。重耳心里乐开了花,但嘴上还假意对楚王说,我舍不得你,我不去秦国。

成王哪会不知道重耳的心思?不过你说得好听,他也受用,就顺着人情说,你还是去秦国吧。秦国离绛都更近,如果有机会,可以快速把握。

重耳本有此意,客套之后便不再推辞。

十二年前,秦国也来找过重耳。重耳当时以父亲刚去世为由不愿意回去,其实内心是畏惧权臣里克和弟弟夷吾。现在晋国还有侄儿怀公和权臣郤芮。他们两代人已经营十二年,实力更厚基础更牢。重耳为什么又不说理由了?

因为年纪很大了!

上次的慎重其实也是一种失误,错过一波行情。虚名(贤名)对政治家很重要,但不能因此把自己困在其中。如果**对"名"入戏太深,那就不是政治家,而是文学家**。好在老天眷顾,让哥哥活得比弟弟还久。试想,如果重耳比夷吾早死,那七七八八的励志故事不就直接成了骨灰?寿命不可预测,所以机会再出现时,重耳已没有选择余地。老天不可能那么有耐心,一而再、再而三陪你玩弄文字。重耳集团已改变策略,由等待机会变成制造机会。从离开齐国开始,他们一直在寻求宋、楚等强国做后盾就是最好的证明。

现在秦国找上门来,真是求之不得,还客气什么!当然,**有时候"渴望"也会让人忘记客气**。

重耳毫不客气地跟着公孙枝去秦国。有秦国和楚国的支持,剧情中的重耳开始走向光明。往日"穷游"的那般不堪一去不复返。他翻过了几座山,又走了几十里小路,终于到官道大路上来。

完成前期的盘伏,"晋国重耳"马上要开始拉一波涨停板。

穆公心思

秦国真是实在亲戚。秦穆公自娶穆姬这个"扶弟魔"老婆后,为老丈人家真是操碎了心。从献公开始,然后是不靠谱的惠公,现在是不靠谱的怀公。

在不靠谱的道路上,这爷仨一代更比一代强。

为了止损,穆公终于重新想到重耳。那个"不希望有个强大的邻居"的理由还在,为什么现在自己又推翻了?其一,当初在夷吾和重耳二选一时,重耳装得太过,死活不肯回晋,如果穆公坚持选他,那秦国还倒欠重耳一个人情。而选夷吾,是夷吾欠秦国人情。其二,在与晋惠公交恶之后,秦国不希望晋怀公继续与秦国作对,但公子圉私自逃回去,等于鄙视秦国,如果秦国还能原谅忍让,以后谁还会尊敬秦国、畏惧秦国?穆公必须与晋怀公撕破脸。若要再次缓和与晋国的关系,就只有换掉晋侯,改选重耳。这样既能改善睦邻关系,还能惩罚公子圉的背叛。其三,重耳流亡十九年,名声远播,受到广泛认可,如果帮他夺回晋国,顺应天命说,等于秦国也是按照天意做事,可获得中原的文化认同。其四,重耳是聪明人,回国后会把晋国做大做强,但不会轻易违背"贤德"与秦国为敌。秦国的东南边境不会有战事。穆公可以安心对付西边诸戎,扩大势力范围。

形势变了,时局不一样了,现在让重耳回国不是竞争关系,而是协作关系。大家一起对付姬圉,一起发财。

而且为了巩固上述理由,秦穆公再补一刀,要求重耳娶女儿怀嬴。

我娶你姐姐,你娶我女儿。咱俩的关系就是圆环套圆环,再打个结。牢固!特别说明一下,女儿怀嬴可不是穆姬亲生,是穆公的其他老婆所生。

所以不必有太浓烈的血缘顾忌。

既然如此，那就娶吧。重耳也不亏，反正结婚这事他熟得很，曲沃有，翟国有，齐国有，一路都有。问题是准老婆怀嬴既是秦国公主，也是他侄儿公子圉的原老婆。这不乱伦吗？怀嬴，晋怀公的老婆，后世要认"怀"字，因为她被姬圉抢先注册。好在"怀"还只是怀在名字上，不是怀在肚子里。

但老重耳还是老不愿意。

秦穆公的做法其实也有文章。在中原文化的婚姻观里，这样的结合是有点乱，但在秦国那边没什么羞羞。人家讲究"爱情"第一。秦穆公是在考核重耳，如他愿意娶怀嬴，说明他认同老秦人的文化习惯，接受陕北人，也算是一种尊敬与诚服。如他不接受，说明他内心不认可我，那让他做晋侯不早晚也是树敌吗？

赵衰看透穆公的心思，就劝重耳不要顾忌什么侄儿不侄儿。他的国家都要夺回来，还差一个老婆？秦穆公很爱这个女儿，我们现在要去杀公子圉，他当然不想让女儿守寡。

还有，我听说怀嬴长得很漂亮。

然后其他人又找到各种典故，一通说辞，结论是同姓结婚都没有什么问题，何况异姓。总之重耳顾忌的问题，大家都找到了合理的解释。**中华文化博大精深，要讲理由，根本停不下来！**

重耳很开怀，解释好就好，大家好才是真的好。

重耳也很开心。因为结婚那天，他发现怀嬴长得比齐姜还漂亮，并且还有四个美女陪嫁。想想这都六十岁的老头子，人家怀嬴死活不肯才对。穆公也是死脑筋，喜欢捡现成的，为什么不考虑把女儿嫁给重耳的儿子呢？

怀公焦躁

重耳忙着找靠山，穆公想着当泰山，怀公也不能闲着，他准备移山。

姬圉继位后，屁股还没坐热就迫不及待发出一道彪悍的政令。对于做生意的人来说，时间很重要，岁月不等人，所以他们要效率；对于搞政治的人来说，时机很重要，伺机而动，所以他们要忍耐。很明显，姬圉搞混了。新官上任三把火，烧好了是政绩；没烧好，就是火烧屁股，还是自己的屁股。

而且说他屁股还没坐热也是事实，因为还没去太庙祭拜。

他牢记着父亲关于重耳的担心。太牢了，可能是把自己关进遗言里，每天都睡不好。所以他立即下令，要求那些跟重耳跑路的罪臣家属，马上写信叫亲人回来，否则就杀了他们。

他说到做到，想要釜底抽薪，也想要杀一儆百，第一个就找狐突。

狐突不肯写，说我那两儿子跟重耳都出去十九年了，是忠于自己的主子，没毛病。至于杀我吗，可以，等我换套衣服就去受死。

于是，狐突就死了。

狐突是谁？德高望重的老臣。怀公这一刀下去，基本也是把自己的后路砍掉了。大家都觉得他不配为君，太年轻，太鲁莽，四朝老臣，你一言不合就杀掉。你老爸都不敢杀的人，你一上台就咔嚓，那我们还有什么活路？你畏惧重耳没错，要除掉重耳也没错，但手段错了。

为了不使自己变成他继续试错的牺牲品，大家开始盼着重耳回来纠错！怀公的急功近利和大张声势等于激活了重耳的话题，朝野的舆论重新谈及重耳，他们开始窃窃私语。

这只是表层的理由，还有更深层次的原因：权力斗争。郤芮和吕饴甥因为历史缘故，和惠公父子是铁板一块。他俩权倾朝野，连秦国的合约都敢撕毁，没有任何道德压力，做事很绝。所以那些年，朝堂上除固有世袭贵族外，其他招个公务员、临时工之类的人事动议，全是他们做主，全是他们的人。其他贵族自然很不舒服。

没权的贵族等于没落的贵族。

现在怀公一来又胡来，"反助攻"等于给了他们机会。

想要翻盘，就靠姬圉。 怀公似乎也很配合，一上台不是想着巩固地位，而是急着给自己挖坟墓。狐突之死给了失落贵族一个聚会的理由。原来还是群龙无首、一盘散沙，现在好了，狐突事件如聚焦成火、聚沙成塔。

其实怀公想要杀死重耳的最好办法就是等，耗死他。重耳已经六十多岁，你才二十左右，年龄的优势明明摆在桌面上。怀公上位后，第一步应该去秦国赔罪谢恩；第二步应该去笼络贵族，去狐突家喝喝茶。可惜，年轻人身边缺乏一个能让他听进谋略的谋士。

郤芮：我早就说过……

他不听就等于你没说。没办法，事实已按照儒家的指向发展——天注定。

重耳得国

怀公的助攻很快就出成效。

晋大夫栾枝听说重耳在秦国，就派儿子栾盾去找重耳。转告他，栾枝、韩简、郤溱、舟之侨等一班老臣已经做好准备，随时响应秦兵来晋。

这是一份很有分量的名单，他们叠加起来的政治能量比初登大位的怀公还大。在怀公淫威下，该小团伙的保密性还远超当年丕郑的十人组。丕郑一搞阴谋就被郤芮发现，但栾枝现在把小团伙运转到秦国，怀公还不知道。

这是重耳盼望的，也是秦穆公希望的。局势越来越明朗。

既然大家都知道，还这么支持，那就不用躲躲藏藏。穆公带上谋臣百里奚、蹇余，大将公子絷、公孙枝，以丕豹为先锋，率兵车四百乘，护送重耳回晋国。他们**明目张胆地宣称，要帮助重耳复国。好像晋国本来就该属于重耳，还一直在等待重耳。**

强悍的秦兵带着充分的理由，很快就攻下一城。怀公是担心重耳要来，没想到来得这么快、这么猛，只好派心腹郤芮、吕饴甥出兵应战。

年轻的怀公很傻很天真。他对战争的理解很简单很暴力，只想到自己要杀重耳，却没想到人家会不会反扑，秦国会不会帮忙，他居然没有任何准备。

郤、吕二人拉出队伍后，发现一个受舆论影响出现的大问题：士气低落，军心不稳。而且七年前，晋国在韩原之战被秦国打得一败涂地，现在全军上下更是畏秦如虎。郤、吕二人想来想去，自觉无力回天。他们开始考虑自己的未来。

秦穆公及时觉察到了对手的思想变化。在聪明人眼里，**战争从来不是目的，只是一种实现目的的手段**，当出现更好的时机可以达到目的时，他就不会继续使用战争。因为战争是流血、是牺牲，不只是银幕里的 3D 效果和银幕外的娱乐快感。

"**用最小的代价取得最大的收获**"是一个政治家必须具备的思想观念。同时，他们还要具备实现这一观念的能力与智慧。

没有战争不行，只有战争更不行。最合理、最恰当的方式是利用战争来取得你想要获得的推进事态的条件。战争给你谈判桌上的话语权，而谈判是要实现战争所不能实现的成效。

先要有战，然后能"不战而屈人之兵"，这是一个国家成熟的标志。

秦穆公很快就嗅到对手有妥协的意思，便派公孙枝去接触郤芮。

果然，郤、吕二人只不过是担心自己的过去会影响将来，以及未来与重耳怎么相处的问题。毕竟双方此前还在你死我活地怒目对视，现在突然要握手言和，就算是戏精，心里也会有疙瘩。

那就说开吧，说破无毒！

重耳说，我不但不会杀你们，还会善待你们！

穆公说，那你们一起歃个血吧。

于是，重耳派狐偃同公子絷一起去郇城，与郤、吕歃血，立誓共扶重耳为君。

郤、吕很高效，就立即临阵倒戈。

怀公还在晋国苦苦等待前方战报，叫寺人勃鞮去看看。勃鞮半路就回来了，看什么看，光听就可以，战争结束了，双方握手言和。哦不，是郤芮、吕饴甥弃暗投明。哦不，是这俩叛徒叛变了。

怀公吓了一跳，赶紧召开战时会议。但朝堂上的贵族、大臣不是请假就是漫不经心，偶尔几个愿意说话的，比如韩简、栾枝、士会等老臣，也只说风凉话。说郤芮、吕饴甥都不行，我们这些老骨头哪有办法？

晋怀公明白了，这是要我亲自来啊。

亲自来干吗？亲自跑路。

跑路去梁国成了怀公唯一的办法，唯一的出路。勃鞮也跟着跑路。实践证明，勃鞮杀人不行，保护人也不行，他们没跑多远，怀公就被刺客杀了！新继位的晋文公可不会派勃鞮这样的人去，所以刺杀很成功。

可怜的公子圉，过了半年的晋侯瘾，就付出了生命的代价。

郤吕反叛

郤、吕虽然弃暗投明，但一想到自己过去的污点，心里总是不踏实。而且晋文公又很鬼，面对大臣们的功过是非，他一声不吭，不赏也不罚，只要求大家照常上班。没对功臣封赏，没对佞臣处罚，意味着这事还没结束，还没有定论。

赵衰、狐偃他们无所谓，因为一直走着重耳路线，心安理得。但郤芮、吕饴甥这种功过俱备、毁誉参半、长期生活在敌方阵营、就靠临门一脚、突然转身的新生代，就很不好说。而且惠公在位十四年来，这哥俩在朝廷上野惯了，得罪了不少人。现在这些人都在大堂之上，活生生呢，谁敢保证他们不会去晋文公那里打点小报告、整点匿名信什么的。

所以为了安全起见，为了摆脱这种弥漫又无形的恐惧，他们又萌生出一个一了百了的冒险想法，那就是杀掉重耳。

既然又要提到政变，那么**权谋的智慧生物链**就要被再度激发。当年里克杀奚齐，郤芮杀里克、杀丕郑等，都体现出权贵集团之间势力与智慧的整体对决、整体差异。郤芮可能想再次检验一下自己的实力是否盖得住重耳集团。

好像一切都计划得好好的，直到他们想到一个人：勃鞮。他们认为勃鞮两次去杀重耳，有超级大污点，用什么牌子的洗衣液都洗不掉。他已经毫无退路，只能与重耳保持着不共戴天之仇，持续下去直到永远。但他们没有想过，勃鞮两次都不成功，第三次就能成功？

你们就算不怀疑他的态度，至少也要怀疑他的能力吧。

他们准备让勃鞮也参与到此次刺杀计划中，并且委以重任。

勃鞮很配合。不过这次他既配合郤芮、吕饴甥，也配合重耳。

勃鞮主动去找重耳。重耳说，我有一件衣服很漂亮，但为什么衣袖扯断了呢？还有夷吾让你三天去翟国杀我，你为什么一天就赶到？到底什么仇什么怨，让你这么积极、这么认真？给我一个完美的解释。

勃鞮说，我只是个太监，**谁是国君我听谁，谁是国君我爱谁**。

文公想想也对，现在我是国君，这个原则解释过去虽然很勉强，但与现在很吻合。

于是重耳一顿温润后，早就准备感动的勃鞮投桃报李，立即把郤、吕的计划当作见面礼回馈给新主。

郤、吕二人为什么敢谋反？因为他们和里克一样，握有兵权。所以刚刚上台的晋文公又一次想到姐夫兼老丈人秦穆公。

终于到了政治场的最终对决。里克是狼，他轻易就吃掉奚齐和卓子两只小兔子，郤芮是老虎，他紧接着咬死里克这匹狼，现在老虎遇到了大象、遇到了猎人。

故事一直在重复，就像打篮球，规则其实就是这些，套路都差不多，就看谁能处理好关键球，谁就能控制局面并赢得比赛。

"二五"当年以为已经布置好杀里克的圈套，谁知道却反落入里克的圈套，因为里克集团人力、物力、智力的分量更重，天平的倾斜让屠岸夷这个关键球选择里克。

后来，丕郑也以为已布置好杀郤芮的圈套，谁知郤芮却将计就计拉出更大的网，把屠岸夷也吸收进来。

现在轮到郤芮！只是这次的关键球、关键人物由屠岸夷变成勃鞮。

权力的游戏还一样。权力场的势能还在，政治的万有引力还在。

斗地主又开新的一局，大家只是换个位置坐，换个对手打。郤芮习惯地又抢到地主，殊不知上次手里有大小王，这次没有。

文公主晋

重耳、狐偃、勃鞮商量着按照郤芮的计划也来个将计就计。

第一步，重耳偷偷离开晋国去秦国。对外宣称身体欠安，生病休假，暂停上朝三个月，背地里去找老丈人诉说家门不幸，请求支援。

第二步，勃鞮与郤芮、吕饴甥加快友谊建设，然后按原计划去烧王宫，哄骗郤、吕趁火打劫去杀人。

第三步，王宫烧了，但重耳失踪了。大臣们去救火后才知道是郤、吕二人作乱。郤、吕变得十分被动，想往前一步吧，不能确认重耳是否已死，没办法再立新君。想退后一步吧，他们又涉嫌作乱弑君，也没办法继续待在晋国。

郤、吕：我考虑过生与死，就没想到还有半生半死。

第四步，勃鞮劝他们去秦国。他们曾经和秦穆公歃盟，盟约说只要同意迎重耳回国就不杀他们。他们还可以忽悠穆公说晋王宫失火，烧死了重耳，现来迎接公子雍回国继位。如有秦国的支持，就能生米煮成熟饭，把半死的重耳逼成必须死的重耳。

第五步，郤、吕二人真去见秦穆公，大家一见如故。穆公听说重耳遇难的事，异常宁静，一副死就死了的轻描淡写。然后就带他们去见所谓的公子雍。

郤、吕很高兴，陕西人真好忽悠。

谁知道出来的"公子雍"竟是重耳。

郤芮：晕，谁能告诉我这到底是怎么回事？

女人：晕，除了我，你们都知道我老公出轨。

郤、吕说勃鞮也是他们一伙的。重耳说我知道。

重耳转身对勃鞮说，你恨他们吗？他们临死还要拉你垫背？

勃鞮：呵呵，百感交集啊！

重耳任命勃鞮为监斩官，负责送他的"一伙"，斩掉郤芮的生路，也斩断勃鞮的退路。这是重耳的驭人之术、卓越的看人用人之才。现在可以解释他为什么会相信勃鞮是来告密，而不是郤芮谍中谍的安排。

郤芮认为勃鞮要消除重耳的猜忌只有杀掉重耳才可以，其实人家完全可以跑掉不回来。重耳的判断是，勃鞮如果只为活命，完全没必要冒险来见自己。他一定是想翻红，翻红的最好出路便是戴罪立功，而立功最好是立给君侯重耳，而不是罪臣郤芮。基于此，重耳相信勃鞮的告密是真的弃暗投明。

郤芮死了，但重耳并没有对郤家满门抄斩，甚至他的儿子郤缺后来又当上晋国大官。除了有重耳作为明君，会用人，能镇得住其他人的缘故，还有一个重要的原因是郤家的血统与家族势力。

晋国在曲沃代翼的过程中，产生出一大批能征善战的王公贵族。他们是晋国强大的重要班底。献公时期，有一个公子叫姬豹，也有说叫姬叔虎（不管哪个名字，不是豹，就是虎，都有食肉性），他劝说献公去打"君王专私，臣下竞媚"的翟柤（zū）国。献公答应了，并任命姬豹去打。姬豹果然很豹，十分英勇地灭了翟柤国。献公很高兴，为了表达对姬豹的认可，就把郤地封给姬豹，还授权他开宗庙。

姬豹便成为晋国官方认定的郤姓开祖，定为子爵。这个爵位和诸侯的爵位有一样的待遇，只是含金量低一点，发证机构不是周王室，而是诸侯晋国。

【开宗庙】开宗庙的内容比较复杂。一般人生前在家里，死后在墓里。但政治圈的贵族不一样，他们活的时候在朝堂，死的时候可能在庙里，所以才有"庙堂"一说。说明朝堂和宗庙，一生一死，同样尊贵。

此前介绍过关于"祖先"的概念。某人能被认定为祖先一定有个梗，有个节点。他在这里建功立业，为后世子孙留下政治及文化财富，所以能得到最高规格的祭祀。这个规格的主要表现就是"宗庙"。

宗庙是一个很学术的概念。它的许多内容已无法定论,只能成为专家学者们的学术遗产。他们可以各发己见,撰写论文,评定职称。

庙有严格规定,"天子七庙,诸侯五庙,大夫三庙,士一庙"。以天子的七庙为例,"七"指的是四亲(高祖、曾祖、祖、父)庙、二祧(tiāo,高祖的父和祖父)庙和始祖庙。因为有明确的数量限制,七代以内还好说,职数充裕,到第八代什么办?那就要迁移。"迁"是通俗的说法,规范的称呼叫"祧"。祧庙的原则很多,一般都是始祖不迁,四亲不迁,中间的祖宗可以迁出。

周认定的始祖是后稷,后面周文王称文宗,周武王称武宗,**合为"祖宗"**。他俩的功勋很大,所以后面去世的王多了,他们就祧出各自单独开庙,周文王为文庙,周武王称武庙。后世从始祖庙迁出的王,以奇数偶数分别去文庙和武庙。这便有"宗庙"的说法。

以后的朝代对宗庙的理解和做法各有不同,形成宗庙、土地公、鬼神、祠堂等文化,但大致的思路一致。"开宗庙"的封赏意味着你可以单门独户开辟一个宗姓,将以世家的身份活跃在政坛上,接近"世袭罔替"。

姬豹开宗庙后就变成郤豹,他死后"住"进庙里,有自己的谥号。郤姓的大戏也跟着"庙"开始了。

【郤氏】郤豹的第二代中,**郤芮**支持夷吾,**郤溱**(zhēn)、**郤縠**(hú)支持重耳。郤芮是晋惠公时期的当红炸子鸡。重耳继位文公后,设立三军,郤縠任中军主将,郤溱为副将。

郤芮因为叛乱被杀,但他的儿子**郤缺**很有才华。重耳的老师胥臣发现郤缺并推荐给文公。后来,郤缺接替去世的赵盾成为晋国的正卿。郤缺死后,其儿子**郤克**继承父业,也当到正卿,并在鞌之战打败齐国。郤克的儿子**郤锜**作为官二代,X代,也停不下来,出任下军的主将。

郤豹还有一个儿子叫**郤义**,开始支持惠公,后倒戈重耳,但心里没底又和郤芮一起叛乱,失败被杀。郤义之子**郤扬**,也是迎接重耳归国的重臣,但好戏不只这一点,他的儿子**郤犨**、孙子**郤至**(父亲叫郤鹊居)都是卿士。此时,郤犨、郤至加上郤锜三人占据晋国四军八卿中的三席,人称"三郤"。

从郤豹的儿子们开始,郤家四代人,一共出了八个卿士,统称为"四世八卿"（郤芮、郤縠、郤臻、郤缺、郤克、郤锜、郤至、郤犫）。不但官势显赫，名字还都非常难念。

树大招风，郤家的强盛终于招来晋厉公的猜忌。厉公就找碴指派胥童、长鱼娇等亲信去屠杀"三郤"。奇怪的是，郤至居然按照"君要臣死，臣不得不死"的道理放弃抵抗，导致郤家退出了晋国舞台。

这里还要再提一下胥童。他是胥臣的曾孙。还记得胥臣吗？当年正是胥臣向晋文公推荐落魄的郤缺，使郤氏家族再度腾飞。郤缺在赵盾死后，越级成为中军元帅，为了报答赵氏，竟然打压胥克（胥童之父），说他肚子里有蛔虫、有疯病，逼他辞职回家养病，再借机破格提拔赵盾嫡子赵朔入六卿。胥氏自此便长期消失在晋国政坛。这样算来，胥童"屠杀郤氏"似乎有点复仇的意思。

郤家的权力版图在晋厉公时期结束，但血统没有结束。他们的血统版图到今天还在，即姓氏。郤芮封在冀，就有**冀姓**；郤扬封在步，就有**步姓**；郤至封在温，就有**温姓**。郤犫也有封地，在苦成，**出苦成氏**。

郤家人丁兴旺，家族庞大，这是后来的事，到此插播结束。现在要继续说郤芮的作死和重耳的发迹。

重耳通过将计就计，在秦穆公的帮助下，平定叛乱。在诛杀郤芮等叛臣后，终于坐稳晋侯，即**晋文公**。

当年晋献公嫁女儿（穆姬）去秦国时，曾找过算命占卜。卜辞翻译过来十分震撼，叫"世作甥舅，三定我君"。"世作甥舅"，说的就是婚姻互相套来套去，我娶你女儿，你儿子娶我女儿之类的政治联姻。"三定我君"，是三次辅定晋侯，其中夷吾一次、重耳两次。

姬圉：就是要绕过我呗！

但秦穆公把晋怀公给拉下马的事，占卜咋就忽略了，一字不提？所以算命这事为什么是"信则灵"，因为你信了，就会挑肥拣瘦、断章取义地解释，就会拿出其中准的部分出来，穿衣戴帽，大加渲染。

八、文公的厚积薄发

有人少年得志，有人大器晚成。晋文公属于大器晚成2.0版，升级版，超大器+超晚成。四十三岁（四十一岁）才起步，而且是起步去流浪，十九年后回到晋国才开始"起飞"。按照当时的人类寿命来看，上天留给文公的时间已经不多了，中间还要扣除郤芮和吕饴甥造反造成的耽误。所以，巩固君位的晋文公就像按下快进键一样，大事一件接一件。没办法，岁月不等人，寿命更不等人，那些同样熬酿十九年的谋士们也配套着打开顶配的洞察力，从各路国际事务的蛛丝马迹中挑出最有肉的部分，三步并作两步，再一步一个脚印，只用五年时间就辅佐晋文公成为春秋含金量最高，24K的霸主。

题目出得有点难，不过不好意思，他们还是提前交卷。

壶叔摆罐

重耳第一次回晋国，要过黄河时，负责给重耳携带行李的壶叔按照十几年的流浪经验，把那些破碗破草席、碎布碎干粮，"坏笾残豆、敝席破帷"收拾得整整齐齐，甚至一些没有喝完的酒也当作珍宝一样，都搬到船上。重耳看到后感觉很好笑，说我马上要回去做晋君，吃香喝辣，你还要这些破烂东西做什么？添麻烦，快扔了吧！

你这个傻傻的可爱的壶叔。

在一旁的狐偃听了重耳的"高论"后却很担忧。重耳老公子还没得到富贵就开始嫌弃贫贱的东西。我们这些追随他一起吃苦的人不一样是糟糠之臣吗？

不行，要赶紧防患于未然。**先矫情一下**。

狐偃说，主公，过了黄河就是晋国。现在有秦国护送，也有晋臣迎接，我跟过去也没什么用，还是留在秦国吧！

秦穆公：我说过要你吗？

重耳吓了一跳，问舅舅怎么说这话。

想不到，舅舅最近情绪化这样严重，怎么听着像我老婆的语气？

狐偃说，我觉得自己有罪。

重耳问，什么罪？

狐偃说，我罪有三，一是在五鹿时，让你受困（吃土）；二是经过曹国、卫国时不幸让你蒙羞（被偷窥）；三是趁你喝醉时，挟你出逃，触怒了你。

重耳蒙圈了,这叫什么罪?这不是邀功吗?

狐偃又说,你现在马上要入主晋国,而我追随你这么多年,担惊受怕,身心疲惫,就像那些破碗、破衣服、破布一样上不了台面,你留我没什么用,放我走也不会有损失。请让我留在这里吧!

哦!绕了半天,原来是在这里等我啊!

秦国:我就是收破碗、破衣服、破布的?

重耳听舅舅说得句句饱含深情,马上明白他的意思,赶紧赔不是。"贫贱之交不可忘",立即吩咐壶叔赶紧把这么有象征意义的残盅破瓦重新装好,并标注"轻拿轻放"。为了让狐偃进一步放心,重耳还对黄河神发誓说,如果我忘了舅舅的功劳,不和舅舅同甘共苦的话,子孙都不会昌盛。

这话也耳熟能详,犹如一个资深老情圣对他的小女朋友说的"天打五雷轰,不得好死",都是套词。

重耳:看不出来,舅舅还是个伤感的小王子啊。

在一旁看戏的介子推却笑了,心里嘲笑狐偃。介子推认为重耳能得到晋国是因为天命,你狐偃居然还敢认为是自己的功劳!

介子推:论矫情?呵呵,你等着。

这事说来也神奇,重耳看着壶叔,狐偃看着重耳,介子推看着狐偃,一个看一个,圆环套圆环,环环相扣。在矫情的道路上,黄雀比螳螂多得多。

封赏法则

重耳确实没有食言,平定叛乱消除隐患后,就开始按股份分红。主要分为原始股、新三板、上市股三个等次。"以从亡为首功,送款者次之,迎降者又次之。""三等之中,又各别其劳之轻重,而上下其赏。"

第一等从亡者,就是跟着重耳外出流浪十九年、一起创业的小伙伴。以赵衰、狐偃为最,其他狐毛、胥臣、魏犨、狐射姑、先轸、颠颉等按照排名顺序,功劳分量也递减。第二等送款者,就是暗地里向当时还在楚国、秦国的重耳送秋波示好的晋国大臣,属于风险投资人,以栾枝、郤溱为最,其他士会、舟之侨、孙伯纠、祁满等,同样按照排名顺序递减。第三等迎降者,就是重耳渡过黄河,出国门迎接的晋国大臣,属于打到新股运气不错的散户,以郤步扬、韩简为最,其他梁繇靡、郤乞、先蔑、屠击等,还是按照排名顺序递减。

奖什么？封地，没地的赐地，有地的加地；封官，无官的加官，已官的提官。

重耳又念到外公狐突。他为了保全自己而被怀公冤杀逼死。文公就在晋阳之外的马鞍山立起狐突庙。后人因此为此山取名为狐突山。这是很典型的政治手腕。**你对死人的尊重所产生的效应可以带动活人对你的尊重。**

这套封赏办法大体没什么问题，但细节就不知道。有没有人不服？当然有！许多人只有猜测。有说排名是按照能力，有说是按照身高，有说是按照勤奋，有说是按照长相，各种扯淡，纷说不一。

不服：明明是领导你自己说了算。

晋文公就发布诏令说，如果有谁认为自己有功劳又没受到表彰，请他自己来说明。

收破烂的壶叔就跑去说，我从蒲城开始追随主公，到处流浪，脚皮都破了。你们住下来，我就负责食宿，你们要出去，我就准备车马，为什么公布从王的名单却没有我？

问得好！

文公说，教导我以仁义，让我感觉如开通肺腑，拨云见日，醍醐灌顶的人，受上赏；辅助我以谋议，使我不会被诸侯看不起的人，受次赏；能冒矢石，敢于冲锋，以身保卫我的人，复受次赏（三等）。所谓**上赏赏德，其次赏才，再者赏功**。像你这样有奔走之劳、匹夫之力的，还要排在后面。等"三赏"之后，我会开始考虑你们的事。

这话是说给壶叔听的吗？是，更是说给其他人听。因为随行的人、拥护他的人，都很重要，可**秩序的规则**必须排出一套"三六九等"。这是帝王（领导）最重要的事，也是最考验领导能力的事。关于如何用人，文公要给出一个基本的规则，能说服大多数人的规则。

这个规则可行，在当时算很先进。

春秋时期，德还很受推崇，尤其在"霸业秩序"下，"德"是头号武器。**有德的武力叫霸业，无德的武力叫恶霸**。文公必须制定一套与国策（从德到霸）一致的用人标准，才能使国策朝政合二为一。同时，这套理论也最冠冕堂皇，最能忽悠那班曾经共患难的兄弟。实际上，魏犨、颠颉二人，自恃才勇，看见赵衰、狐偃都是文臣，只凭借一张嘴能说，排名却在自己之上,心中很不爽,常常发牢骚、有怨言。

文公看在他们功劳份上也不计较,就想借着给壶叔的话,说给他们听。

魏犨、颠颉:顺序没问题,但为什么说我们就没有德、没有才?我们只不过是勇得太突出而已。我数学学得好,不代表我语文就差啊!

文公:你们提问就说明你们德不够。(这么较真)

魏犨、颠颉:我们也是孝子啊!

文公:还说,果然又没才。(看不出老大的意思)

没错,这套规则本身肯定没问题,最大的问题是你**事后公布,而不是事先约定**。如果你一开始流亡,就宣布得国后将按照"德、才、功"的顺序进行奖励,别人可公平竞争,就不会说什么。

但真这样的话,公平是有了,事情却做不下去。比如壶叔,他还会傻傻地去天天收拾行李吗?他肯定选择回家念书,或者学点武功,再不行就请人背一遍《周礼》再出发。那结果呢?一堆流浪的汉子全部都是有德的家伙,只会吃饭不会做饭。全是书生,天天内卷,互相攻讦,百无一用。

所以公平这事,说说可以,不能较真。**大自然的逻辑里就没有绝对的公平**,你在人类社会里如果只谈公平就容易走进死胡同。

【公平】"公平"和"平等"这类词一样,理解比要求(争取)重要得多。他们属于政治词语,不是管理词语。换句话说,他们是政治对手之间较量的武器,不是用来实践操作的准则。

许多人把公平理解成绝对的概念,如一碗水端平,"多劳多得"可以吧?那我问你多得多少算公平?哪有标准?科学家多劳,明星多劳,摆地摊的多劳,那么他们的报酬如何才公平?这是程度的问题,无法衡量。

还有时间的问题,比如今天给你一百元给他二百元,你不高兴,但是昨天你拿二百,他才一百你就不说。所以要在一定的时间内体现最终公平,这就是"让一部分人先富起来,再带动后富的人,最终实现共同富裕"的内在逻辑。但问题又来了,这个时间的跨度要多久?先富十年二十年,还是一百年?这又哪能计算得出标准?

除了程度和时间,还有一个空间的问题。大工一天五百,小工一天三百,按个人你们不公平,可是按照组合呢?每个夫妻档组合成的一个打工小组,所有都给八百不就是公平吗?

公平是相对的概念，和当事人的心理预期、承受能力、人物性格等许多因素有关。只有把公平的手段和当事人的意愿结合起来才有意义。公知们习惯断章取义，单单用公平本身去判断事物。错误的逻辑穿着正确的外衣进行推论，脱掉外衣后出来，自然全是错误的结论。

重耳已经六十多岁，他才不傻。他知道"公平"可用但不可靠，要认真但不可较真。他只需列出一条适合主流价值观的基本准则就可以，**这个准则的重点不只是向后看，更要向前看**，要对以后的治国有利，要能打下基础。这才是最重要的解释。

头须效应

有功者赏，犹如股票分红，无非是多少差异；有罪者罚，犹如股市割肉，无非是成王败寇，关键的问题在于功不足以赏，罪不足以死的中间地带，犹如焦灼拿捏的鸡肋股票，磨得散户真叫心散神不散！

散户的恐惧就成了股票的关键因素。股市如此，社会也是如此。奖励几等都好说，造反该杀也理解，那原来那些跟着惠公、怀公的人呢？他们在惴惴不安中，工作没耐心，学习难专心，生活不安心，很难说哪天一个利空消息，他们就狗急跳墙、举事闹事。这是一个潜在的大问题，但晋国也不用太担心，因为晋文公能被历史抬得这么高，就是他擅长用最小的代价达到最理想的效果。

郤芮和吕饴甥被杀后，晋国上下就弥漫着一股很不安的气氛。他俩把握朝政十几年，晋国的许多角落都有其门生故吏。现在他们的老大被杀了，他们的心能安吗？晋文公听从狐偃的建议，决定赦免这些人的罪过，以保持晋国的实力。但经过几十年动乱的晋国，朝堂的威信大减，谁敢确定重耳是真心还是迫于形势的一时妥协，会不会等局势稳定后再来秋后算账，大家心里都没有底。

重耳也看到其中的隐患，担心他们会因为惧怕而冒出极端的行为。从某种角度说，郤芮也是因为担心被杀才起事。

郤芮的造反有重耳故意的嫌疑——否则杀你无名，毕竟你最后投诚了，而且还和新君一起盟誓。但不杀你，又不好开展工作，这个前面几十年一直和自己作对的人居然还可以以"功臣"的身份立在朝堂上，这不是在用一个活生生的例子告诉大家：反对重耳其实也没啥事，只要最后发现不对劲,马上转过身来,改为支持就可以!

那以后谁还会死心塌地地支持重耳?

重耳知道这个梗,郤、吕二人也知道自己有这个梗。

所以郤芮和和吕饴甥是杀也杀不得,用也用不得。那最好的办法就是给你一个机会,让你造反,让你先违反盟誓,我再杀你就杀得顺理成章。

面对这种困境,重耳应该想到了当年的郑庄公。

姜还是老的辣,重耳当上晋侯后就什么都不做。我就静静地看着你,一直看到你心里发虚。半年后,心理承受极大压力的郤、吕二人终于爆发了。受不了了,老被盯着,老被讨论着,老失眠啊!

或许只有那些知道自己早晚会被抓的贪官,才能体会到郤芮的心情。

现在郤芮和吕饴甥已经死了,他们的手下没必要一起杀掉。一是人没了,你做什么国君?二是这个群体很庞大,里面有不少人才可用。三是他们的领头者消失,现在就是一盘散沙,已构不成威胁。晋文公知道,只要郤、吕手下的人没有被惩戒,其他中间派的朝臣就会很放心地和自己合作,支持自己。

毕竟"要死也是他们先死"的想法很普遍,也很有威力,在"他们"都没死的现实下,就可以确定我不会死。

这个原则叫作"**政治临界区**"。

【**临界区**】临界区本来是计算机领域的概念,这里借来讨论人身安全。临界区是在安全和危险之间的一个状态。如果你处在**安全区**,就绝对不会被杀掉,如果你处在**危险区**,就随时会被杀掉。两者之间划一片区域就称为**临界区**。

很明显,和重耳流亡的人,只要自己不作死,肯定不会死,还有不少赏赐,他们就在"安全区"。而反对过重耳的人,现在如果不主动做点动作,表诚意、表态度洗白的话,那早晚会死,他们就是"危险区"。其他的官员,谁当国君他们都拥护,说有功也有功,说有过也有过,就是"临界区"。

处在临界区的人会时刻关注危险区的人,如果他们都死光了,那自己就不安全,就会变成危险区。

晋文公意识到这种潜规则。既然郤、吕的手下担心被杀,那我就找一个比他们更该死的人,赦免他的罪,相当于把临界区前移,扩大安全区,你们不就进入安全区了吗？就可以安下心来，好好工作。

这个所谓"更该死的人"叫作头须。重耳当时被勃鞮从翟国赶跑后，那个卷走金银财宝跑路，让重耳在五鹿饿到被农夫调戏吃土的头须。

比起安静本分的壶叔，狡猾的头须确实死一百次都不够。

据记载，这个更该死的家伙居然还是自己找上门，也是他告诉晋文公关于上述"临界区"安全值的理论。他说大家都知道我是犯下大罪的人，如果你能赦免我，并且让我做你的马夫，有事没事出去溜达几圈给大家看看，大家就会说，头须都没有受惩罚，那我们就更不会死。

文公采纳了头须的建议，一顿表演后，效果确实很好。文公很满意。

事后头须又告诉他，"我还有一个不死反而应该受封赏的理由"。原来文公逃离蒲城时，一对子女，儿子名驩（huān），女儿叫伯姬，都来不及带走，后被头须收留，寄养在民间。

文公大喜，他年纪这么大，原以为还要起早贪黑赶紧再生个儿子。既然找到大儿子，后继有人，那以后再和后宫那事时，就无须带着明确的目的，完全可以走一条偏娱乐的路线。

但我严重怀疑头须的话。重耳从蒲城跑去翟国，而头须是在重耳逃离翟国时分开逃走的。重耳在翟国十二年，头须还没有背叛重耳，他如果收留主公的子女哪有不说的道理？哪有不把这对子女接去翟国的道理？或者是记载错了，应该是在翟国分开时，头须才收养孩子，而不是蒲城。

还有一个解释，就是头须很鬼！他来找晋文公之前应该去过蒲城，找到姬驩，拿到一份意外险。万一文公不接受他的"临界区"忽悠理论，不需要他，要杀他，头须就拿姬驩说事，后果也不会差到哪里去。

但对文公来说，头须怎么想不重要，重要的是儿子是真儿子。

文公马上任命姬驩为世子，**这是巩固政权最重要的一步**，可以展示权力的延续力量。虽然我已经这么老，但大家仍可放心跟我干，因为就算我死了，还有我儿子继续干，政权很稳定，政策也很稳定。不会再被另一个什么公子跑进来抢夺政权，并被秋后算账。

在安顿朝臣的同时，重耳也把老婆们一个个接回来，并一样做了排名。排名分先后——"齐女为夫人，翟女次之，怀嬴又次之"。另外，他还把刚刚"收回来"的女儿伯姬嫁给赵衰。伯姬也就成为赵姬。

现在女儿有家、老婆有位，朋友有功、下属有事。总结这一年，重耳已经把晋国打理得百业待兴、万事皆宜的样子，一如某大型历史剧（第一季）美好结局的样子。但也不用太得意，毕竟什么事都有瑕疵，白玉亦微瑕。

寒食：美是美，要是算上介子推就更好。

介子不推

重耳的一波波操作，人定事定。等等，好像漏掉了介子推。

介子推就是那个在五鹿割大腿给重耳做肉汤的"×杰"之一。

"割股侍君"这事按现代人的角度很难想得通。你会问割哪个部位？割多少？割完要怎么止血？如何消毒不感染？等等。你会质疑割少了煮起来没什么肉味，多点你自己又受不了，而且带着血的肉，血腥味会大于肉味。

但这些疑问，看似问题其实也不是问题。**人的问题起于自身的认识**。许多时候，我们会因为潜在的自我，造成"先有结论，再为结论找理由"的思维惯性，因果关系也变得真假难辨。如果你纠缠上面那些问题，就会怀疑割股是假，但如果你相信割股是真，就会推论（坚信）当时一定还有许多条件没有被详细说明，比如土法止血，等等。

我相信刮骨疗毒可行，割股侍君也可行，但这些不重要。重要的是儒家要宣传出一个关于忠心的故事。重要的是，介子推至少是一个十分坚毅的人。

一种容易走偏的坚毅，走着走着就成执着、固执、偏执等词语的同类词。

介子推始终坚持重耳能继承晋侯是天意，不是因为大家的努力。而且他的观点一旦形成，就死活不肯改变，还越走越极端。凡事只有按照他那套理论去做才是对的，才算清高，否则就是错的，就属于龌龊。所以他十分鄙视诸如狐偃、赵衰这些去领功取赏的人。

这是典型的穷酸秀才的思维。

介子推很快就用实际行动来反击狐偃们的"丑陋"。回到晋国后，他主动销声匿迹、归隐山林，用淡泊名利来辅证自己必须正确的天命学说。

我比你们看得远，我比你们高尚。

那么问题来了，如果我只是这样做，没有其他动作，保密工作做很到位，别人就发现不了我的高尚。我的高尚如果只有我自己知道，那不是很无聊？无聊该是多么的寂寞啊。

我明明已经淡泊名利，但你们居然不知道我淡泊名利，是不是有点尴尬？

介子推可能真有点失望。我这么一个大活人，回到晋国没有出现，没有去上班，晋文公居然不知道！分红的时候，榜单上居然没有我的名字！

我的存在感有这么差吗？我的大腿肉呢？

你们的**按股分红**，难道就因为我**割股就没股**了？

文公又说有漏掉的人请自己说出来。晕！这不是埋汰人吗？你让我自己去说？把我和那个摆弄破碗的壶叔、携款潜逃的头须混为一谈？本来准备好如何谢绝赏赐，现在变成还要先去提醒一下应该有我的赏赐，对介子推这样的人来说，比死还难受。

晋文公的这一次故意或大意的过失，让介子推心中的积怨积气越积越深。他极端的性格要从一个极端走向另一个更高的极端。

流传的故事，是说介子推的邻居看到晋文公居然没有赏赐他，出于公愤就写了一封书信悬挂在朝堂的大门，用忽明忽暗的诗句提醒文公。文公发现后，甚感愧疚，就去寻找介子推。

这更是奇怪的事情。

既然介子推淡泊名利，打算归隐山林，把自己割股的事情告诉母亲可以勉强理解，那为什么还要告诉邻居？邻居的文化水平也不低，不是像壶叔、头须那样直接投诉重耳，而是写一篇充满暗喻的文章去提醒文公？

我们严重怀疑是介子推自己变成邻居写的信。

就像有个朋友知道一个关于某某人的秘密，原想大家会八卦来打听，然后他可以耍耍关子卖弄一番，谁知大家居然对此不管不问。这下把他给憋的，难受！不吐不快的难受。他不得不自己开腔说，怎么了大家，我这个秘密你们都不听？是真不听了吗？其实啊！是这样的，你们知道吗，××他什么什么。

所以这事要真的话就真的很尴尬。

文公如果能忘记介子推，说明他的才华、能力等可能很一般。一起患难的同僚也没人帮忙提醒，说明他平时为人也不怎么样，没什么朋友。

各种"冷漠"让介子推失望至极。他感觉此生不再有爱，一种曲高和寡的孤傲开始在内心作祟，胡乱想象，极端描述。等晋文公真要去找他，他就故意跑到绵山躲起来不见。他狷介无比的性格再次膨胀,无敌!于是耍起了小孩子脾气。刚刚我明明很喜欢那个玩具,你不给我买,现在你说什么都没用,买了我也不要。很简单,我现在再要,玩具有了,但面子没了!如果封赏的时候,你请我去,我拒绝一下,你再请我一次,我就可以很有面子地半推半就去参加。但你居然忘记了我,等我提醒你才来找我。好像是我主动说:听说你今晚请客,怎么不请我?然后你才说请,那我再去赴宴,能有面子吗?

所以文公说:"子推何恨寡人之深耶?"

介子推不一定敢恨重耳,但大家不大喜欢他却极有可能。文公要求大家去山上找他时,这伙人就不尽力,没几下就收工说找不到。于是就有人提议说,放火烧山,把他逼出来。

魏犨甚至准备在介之推逃出来后再羞辱一番,看看你这无聊的矫情害得大家都不能按时下班回家。

万万没想到,介之推坚毅的性格突破了人们的想象力。他居然背着母亲一起烧死在柳树旁。宁死不出,宁死不从。

宁死不屈可以理解,可以提倡。但因为这事就宁死不从是不是把"死"看得太贬值了?我们不一定能死于牺牲,但至少不要死于面子。

听说介子推已经被烧死,被自己烧死,文公懊恼不已。**这个"自己"既包括文公,也包括子推**。没想到这家伙能轴到这种程度。文公自责不已,为挽回民心和心情,就下令从第二年开始,这个月不要生火,一起牢记我的过失和悔过。当时正好是清明,也是后来说的寒食节。只是一个月太长,普通老百姓没有介子推的毅力,所以渐渐就减成三天、一天。

绵山也因此改为介山,并且为介子推立祠。极致的介子推终于获得最大的关注。他大概是视频直播中那些自残求关注的鼻祖吧,只是关注的代价太大,用生命来换取。关键是除了自己,还要带着母亲一起死。

母亲才是真正伟大的母亲。介子推作为儿子不能给母亲舒适的生活,而且是在原本有条件的情况下,为迎合自己的"固执"不去争取。反过来,母亲为了陪儿子实现心中接近洁癖的理想,不但同意一起奔波,还陪同儿子一起烧死。所以要纪念的话,母亲才更应该被纪念,她不应该是配角。

文公完成这些"补救措施"后,那株烧枯的柳树又长出新芽。

看来老柳树终于满意了。

其实大家都知道，烧山这种事不是很好控制，如果派兵找都找不到的话，那烧要烧多久？你说烧就烧，你说停就停？但这些都不重要，塑造人物本来就要提取素材加工文字。"断章取义""张冠李戴"的故事更加精彩，更加饱满。

只要大家愿意相信就可以。

今天，我们不要和介子推一样偏执，去研究他割股怎么割，归隐怎么隐，烧死怎么死的问题。我们要看到古人留下来的精神。介子推能跟随重耳十九年，是其忠心和智慧；能放弃高官名禄，是其道义和坚守。

大义胜于一切的时代，所铸造出的人文精神是中华文明永续不灭的脊髓。从春秋开始，祖先们就一直培养呵护这根脊髓，让它默默壮大。正是一批又一批的介子推们用他们的"愚蠢"牺牲唤起民族对人情道义的诠释，让后来的人们潜移默化地受着影响，成为中华儿女的共同记忆。

我们能享受到的成果，是一次又一次蝴蝶效应的结果。我们品尝水果的芬香甜美就不该去取笑树皮的粗糙暗黄。

文公武治

推好了介子推，赏赐的工作就告一个段落，接下来就是内政建设的正事。

一般来说，和平时期，发展经济和维护稳定是国家政治的头等大事；而战乱时期，尤其是像春秋战国几乎年年有仗打的时期，军事建设才是大事。

重耳继位时年纪已经很大，但不影响他的奋发有为。参照明君的评语，晋文公就是"减税免除劳役，修路修建水利，废弃无用禁令"，带着晋国在政治、经济、社会等方面迅速稳定并发展起来。

这些措施在今天都属于重点项目，可以大书特书，但在当时，也就随便几句话打发了。所以一个人的命运，天分是一方面，生对时代也非常重要。你是一个天才的经济学家，如果出生在春秋，就算是晋国，搞不好就是和壶叔差不多的人物，如果在现在，各地对你的吹捧会让你红得发紫、红到发烫。

在春秋，发紫发烫的项目主要集中在军事。

晋文公的重头戏也是军制改革。周礼有规定"王六军，大国三军，次国二军，小国一军"，一军差不多一万多人、一百多辆战车。这只是政策的框架，周王室有六军的名额，但它的实力撑不起六军，就算勉强把将军配齐，军队质量也参差不齐。晋国恰恰相反，完全有能力把"三军"玩得溜溜的。

三军的地位顺序为中、上、下，其中中军主帅郤縠，副帅郤溱，祁瞒掌大将旗鼓；上军主帅狐毛，副帅狐偃；下军主帅栾枝，副帅先轸。为什么只有中军有大旗手？因为中军是主将，君王亲征也在中军。所以，祁瞒相当于首都军区（中央）办公室主任。

在确定谁出任中军元帅时，赵衰推荐郤縠。理由是他五十多岁还天天看书，而且看的都是讲述礼仪道德的书。郤縠主中军就等于确定一个军队的德，最基础的部分。

因为有赵衰的推荐，郤縠的命运比介子推好多了。据说他先是推辞一番，然后好德的晋文公再三要求，他才勉强接受。

对书生来说，这是最受用的待遇，有名有利。明明自己也想当官，但还能搞得像是被人求你出来当官似的。赵衰的眼光不错。郤縠上台后立即表现出卓越的军事才能，很快就训练出一支整齐严肃、号令统一的军队。

文公原本想让赵衰出任下军主帅，但赵衰说自己"贞慎不如栾枝，有谋不如先轸，多闻不如胥臣"，全部推辞。

赵衰：不善于一线工作。

那就去二线，"×线"？最后是赵衰为大司马，管全国兵马，相当于国防部长。这个岗位现在看似更牛，但在当时也不好说，因为文公提高了三军的地位。三军的主帅、副帅都列入卿的行列，全部算军委委员（内阁）。另外，他还任命荀林父为御戎，为君王驾车，相当于禁卫军司令；魏犨为车右，站在君王旁边，直接保护君王，相当于警卫局司令。

为什么要说这些人，因为他们在晋国的历史上先后不省油；因为晋国开启了**六卿**的时代，他们的美好时代。

晋文公的最初设计是三军按照中、上、下正副职"长逝次补"的原则，轮流执政，对内协助晋侯管理国家，对外组织军队"尊王攘夷"，抵御戎狄南蛮，捍卫中原文明。他们能文能武，战时为将，平时为官，后世统称这一制度为"六卿制度"。

这套制度非常适应春秋的社会发展，在当时是一次"突破"，不但有强悍的战斗力，还能不断培养出优秀的将领，让晋国持续称霸。

"六卿制度"同时也带来一个问题，就是六卿主要来自几个大家族。他们借助"六卿"平台，通过几代人的发展，亲亲友友，越做越大，直到后面架空君权，变成诸侯国中的"诸侯"。最终，赵、韩、魏三家在家族斗争中留存下来，并瓜分晋国。史称"三家分晋"。

"三家分晋"是两百多年后的事，这个账算不到晋文公头上。国君能解决当下的问题就已经很不错，哪里还能预料几百年后的事情。系统都有生命周期的规律，后面新出现的问题应该由后代的国君去解决、去改革。

我们今天一直在提改革、深化改革，其实也是这个道理。

试想一下，如果没有晋文公的六卿制度，没有军政改革发展的综合国力，楚国、秦国可能早在"三家分晋"之前就割走、分掉甚至灭了晋国。

治国理政如同主观题考试，没有标准答案。考卷的题目就这些，我们只能找到尽量好的答案。就算今天的你知道一切，穿越回去一样解决不了所有问题。因为你堵住东墙，可能又毁了西墙。一项制度，十年后没问题，五十年后你享受它的福利，一百年后习惯它的存在，一百五十年后也没发现它有什么问题，但在二百年后可能就会出问题。你现在要因为二百年后的问题穿越回去修改当时的制度，那能不能解决二百年后的问题先不说，它引申出来的新问题可能在五十年后就直接崩盘，根本就没有一百年、二百年后什么事。

问题的本质其实很简单，**你改变得了某件事情，但是你改变不了人性。**人有什么样的生命周期，事务也有什么样的生命周期，因为事务需要人去完成，也有"人性"。王权政权不过是最大的事务而已。唯有不断改革，不断注入新的血液，才能延缓它的衰老，延长它的生命周期。

晋文公的六卿制度，至少在他有生之年里运转顺畅，让文公及其子孙顺利接力齐国、宋国的春秋伯业。这样还不够吗？

不过在晋霸还没开始时，重耳先要接个单，大单，周王室的项目。

九、晋霸的安周功绩

为什么说"春秋无义战"，不说"三国无义战"？能这样说，说明当时主要还是"义战"。至少大家的出发点还是要求诸侯们套上义战的标准。就像人可不可貌相这事,其实相由心生,大多数人还是可以从眼神气质中看出一些端倪。看不出来,或者是你看相的水平太差,或者是对手太奸诈、太会伪装。因为个别的失败案例很突出,很容易反驳"人可貌相"这事。如果这句话改成"大多数人可貌相""人可貌大多数相"那就没毛病了。

所以"春秋无义战"恰恰说明春秋还有义战。春秋大多数战,战的大多数环节还需要义的礼仪,还有义的痕迹。到三国,谁还和你说有没有"义战"?从头到尾都没什么义,哪有人跟你讨论这么幼稚的话题?

春秋的战争首先需要一个合理的理由。想要做盟主的诸侯,更不能没有正当理由就直接去打别人。"想打就打"那不是称霸,是恶霸。而且你用的理由还不能是个人的喜好,最好是涉及礼仪的纠纷,体现伯业分内的事务。

这事好像越分析越复杂。重耳想要通过战争体现武力,获取盟主地位,带领晋国腾飞的理想会不会很麻烦、很被动?好在老天爷和晋国一样着急,匆忙按下快进键,"被动"马上过去,让你"主动"。

老天要给晋国一系列合情合理、可以耀武扬威的机会。

老套路,机会还是从郑国开始。

郑国:我上辈子毁灭地球了?

周襄烦恼

郑厉公去世后,儿子郑文公当政。自从拜楚国为大哥后,郑国的自我感觉良好,好像一个刚刚加入"洪兴"的古惑仔,非常兴奋,对身边的小诸侯动不动就透露出带着优越感的鄙视眼神。对阿Q来说,打不过赵老爷家的打手,总被欺负,那就去欺负身边的阿猫阿狗,总能把感觉找回来。

郑国也是这么想的。郑文公也想收小弟。

滑国曾是郑国的附属国,后来不知为啥又倾向于卫国,最近郑国又看上了,就去打它。滑国不扛揍,没几下就认输。认输又不正经认输,郑国前脚刚刚退兵,它后脚又回到卫国身边,非常赖。

原来你是**狡猾的滑国**。

滑国:灵活,灵活,这叫灵活。

郑文公大怒,再次出兵,这回一定要打它痛到筋骨。卫国听说郑国又开始耍流氓,就赶紧去找周王室帮忙。周王室就出来调和,劝阻郑国不要打滑国。

郑文公大怒2.0。我们怎么回事你知道吗?郑、卫都是你的臣国,你为什么就偏袒卫国呢?郑国就扣下周王室的使臣。

这下轮到周襄王生气了。好歹我也是王啊,你一点面子都不给吗?扣我使臣和打我脸有什么区别?你打我脸,我就打你头。周襄王准备出兵打郑国。不过许多大臣都反对。这事不靠谱,估计打不过。

打不过也要打。愤怒的襄王不管不顾,不管是蒸包子还是蒸馒头,就要争这口气。大夫颓叔、桃子跟着起哄,建议去找翟国借兵,那样更有胜算。

大夫富辰马上反对。他说同姓的恩怨不该有异姓介入,而且翟国属于戎狄系,不通礼仪,容易失控。申公借兵打周幽王的故事才过去没多久,记忆犹新。**但周襄王正在气头上,反对无效。**

翟国果然彪悍,没几下就把郑国的栎城攻破。周襄王很高兴,就想着要不要赏赐翟国点什么。但周王室的国力和财富已捉襟见肘,拿不出什么像样的东西。爵位呢?人家戎狄不懂周礼,好像也不在乎。

要不与翟国联姻,如何?我的王后正好刚刚去世。

这个想法放在今天是不是有点奇葩?我为了报答你,娶你女儿?这个女儿是痴呆还是弱智,嫁不出去?当然都不是,翟国准新娘去体检都不会有什么问题。事实是婚姻讲究门当户对,因为周王室比较高贵,是王,所以他愿意和你结婚,等于抬高了你的身份和地位。

颓叔、桃子完全赞同,说翟国有前叔隗、后叔隗都是美貌绝伦。前叔隗已经被重耳娶走了。**大王你要抓点紧还能赶上后叔隗。**

富辰却再次反对,说翟国大胜郑国,我还担心他会居功窥视王位,如果再加上联姻,以后还怎么控制?**但周襄王正在兴头上,反对再次无效。**

周襄王:敢情不是你没老婆。

婚后的周襄王很幸福,后叔隗确实漂亮。但周王室却很郁闷,因为新夫人不懂礼仪,没有规矩。妇道人家不好好在家,成天就知道骑马打猎,还喜欢和将士赛马赌酒,相当豪放,没有一点王后该有的委婉样子。

周襄王也没什么抱怨,选择了包容。哪想没过多久,他的包容就变成了对她的纵容。后叔槐居然和周襄王的弟弟王子带勾搭上了。王子带也是色胆包天,索性买通内侍,打通"封锁",每回去王宫幽会就像回家一样,明目张胆,随便进出,没有一点偷情该有的猥琐样子。

只有周襄王一个人被蒙在鼓里。

全天下都是你的,但全天下人都在蒙你!

纸终究包不住火,鼓也终究蒙不住周襄王,因为这是欲火。宫中有个叫小东的婢女因为不愿被王子带调戏(也怕叔隗嫉妒),害怕被责罚,就跑去告诉周襄王,说你的夫人、你包容的人已经被王子带带走了。

天打五雷轰啊!襄公气得要杀人。

王子带听说小东去告密,吓得赶紧跑去翟国。襄王没法追,只好作罢,但奸夫跑了,淫妇还在——那就打入冷宫吧。

到目前为止,一个发怒一个奔跑一个被关,还只是一部普通的伦理片,顶多带点色。但不要着急,剧情马上突变,因为还有媒人颓叔和桃子,两个不敢安分的"罪臣"。当初提议请翟伐郑的是他们;后来策划迎娶隗氏的,还是他们。他们很害怕,认为叔隗被困冷宫,翟君必然见怪。王子带出逃在翟,一定会说假话,哄骗翟君。到时翟兵前来问罪,倒霉的一定会是他们。

看来颓叔、桃子倒是很了解王子带。

可惜周襄王却不了解颓叔和桃子。他根本想不到信任的大臣居然会无障碍转身,叛变自己。

就算是要先发制人,他俩这样也"太先"了吧!提前好几步啊!

颓、桃二人一不做,二不休,也去翟国,而且快马加鞭追上了似乎已经约好的王子带,三人一顿捯饬,狼狈为奸就密谋出了一场政变。

翟国介入

翟国国君也没什么主见,平时不读书不看报,又很少派人外出打探八卦,消息很闭塞。关于女儿的事情几乎一无所知,就听逃命而来的太叔(王子带)三人的一面之词。

正好这三人有口才没口德,就炮制出一个崭新的故事。

新故事是这样说:颓叔、桃子来翟国求叔隗其实是为太叔求婚,只是新娘到周王室后,被周襄王这个老色鬼盯上了。于是太叔被横刀夺爱,叔隗变成襄王的老婆。这次"冤屈"是因为太叔在去问安太后的路上遇到叔隗，多说了几句话，就被坏人告状诬陷。昏庸的襄王不去了解，直接就把太叔赶出来，把叔隗打入了冷宫。

总之，周襄王是坏人，我们是好人。

这世上，谁说故事的时候，会说自己是坏人？

关键是翟国国君，当初女儿嫁谁都没问清楚就直接发货了？嫁王和嫁王子可不是差一个"子"字那么简单啊！

但翟国没有研究这么细，他们唯一要做的就是"义愤填膺"，然后决定派大将赤丁带上五千兵马同颓叔、桃子，举着太叔的大旗伐周。

典型的有脑袋、没脑子。人类在他们这里白进化了。

翟国能帮周王室打败郑国，回过头来打周室肯定就绰绰有余，不在话下。周襄王也很清楚自己的能耐，所以一开始就派大夫谭伯去翟军解释太叔作乱的事实。但谭伯还没见到赤丁就先被杀掉了！

谭伯想来干什么，太叔不可能不知道。知道了当然要预防。预防嘛，也可能是**防卫过当**，就把谭伯给防死了。

看来这几年，周王室的使者真是一个高危行业。使者是代表国家，代表王，但周王和王室都不能给他的使者撑腰。

周襄王：两国交战，不斩来使，你知道吗？

赤丁：我没读书，我不知道啊。

听闻谭伯被杀，周襄王大怒，气昏头就做出了一个错误决定：跟他们死磕。襄王派卿士原伯贯为大将、毛卫为副将，率车三百乘，出城御敌。

确实死磕，一磕就死。周军大败，原伯贯、毛卫被俘。打仗这事真不是开会，开会是谁官大谁就坐前排，打仗是谁胳膊粗谁坐前排。管你什么卿士不卿士，拳脚从来不长眼。

原伯贯、毛卫兵败后，周王室就被翟人困住。襄王只好听从富辰的建议，暂且不和这群野蛮人一般见识，出去避一避。

去哪里？比较近的诸侯有陈、卫、郑。陈国、卫国比较弱小，能不能保住自己都不好说。富辰建议去郑国。

襄王避郑

周襄王一听"郑国"二字，相当吃惊：不是吧？刚刚我们还请翟国去打郑国，现在去找它不是去找死吗？

富辰说，不会。一是郑国的先世有功于周王室，他们一直很珍惜这个好名声好传统。二是我们请翟国打郑国，让郑国很气愤，他们日夜都盼着翟国背叛我们，好让我们知道到底谁是好人、谁是坏人。三是现在翟国背叛我们，等于满足了他们的心愿，他们不会再嫉恨我们了。

什么意思？就是现在郑国已经"爽"了，不会再计较我们。

什么意思？就是老公和某个小婊子私奔了，原配十分气愤，日夜诅咒这对狗男女不会有好下场。果然没有多久，小婊子表现出婊子们该有的本性，花光钱就甩掉花心男，男人只好落魄回家。原配心里很受用，你现在终于明白谁才是真正对你好的人。然后，她再煮一碗面给老公，把人品的高低对比拉到无以复加的地步。老公热泪盈眶，发誓再也不出去鬼混，如有再犯就天打五雷轰什么的。

雷：为啥你做错事就要我加班加点？

此类故事，应该会有老公回来时觍着脸的画面特写。画面太美，爱憎分明的观众纷纷表示围观得很过瘾。

富辰把事情分析得很到位，但没有向周襄王说明：这次我们也是要觍着脸去。理由和步骤都有，就是表情不好意思明说。

让襄王腆脸，富辰心里也很内疚，但又能如何？活命更重要。

富辰指挥周兵一阵声东击西，终于护送周襄王突围去郑国，自己却身受重伤被俘。颓叔、桃子并不想要他的命，想放他走。但富辰拒绝了。他说他必须死战，否则襄王会认为他是因为以前忠言不被接纳而不肯力战（只想看着周襄王出丑）。

那就变成和正室诅咒的小婊子一个道德水平。

周襄王：我为什么要这么认为？

这完全是他给自己加戏，加码，加磅。他自己这么想，就喜欢去揣测别人也一定会这么想。他把自己的心理活动当作一种事实，并在虚拟的事实下开展下一步工作。俗称，找死。

他还真的找到死，倒也是难能可贵的言行一致，可贵的视死如归。你说他傻也可以，但**正是这些傻傻的富辰，和介子推们一样，用生命哺育中华的文化脊梁茁壮成长。**

在富辰的眼里，君辱臣死。他没能让周襄王避免兵战之祸，反而让主公去郑国走低三下四的求命之路，就是自己该死。

富辰：我尽我所能，最后一能便是死。

他想用死来证明周襄王身边还有忠臣，周王还有王的威仪。郑国是不可以小瞧我周王室。**虎落了平阳，犬可以欺，但不要乱欺。**

富辰死了，周襄王跑了。太叔带在翟国赤丁的帮助下，回到王城，见到母亲太后。但经历大起大落的太后，经不住血压的考验，居然死了。太叔也不悲伤，并且"化不悲伤为力量"，马上扯淡出太后的遗命，自己称王。然后放叔隗出来，立为王后。再去找那个告密的婢女小东。小东吓得自杀了。

有仇报仇，有恩报恩。多小的仇也算。

太叔带原来也有一个"梗"。老爸周惠王一直很喜欢他，想过要替换姬郑（周襄王）立他为太子，但这事被齐桓公给搅黄了。齐桓公领着一堆诸侯和姬郑见面，行大礼，生米煮成熟饭，倒逼周惠王。惠王只好让姬郑继位襄王。想不到多年以后，姬带的"梗"又生效起来。

郑文公听说周襄王来郑国避难，心里的确很受用：你终于知道翟国不如郑国吧？郑文公也马上煮一碗面，下令工师去氾（fán）地（此时周襄王所在地）盖座房子给周襄王住，并配备丰厚的生活用品。周襄王感觉很不好意思，我都这样了，你还能这样。

为了不继续不好意思，周襄王决定求援。

求援不存在面子问题，历来都有，对外的口号叫作勤王。勤王也是一项技术含量很高的工作，首先你要找准对象。春秋时期，诸侯与天子的关系早就不是西周的样子，你要有判断力，能看出哪个诸侯有实力、有意愿、有机会"出勤"。否则，本来只是很隐蔽的丢人会因乱发勤、乱宣传而变成很显性的丢人，本来不是什么大丢人的事就可能会把人丢得都找不到。

比如你去找楚国，楚国只会笑你。你去找鲁国，鲁国只能呵呵。

所以大夫简师父说，当今诸侯，只有晋国和秦国有这个实力，还有图伯（做大哥）的意愿，会来帮助我们。请邀请秦、晋勤王吧！

简师父果然是师父，他说对了。

秦晋救周

收到消息的晋国很激动。

齐桓公当年就是和周王室沾了关系，拉着周王室的大旗在诸侯之间呼风唤雨,"假不假天子"地威风很多年。如果晋国也想称伯称霸,周王室的大旗一样不可或缺。周王现在蒙尘在外,发诏勤王,这是天大的机会,晋国能不珍惜吗?如果没有这个机会,晋国上下还想着如何制造呢。

这是上天送给晋文公的大礼,晋国准备笑纳。

秦国也是这么认为的,也准备笑纳。但秦国有天然的地理劣势,出兵去救周襄王就必须经过两个戎狄部落。这两个部落有点彪。秦国虽然很早就出兵,但行进速度有点慢,在黄河边磨蹭摩擦,似魔鬼的舞步。

听到秦国出兵的消息,赵衰就向晋文公建议派人去劝住秦穆公,劝秦国不要与晋国争勤王之功。当然,光凭一张嘴劝,谁理你?所以晋国还送出不少礼物给……这两个戎狄部落。

你懂的。希望他俩站出来再使点坏,比如设关卡、收路费。

秦国:你至于吗?

同时,晋国又派胥臣出使秦国。胥臣说,晋侯听说周王落难,立即抖出家底,集中最精锐的士兵出征,愿意代替秦国去救周王。我们一定会成功平熄太叔带的叛乱,你就不用再操劳了!

秦穆公说,我是担心晋侯刚刚立国,整顿不出兵马,所以才出兵。既然你们已经准备好,还这么有信心,那我就等候你们胜利的消息吧。

这不是扯淡吗!怎么这么容易就劝成了?穆公你是不是傻?

百里奚对穆公说,晋侯制止我们明明是想独占勤王救周的功劳。

穆公说,我哪会不知道。只是重耳刚刚立国,需要一场漂亮的战争立威定国,不如就把这个机会给他吧!

这还是有点扯淡。一定还有更深的理由。

秦穆公心里清楚,以秦国目前的实力还不足以越过晋国称霸中原。秦国应该先把西边的问题解决好,稳固后方,再伺机东进。西边才是长线股,东边只能炒点短线,有好机会捞一点算一点,像这次还要面对两个彪悍的戎狄部落,就算了吧,能不费钱尽量省点。

秦国想得没错,晋国说得没错。晋人很快就把对平叛太叔带之乱的承诺变为事实。魏犨还好人做到底,把太叔和叔隗一起给做掉,免得做哥哥的襄王不好处理弟弟。毕竟,英明如郑庄公对于弟弟共叔段也是费了老大劲才解决掉。

王位失而复得,周襄王感激涕零,问晋文公说,你立了这么大的功,想要什么赏赐呢?

这是王的习惯性思维。**大恩从来都不言谢,都直接上赏赐,哪怕口袋里已经没钱,但口头上还是要说说。**

能要什么?晋国的人力、物力、财力、国力等都远在周王室之上,文公难道会去厚颜无耻再主动提这些?重耳一把年纪了,应该会常常想到生死,所以考虑到各种实际情况后,就"斗胆"向周王提出了**"隧葬"的愿望**,想死后还能继续沐恩于地下。

【墓葬】古人认为死并不是存在的结束。"死"只是结束生的状态,但同时又开启一个新的存在——死的状态。死只是肉体死,灵魂不灭。既然生前有贵族等级制度,有待遇区别,那死后也应该延续到另一个世界。所以周礼对于葬礼的礼仪和规格有严格的要求与界定。什么级别用什么材质的棺材,挖多深,怎么放进去,陪葬品都有什么,等等,都有配套的规制(七十二葬法)。其中,**隧葬**是天子特有的规制。

晋文公的请求不是想取代周。他如果想取代周,完全可以不请示周王就自行决定。他请示你,要等你的同意才敢去做,说明他还把自己当作臣。重耳只是一种单纯的渴望,觉得不能在生的世界享受到王的礼遇,希望能在死的那边补偿一点,享受到"准王"待遇。

在我们今天看来,死后的事对生前来说,毕竟很虚幻。但在春秋,这个理想一样很丰满。礼是最大的规制,礼的表现就是德的输出。重耳的要求可能只是一个老人的"慈祥"想法,但把想法说出来还是有点大逆不道。所以现场的气氛一定很尴尬,一度凝固了。但很快又缓和了,**晋国是大国,诸侯原谅你;重耳是明君,文人原谅你;文公是功臣,襄王原谅你。**在大局面前,我们集体沉默,默契配合,合作愉快。

口误口误,一定是口误。年纪大了,谁没个口误。

这个"口误"对于晋国来说,却是福。诸侯已感受到,一个国家的强大要靠人口、土地和财富,而不是老一套的爵位和名誉。周王室已没多大实力,他颁发的爵位含金量也大打折扣,但土地和人口却是真金白银,多多益善。既然大家现在都盯着人和地,重耳就不能随便提,否则别人的嫉妒加畏惧就会心里不服、嘴上乱说,说晋国勤王原来是贪图周的土地与人口。

你都这么有钱了,居然还要别人请客,还说得这么露骨?

另一边，周襄王必须拒绝文公的隧葬请求。隧葬的礼仪太大，是王的专属资产，有唯一性和排他性，如果这都同意，都泛滥了，老周也就沦落不值钱了。所以诸侯再有钱、再有功，周也不能卖礼仪。这是王室的最后底线。但重耳的功劳又大又明显，襄王还多嘴装大款问人家要什么。他现在拒绝了左手，就必须拿出右手，否则不但面子过不去，以后也会没朋友，没人愿意帮你。

襄王只能穷讲究，打肿脸充胖子，慷慨地赏赐晋文公四块地——"畿内温、原、阳樊、攒茅四邑，以益其封"。真是晋国的福分啊，完全是财富实力的虹吸效应。

现在好了，不知是真心还是无意，文公竟然通过虚虚实实的隧葬请求从侧面获得城池。到底是巧合还是处心积虑？只有天知道。

文公用他的死不如意，换来晋国的四邑如意。

晋文信原

土地城池都是好东西，能兑现要抓紧去排队。春秋这阵势不会比股市好多少，还是落袋为安。晋文公很清楚，马上派人去接管。颠颉去攒茅，栾枝去温地，都很顺利。魏犨去阳樊，守将苍葛不肯，说这是王室的地和子民，哪能随便给人？

明明是京城户口，如果划归晋国，不是变成了山西户口？

晋文公说，这也是周王的意思。那你们自己看，愿意留下就留下来，不想划归晋国，你们也可以走，晋国负责给路费。

文公说得这么慷慨，按照剧情惯例，大家应该会很感动，然后死心塌地留下。但真实的情况有点意外，百姓居然走掉一多半！

看来京城户口还是比什么"明公"实在。

交割原城就更麻烦。原城本是原伯贯的封地。前段时间，原伯贯还参与打击太叔带的战役，但技不如人，战斗失败被俘，还好逮个空逃回周。但周襄王觉得他丢了周的面子，所以也有点惩罚的意思，就顺手把原城赏赐给晋国。

既然你这么无能，我就帮你找个能的。

原伯贯当然不爽。他对臣民造谣说，晋国打下阳樊后，居然搞屠城。大家一听，纷纷表示一定要死守。

赵衰就向文公出主意，说问题的根在宣传的误会，晋国只要表现出信义就可以。文公就大喇叭式地宣布，晋国只是奉王命来收原城，就打算攻打三天。原城人民如果实在不肯归晋国，三天后他们就解围回家。

如果你不爱我，我也绝不死缠烂打。

在这个思想指导下，晋军表演式地进攻了几次，场面很快就按照文公设计的样子，不温不火到"第三天"这个要出戏的节点。原城人民已经了解到阳樊那边根本就没什么屠城，屠猪屠牛可能有几只，全是伯贯这个大骗子出于阴暗心理造的谣。他们决定明天开门投诚。

原人还很细心，派人告诉城外的晋兵，明天就接受你们的玫瑰。

京城的文化人就是不一样，叛变都做得这么"有棱有角"。

但晋文公说，明天是明天的事，既然到今天我们都攻不下原城，那我们明天就撤围回家吧。大家都劝文公要三思，不能这么随便放弃。追求爱情最重要的是要坚持，女神都开口了啊。过了这村就没这店了。

呵呵，这些被蒙在鼓里的路人甲。其实，文公都已经四思、五思了。

过了这村，又能咋了？这只是个分店。

第二天，原城人民惊奇地发现，晋兵真的退去，说到做到。宁可失去城池也不愿失去信义的明君哪里去找？于是，原城人民怀着对道德信仰的崇拜追出去。追了三十里终于追上晋兵。

我愿意，我真的愿意。

没办法，女大不中留，一定要嫁给爱情，都倒追了。原伯贯只好投降。

晋文公终于用最温和的办法收下原城，收走民心。

这样的故事到底能不能给人启迪？比如说追女朋友。朋友说追女神三个月，如果追不上就放弃。时间快到了，女神也开始感动了，但朋友还是学习文公的守信，放弃追求。然后……然后女神就跟了另一个追求者。

什么情况？重耳你个爱情骗子！

重耳：你傻不傻？我是原城的唯一追求者，你是女神的一群追求者之一。我追不追，有周王的封赏，原城早晚都是我的。

文公收下四城后，就把原城封给赵衰，兼管阳樊，把温城给郤溱（这便是郤家出温姓的由头），兼管攒茅。

文公：面要趁热吃，功要早日定。

文公的慷慨和他老爸献公真有一拼。我们有些老板创业心里放不开，步伐迈不开。手里就一万块，生怕这一万给了你，以后你不会为他工作，他就什么都没了。可他没想过如果你得了一万可能会更卖命为他赚回十万。

这就是包工头和领导的区别，这也是项羽和刘邦的区别。

文公是优秀的五霸之一，当然不是包工头。

十、中原的矛盾交织

得国不久的晋文公就能短、平、快在周王室身上全取三分，获得伯业之路最重要的一张王牌。下一步，他就可以发挥晋国强劲的军事力量和谋臣将士的智慧能力，在诸侯的家长里短中，纵横卑阖，明断是非，确立大哥的地位和权威。

如同你在20世纪90年代取得了乡村客运专线的牌照。你后面只要好好开车就行，进城卖鸡送鸭走亲戚的农民伯伯绝对不会少。

小的先不说，大的如齐国、鲁国也安分不下来。

齐欺鲁难

齐国自从齐桓公风光一阵后，就再没抢到头条，最近甚至还有点没落。

桓公去世后，几个兄弟为君主之位大打出手，齐国元气大伤。后在宋襄公的支持下，世子昭继位齐孝公，总算稳定局势。齐孝公很感激宋襄公，人家帮了忙还不要感谢费。哪想老宋"他不是人"，他不要钱，要人，要霸主的地位。

齐孝公：这是非卖品。

宋襄公：我说买了吗？我凭实力。

楚成王：呵呵，实力。呵呵，来泓水之战。

泓水之战后，宋国霸业未遂，襄公去世。齐孝公也开始有了新的想法。父亲在位时，几乎年年征战，现在我却像蜗牛似的躲在壳中。惭愧惭愧，听说鲁国最近北与燕国结好，南与楚国交谊。如果它们联合起来打齐国，那该怎么办？要不趁它今年闹饥荒，也来个先发制人？

上卿高虎说，鲁国的朋友圈最近很活跃，我们去打它未必有胜算。

齐孝公说，你这样说，我倒很想试试看，看它们到底是不是真朋友。

于是，齐国发兵鲁国。

鲁僖公很纳闷，最近没做什么坏事啊，每天也就做做慈善，发发朋友圈，怎么就招惹到齐国？但人家既然来了，他也不能不接，便听从大夫臧孙辰的建议，决定先用外交的方式来应对。

臧孙辰说有个叫展获（字子禽）的士师，很有口才，适合出使齐国去交涉这事。士师是负责刑狱文书的小官，比大夫还小好多。

展获说我有病，我去不了。

臧孙辰又推荐展获的弟弟展喜。展喜的官职更小，小到连名片都印不出来。臧孙辰说这是个很好的露脸机会。

展喜说，我去。

他先去找哥哥，求教如何与齐孝公周旋。哥哥就教了他。

然后，他去齐国见到孝公，先送上一大堆礼物。说鲁侯听到你要亲自（玉趾）来我们这个小地方（敝邑），就让我带上一点土特产（礼物）来，看看还有什么需要帮助。

晕，人家来抢劫，他还主动要求带路？这败家的节奏一般人真赶不上。他哥哥是不是教他开门见山先来一顿马屁？

齐孝公听着很受用，说寡人亲征，你们怕吗？

展喜说，小人怕不怕我不知道，但君子一点都不害怕。

这一听就是故弄玄虚的套话，说这话就怕对方不继续问。还好，孝公问了！

他说鲁国现在文没有施伯，武没有曹刿，又刚刚遭天灾，凭什么不害怕？

展喜说，哪要什么文啊武啊，我们凭的是先王的王命和祖宗的遗训。当年周先王封你家太公在齐，封我先君伯禽在鲁，并让周公与太公割牲为盟，发誓"世世子孙，共辅王室无相害"。这话就存在国府里。所以齐桓公九合诸侯，要先与鲁庄公结盟，也是奉王命而行。你已嗣位九年，我们都翘首期盼你什么时候重修伯业，带着诸侯们尊王攘夷、和睦相处。我们都认为君上你不会抛弃王命，也不会违背太公的誓言，更不会堕掉桓公的事业，不会把好人当作仇人看待。这就是鲁国君子们不会畏惧的原因。

齐孝公听到这顿吹捧,大出意外,突然感觉人生不好了,一下子竟对接不上话茬。这就是他和大政治家的差距:思路和话题容易被带走,跑偏。**意志不坚定,脑子就不清楚**。齐孝公就"孝"着太公和老爸,被瞬间洗脑,立即宣布要和鲁国继续友好,马上退兵。

春秋秩序都乱到这个地步,居然还有人搬出周先王当年近乎"普发式"的要求来说情。周王为王,分封诸侯当然叫大家不要光顾自己搞大,要认真辅佐周王室。难道有哪个傻瓜领导会说你们回封地后,有空就互相撕咬?这种与君共勉的话,如同见面说你好,发邮件结尾加"祝您工作顺利、身体健康"一样,都是大家心知肚明的客套。

如果周先王说的话还有效,大家还当回事的话,哪有什么春秋战国?哪有齐桓公什么伯业?还会期待你重新举起你老爸的大旗?

这不是自相矛盾吗?太经不起推敲。

但事实就是展喜很当回事地说了,齐孝公还真当回事地听了,说明齐国也不是真想打鲁国。为什么?一是齐国也畏惧其他的诸侯国从中渔利,二是反过来证明齐国现在做事没什么整体规划,想一出是一出,高兴就好。

孝公本来也说试试而已,但鲁国不配合他,并不迎战,只向他丢出一个展喜。展喜倒很配合,一来就向他丢出一顶高帽,心性不坚的孝公就借坡下驴了。

那么问题来了,展禽是谁?为什么点拨一下展喜就够齐国、鲁国喝一壶?

鲁国展禽

展禽,也可以叫展获。不管哪个,名气都小了一点。不过说到柳下惠,大家就比较熟悉吧。

吃瓜群众:原来是他啊!

展禽出生在鲁国的柳下邑,可能封地也在柳下,死后的谥号为惠。所以**活着的时候叫展禽,死后叫柳下惠**。展禽只是叫一百年,而柳下惠叫了几千年。柳下惠的知名度更高。

你没有看错,一百是真的一百。历史说他至少活了一百岁。

关于柳下惠,最出名的故事莫过于"坐怀不乱"。传说柳下惠原宿于郭门,在一个寒冷的夜晚,下着雨,有一个没有住处的妇女来投宿。柳下惠担心她冻死，就让她坐在自己怀里，解开外衣把她裹紧，同坐了一夜，但并没发生任何非礼行为。看来展禽同志他真是人，真不是禽兽，有展无禽。

他俩这样固定姿势一个晚上，也不聊点什么的？

这故事要搁在今天，那女子可能会问：我是不是长得很丑？

而且从宣传的角度来看，故事的情节明显就是扯淡。

雨夜里就他两人，这事怎么被传出去的？有人安装针孔？

如果是妇女出来说我昨晚在展禽家，我们就抱一抱，其他什么都没有，那不是没事找事吗？此地无银三百两。你是想对别人说自己没有魅力，还是自信到一点都不担心被邻居们嚼舌头？

如果是柳下惠本人出来说就更扯淡，故事本来是要说他品德好。**可是一个品德好的人怎么会到处宣传自己品德好的故事案例**？沽名钓誉？搞政治的想表达自己能力强，可以像刘备那样到处"自陈功绩"。道德就不行，道德首先要谦卑。为了表扬才做好事，那好事还是好事，但人就不是什么好人。而且展禽就算想说明自己品德好也没有必要用一个风险这么大的案例。人们会问，你担心她被冻死，把衣服给她就可以，为什么要抱着她？你家里就一件衣服？

咋的？抱团取暖啊？

所以我更愿意相信另一个版本的故事。某年夏天，展禽外出访友，途中遇到大雨。他直奔郊外古庙暂避，但一踏进门槛，见一裸衣女子正在里面拧湿衣。展禽急忙退出，立于槐树之下，任暴雨浇注也不进去。等雨停后，展禽到朋友家。朋友问他身上为什么这么湿？展禽说，下大雨！朋友问，为什么不找地方避雨呢？展禽说，刚想进一庙里，却发现有位女子正在拧湿衣服，我怕进去不方便，只好在槐树下躲一躲。于是朋友就感叹说，展禽宁可坐在槐树下淋雨，也不愿意进庙躲雨，是避免乱了男女之礼。

这样的故事才靠谱。朋友作为第三方，也方便宣传。

只是多少年后，关于柳下惠的"坐槐不乱"就变成"坐怀不乱"。这里可能有文字演变的误会，也可能是"坐怀不乱"更具画面感和讨论的噱头，更容易在市井之间形成广阔的人文市场。

其实除了出名的"坐怀不乱"，他还有不出名的为官"**三进三出**"。

展禽二十八岁出任士师一职，二十九岁被辞退；三十四岁又出任士师，三十六岁又被辞退；四十岁再出任士师，四十一岁再被辞退。他在四十九岁时，据说还去做过士师，只不过这次不到一个月，好像真可以被忽略不算。

展获：司法牢狱这地方，我很熟悉。

第一次：听说有个叫展禽的来做士师？

对，不过刚刚被辞退了！

第二次：展禽来做士师？有空我要请教他。

你有空，去他家请教吧！

第三次：看来还是展禽最适合做士师。

看来展禽还是不适合做士师。

第四次：我刚刚好像看到展禽又来了？

是的，他来办理辞职手续。

展禽这样来来去去好几回，把我们都弄晕了。当时的官员招录到底是严肃，还是不严肃？可能展禽的业务水平确实很高，但不会做官，不会领会领导意图，不会灵活掌握政策，也或者是被什么小人所害，总之很不适应官场。

有人劝他，既然鲁国不适合你，为什么不去别国试试？

展禽回答出迄今还能体现道德价值的话："**直道而事人，焉往而不三黜？枉道而事人，何必去父母之邦？**"如果我坚持原则做人，去哪里都会被辞退，如果我昧着良心顺从别人，又何必离开我的祖国呢？

这才是展禽的人生亮点。**对德的认识和对待德的态度**，不是那么什么妇女没穿上衣，下雨天啊，破庙之类的情节。

展禽最终认识到自己不适合官场，也就放弃做大官唱大戏的梦想。他安心回家后，反而做了一件开天辟地的大事：收学生，教书育人。

展禽做教师，教授普通百姓，比万世师表孔子早了近一百年。他的行为给同为鲁国人的孔丘以极大的启发。孔子同样也是做官不顺，不过他的官稍微大一点；同样也是转行去教书，不过他的教育体系更完善一点（有教材），学生也更牛一等。孔子因此对柳下惠的评价非常高，认为他是"**被遗落的贤人**"，孟子也尊称他为"和圣"。

事与愿违，儒家想要传颂的是他的道德、品质和思想，但流传到现在却被"绯闻"的故事占据了上风。

人们问展禽，你老被辞职，也不忧愁？你是不是没心没肺没脸皮？展禽说:"春风鼓,百草敷蔚,吾不知其茂;秋霜降,百草零落,吾不知其枯。枯茂非四时之悲欣,荣辱岂吾心之忧喜?"

春天时草木茂盛,秋天一到就变得枯萎,这是四季正常的轮回,不是什么悲欢。同样,人生各有荣辱,也是正常的现象,我又有什么好忧喜呢?总是有人荣、有人辱,这回"辱"字辱在一个叫展禽的人。我正好叫展禽。

佛:恭喜你的加入。

可能也正是这种不以物喜、不以己悲的修炼境界让他能活到一百岁。

其实不顺的人生和顺利的人生一样,各有各的收获。人出生后就会好奇。好奇说明你要来体验人生。只是**人性的欲望让好奇心日趋单一**。如果你参透欲望,让好奇回归原本,就会发现,快乐的人生是人生,悲伤的人生也是人生。悲伤且一直抱怨的人生是人生,快乐去取笑别人的人生还是人生。这大概便是佛教哲学里说的苍生吧。如果你能用心境看到人生的共同,那就开始走向佛性。

展禽的"佛性"其实和鲁国的环境分不开。鲁国讲究礼仪风俗,生活节奏悠闲,士人有大量的时间思考。它国力弱、受人欺、爵位高、心里傲等等,复杂的人文环境培养出各种"复杂"的人。

但"复杂"如果离开文化领域,来到政治领域,也容易生出矛盾。

鲁请楚兵

展喜在哥哥展禽的指导下成功忽悠走齐国,但齐孝公前脚刚走,鲁国后脚就反悔了。不是反悔什么金银财宝的承诺,而是反悔前面给人家拍的马屁太响,戴的高帽太高。

奇葩吗?不,这个可以解释。

鲁国一反省,觉得低三下四地拍齐国马屁,以后会被齐国看不起,看不起就会不尊重,不尊重它就没面子。所以,鲁国必须有反动作,要让齐国知道厉害,不敢小瞧,不可再随便欺负它。

动作是可以有,只是鲁侯想到的动作其实不会比上面的拍马屁好到哪里。

他想请楚国一起来打齐国。

奇葩吗?是,这里才是。

"寻求楚国"的动作首先是打自己脸。什么周先王的王命,周公、太公的盟誓，鲁侯拿起黑板擦单方面全擦掉。前面用一大堆时代友好的理由叫别人不要打你，现在自己又去找人过来打对方。翻手是云，覆手是雨。

这个主意是臧孙辰想出来的，也是他来实施的。臧孙辰的做法是公事私办。他与楚国的成得臣（子玉）私交不错，就带着公款买来的礼物去拜会成得臣。成得臣很看中老哥的友谊，也看中事情的好处。出去打齐国，打赢后，楚国就可以扬国威，自己也可以立权威。

成得臣很有信心赢，因为有鲁国。一是诸侯之间的战争最忌讳两面作仗，现在鲁国来请，就说明齐国不可能找鲁国帮忙，不是齐鲁，而是楚鲁。二是楚国是受鲁国邀请出兵，其他诸侯国有什么焦虑就应该由鲁国去解释。

其实输赢倒还是其次。楚国只要能出兵，就已经成为最大赢家。一是鲁国主动来请，等于为楚国踏入中原开一个口子、一条路。二是出兵打齐国，既能打击对手，还能收获友谊。既帮助老朋友（私），也帮助鲁国（公），那么臧孙辰欠成得臣一个人情，鲁国欠楚国一个人情。三是能给鲁国等中原诸侯输送一个意识，有困难找楚国，认楚国做大哥也很好使。

成得臣对楚王说，齐国不去鹿上（宋襄公开的局，楚成王抢戏做盟主），明显想与我楚国为敌。大王如果想要问罪齐、宋，我愿意带上私家甲兵做前驱。

你愿意自己掏钱，楚王当然同意。

战事很顺利，楚国很快打下齐国的阳谷，并把齐桓公的儿子雍安排在那里做傀儡，等于给齐国下一个梗，如鲠在喉。就像是新皮鞋上趴着一只癞蛤蟆，虽然不会威胁你的政权，但可以把齐孝公膈应死。

得胜回楚的成得臣人气大增。楚人发现他有能力，能打胜仗，鼓舞楚国人心；懂交际，结交臧孙辰，中原有人脉；会权术，攻下城池，还能扶持一个傀儡。令尹斗子文考虑到自己年事已高，于公于私都想让位给成得臣。但楚王不肯。楚王说，你要辞职也可以，先去打一打宋国，对你也算是收官。

宋国因为泓水之战恨透了楚国，在重耳继位后就立即与晋国通好，成为晋国集团里最铁的"二哥"。

子文没有办法，不敢抗命就去点将练兵，可没一会儿就回来了。楚王就问：怎么这么快就点完了？至少要训练几场吧？没事也可以走两步看看，难道你练兵只点一下名就完事？

子文说，我是真的老了，如同强弩之末，喊话都没力气。要是子玉在，他训练士兵肯定井井有条。

楚王就让子玉来。子玉果然表现出卓越的军事才能，赏罚分明，令行禁止，军队的精气神焕然一新。楚王看着高兴，子文趁机又请辞令尹职务。领导心情好，事情自然就好办，这次楚王准了。

这世界也怪，一边是求职求来的累，另一边是辞职辞出的累。

这世界不怪，因为每一场被放弃的爱情，都有属于自己的美丽。

楚国子玉

成得臣是斗子文的弟弟，楚国的当红炸子鸡。

大家都去祝贺子文光荣退休，称赞他临前还为楚国推荐一个这么优秀的人才。退休庆典活动在友爱祥和、其乐融融的气氛中进行着。

蒍吕臣的儿子，十三岁的蒍贾却不这么认为。他说子玉做事很勇敢，但不善于做决断，能进不能退，辅助子文可以，独当一面不行。人太刚毅容易折断。

"小大人"蒍贾说他担心子玉不久就会出事。

群众：天生的老二？

子文：这么多好吃的还堵不住你的嘴？

蒍贾：不吐不快。

乌鸦归乌鸦，马屁归马屁。新当上令尹的子玉立即按照楚成王的要求，集合陈、蔡、郑、许四路诸侯，开拔伐宋，围了缗邑，要替子文完成退休前故意没来得及完成的最后一项工作。

"最后一项"说得是不是有点不吉利。

子文：不关我的事，我退休了。

宋国立即向晋国求救。

晋国大喜，会不会是老天的又一份大礼？上一份是从周王室那里获得"盟主"的任命书，这一份应该是在中原诸侯中确立盟主的权威。

历尽苦难的人一旦苦尽甘来，就真的可以万事如意。美好的事情真能掐着时间点准时赶来。如同一个苦心孤诣的博士生，先是周王室跟翟国闹幺蛾子，打出框架，接着是鲁国跟齐楚闹小情绪，送来内容，现在晋国这篇伯业论文想不发表都不行了。

十一、晋国的伯业初探

人们常说公务员很难考,为什么?因为参加考试的人基本上都是大学生。这些人身经百战,能走到今天,能报名成功,都有一定实力。就像那些搞会员制的会所一样,入会费最低×万元。×万元本身是钱不假,更重要的是帮你筛掉那些交不起、不愿交的人,帮你提升交际的成效。

楚国的存在也有这个意思,有能力有胆量站在楚国面前,还能挑战楚国的诸侯能有几个?楚国在帮中原筛掉那些实力冒牌又野心冒死的诸侯。

宋襄公:说谁呢?

先轸主战

晋国收到宋国的求援后,激动不已。君臣之间展开了热烈的讨论,其中以先轸的表现最为突出。

先轸是晋国文公、襄公时期最杰出的军事外交人才。我认为没有之一。他的战争行为在军事历史上具有开天辟地的意义。他最大的失误就是没有著书立说,没有将战功提炼为思想。在文人治世的大环境下,没有作品很吃亏。

先轸首先看到宋国求援对晋国图霸的意义。

先轸说,楚国是晋国争霸的主要对手。楚成王帮助过重耳,楚国对晋国有恩,晋国不能先发制人,恩将仇报。现在宋国求援,晋国出兵就可以**把忘恩负义的争霸变成救死扶伤的修善**。这是老天给晋国的最好理由。

先轸的观点非常有远见。春秋以礼仪为基础,图霸的诸侯必须拿出诸如"救死扶伤"的道义做背景墙,才能获得舆论支持,才能建立大哥权威。

楚国有实力有武力,但难以得到中原诸侯的认可。它出兵中原主要是去欺负人,纯粹的硬生生、赤裸裸的耀武扬威,而不是充满"优秀学生干部"光环的解困济贫。诸侯们主要是怕它,而不是敬它。

晋国不能走楚国的路子。晋国是有文化、有素质的中原礼仪之邦。重耳继位后如果立即翻脸,与楚国刀兵争霸,就算能打败楚国,对诸侯们来说也不是什么好事。一时之快后,终究只是**狼窝虎穴**的差别,换汤不换药,全是暴力。而且晋国地处中原，大家对它的期望值更高，可能招致的畏惧和仇恨就更深。

所以晋国为什么出兵就显得非常重要。

现在是楚国先跳出来。

晋国：恰当的时间遇见恰当的人，但这回不是爱情。

楚国为什么要跳出来？除了有上述事实表现的时间先后外，还有一些深层次的原因。一是楚成王已经做了三十九年王，本可以与齐桓公争一争，谁知一不小心就中了中原的套路，反被小白利用做了一回配角。二是在宋襄公的乌托邦称霸中，楚国确实逮到机会一个回马枪，抢到一回彩。但这彩没什么成就感，与其说是争到霸，倒不如说是戏到宋。楚成王要想找到霸的感觉，就要再拼一次。**上天留给他的时间也不多了**。三是"打打战，热热身"本就是楚国的优良传统，此次有鲁国主动协助，起个好头，再顺势教训不听话的宋国，机会比往常更好。四是楚国内心其实并没把晋国当回事。他们判断重耳刚刚立国，有不少事要忙，不会来蹚宋、楚的浑水。

万万没想到，晋文公蹚了，还想狠狠地插一腿。文公问大家要如何插才比较好。

宋国：你当插花呢？能不能快点？我这边在滴血啊！

狐偃建议采用**隔靴搔痒的办法达到隔山打牛的目的**。曹国最近常和楚国互动恩爱，亲密无间，卫国刚刚与楚国新婚，结成亲家。晋国兴师伐曹讨卫，楚国一定会顾忌两家的安全，移兵来救，那齐、宋也就解围了。

打曹、卫会不会不厚道？不会，它们与文公都有过节，不是无辜的曹卫。卫国当年关门不接待，导致重耳一行流浪五鹿差点吃土，曹国是勉强接待，但偷看人家洗澡。它们如此不尽待客之道，都该打。而且又主动去拜蛮夷楚国为大哥，丢尽了中原的脸，更该打。

总之，此时的曹、卫浑身上下到处充满欠揍找抽的理由。

攻打卫国

晋国决定先打卫国，因为卫国更近。

晋文公任命中军主帅郤縠负责攻打卫国、曹国。郤縠和先轸商议，要打出"报仇"的旗号，宣称要攻打曹国，然后跟卫国借路。卫国天天读书看报，一定知道**"假途灭虢"**的故事，而且它俩最近同拜楚国为大哥，关系很好，肯定会拒绝我们的要求。我们就扬言只好去绕道，然后出其不意攻其不备，直接一个回转身改打卫国。

卫国打下来后，再去打曹国。那时我们士气高涨，道路畅通，攻打一贯荒唐的曹共公，肯定不在话下。

计划堪称完美，一切安排妥当。只是大军临行时，一阵风吹来，旗杆折断了。看过《三国演义》的朋友都知道，"断旗杆"一般不属于质检部门的责任，而是民宗部门的业务范围。尤其在打仗时，这事会极大影响士气，多半是凶兆。同样，晋国的小伙伴们也惊呆了。

郤縠说，旗帜是帅的标识，今天旗帜折了，看来我的大限快到了，但我们这次出征却必定胜利。

为什么？因为晋国打卫国、曹国是以一敌二，现在旗杆也是一变二，这是老天暗示我们必定顺利。

旗帜：牛，就服你！

这才是真正的统帅，大心脏，临危不乱并能随机应变，敢于担当。面对不利的局面，他拿出自己的性命来解释，难道会有假？

确实没假，卫成公为了表达对楚大哥的衷心，不顾大夫元咺的劝阻，斩钉截铁地拒绝了晋国借路的请求。

小样，不要以为我没念过书，你们晋国的黑历史我会不知道？

知道黑也没用，晋国还是不按套路出牌。晋文公不学他老爸假途灭虢，而是创新的灭虞灭虢，直接攻打卫国。猛人先轸带着先锋队直接拿下介子推割股的纪念地——卫国的五鹿。

先轸：套路？你说的是小套路，小历史。小国按一年一个节点总结经验。我们大国玩的是大套路，五年，乃至十年一节点、一轮回，才有规律。

卫成公没想到晋国突然翻脸，晋兵猛然翻身，还如此神速。他屁股挨了一脚，立即豁然开朗，派宁速之子宁俞前来谢罪、求和。世上就有那么一些人，你端出青菜，他说你太抠门；你端出荤菜，他说他血脂高。对这种人怎么办？打！打一顿就好了。俗称屁股痒，欠揍。

文公不理宁俞，说迟了，现在才来赔礼道歉，看不出你的诚意。

那是，你现在怎么表现文公也看不到，因为他不看。他吃定了你。听闻晋国的决绝态度，卫国慌了，时不时就有谣言说晋兵打进来，而且是夹着仇恨而来。局势的压迫感让卫成公的神经有点扛不住。

宁俞就顺水推舟，建议成公出去避一避。主要目标一走，多少能起到一点调虎离山的作用。晋兵如果不再死攻卫国，卫国至少可以保全祖宗社稷。

卫成公就让弟弟叔武暂时摄政卫国，同时也派人去楚国求救。这一决策后来又生出许多事情来，后面再说。

回来继续说晋国的主帅郤縠。老爷子果然料事如神，尤其是通过旗杆折断的事故推论自己即将死去，老准了。晋国拿下五鹿后没多久，郤縠一口气没上来，病倒了。文公很着急，亲自去看他，希望他不要中道崩殂。

崩是一定要崩，好在还来得及上演一出"临终遗言出妙计"的苦戏。

郤縠告诉文公，我们讨伐曹卫，最终的目的是楚国。对付楚国必先联合齐、秦。秦远齐近，要趁着齐国刚刚和楚交恶，赶紧派人去联络齐国。这是遏制楚国的最好策略。

战争的最高谋略不是在战场上打埋伏、拼厮杀，而是把战争之外影响战局的事情提前做足。等到战争爆发时，你双手轻轻一推，多米诺骨牌一路下去，事半功倍，你就能以最小的代价达到最好的目的。

团结大多数人，孤立敌人、打击敌人，就是最好的骨牌。

听说郤縠死了，卫国人异常兴奋。他们连主帅都死翘翘了，应该也坚持不了多久，会赶紧回去吧。但卫人高兴得太早，真正的悲剧才刚刚开始。因为牛人先轸临危受命，递补上主帅。

先轸是谁？**一个改变春秋战争模式的军事家。**

我们要开始恭喜卫国、曹国，因为它们将成为春秋第一批**新军事理论的实践基地**。世间本无路，人走多了就有；卫国本无路，打疼了就有。

先轸很快就踩过卫国的路，围住曹国。

攻打曹国

面对晋兵的包围，曹共公当机立断，马上开除僖负羁。这不是风马牛不相及吗？不是！因为他听说，重耳在曹国时和僖负羁的关系不错。敌人的朋友也是敌人，要消除隐患。然后，他又按照大夫于朗的策划，准备来个假投降，骗晋文公进城，再把城门一关，瓮中抓鳖，活抓重耳。

理想很美好，计划很完整，落实得也有条不紊。

但他的对手是先轸，所以事实很残酷。

先轸说曹国一仗未打,未受到任何损失就直接投降,很不符合曹共公该有的跋扈性格。为了安全起见,他们决定安排一个假的晋文公去。

一边是假投降,一边是假文公、假受降。这就有意思了!春秋也要开始制假打假喽!

寺人勃鞮自告奋勇说,为了使假晋侯看起来能真一点,驾车的司机就不能再假了,就由我去吧。

勃鞮真是一个好干部,一个忠于君主的好官吏。他是忠于晋国、忠于春秋的礼仪,不是某个特定的人,不搞人身依附。**管他谁是国君,谁是国君我忠于谁。**标准的商人认钱不认人,标准的政客认位不认人。

假晋侯和真寺人就按照曹共公的计划安排进入曹都,然后就变成曹共公的鳖。曹国一顿乱箭后,鳖都憋死了。

真文公大怒。玩呢?好险啊!你们让我险些丧命,那你们就不要再活命。我要把"险"字收走,彻底消除你们,消除隐患。

发现被骗的曹共公也撕破脸,表现出他该有的性格。什么世道啊?骗子都被人骗,还有王法吗?既然没王法,那就改抢劫,改耍无赖吧。共公再次接受于朗的建议,把上回骗进城杀死的晋国士兵的尸体挂在城上。

晋兵蒙了,那是自己的同胞,有些还是认识的乡亲。你攻城时还能射箭吗?万一射到尸体呢?

晋兵被对方突如其来的不要脸搞得很不适应。如果冲突侮辱了尸体,那鬼神到底是埋怨曹国还是晋国?是追究直接责任还是倒查间接责任?

晋国的军心开始动摇,士兵们窃窃私语。晋侯很担忧,问先轸有没有什么办法对付?最好快点拿下曹国。

哼,太让我操心了!

先轸说,曹国既然这么绝,就不要怪我们狠。我们派人去挖曹人安葬在城外的坟墓,扒他们家祖坟。

做死人的文章?你会我也会。而且你是初中版,我是高中版。要知道,墓地里躺的个个都是你们祖宗。

晋国的动作真狠,直接把"蒙圈"二字踢给曹国。曹国终于认输了,说别闹别闹,我们投降,这次是真投降,可以对天发誓的那种。

先轸说,你个老骗子也不要发誓,先把晋国士兵的尸体收殓好,用棺材装好运出城外。

曹共公说，好，不过你们要先退四里。

先轸说，我卖四送一，退五里。

曹兵看晋国大军果然退远曹城，就把棺木运了出去。谁知道，刚刚出来一半，城门还没关，就被狐毛、狐偃、栾枝、胥臣四路伏兵攻打进城。曹公还在城上观看，来不及撤退，被魏犫一箭射下（没死）。颠颉遇见于朗，二话不说，直接杀了立功。

曹国：你们说话不算数。

先轸：我没说不攻打啊！你们也没说不准埋伏啊！

文公说，曹国只有僖负羁一名贤臣，你都不能用，成天和这些宵小之人混在一起，把国家政治当作小儿嬉戏，哪有不亡国的道理？

文公命令先把曹共公关起来，其他人都不许骚扰，尤其是无辜的曹国人民。至于僖负羁，按理说"好人好报""苦尽甘来"什么的故事框架现在都可以套上。毕竟一起扛过枪、一起下过乡的老朋友兼大救星来了。但剧情却不是这样，因为魏犫、颠颉要出来抢戏。

魏犫也不知道为什么脑子突然就抽风了。他和颠颉一起喝酒聊天，说今天立下这么大的功劳（射倒曹共公），但晋侯一句没表扬没有，反倒一个劲地提僖负羁。

我是后妈生的？充话费送的？

两人就越说越气，如果僖负羁到晋国做官，那我们不是很吃亏？最好的办法是杀掉他，让他去不了晋国。为了把谋杀设计得隐蔽一点，他们决定放火。

这已经是两个武将所能想到的最高、最具智慧的计策。

你放火就不能算你杀的，就不知道是你杀的。这种想法就如同躲在大衣柜、床底下，别人就找不到你一个道理。

至于说威胁你们的地位？这担心真是多余！你们在晋国算几把手？人家先轸不担心，狐毛、狐偃、栾枝、胥臣不担心，你们俩倒操起心来？当然，也许还有什么私人恩怨没说吧。

结果僖负羁真的被烧死了。不过脑子抽风的魏犫因为煽风点火心切，自己也从屋顶上摔下来，重伤。

那也不用查了，就是你们放的火。晋文公大怒，你们是猪一样的下属吗？我明明要来收民心，你们倒好，居然来拆台，还拆得这么快。没办法了，现在只能用你们来收民心。

军法颠颉

　　故意纵火，造成财产损失人员伤亡，影响十分恶劣。魏犫、颠颉虽然差点也玩火自焚，但违抗军法，一样按律要斩。赵衰劝说，他们二人有十九年从亡奔走的辛苦，而且刚刚又立有大功，可以饶他们一命吧。

　　文公说，我要取信于民，必须令行禁止。为臣的不遵令，就不是臣，为君的不执法，就不是君。不君不臣，如何立国？你们都立了功劳，如果谁都可以占着功勋犯令擅行，我以后还能不能发号施令？

　　赵衰说，你说得有理，不过魏犫勇力无比，是个难得的人才，杀掉很可惜。而且犯罪也分首犯从犯，我看借颠颉一人就可警诫众人，没必要都杀掉。

　　那么问题来了，颠颉这样被判死刑算不算赵衰杀的？当然不是，赵衰是想救他俩但救不了，只能退而求其次救一个人而已。换句话说，颠颉本来是死罪，还是死罪，不可以恨赵衰；魏犫本来是死罪，现在变活罪，应该感谢赵衰。

　　但今天的民众逻辑好像不全是这样。你发现两个人落水，只能救一个人，你去救其中一个人时，另一个人在挣扎，老踢你，老缠你，被你挣脱后最终淹死。他的家属可能因此跳出来告你。有些丑陋的律师就本着"**收人钱财，替人找更多的钱财**"的"**职业道德**"和原告一起找理由、找法官。律师说你的动机是好的，但是事实是坏的，他的死和你有一定的因果关系，因为他本来还有一百万种死不了的可能。法官说，死者为大，你多少给一点。

　　道德就这样被法律戏弄了。然后轮到流量博主出场。对他们来说，结果都是其次，重要是能不能形成热点，话题越劲爆越好。于是，缺德还宣传出去了！

　　春秋：我们是落后的社会，我们只会讲道德。

　　文公说，听说魏犫摔成重伤，卧床不能起来。没必要因为惋惜这个早晚要死的人，而不执行我的严律。

　　赵衰说，我请求以国君的名义去看望他。如果确是早晚必死的样子，就按主公的意思办，如果尚可驱驰打仗，还是希望能留下此员虎将，以备后用。

魏犨听说赵衰要来看自己,这回脑子不抽风了,还十分机灵,问带几个人来,是不是来抓自己问罪。家人说不是,就是以一个老朋友的身份来看望你。魏犨立即明白,他这不是来看我好,而是来看我死啊。然后就坚持要起床。大家都劝他伤未愈合,不要这么乱动。

魏犨很清楚,今天不乱动,以后就没的动。想等伤好再动?可能命先没了。

赵衰见到魏犨。两人几句简单的客套后,魏犨就表示自知死罪,如果能得到赦免,一定会用余生报答君上的恩情。然后在毫无征兆的情况下,突然连续做几个蛙跳、俯卧撑之类的秀肌肉动作。

这到底是什么画面?

难道有人见客人,一言不合就开始表演自己身体还健康?赵衰也吓了一跳(心跳),我都没让他跳他自己就跳了,看来老魏已经知道我此行的目的了,那他到底是不是真的还健朗?

当然健朗了。不管是赵衰叫他跳,还是他自觉要跳,总之由头不重要,重要的是他真的能蹦能跳,不是躺在床上等死。

那就不用死。晋国最后的决定是免职。

至于颠颉。文公问他为什么要烧僖负羁?颠颉知道自己必死无疑,就呈嘴上快活,说介子推割股都被你烧死,我准备让僖负羁也学学介子推。

文公大怒,介子推是他自己不愿出仕,怎么断章取义推扯到我头上?

最后,颠颉以目无王法、违反军规等罪行,判斩立决。

颠颉、魏犨都是追随文公十九年的大将,一朝违法犯错,就杀的杀、免的免,那其他人要是犯事还有好果子吃?所以管他是不是杀鸡儆猴,大家都要把脑子放明白。自此,晋国三军肃然,效果良好,但细思极恐。

所谓的军规法度,在封建统治者手中只是随意拿捏的权柄。只要能达到目的,让自己的权力利益最大化,怎么好就怎么解释。像魏犨这样的人,你犯不犯罪不重要,你有没有用才重要。重耳确实是优秀的君王。他的眼里只有晋国,这是我们普通人跨不过的坎。"坎"里包含几十年的人情事故,是普通人生活中最依赖的精神世界,但到这些政治狂人手里,就**只能是以一种不存在的方式存在。他认为有,那才有。**

隔山打牛

颠颉、魏犨事件犹如电影的插曲一般，虽然影响很大，但毕竟短暂；虽然跌宕起伏，但不碍大局。插曲之后言归正传，故事更加精彩，因为楚王要上场了。

晋国干掉卫国、曹国的消息很快就传到楚成王的耳朵里。

楚王想不到晋国真出兵，还这么快，好像是重耳什么都准备好了，就等楚国出兵"吹哨子"，他就马上跑出来。

楚国：是不是因为我楚国很牛，你们晋国就隔山打牛？

晋国：那得有座山。

曹、卫：你们为什么看我？

事情从楚国围宋国开始。宋国求救，晋国出兵，驱逐卫侯，抓住曹侯，一系列动作竟如此顺畅。从另一个角度来说，宋国的表现真的很给力。宋人始终记着楚成王在泓水之战是怎么玩弄他们纯洁善良的宋襄公的，所以怀着"宁为玉碎，不为瓦全"的死磕精神，与楚国相持着、拉锯着，生生就顶了这么久，为晋国留出足够的走秀时间。

成王看出晋国破卫救宋的本质，想采取分兵的办法化解。他带兵去救卫国、曹国，留下成得臣及斗越、斗勃、宛春等一班将领，同各路诸侯继续围宋。没想到卫、曹这么快就投降了。楚王有种不祥的预感。他对成得臣说，晋文公在外流浪十九年，历尽险阻，备尝艰辛，积蓄十九年的政治能量和六十多年的生活阅历，最后得到上天的眷顾，拥有晋国。他肯定会抓住机遇做大做强晋国。楚国应该暂避锋芒，不如把宋国让给他吧。

成得臣不肯，围攻这么久，宋国的能量即将耗尽，最后一公里的放弃等于前功尽弃。他视功名为生命，要让他放弃即将到手的荣光，那是生不如死。成得臣请求楚王不要撤兵，他可以带着自己的家兵继续攻打宋国，并表示如果晋兵真来宋国，他也会与重耳决一死战。

成王有点不乐意。你愿意死战不要紧，但万一输了就不只是你子玉输了，更是楚国输了。在资讯不发达的春秋，在成王苦心介入中原的关键时期，楚国要是打输，那好不容易在中原建立起来的威信将被严重削弱，甚至打回原点。

成王就问前令尹子文该如何操作。

子文说，晋国救宋，无非也是图伯争霸。晋国称霸对楚国来说不是好事。现在能和晋国抗衡的诸侯也只有楚国，如果晋国一来，楚国就走，以后诸侯哪里还会信任楚国？曹、卫都是我们的属国，如果见我们撤走，肯定会彻底跟紧晋国。晋国不就轻易称霸了？留下子玉继续围攻宋国也好，等于多一种选择。可以牵制战局，维持曹、卫对楚国的信心；可以争取和谈，维持"南北分霸"的局面。

子文的分析很有道理，对策也很恰当，成王觉得可行，就吩咐子玉继续围宋，但要减小进攻力度，能和谈尽快和谈。另一方面，成王也意识到齐国是一个潜在的危机。楚国刚在鲁国的"教唆"打下齐国的谷城，结下了怨恨。要防止齐国和晋国联合起来，一起对付楚国。

英雄所见略同。先轸能看到的机会，成王和子文也能看到危机。

楚王赶紧派人去谷城，取回公子雍，撤回守兵，准备把谷城还给齐国，与齐国讲和。

这不等于**围卫救齐**吗？

宋国：说好的救宋呢？

齐国：大人说话，小孩别插嘴。

鲁国：形势变化有点快。

形势的变化也是实力的表现，是虹吸效应的实力表现。齐国什么都没做，只把自己的实力放在桌面上，别人为了团结它争取它，好事就自己找上它。社会也是如此，穷者愈穷，富者愈富。穷人总是拿出最好的东西给富人，富人则送出他们不要的给穷人；穷人要付出代价才能获得尊重，富人只需收敛跋扈便是敬人。

诱激子玉

子玉听从楚王的命令，继续围宋。但同时，子玉也坚持了自己的观点，加强对宋国的进攻。最后一公里的诱惑，金矿就在前面，就不要拖我的后腿了，和什么谈，见鬼去吧！

事实似乎预示了子玉的悲剧。就像某些受过教育的高素质学子：如果领导和我的观点一样，我一定听领导的；如果领导的观点和我不一样，那我要进一步研究一下，是不是我错了？如果我错了，我就按领导的要求办；如果我对，我就坚持自己的做法。

贼有素质的样子，贼西式民主的回答。

问题你怎么知道什么是对，什么是错？你认为的对就真的对？**你去研究领导的对错本身就是错**。能问自己这样问题的人就是根本不会认错的人。领导在你们眼里就是个同事，甚至下属。

子玉：我可什么都没说。我做的一切都是为了楚国。

呵呵，**只有楚王做的一切才有资格说是为了楚国，你做的一切只能是为了楚王**。看到子玉，我甚至开始想念勃鞮对国家和国君的理解。

成得臣变本加厉地进攻，宋国蒙了。晋国明明说要来救我们，明明楚国都撤走了一大半士兵。子玉怎么回事？什么仇什么怨，你至于吗？

宋国没办法，只剩下一招——求救，继续向晋国求救。这招也不能一味地简单重复，老说老求就容易变成唠叨。宋国要创新，创新点是"加大剂量"——备上厚礼去求，很厚，列成单子。他们派门尹般、华秀老一起去。

好礼物，好名字。

礼物我笑纳了，你叫什么名字来着，一般？

文公问先轸，宋国的形势这么危急，如果我们不去救，宋国肯定不会再跟晋国。如果去救，又必须和楚国正面对战。如果要与楚国决战，就必须取得齐国、秦国的支持，不曾料到楚国和齐国又好上了，怎么办？

好多"如果"啊！这是卓越决策者面临的决策环境。优秀的领导人都是**事先多考虑，事后少忧虑**。

先轸说，宋国带来厚重的礼物，我们如果直接去救宋，容易让别人误会是收到礼物才去。不如让他们把这些礼物分别送给齐国和秦国，请秦国和齐国出面找楚国讲和。楚国一旦拒绝秦、齐，三方自然就结下恩怨。

文公问，万一楚国答应讲和，做了三方的顺水人情，那怎么办？

先轸说，卫国、曹国的土地现在都在我们手里。我们割出两座城池送给宋国，既可表达晋国的诚意，也可让宋国欢喜，还能激怒楚国。这样楚国怎么会同意让宋国讲和呢？

文公大喜。先轸果然厉害，谋事总能高人一等，先人一步。你这种两面三刀的做法，是不是有点……不过，我喜欢。

大国较量就该这样，各怀心思，各拉节奏，见招拆招，双管齐下。

齐昭公收下礼物，说楚王明事理、讲道理，刚刚还把谷城还给了齐国，不会不讲和。昭公就派崔夭跟华秀老一起去宋国找子玉，希望子玉能卖个

135

面子，让齐国做回和事佬、中间人。同样，秦国也派出公子絷跟门尹般去协调。

楚王都愿意退兵了，成得臣怎么可能不卖我们面子？

得臣确实愿意卖面子。齐国、秦国都向自己求情，别说子玉，对楚国都很有面子，很有威望。**成得臣马上就成"成得逞"**。然而就在大家准备签约时，卫国、曹国的使臣突然狼狈跑来，说宋国夺走了他们的城池。

原来，门尹般、华秀老俩人从秦、齐出来后，没有直接去楚营，而是顺路改道随晋兵去接管曹、卫的土地。效率非常高，出一趟差办两件事。

成得臣大怒。**宋国这个二货，有这么做国吗**？自己被打得屁滚尿流、伤痕累累，居然还能没心没肺地去收别人的土地，还是我曹老弟、卫老弟的土地，他一定是屁滚得不够远，尿流得不够多吧。

还撤什么兵？和什么谈？不同意，坚决不同意。不谈了，没的谈！

崔夭、公子絷也没招。他俩就是来卖面子，现在面子卖不出去，反被骂一通，就等于丢面、没面子，只能带着气、带着羞回家。正好，晋国在"三岔路"等着他们呢。晋国赶紧把截获的崔夭、公子絷请去大营，好吃好喝，还说好听的话。崔、絷突然又有冬日暖阳的感觉，那边丢掉的面子在这边全捡了回来。

刚刚楚国那边冷冷的冰雨还在脸上胡乱地拍，现在转身就穿上晋国给的刘德华同款军大衣。这一冷一暖的鲜明对比真叫人感动。

先轸要的就是这种强烈的对比效果，要产生逆转的"心电感应"。崔夭、公子絷一股暖流后当即表示愿意配合晋国出兵去攻打楚国。

楚国的成得臣也绝非浪得虚名。大将宛春看穿先轸的门道、晋国的阴谋。晋国是在断楚军的后路，逼他们上绝路。宛春说，晋国逐卫君、执曹伯都是做宋国的文章。我们现在去找晋国说和，只要它愿意恢复曹、卫，我们就解围宋国。

这不是事情最初的样子吗？

看起来是，但实际已经不是。原来是晋国主动，如果宋国解围，那功劳在晋。几番交手后，现在由楚国提出，如果双方促成和谈，那卫、曹感激楚国，正是大哥出手保护，挽救它们于危难；如果晋国不同意，那理曲在晋，宋国就会埋怨文公，曹、卫也会记恨重耳。

不管哪一种结果，对楚国有利无害。

楚国的和谈条件传来后,狐偃很生气。你用一个未亡的宋国换我两个已亡的曹、卫,你们楚人就这样做生意吗?

要价这么离谱,说明人家就不是冲着交易来。先轸很清楚,这是楚国一石三鸟的计谋。"不听,则弃三国,怨在晋矣;听之,则复三国,德又在楚矣。"玩法确实很精妙,但先轸的解法也很巧妙。他将计就计,化被动为主动,派人告诉卫国、曹国,只要你们和楚国绝交,晋国就允许你们复国。然后又把楚国使者宛春关起来,激怒子玉,楚国必然移兵来逼晋国,宋国的包围也就解除了。

你提你的要求,我提我的条件,这是大国交往的智慧。大国外交最忌讳按别人的节奏跳舞。不是他起一个话题,我就跟着讨论其中的是非曲直,因为我不知道他的后手是什么、牌底是什么。人家有备而来,我为啥要仓促应战。我们一定要再起一个新的要求。这个要求如果与他的话题毫无关联,会显得生硬,会聊成脱节。最好的办法就是"将计就计"。

"将计就计"需要智慧,是智慧的碰撞。当然,晋国扣留宛春也可能属于道德的碰撞。"两国交战不斩来使"?反正这事在春秋也常常有,全看各国自行操作,凭良心,自己把握。

晋国扣人没道义,但文公还是有良心。他很顾忌得过楚国恩惠又要拘留人家使者,说不过去。好在栾枝帮他解释了过去:楚国侵害中原诸侯,是中原的耻,晋国如要称伯,那就是晋国的辱。你个人那点恩惠和国家的耻辱比起来算什么?

栾枝说得真好。国家政治和个人情感本不同,找理由当然是时而找国,时而找家,时而找个人,哪个合适找哪个。**只要能扯,什么蛋都有好用的时候。**

成得臣听说宛春被拘,果然咆哮大骂:重耳这个跑不伤、饿不死的老贼,当初在楚国,就是我刀砧上一块肉。今天回晋为君,就翻脸不认人,如此欺负我。你们一定要这样做,那我也只能亲自去找你讲理。

何为亲自,何为讲理?

带兵到了城濮,叫亲自;决定跟晋国打一仗,叫讲理。

晋国的阴谋终于在得臣的身上得逞了。许多时候,历史只让我们看到战争、看到战场,习惯于把轰轰烈烈的场面都留给英雄。其实各种较量早在战争爆发前就已经开始,而且谁前面工作做得好,做到位,做得如愿,谁在其后的战场对决中就有更大的胜算。

十二、智慧的城濮之战

这是一场完全可以避免的战争，是晋国处心积虑，锲而不舍，才生生造出来的冲突。晋国没有机会制造机会，晋文公利用小材料撰写大文章。千百年后，人们只把战争当作故事来看，但战争的爆发意味着伤亡，多少人死在战场上，多少人缺胳膊少腿从此失去劳动能力。

我们要对战争心存畏惧（敬畏）。一将功成万骨枯，不能因为我们能赢就无所谓，就随意战争。你这次能赢，不代表你下次也能赢，你自己能赢不代表你的子孙也能赢。匈奴在持续压制汉朝时，嘻嘻哈哈，估计大多数人死也想不到，有朝一日他们会被汉朝灭掉。

但畏惧也不是恐惧。战争是国家矛盾、各种矛盾无法调解的终极爆发，是解决矛盾的最后手段。在人与人、国与国的人性（国性）还存在着各种欲望交织的时候，战争确实不可避免。**只有通过战争才能达到不用解释、无须解释解决纷争的目的。**通俗说，打到你明白为止。

畏惧和不畏惧都是一个民族成熟与自信的表现。我们的自信是几千年来不断试错，用生命和牺牲换来的镇定。自信正体现着我们对战争的**理解和拿捏**。

说不好听一点，他们纠缠的战争问题，其实都是我们祖先玩过的游戏。淡定一点，我们只是在做避免战争的努力，一切尽可能的努力。

我们相信**政府有避免战争的能力，因为我们具备战争的能力**。

厉兵秣马

晋楚之间经过几轮的运筹帷幄，几回合的纵横捭阖、你来我往后，双方的形势越来越明朗。晋国君臣上下一心、以逸待劳；楚国君臣上下两心，是战是和意见不一，疲惫的围宋之师正移步而来。

完全可以避免的战争，完全不对等的战争力量。

先看看双方的参数对比吧。

一看首领

晋国：晋文公，一把手；

楚国：令尹成得臣，约等于二把手。

二看将领

晋国：先轸、赵衰等晋国所有的最强谋臣将士；

楚国：成得臣（兼）、宛春、斗越椒等楚国一、二线明星代表。

三看盟友

晋国：秦国、齐国。这俩诸侯的实力怎样，就不解释了。

楚国：陈、蔡、郑、许，这四国实力怎样也不用解释。除了郑国外，另外三个这几年都在打酱油。还有几个楚国的下属单位，如申、息等，也不解释，因为根本不算独立法人。

四看兵力

晋国：本国上中下三军，精兵五万；秦穆公次子小子憖（yìn）为大将，白乙丙为副将的秦军；齐国上卿国懿仲之子国归父为大将，崔夭为副将的齐军。

楚国：楚王出征围宋国的兵马，以宋国的实力，楚国不可能举国出动。晋国是把楚国作为对手，才派出五万精兵。按照对手实力看，宋国配不上五万，只有三万的价位，还不要嫌低，里面已包含楚王亲征的附加值。后面楚王又分兵去救曹、卫。他能分多少？至少一半吧，还要考虑到王的因素，所以留给成得臣的兵马说破天也就一万多一点。这点兵，成得臣自己也看不下去。在决定跟晋国干架后，他还专门派人回楚请兵，楚王不情愿地补充了一两千。另外，他又凭借个人权力和关系，强行拉进如陈、蔡、郑、许等国部队。这几个跑龙套也是老面孔，常常都是出工不出力，重在参与，**人数多少不好说，士气多高说不好**。

总之，统计个大概，晋国的兵力是楚国的三四倍。

五看气势

晋国：不解释。

晋人等的就是今天，辛辛苦苦这么久，摩拳擦掌挖出个大坑，为的就是今天。苦苦追求女神这么多年，还要问我爱不爱？

楚国：解释不了。

楚成王不怎么想打这一仗，但一来成得臣有迫切要求，二是考虑到楚国的国家形象，不能太畏缩，三是成得臣回来请援兵说的那些事，感觉晋国是死活要与楚国一战，有一种不陪也得陪的感觉。

这些还不是楚成王考虑的全部问题。

楚王都说不想打,成得臣居然还一直备战,说明子玉不是很听话。现在成王活着,还能压一压他的气焰,如果不幸去世,还有谁能管住他?楚王似乎想过要除掉不听话的子玉,就算灭不掉至少也要灭灭他的威风,削弱他的影响力。

所以楚成王对战争的态度很暧昧。打输了楚国有损失,但他可能会得利。不过万一输得很惨,楚国损失太大,那就得不偿失了。

成王想找出一条最佳的中间线。

作为楚王,他完全有权力坚决地取消这场战争,但好战的楚人以后只会说他胆小怕事,到时**子玉的威望会上升,他的威望反而会下降**。如果他**拒绝但不坚决拒绝**,成得臣的暴脾气肯定会死活请战,到时他只做半推半就的样子,最大的责任就是成得臣了。

担心兵力不足的成得臣又派斗越椒回去见楚王,请求添兵。成王大怒,他撇开晋国如何气人的挑衅,撇开打仗是否需要添兵的问题,直接奔向自己希望的主题。说我一直说不要与晋国战,子玉现在要强行出师,能保必胜吗?

这是设的激将的语言圈套。成王有信心,楚军处于被动局面,成得臣已没有退路,肯定会承诺说必胜。如果他不承诺,那就不用打,回楚国后,他的面子也就挂不住。人们会说成得臣是个虎头蛇尾的假把式,只会骗人,只会吹牛。

成王是想趁机把局做牢做死。

斗越椒说,子玉有言在前,如若不胜,甘当军令。

要的就是这句话。但是添兵的事呢?不说了?话题一岔开,就溜烟了?

斗越椒:明明是回来求添兵,怎么变成回来做承诺?

楚国的精兵都在东广,楚王就派出西广的兵,而且不过千人,要数量没数量,要质量没质量,明显是在应付"增兵"二字。他认定这是一场要输的战争,当然就不能送更多的士兵去。成得臣的儿子成大心没办法,只好去招募家族的子弟兵上前线。上阵父子兵,自费打晋国。

成得臣已经乱了。他**把战争当作武力而非智力,进而把自己的武力看作是军队的武力,还把自己的脾气当作是自己的武力**。几个等号一画,故事基本玩完。

结局就像考卷的答案，还没公开，但已经注定。

答案在等着考生出错，城濮在等着子玉出丑。全天下的人们也都张着嘴、握着笔，做好口诛笔伐的准备。

退避三舍

这仗怎么打？按说各种战争因素差距这么大，你直接过去把对手摁在地上踩死就可以，爱怎么打就怎么打。但先轸可不是这么想。

他们需要的战争，不是战，而是争。战争之外的文章要做足，战才能打出争的意义。比如喝茶，我朋友说他喜欢喝茶，正好我也喜欢。我已经把茶叶的种植技术、生产加工工艺研究得透透的。他基本不研究这些，他的重点是茶叶如何泡，什么地方产的茶更贵，他要借泡茶之名去泡妞，所以对泡茶的地点和人物，在哪里泡、跟谁泡更讲究。

同样，晋国想通过战争达到称伯图霸的目的，对战场的选址也很在意。他们除了要把战赢下来，表现实力外，还要表现出"信用"的品德。虽然此前糊弄成得臣时，早把信用当屁放走几回，但只要做好这一次，前面的屁就可以随这一阵风后什么味道都没了。

狐偃说，国君当年曾在楚君面前许过"他日晋楚如治兵中原，晋国请避君三舍"的承诺。现在就是好机会。我请求像上回不失信于原城那样，避楚三舍，不失信于天下。

大家都有疑虑，重耳是君，得臣是臣，哪里有君避臣的道理？

狐偃说，我们避的不是君臣，而是信用。

大家又问，我们退走，他逼过来怎么办？（气势输了）

狐偃说，他们逼过来，就是以臣逼君，不是我们要战，而是楚国要战，那理亏就在他们那边。

群众：刚刚不是不说君臣吗？

大家又问，那万一楚兵也退走，咋办？

这倒是真问题。如果楚军也退回，那不是玩完了？这外卖叫了，酒也开了，就因为一句"注意身体健康"，你就当真不喝了？

狐偃说，如果他退走，自然也就不会再去围攻宋国，就等于我们成功用道德感化了楚国。

其实狐偃、先轸们完全有信心，这酒子玉肯定会喝。先轸还认为，退避三舍后，场地更好打仗、更好用武，醉倒更好躺下。

看到晋国在撤兵，楚将斗勃觉得晋侯以君避臣，对楚国也算有面子，不如借坡就下驴吧。楚军只要做好宣传，回国就算无功，也不会有罪。但成得臣不肯，刚刚请兵添将，还领下必胜的军令状，现在仗都没打就回去，还有什么脸面？

成得臣的这种局面叫箭在弦上，不得不发。狐偃说得没错，先轸料得很准，此时的子玉如过河的卒子，有进无退。

先轸谋略

先轸主动放弃险要之地，那里易守难攻，敌我双方都一样伸不开手脚。"退避三舍"到广阔之地，才是英雄可用武之地。

子玉的排兵布阵井井有条，确非浪得虚名。他把有限的兵力分成三队，以西广戎车，加上成氏本宗作为中军，自己带领，让斗宜申率申邑的兵马，同郑、许二国兵将为左军，让斗勃率息邑的兵马，同陈、蔡二国兵将为右军。

画面有条不紊，肥瘦搭配，层次分明。子玉果然是块玉。

但在先轸眼里，这些都不是事。他说，子玉远道而来一定要求速战，那个易守难攻的阵地对他没有意义，他一定会追过来。同样，对我也没意义，因为我要用的"武"那里也实现不了。

狐偃：那你刚才咋不说？

先轸作为主帅，要考虑如何用最小的伤亡换来胜利。所有能利用的条件他都要用，就像学霸一样，个人天分高，家庭条件好，还很努力。

一是打弱点。先轸要求下军大夫**栾枝**先开打，打楚右军，因为陈、蔡两国的士兵最弱。

陈蔡：别说出来行不行？

二是扯虎皮。对手已经很弱，可晋兵还是觉得条件不够好。他们学着鲁国当年用过的手段，把虎皮蒙在战马上冲出来。楚国的军马吓坏了，根本控制不住。本想在斗勃面前表现的陈国辕选、蔡国公子印顿时阵脚大乱。胥臣眼疾手快，快马加鞭过去，趁机劈倒公子印。白乙丙也不甘示弱，一箭射中斗勃脸颊。

三是假情报。不费吹灰之力打下楚右军的栾枝叫士兵假扮成陈、蔡之兵，拖着晋国的破旗回去，说我们已经干掉晋国下军。现在要趁热打铁去攻打晋国上军。另一面又叫自家士兵拖着木枝往回跑，搞得灰尘漫天，看不清谁是谁，但场面十分狼狈。晋人把打赢的仗演成失败的戏。

四是诱敌深入。既然右军胜利，成得臣就命令左军冲出来。晋国这边上军狐偃迎上去，假装和他打几个回合后队形就突然大乱，便赶紧撤回。左军斗宜申心想右军的兄弟果然凶猛，看来晋人的屁股被摸了，就赶紧带上郑、许两军全力追上去。抓紧时机，扩大战果。

五是坚守不出。得臣看到战势如此顺利，就想要一鼓作气，拿下比赛。他驱使中军，下令对晋国中军发起主动进攻。晋国的祁瞒按照先轸的部署，虚建大将旗，守定中军，任楚兵如何搦战，就是不出。脸皮厚，随你骂。

六是打埋伏。斗宜申正满心欢喜地追着狐偃，突然半路杀出先轸、郤溱来，楚军被截成两段。狐毛、狐偃看到信号也马上回头反击，两下夹攻。楚、郑、许三家士兵蒙圈了：大好形势怎么突然变了，塌了？明明要涨停，庄家又发利好息，怎么一下子变跌停？大家全慌了，脑子只剩一个字——跑。

七是搞突袭。楚国的真中军和晋国的假中军还在相持着，成大心在骂，祁瞒在听，"一攻一受"地相互配合，非常默契。本来好好的，但祁瞒却突然发作，因为他发现对手居然是个乳臭未干的毛孩。他感觉受到羞辱，就擅自进兵。这是一个危险的信号，不按照计划施行，一不小心会满盘皆输。事实的确如此，"假"的中军本来就没有对攻的任务和准备，被祁瞒一搞十分被动。祁瞒自己也差点被射到，为了不冲乱后军，他就绕道跑。这一跑是保住阵形，但也暴露出中军主帅（文公）的位置。

成大心冲过去一看，骗子！哪有什么先轸！

重耳：看不见我，看不见我。

还好，埋伏在另一侧的荀林父、先蔑两路兵到，稳住中军阵脚。先轸、郤溱、栾枝、胥臣、狐毛、狐偃等胜利之师不久也一齐会合过来。

现在的场面真变成教科书说的十比一的兵力。成得臣才知道，原来自家的左右两军都输了。

成得臣：我要打十个，我能打十个。

但不是所有的楚人都能打十个。楚军大败。

如果祁瞒一直坚持不出，拖着时间，等两边的军队突袭回来就可以合攻楚军，一点危险都没有。但这个计划因为老祁的冲动差点没成功。所以战争一结束，祁瞒就被关起来。

先轸：我安排七步棋，你这一步差点毁掉我前六步。

战争在毫无悬念下，被强行插播个有惊无险的小波折，就结束了。

双方大人物都没死，顶多擦破点皮。陈、蔡、郑、许四国，本来也是雇佣军性质，如果战争胜利会打鸡血，如果失败，只会打兔血（跑）。在损兵折将后就各自逃生，连招呼都不打就回本国去了。楚兵损失也不大，伤亡三成左右。

为什么赫赫有名的"城濮之战"其实没死多少人？因为晋国的目的不是打死多少人，打赢就可以。有没有赢比赢多少重要得多，所以晋文公很快就下令不要再追。

大家心照不宣，点到为止。

楚王：我已经帮你到这儿。

胜利足以让晋文公扬名立万。

晋侯：我只能帮你到这儿。

结果足以让成得臣威信扫地。

子玉宁碎

成得臣没想到这一仗打得如此狼狈，对比此前自己夸下的海口，心里真不是滋味，啪啪打脸！现在唯一能做的事就是请罪。他就把自己，还有斗勃、斗宜申囚禁起来，待在连谷，让成大心带着残兵败将回申城去见楚王。

楚王问，你父亲不是说"不胜甘当军令"吗？现在还有什么话说？

大心说，我父亲也想要自杀赎罪，但被我们劝阻。我们想等待大王来做处罚，来执行楚国的法规。

什么法规？楚国一直都是兵败者死，你们还是快自裁吧！

大心看到楚王没有半点赦免的意思，就只好回连谷去，向父亲报告这个悲壮的消息。

也许这就是楚王的目的。

那个曾经预测子玉会出事的"神童"蒍贾听说此事后，赶紧找到父亲蒍吕臣，说子玉刚愎自用，虽然不能独当一面，但如果有智谋之士加以辅佐，日后一定能复仇晋国。

蔿吕臣说，楚王已经下令要杀他。

蔿贾说，楚王是一时生气，忘记了当年给过子玉、子西各一面免死金牌。

蔿吕臣就想起这事，赶紧去找楚王。

这事就像一对曾经处处恩爱、海誓山盟的小情侣分手后，一方突然拿出当年他（她）在信里说"一生一世"的话去人家婚礼上玩对质、骂人渣。你说他无理取闹吧，人家还白纸黑字铁证如山，你说他慷慨陈词吧，又全是陈芝麻烂谷子的破事。

吃瓜群众：这事可以继续。

【海誓山盟】男女之间的情话可能是世间最奇怪的承诺。就算你发誓的时候有多真实，场面有多感人，但事后违背了，也不会真有几人拿出这些情话来对质什么。你发誓时，人家当回事；你违背时，人家不当回事，就这么默契。这可能是最不具备**公德谴责**的誓言吧。

也可能是因为犯的人太多了，法不责众，德也不责众。

奇怪的是，大家都知道这事，但就可以持续着，一而再，再而三地上演。比如女生宿舍楼前的玫瑰、蜡烛和情歌，都是熟悉的味道。为什么？因为故事的情节虽然雷同，但演绎人物不同。

所以唯一能解释的理由就是：**天性**。

如果是骗术，不管哪一种都有期限，一段时间后，就不会再有人信，但爱情的"骗术"几千年来还能活学活用。为什么？因为**欲望**。只要性的欲望还在，发誓就会在，海誓山盟就一定还能用。

形式都很像，但王权的承诺不一样，"君无戏言"。所以楚王会理也应该理。

楚王想杀子玉是忌惮他对自己形成了权力分割。现在子玉已败，其影响力已被削弱，杀掉固然可以一了百了，但如果有人求情，留条命也不是不可以。这样不但能收获一个"人情"，增加一个"人证"，还能体现楚王的宽宏大量。

蔿吕臣提到的免死金牌就是一个不错的理由。顺下去，大家说你说话算数，有权威；不顺下去，人家说你不但残暴，还乱许诺。

男女之间可以扯皮，扯来扯去，情节波动能吸引观众。但政治在收买人心时切不可扯。你变来变去,"观众"就跑了。

楚王最终同意赦免。特使就赶紧去追大心,但已经来不及。

实践再次证明,成得臣做事的能力很强,效率很高,一听到自己罪不可赦,就立即成功自杀。斗宜申(子西)选择的上吊自杀就缺点水准,绳子断了。

奇怪吧,他是不是怕死啊?作为将军,自杀不用手中刀剑抹脖子,居然去找绳子上吊?绳子还这么细?

斗勃是想等安葬好他俩再自杀。

事情这样弄来弄去,结果就死掉一个子玉。这是天意,也是人为。

楚国的子玉自杀了,晋国也不能消停。祁瞒没有遵守先轸的命令,意气用事,擅离中军去攻打成大心,还打不过。要不是两军及时赶到,胜负后果难料。要知道中军的背后是观战的晋文公。

晋国:想想都冒冷汗。

晋文公就把祁瞒交给司马赵衰议罪。赵衰领会领导的意图。法是一种工具,既然晋侯要用工具,手下就应该拿出真本事来。锄头要么不用,要么就用来除草。

祁瞒死罪,斩首。自此,城濮之战也就即将宣告结束。

胜利之师在楚营狂吃三天后,按照计划准备打道回府,但大家发现负责安排船只的"后勤处处长"舟之侨居然脱岗了。

舟之侨是虢国降将,但心气很高。他不满自己只负责后勤,心里有怨气,思想很散漫。正巧又接到家里来信说妻子生病,心想晋、楚两大神仙打的仗,没个几十天也不可能打完。本着"对于单位你只是一个可有可无的棋子,但是对于家里,对于你的妻子,你是一切"的超前意识,舟之侨就擅自离岗,回家了。

果然是一个好丈夫。舟之侨应该在朋友圈晒一下回家的车票。

晋文公不看朋友圈,只看城濮之战。晋国不得已,只好花钱重新向当地村民购买船只。这事情不难,但影响不小,全军都知道一个叫舟之侨的家伙提前回家,导致我们没舟又没桥,过不了河。

他走了自己的路,却让我们无路可走。

晋军回到晋国。抱着爱妻牌鸡汤的舟之侨还没心没肺地跑去迎接。我一个这么大的理由还够吗?大不了给大家道个歉,说声对不起。

文公问赵衰，舟之侨这罪该如何处置？

赵衰说，斩首！

舟之侨：爱一个人有错吗？

赵衰：你当《春秋》是言情小说吗？

说来也是一场奇怪的城濮之战。双方的将帅在战场上都没什么死伤，倒是战争结束后，因为战争的缘故，楚国死了子玉，晋国斩了祁瞒、舟之侨。**他们不在战场战死，却因战争而死。**

所以战争从来不是目的，只是手段，只是国家之间调节利益冲突的手段，国家内部调节政治矛盾的手段。城濮之战的完美之处在于它发挥了两方三面的作用。在楚国，楚王消除权力威望旁落的隐患；在晋国，重耳树立令行禁止的权威；在中原，晋国找到中原伯业的切入点。

经此一战，晋国成功跨过楚国的"槛"，拿下"图伯称霸"路上最大的梗。

十三、晋文的霸业成型

"图伯称霸"对当时的诸侯很有吸引力，但楚成王似乎把它屏蔽了。

楚国是异姓的南方诸侯，还沾惹了周礼的"外族"嫌疑。中原诸侯很难接受楚国对"德"的理解。他们喜欢把"德"理解进"义"的范畴，而楚国则认为的"德"要从"武"开始。两边的认识差异使得楚国在中原的活动变得十分苦涩。他们就算拿下城池，也是有权没有威，或有威没有信。

好比我一个工科男，干吗要穿越唐朝去和李白他们拼什么诗词歌赋？

楚成王：废那劲干啥？

这也是历史上外族入主中原后所面临的共同问题。要解决这个问题只有汉化。那时还不存在"汉化"的政治概念，而且楚国本身也是汉的一部分，他们只能对应说"周化"。在如何对待中原的问题上，楚国还处于试探阶段。如果中原不堪一击，就多击几次；如果中原出现牛人，聚沙成塔，那就少探几回。

政治上缺乏成熟的指导思想，战争的意义就大打折扣，更多只会变成诸侯个人的情绪宣泄。

晋国的情况却完全不一样。中原需要一个"主人"，重耳正好具备中原诸侯的身份。主人要有能力，文公已经拿出城濮之战的证明。万事俱备的样子，还包含着东风徐来的惬意。

战争：让人承认的能力才叫能力，否则只能客套为潜能。

宋襄公：你们在含沙射影吧？

践土会盟

大家可能想不到，听到晋国获胜的消息，最高兴的人居然是周襄王。

周王室已经不担心哪家诸侯国强大到什么程度，而是怕那些没有底线的诸侯，诸如郑国那样，三天两天欺负他。反正比他强的人多了去，现在要关心的是这些强人会不会随便欺负他。周王室迫切需要有个诸侯能站出来，替他主持公道。他尝过这个甜头，在齐桓公时代，伯业模式中的"尊王"旗号曾让他感受到前所未有的"名望之乐"。

周王室最大的资本就是"名义"，就像股市的壳。壳的最大作用就是借给他人上市。如果找不到借主，他每年的亏损就够自己喝一壶。上一回齐国来借，双方很快就形成共赢的局面。对周王室来说，名义是他赋予小白"诸侯之伯"，本质是他需要小白"尊重"自己。

齐桓公去世后，"尊王"事业再次衰败。周王室很怀念"共赢"的时光，他的"壳"必须找到下一个"小白"。寻寻觅觅，宋襄公不是，郑文公、齐孝公也不是，终于在城濮之战后，周襄王确定是晋国。于是，迫不及待的周襄王就派王子虎来通知还在回国路上的晋文公，说要来犒劳三军。

什么速度啊？典型的干柴烈火。看来，想得是真着急啊！

文公说，我们还在路上，"礼仪"要怎么摆弄？

赵衰说，可在践土马上造一个临时行宫，再通知诸侯们赶来会合。

什么心态啊？另一堆干柴烈火。看来，盼得也很焦急啊！

周王和晋侯都太需要这场战争，都在等着战争胜利的消息。他们连回家都等不了，连烧水都等不开。

快点吧！我们一刻都等不了，玉米地可以，小树林也可以，践土更可以。

践土：等等，我是践土，不是贱土。

看到周王和晋侯的态度，诸侯们立即明白了。山西人这势头，势不可当啊！大家纷纷表示一定会三步并作两步，两步并作一步，嗖嗖嗖地赶来践土。

大家都想给新大哥一个好印象，都想拍马屁，都想拍得又快又好。但他们再怎么快也快不过当年在五鹿送重耳一抔土的那个农夫。**践土的土，农夫的土**，以及狐偃"土乃国之根本""上天借农夫之手以授"的解释就这么巧合地对上了。

农夫：*我想想，我当时应该是认真的。*

郑文公最认真。他因为当年没有接待重耳，现在又悔又怕，就想着将功补过，第一时间赶来修建行宫。他还带来一个晋文公最爱听的消息：子玉自杀了。

这是一匹毫不讲理的狼，他比楚王更想杀自己。重耳终于可以放心、安心、开心地出席自己的就职任命大会。

正所谓"人有多大胆，地有多大产"，为了完成盟主的授命仪式，晋人硬是在荒郊野岭的践土上按时建好临时行宫。诸侯们也按时来参加大会，谁也不敢、不想给新盟主添堵，除非他的原因非常客观。

宋成公王臣、齐昭公潘，属于老朋友，不但要来，说不定还要扯块红布写上一副歌功颂德的对联挂起来。到时开会坐前排，吃饭坐主桌。

郑文公捷，新朋友代表，老早就来表态度，新鲜的味道迷漫在空气中。

鲁僖公中、陈穆公款、蔡庄公甲午，虽然长期和楚国相好，但现在心存畏惧，也只好硬着头皮来。暂时按照"弃暗投明"归类。

邾、莒为代表的小国，早已悟出生存之道，哪里有热闹就往哪里凑，份子钱不用出多少，说不定白吃一顿后还有红包。就算在"等"的里面吧。

楚国就不指望了，刚刚拉的仇恨还在冒烟呢。

秦国的理由是路途太远。它几乎不参加中原聚会，估计也不愿意，反正一贯如此，可以原谅。

另外，卫国、曹国也缺席。它们不是故意的，因为身不由己。

卫成公郑：*我还在裹牛逃命啊，叫我弟弟去参加。*

曹共公襄：*我能不能以被拘留者的身份参加（在五鹿）。*

赵衰宣布，会盟诸侯符合礼定人数，可以按时召开。于是，锣鼓喧天，鞭炮齐鸣，人山人海，一个崭新的盟主就出来了。

会议的气氛一定是热烈而祥和的。不过大家的掌声还没平息，盟主晋文公就趁着劲头，发布了第一道惊悚的"换君指令"。

到底什么情况？

原来晋文公在盟会期间看到卫国代理君主叔武忙上忙下很积极，一时兴起，就替卫国（周王）做主，想让叔武替换哥哥卫成公成为新卫侯。

要是换作其他公子，顶多就半推半就，面上谦虚客套，心里求之不得。难得叔武是个厚道弟弟，他说自己可以代替哥哥做事情，但不能代替哥哥做卫侯。

卫国的好大臣元咺也一直苦苦哀求晋侯，不要把卫成公给换掉。

为什么不能换，人家哥俩的事，和你一个臣子有什么关系？有，怕动乱。一君未亡而换另一君，这是春秋乱国的最大由头。元咺是老成谋国，深谋远虑，秉承大局为重才会声情并茂。

然而他人微言轻，文公不会听，周王不想听。因为这里是春秋，"乱国"的命运不是你想逃就能逃掉的。

卫国议题

春秋的卫国几乎是贴着"新闻眼球"前行。它国力不强，但爵位高；面积不大，但位置好。它的牛掰之处在于会抢戏，会给自己加戏，而且加的磅值还很高。高到什么程度？高到动不动就走到亡国的边缘。

齐桓公：我可以证明。

卫成公姬郑是个无能的倒霉蛋，他父亲卫文公不待见重耳，结果父债子还到他这里。他又看不懂晋国出兵的真实目的，以为晋国借道讨伐曹国就真的只是路过打酱油，还全神贯注地研究如何拒绝，然后人家一个眼神一个喷嚏，就把他吓跑了。卫成公跑到襄牛也不安分，又派孙炎去求楚国，好像有一种主动要求参与晋楚争霸的强烈愿望。结果得偿所愿，沦落为先轸与子玉玩弄权术的棋子。最后，为了求复国又被先轸骗去绝交楚国。

好复杂的戏，好高效的戏。

楚国：求我的人是你，绝我的人还是你。

但他在襄牛并没有等到卫国复国的消息，只听说楚国被打败，又听说周王要封晋文公为伯，还听说封伯立盟大会没有通知卫国参加。

不让我做代表是不是代表要灭我啊？是不是××大会开除了××的代表资格？

卫成公很害怕。他现在只是晋侯面前的一只蚂蚁，岌岌可危。为了不被捏死，他决定听从宁俞的建议，做最后的努力——听晋文公的话。既然晋侯想让弟弟继位卫侯，成公就让孙炎回卫国去宣布他要让位给弟弟。

但叔武坚决不受，始终坚持我只是帮哥哥代理卫国。

晋文公此前还真动过灭卫的念头，但先轸认为卫国是老牌的诸侯，影响比较大。晋国在收买人心国心的时候，还是要克制一下欲望，不可太早暴露，吓退其他诸侯。卫成公宣布退位，就等于宣布卫国的所有错误都是他一人的错。卫成公得到了应有的惩罚，卫国就应该免罪。

晋文公也不好再说什么，便让卫国恢复代表资格。谁也没想到叔武竟是一个十分固执的弟弟。

哥哥同意让位给你，江湖老大提议让你做卫国的主人，但叔武就是不肯，还死活不肯，真心不肯。他宁愿继续做好"代"的工作，等待哥哥归来。

对比当前某些急于脱掉"代"字的"代×长"来说，叔武的境界似乎高出不少。但"高"也只能体现个人品德，如果放到政治场来论，就不一定是高明节操，相反还可能是动乱的由头。**政治要的是稳定和担当，而不是道德的洁癖**。

不管叔武是真不想还是真不敢，他的"代而不去"在某些政治投机者眼里，是一个机会。这些人习惯认为，只要是自己想的事（欲望），别人也一定会这样想。他们想权力，就推论叔武一定想做卫侯。为什么没有公开想呢？肯定是忌讳哥哥，怕哥哥回来抢夺。这种局面最有文章可做了。毕竟在春秋的诸侯场，立一君、死一君、逐一君的故事多了去。投机者认为只要帮助你成功上位，我就可以**以拥戴之功**进一步飞黄腾达。

公子歂犬就是这样的投机者。

歂犬是谁？名字很奇怪，有点"狗蛋"的味道，不知道是不是真实存在。可能是后人造出的人物，用来洗白元咺吧。

叔武委屈

孙炎回卫国转告叔武，说成公想让你代替他以国君身份去参加践土会盟，先保住代表名额，保住卫国。

公子歂犬也去找元咺说，看来成公是回不来了，不如把成公让位的事直接公布出来，生米煮成熟饭，不管开始是假还是真，我们都可以把它做成真。到时晋国会因为叔武继位而感到满意，你也可以带着晋侯的信任回到卫国，安心和卫叔武一起治理卫国。

元咺很鄙视这种说法，说叔武都不敢眼里没有哥哥，我作为一个臣子，哪敢眼里没有国君？

歂犬听到义正词严的拒绝后，非常害怕。他担心刚刚说的话传到卫成公那里，搞不好会被秋后算账。他担心人家不收自己的投名状，自己就可能变成别人的投名状。当年公子翚和鲁隐公就是这种情况。为了弥补过失，歂犬只好恶人先告状。他又拟一份投名状，跑到陈国去找正在避难的卫成公，说元咺他们想假戏真做，想把叔武立为卫侯，而且已经向晋国打报告请晋侯确认。

晕，明明是他的观点，是一个被拒绝的未遂的观点，但张冠李戴就套到元咺身上。这是造谣者的一贯做法：**事实总是有一定的事实，但关键环节被替换**。"张冠李戴"比"捕风捉影"更能造谣，捕风捉影常常逻辑不稳，经不住推敲。

多疑的卫成公就质问孙炎和元角。元角是元咺的儿子。元咺专门派他来就是为了消除误会。这两人均表示没听说有这事。但卫成公仍旧不信，倒不是说他的疑心有多重，而是在那个位置上的人，听到那么合理的故事，心里要完全不信确实需要智慧和勇气。

许多时候，你会相信谣言正是因为你自己就是这样担心、这样怀疑，谣言只是加重这种暗示。谣言的内容在谣言来之前已经在你心里。你就是"谣言"的滋生者，所以你才相信谣言。

卫成公悬着心，就派人去践土打探消息。不知探子本身是个二百五还是受到歂犬的蛊惑，出"暗差"去践土看到叔武以诸侯王的身份歃盟，也不了解具体缘由，不等会议结束就火速跑回陈国。他向卫成公禀告了这个悲伤的事实。其实这些信息根本说明不了问题，因为叔武就是按照成公的授命以代诸侯的身份来参会，自然要做诸侯该做的事。代市长也一样要行使市长的权力，所以从做事的表象来判断叔武是"真代"还是"假代"，很牵强。

探子估计也是添油加醋，先有结论后有理由。关键卫成公自己也这样。他的不自信（担心）使他更愿意相信单单篡位了。

【忽悠】世间总是有这样的人。你和他说事实,他怀疑这怀疑那,一副侦探小说的模样;你骗他,描述事实的假象,他又是"机灵",又是激动,立马相信。比如他怀疑自己有病,医生说没事,他说你医术不行;骗子说你病得很严重,再把一些常见的身体代谢一说,样样符合,他立即就有见到亲人的感觉。这时骗子们再拿出精心酿制的祖传假药,他就马上抢购,搞不好还会帮着代言。

这种人真的很多,或者说很多人都有这种时刻,只要持续地被他人投其所好,总有落入圈套的一天。

身处"险境"的卫成公更是如此。他听到这个消息后,很快就做出一个被欺骗者该有的愤怒和冲动,歇斯底里杀掉元咺的儿子元角。

元咺获悉儿子被成公杀掉,只是淡淡地说,生死有命。大夫司马瞒劝他说,君王怀疑你儿子,自然也会怀疑你,你还是赶紧跑吧。元咺说,我走了,谁和叔武一起守卫国?杀子是私仇,守国是公事,岂能因私废公?

这话听起来和鸡汤大师教育别人要养成"慈父圣母"一样,气定神闲,城府极深。**实际上,这些人不是不会生气,只是生气的沸点比别人高而已。**

死儿子都不算严重?是的!古人和我们确有不一样之处。今天的父母常常和儿子一起玩耍,父子之间的感情不只有血缘那么简单。那时的父亲很少和儿子在一起,他们之间更多只表现血缘的一脉相连。尤其像元咺这样的道德狂魔,工作拼命,加班常态,很少回家。另外,孩子数量的差异也有显著的影响。

元咺的"公"确实很无私。他还劝说叔武写信给晋文公,为成公哥哥求情。

晋文公打击卫国的真正目的是解救宋国,制衡楚国,图伯争霸,现在都实现了。晋国又不能找到更好的理由灭掉卫国。所以,重耳在当选盟主的喜庆下,本着收买人心的用意,就答应叔武的请求。既然你死活不愿意做卫侯,强扭的瓜不甜,那就依你的要求,发一张"好人卡"给你。

叔武赶紧把这个好消息告诉哥哥,并派人去接哥哥回来。公子歂犬却劝成公说,太叔入主卫国这么久,国人依附、诸侯认可,现在突然来接,会不会有什么图谋?不可轻信!

卫成公果然是糊涂界的高手,总能成功地避开那些对的、真实的事。他宁愿轻信歂犬的鬼话,也不愿相信太叔的好意。为了安全起见,卫成公决定派宁俞先回卫国探听虚实。

宁俞经过认真考察,确认叔武是真的让国,就与叔武约定六月迎接成公回卫。

成公放心了!宁俞是和自己一起逃难的随臣,绝对可靠。

现在轮到歂犬真的担心了。等成公回去与叔武一对质,自己还有好果子吃?毕竟中间冤死一个元角。歂犬决定一不做二不休,准备一条路走到黑。

歂犬说,万一宁俞也被收买了呢?国君最好提前回卫国,来个措手不及,就算他们有什么计划也来不及准备。

成公严重同意。出其不意,可保"安全第一"。

宁俞不同意,不是约好了吗?占卜的也说六月才是好日子。

成公说,不要太迷信,我只是太想念卫国。

宁俞没办法,只好退一步,说他先去卫国通报叔武一声,免得太突然。

歂犬又说,万一他去通风报信呢?我们最好跟随宁俞一起进卫国。

成公继续严重同意。这只狗狗真的是时时刻刻为我着想。

宁俞说得没错,成公回去真的太突然。据说叔武当时还在洗头。古人因为不剪头发,头发蓄了一大堆,洗头就成一项大工程。听说哥哥突然驾到,叔武头发还没干,就跑出来迎接。紧随在宁俞身后的歂犬看见叔武,既不问也不说,就是一箭。直接射向叔武,来个"死无对证"。

真准!叔武就这样被射死。披头散发的,准成厉鬼。

真是冤枉啊!真的有一种死,叫死都不知道怎么死的。

成公进城后很快就发现了事情的真相。就算猪一样的脑袋也该开窍了,就算豺狼一样的残暴也该清醒了。成公在内疚与愤怒中,把歂犬杀掉,想用"知错能改、痛改前非"来表达大彻大悟,但已经来不及。

元咺听说叔武被杀,先是大吃一惊,再就是大怒。**道德大师的沸点终于到了**。我们辛辛苦苦都是为了卫国、为了成公,结果却是元角冤死、太叔惨死!

老天啊,你的眼呢?有这样对待好人的吗?鸡眼啊!

元咺骂完、哭完,什么解释也不听,就立即奔去晋国。他发誓要推翻这个枉杀无辜的无道昏君。

对元咺来说,这两年简直就是折返跑,开始是努力为卫成公复国,现在成公成功了,他又开始为消灭成公而努力。因为成公触碰到他的底线。杀他儿子,那是情;杀叔武,那是义。情是肉体的范畴,义是精神的范畴。

【情义】情和义,哪个更高?没有哪个高,你想排出高低说明你不是无情无义,就是假情假义,或是站在旁边评价别人说风凉话。一个人追求物质财富和精神财富都没做错,只要是"追求"就都是人生。有人认为看得见的情才是实实在在的目标,所以喜欢发发朋友圈,秀秀恩爱;有人认为义也是自己看得见的目标,你用眼看,他用心看,所以舍生取义。这些都没问题。

问题出在假圣母身上。自己追求物质情欲,却要求别人追求精神财富;自己追求精神世界,却鄙视别人追求物质利益;自己是有钱人,财务自由,假装到处陶冶情操,却鄙视没钱的人拿命工作。

只要你的**标准一致**,**己所不欲勿施于人**,或情或义均无可厚非。

元咺没问题,他本有情有义,积极向上,但你们让元角枉死,他的感情就没了;你们让叔武冤死,他的道义就没了。你们的无脑操作让他变得无情无义,**你们的无知践踏让他失去了人生意义**。

元咺只好再去寻找新的人生意义,新的情和义。

成公失卫

元咺见到晋文公,立马就是一顿哭,鼻涕加眼泪地哭叔武诉姬郑,晋人听后也义愤填膺,这故事太憋屈了。

晋国:卫国,我已经忍你很久了。

卫国:是卫成公,是卫成公,是卫成公。

给你们这么好的待遇,都能搞成这个样子,那就不要怪我了。先轸说可以派兵出征,打他。狐偃建议请示周王室开场"尊王"的会议,然后召卫国参加,在会上宣布卫成公的罪行,直接拘留!

文公认为狐偃的办法更经济更实惠,而且还带着权力与威望的仪式感。

周襄王更高兴,开会,主持会议,是一种权力象征,多多益善。那种被人用好听的话哄着,用好喝的酒敬着,高高在上的感觉真好。假的?假的也好,糖在嘴里也会化掉,为什么还要吃呢?因为我们吃的就是它的甜言蜜语。

所以"会"是一定要开的,至于在哪里开,周王心里没底。晋文公提议去洛阳，名正言顺。但会议开支巨大，而且一下子来这么多兵马，周王室深感不安。

周：我最近可能晕血，见不得刀。

王子虎向赵衰表达了担忧，于是双方就约定去河阳开。那是上回周王室割赏给晋国的温地，感觉既能沾上王气，还能消除王室的担忧。

蒙在鼓里的卫成公不清楚他们在商量什么，但直觉已经够他左右为难了。去吧，怕算旧账；不去吧，又怕惹新账。大夫宁俞的脑子比较清楚，说你去了会不会有事还不知道，如果不去晋国以此为由出兵，卫国必亡。

听到可能亡国，卫成公只好硬着头皮去。

头皮是够硬，但是拳头不够硬。成公刚刚报到就被拘留。

这是一场胜利的大会。晋文公想不到秦穆公也来参加。于是，晋、齐、宋、鲁、蔡、秦、郑、陈、莒等十国，在温地会合周王室，共商大事。

大事的内容是卫成公的生死问题，共商的方式是听写读看元咺的是非曲直。元咺要与卫成公的助手针庄子和士荣进行一场辩论。

元咺用大量的事实说明叔武不想篡位，也没有篡位。大家均表示认可。

元咺再用獒犬一路挖坑并射杀叔武的事实，推论说卫成公早有此心，想借刀杀人。结论虽然有点惊悚，但事实的依据很清晰，辩方的反驳很无力。大家很快也接受这个结论。

针庄子与士荣没办法，只好采取人身攻击，说元咺是因为儿子被杀才来公报私仇。这个观点的攻击很无力，因为从时间关系上论，元角被杀后，元咺和叔武还向晋国为成公求情，并积极准备迎接成公回卫国。

而且就算是为子报仇又怎样？"报仇"本身就充满江湖的正义。

针庄子与士荣又提到君君臣臣之类的礼仪，大概是说君都是对的，你臣都是错的，天下无不是的君父。结果，念书更多的元咺马上搬出夏桀枉杀关龙逢、商纣枉杀比干等著名昏君杀功臣的案例，反驳说君也要有君的样子，臣才能有臣的本分，瞬间把成公君臣批评得哑口无言、体无完肤。

元咺完胜。胜利者并没有奖金奖杯，他只要求对失败者进行处罚。

可怕的辩论赛。他们是拿命在辩论。

最后，卫国士荣被斩首，针庄子被砍掉双脚，卫成公被囚禁在周王室。惩罚为什么不一样？可能因为职务吧。士荣是卫国的法官，主辩，死于业务不精；针庄子是替成公站台受审，一个替身而已，已经够冤了。宁俞无罪，就是要陪成公去坐牢，理由是他为晋、卫两家的友好都做过不少努力。

士荣：书念得不好真的会死人。

缄庄子：以后不要站在书念不好的人旁边。

春秋：我这算不算法庭的雏形？

卫成公被"革职"了，卫国却没有被"革国"。口若悬河、翻云覆雨的元咺就与群臣商议，决定立叔武的弟弟，也是成公的弟弟姬瑕为新卫侯。剧透一下，姬瑕的谥号是废公。谜面就是谜底，这个自带悲壮色彩的"荣誉称号"已经表明了一切。没错，他后来还是被废。成公再次复辟。

成公简直是打不死的小强，因为宁俞不让成公被打死。

宁俞陪着成公坐牢，多次以身试毒，避免了成公的意外死亡。两年后，他听说了曹国复国的故事，就依瓢画葫芦制定了一个"大阴谋"。

曹共公都能回曹国，那个更不靠谱的"曹公公"都能得到晋国的原谅，卫成公为什么不可以？当然可以！学好"大阴谋"就可以。

那要先说说"曹公公"是怎么"阴谋"变回曹共公的。

共公复曹

晋文公年纪越来越大，神经衰弱睡觉不安稳，某日就做了一个梦，噩梦。估计是惊吓又加上积劳，就病倒了。按照习惯，大家就去找解梦大师。大师就是占卜帅郭偃。郭偃舞神弄鬼一番，然后摔龟抽草，再掐指一算，说有鬼在讨吃。

文公说，我祭祀拜神节节都不敢忘，贡品也没少，哪来的鬼找我讨吃？

郭偃说，可能是曹国的祖宗（鬼）来求你宽恕。曹共公已被囚困几年，曹国的祭祀也断了许久，那些鬼饿了，所以来乞求你原谅曹侯。

有这么求吗？现在做鬼都做得这么低三下四？

当然这是比较好听的说法，毕竟是霸主晋文公，面上要照顾。如果是普通人，就说是鬼魂在惩罚你。

晋文公听得懂其中的意思。不管是乞求还是要求，能让自己"求到病除"才是好球（求）。晋国就放曹共公回去。

这就是生命等级、能力、身份的差距。曹共公在文公这里等同于一剂"药引子"，而对于曹共公来说，文公的药就是他的全部，文公一个随意的决定就是他命运的走向。

【鬼】事情真实与否,到底有没有鬼神?曹国的鬼神?

当然没有,"鬼"就是人制造出来的概念,对于某种未知状态的一种定义;当然有,你相信"鬼"存在,那他就在你的心中。

不信的人,鬼就是空气,相信的人,心里却装着各式各样的鬼。

文公信,所以他释放曹共公就等于放下思想包袱。如果老是怀疑自己有病,那你早晚会得病;如果你坚信自己没病,有些病就会慢慢消除。

这是文公的心病,也包括郭偃的心病。

郭偃的心病是钱。曹共公的随臣侯獳听说文公生病,就拉一车金帛去找郭偃,"求你把我们的曹公做药引子吧"。

没想到这是一个三方共赢的方案。**文公病好,郭偃有钱,曹公回家!**

还不止,第四方宁俞听说鬼神的事后,马上就猜透其中的猫腻。看破但不说破,他立即想到拷贝复制的手法。

姜是老的辣,晋文公年纪大,阅历丰富。他看透所有关于人的事情,谁也左右不了他。但年纪大意味着心态老,意味着临近死亡,所以他更容易相信鬼神,用鬼的事就更好糊弄他。

卫成成功

卫成公在做人方面,应该有值得称赞的地方。就像许多帝王一样,如果不是帝王,远离政治,他们应该是个很好的善人。

卫成公便是这样"矛盾"的人。他被囚禁在周王室,和周襄王朝夕相处,点点滴滴,不久就建立了深厚的友情。周襄王希望他活下来,但做不了主。按照盟会的要求,他必须关在洛阳,襄王便给他造一座高档的牢房。这事襄王做得了主。

晋文公对杀弟弟的君王特别怨恨(当年夷吾也想杀自己),虽然在审判大会上迫于压力没有宣判成公死刑,内心却很希望他死去。文公就令先蔑监押,还专门指定一名医生去给卫成公治病。虽然成公并没有什么病。

名义是要治病,实际是要治死。

医生开的药,其实是毒药,但药不到卫成公,因为宁俞。宁俞看穿晋文公的真实意图,明白医生的"使命"工作,所以凡是给成公吃的药啊、水啊、汤啊、饭啊什么的,他都要先品尝一下。

相当于安装了一套杀毒软件"宁俞毒霸",彻底解决了成公的食药安全问题。

宁俞这样搞，医生就没法下手，只好直接与宁俞说开，这是秘密任务，我要在一年内药死卫侯，他不死我就得死，麻烦你不要这么警觉，就算帮我个忙。

宁俞说他有个办法，可以你我他都不用死。然后就说出了他的"鬼办法"。

医生没办法，只好接受宁俞的"策反"。

不久，宁俞和医生就一起在先蔑面前上演了一场戏，戏份很足。大概剧情是医生带着鸩毒拌成的药汤，推开宁俞，强行灌给成公喝，可是没灌多少，他自己反而"啊"的一声摔倒在地。大家问怎么回事？医生就带着惊恐的表情，说刚刚突然看到一尊大神对他说"奉唐叔之命，来救卫侯"然后就给他一棒。

卫侯表示很奇怪，他也看到了。

当然奇怪了。只要稍微有点理智和常识的人都会有疑问，你卫公是什么货色？唐叔为什么要救你？如果你解释不了，我们都想代替唐叔再给你一棒。

这本是一场十分低级的舞台剧，但演员演得好，剧本选得得当，先蔑信了。唐叔是晋国开国之祖，文公也相信。前面说过，他这个年纪对鬼神的事情总是宁信其有，所以也就不再追问医生的失职。

另外，在一边吃西瓜的鲁僖公也信了。他觉得好兄弟既然有神灵保佑就不该死。他就带上钱帛去向周襄王求情，向晋文公求情。

元咺：你就不能安静地做你的鲁僖公？

苍老的晋文公越来越相信鬼神，十分乐意做那些满足鬼神口味的事。既然鲁侯开口，还有顺水人情，就同意释放卫侯。他表态说，只要襄王同意他就同意，周襄王也说只要文公同意他绝对同意。

元咺：来生一定要杜绝一切迷信活动。

卫成公自由了，但卫国不"自由"。此时的卫国是公子瑕在主持工作。公子瑕才是卫侯，卫成公已经变成前卫侯。

在卡壳的节点上，宁俞又站了出来。宁俞打听到卫大夫周歂、冶廑向公子瑕和元咺求卿士的官职被拒绝，耿耿于怀，就暗地里通过孔达转告两人，说只要你们按照宁俞的"锦囊妙计"进行政变，能迎接卫成公回卫国，你们就是卿士。周歂、冶廑一顿交头接耳后,就接受了这个交换条件。

所谓的"锦囊妙计"就是在元咺去巡城时,周歂、冶廑假装偶遇,然后随便打个招呼,趁元咺不注意就一刀下去,然后立即去收拾公子瑕。

简单暴力,但是疗效显著。**计其实不妙,结果才妙。**

公子瑕一死,卫成公再次回到卫侯位置。算上第一次正常继位,这是他第三次"登基"。对一个科学家来说,一生能获得一次诺贝尔奖,就算功成名就,但居里夫人得到两次。对许多王公贵族来说,一生能登一次基就是最高目标(荣耀),但卫成公却做到三次。

厉害吧? 厉害! 不过不大一样。居里夫人是厉害的"厉"多一点,卫成公是厉害的"害"多一点。啥也不说,说多了都是泪。

卫成公:谁愿意谁来。

既然成公成功了,周歂、冶廑立有大功,也顺利实现了人生抱负,当上了梦寐以求的卿士。这种卖主求荣的晋级从来都被文人唾弃,所以又传说他俩被元咺和公子瑕索命,没多久就暴病身亡。

他们是不是真这样死的不知道,至少也要把他们说成这样死。这样大家会舒服一点,反正精神世界犹如梦境鬼神,虚虚实实也可开开心心、事半功倍。

晋文公:我做了一个梦。

曹共公:我的人生如梦。

卫成公:我演了一场戏。

晋文公:你的戏如人生。

十四、郑秦的秘密反复

这世上的问题,有些我们看不见,有些我们不愿意看见,还有一些是我们看不出来。为什么那么多原本很美好的事物,突然就没了,消失了? 比如那对明星夫妻,昨天还在各种恩爱,为什么今天就离婚奔向头条? **美好可以掩盖丑陋,但是不能解决丑陋。**一俊遮百丑,但丑还是丑,如果没有改变,等俊消失后,就会知道"百丑"有多丑。

同样是风光无限的晋文公,我们把他说成神,塑造成神,并不能说明他当时就真的那么伟大。在城濮之战后,文公的威望确实一时无两,诸侯们也纷纷跟随奉承,但时间一久,日久生隙,总会有一些矛盾、一些利益冲突。比如说,郑国。

为什么又是郑国?

郑国:能不能换别人?

郑国罪晋

晋文公从河阳大会回来后,突然想到许国。许国为什么还那么死心塌地跟着楚国?为了探究这个问题,也为了考验楚、许的感情,晋国就集结了齐、宋、鲁、蔡、陈、秦、莒、邾八国诸侯(敲黑板:没有郑国)一起去许国都城颍阳,问一下究竟。当然问也不能空手去,大家都带着伴手礼——军队。

诸侯们"能想到最浪漫的事",就是大哥带他们去杀猪。杀猪好,就算只是看着,至少也能分点猪肉。

许国马上向楚国求救。但刚在城濮之战落败的楚成王无心救援,进而对许国造成无心伤害。许国只好表示与楚国分手,并十分坦诚地与晋国握手言和。"坦诚"就是拿出金帛犒军。这样一来,诸侯们就等于分到了"肉"。

毕竟,**国库出血总比国人出血好。**

许国的事情好解决。解决好后,问题的焦点就转到郑国。郑国已经成为晋、楚之间的一道难题,是重点也是难点。

"重点"是两家都想用它来证明自己的实力,"难点"是郑国的生活就只能过得难点。"难"在地理位置显著,"难"在家大业大引人注意,"难"在自己还有时不时作死的毛病。

郑国如果能把践土会盟上的积极态度保持下来,认真做个"伪君子",也是一个不错的选择。楚国最近不想问事中原,伪君子不敢说有前途,至少能过几年安稳日子。谁知道会后的郑文公又突然抽风生出主见。他觉得晋文公对待曹国和卫国太霸道,城濮之战前明明答应他们复国,战后又食言,还把复国的卫成公骗到河阳抓起来。这种朋友不配交,也不想交下去。

"义愤填膺"的郑文公就不顾叔詹的苦劝,从河阳大会提前回家。此后,也不去许国参加"杀猪分肉"的军事行动。看似正义凛然,实则欠揍找抽，政治的外交哪能和江湖的结交相提并论，江湖上面是政府，政治上面是军事。有实力的诸侯做得再不对，也轮不到没实力的诸侯来纠正啊！

第二年，身体见好的晋文公腾出手来，开始讨论郑国的早退事件。文公想再次集结诸侯，去郑国教育郑文公如何辨别政治外交和江湖交往的区别。

先轸说，去年才集结诸侯，今年又要集合，会不会太累？如果只打一个郑国，晋国又不是没有兵，何必去找别人呢？

那是，找别人不用花钱吗？你以为那些诸侯小弟都是天生赔本的料？一回贴路费可以，两回三回就会发牢骚。

你当盟主，大家都来祝贺拍马屁，感觉当然很爽，就像农村过节请客一样，客人来了哪会说你不好的话，主人的感觉肯定好，但"好"的背后也**真心费钱**。所以农村过节请客，一年也就一两次而已。

但重耳不死心，不来八家，也可以来一家。他想起在河阳聚会时，秦穆公曾与他约定，以后如果有出兵的话可以一起协作，一起去杀猪宰羊。

强强联合，就像地产大佬和资本大鳄常常互扫好友一样。他们的合作会被热衷发展的鼓吹手们捧上天。实际上，"强强合作"是社会上小诸侯、小散户、小市民们的灾难。**权和贵应该相互制约，然后都去争取人民的支持，人民才有好日子。**如果权贵合作互补，那老百姓就惨了，老惨了。

郑国算中等诸侯，但在晋、秦的强强联合面前一样要遭殃。

先轸强调晋国单独出兵，是担心秦国跟着获利又踏进中原，但文公还是坚持找秦国一起来。他太把地缘政治当回事，认为郑国的国土远离秦国，秦国要了也没用，打多少城池最终还不都是晋国的。但他忘记了，除了地，诸侯国之间的竞争一定还有其他的利益，比如说威信。或者反过来问，如果没什么利益，秦国会仅凭几句客套的诺言就傻傻地帮你"打家劫舍"？

你真把秦人当成了纯情小少男？

之武哭秦

秦国按照约定和晋国一起出兵，分头围住郑国，一个在西边，一个在东边，看我们夹不死你！

郑文公吓坏了，想不到晋国真的来问罪。早退而已，至于这么小题大做？

大夫叔詹说，晋、秦合兵来袭，要是打起来，郑国肯定没戏。现在只有找个说客，去游说秦国退兵。如果秦国能退兵，晋国也不会再坚持多久。

好计谋！谁去？

叔詹说，佚之狐去。

佚之狐说，烛之武去。

谁？就是后院那个养马的老头。他们家自郑国三代君王以来，**一直养马，是郑国养马界的"铁帽子王"**。

烛之武说，我年轻的时候都没什么作为，如今七十了，还能有什么用？

郑文公一听，感觉良好。这句牢骚抱怨的话，足可证明这支老蜡烛有一定的口才。郑文公马上赔不是，说以前没有用你是我的错，现在任命你为亚卿，麻烦你走一趟秦营。

烛之武还在犹豫。其实郑文公出这个价已经很有诚意，一下子越过大夫级别。在一旁的佚之狐看得都有点眼馋。

佚之狐说，正是因为你都七十了，就赶紧去吧，以后可再没有机会。

过了这村就没这店。

好吧！烛之武终于同意"住店"。郑国新亚卿老烛正式上任，上任的第一件事情就是出差，去秦军营寨。到了秦营的第一件事就是去人家寨门口哭。

哭声一定是包含自己七十年来未被重视、未被提拔的怨恨。那种低收入，那种重脏活，那种被亲戚取笑，那种被老婆鄙视，等等带来的所有憋屈、郁闷都体现在这次光明正大的哭声中。

郑国：这是公哭发泄私怨。

正是这种发自肺腑、撕心裂肺的"本色"哭声才能成功吸引到秦穆公的注意。否则一般人的哭声，出工不出力，走脸不走心，估计直接在门卫这关就被当作叫花子打发走了。

穆公问，你谁啊？哭啥？

烛之武边哭边说他是郑国大夫，括弧享受卿士待遇的烛之武，因为想到郑国要灭亡了，所以伤心地哭。

穆公说，那你回家哭吧。

烛之武说，我哭郑也哭秦，郑亡不足惜，就是可惜了秦。

够能扯。你老蜡烛一人能哭两家，是入赘还是"两顾"？还有，为什么郑亡就不足惜，你不是郑人吗？其实这种话的逻辑内涵不重要，重要的是要吸引对方的注意，如同"我有一句话，你要恕我无罪，我才敢说"。

穆公很配合，问我秦国有什么可惜，说不出来就杀了你。

烛之武说，郑国在晋国的东面，秦国在晋国的西面，郑与秦相距几千里，如果郑国灭了，秦国不可能跨过几千里来占据郑国的土地，那就只能被晋国拿走。秦国现在和晋国实力相当，如果晋国再增加这些土地就会超越秦国。晋国自献公以来，就不断对外用兵，当年惠公说要给秦五座城池，过后又反悔。现在文公又开始招兵选将，还是准备攻城略地的气势啊！我想他今天灭掉郑国，实力大增后，下一个目标可能就是秦国吧。这不会又是当年虞国、虢国的故事吧？

穆公说，你说的真有道理。

大夫百里奚说，烛之武是个说客。他在离间秦、晋之间的关系，不用管他。

其实烛之武讲的那些道理，重耳早就说过，先轸知道，穆公知道，百里奚也知道，确实只是口舌之辩。**话中的"推论"其实是"假设"**。如果真要把郑国灭掉，秦国完全可以和晋国谈判分割方案，郑国都给晋国，晋国在西边割几座城给秦国不就双赢了吗？烛之武说的条件是正经条件，但结论就是一种"可能"而已。你用一个条件推出一个结论，再用这个结论继续推出下一个结论。入戏太深，你当其他条件、其他人都是死人、死条件？

这种假设只有在理工科的课堂才有理论意义。比如物理考题总说不考虑摩擦力，没有空气阻力，然后再开始研究两个球怎么撞来撞去。但在文科，尤其是社会学等涉及人类情感的范畴，都难以度量。我们根本不知道还有多少条件、多少可能。非要推论的话，我们也应该加上"**其他人都是死人**"的条件，他们都像游戏机里的角色，只有固定的战斗技能。

所以说客说的道理其实都是听着有道理。高明的政治家谁会信那些鬼话啊，**政治家们只信实实在在的利益**。

秦穆公当然不傻。他出兵郑国本来也没想灭掉郑国，就想能多捞一点是一点。现在郑国主动来谈，他当然愿意借坡下驴。否则烛之武光靠哭就能见到穆公？人家一个堂堂的西戎霸主，见过鬼哭，见过狼嗥，会被你一个老头哭动情？

正是妾有意，郎才有情。要不，你在战国后期到秦国门前哭一哭试试。

门口的卫兵分分秒秒把你打成肉包馅。

穆公知道郑国的使者不可能只带一张嘴来。你能看到的地理因素,我们也能看到,这道题不难。**要知道,你烛之武养马,我秦国祖宗也养马。**马屁的事大家都熟悉,还是说干货吧,说说你们郑国的诚意吧!

诚意就是,郑国从此成为秦国的附庸,成为秦国在中原的一个据点,"君如有东方之事,行李往来,取给于郑,犹君外府也"。

什么意思?远在西方的秦人要来一趟中原,就像古时候大山深处的人家要进城一样。在交通不便的情况下,你必须在途中借宿过夜。以前山里人家要与山外结亲,有一个重要原因就是出门办事时,能多一个落脚点。有亲戚,你就是客人,不是陌生人。你有主人的照顾,就能在很大程度上减少恶霸的欺负。所以,郑国如果能成为秦国的中原据点,地处西部边陲的秦人在与中原的交往中就能多一分保障。比如做生意的商人,他们不可能指望每次"赶市"都有官方出兵保护,那郑国的据点就变得十分重要。

郑国提供的方便,是秦国获得了在非战情况下与中原交往的一份保障。投其所好,也投其所需,这就是最大的"诚意"。

秦穆公很满意,因为目的达到了,烛之武的哭声确实很感人。

晋文公很生气,因为达到目的的秦兵退出东边的包围,烛之武的哭声很烦人。

郑文公很忧愁,因为晋国还继续围着,而且以一个晋国的实力也完全可以打败郑国。那么,烛之武能不能再哭一次?

革命尚未成功,同志仍需努力。

叔詹退晋

看着顺利归来的烛之武,郑文公有点玩"石头剪刀布"的感觉,刚刚出剪刀效果不错,就又想出剪刀。他说烛之武你果然有能耐,要不再辛苦一趟。

叔詹表示反对。晋国现在围而不攻,和谈的可能性很大,但老蜡烛是刚刚退秦的人,如果再去晋国,文公一看到他就会发怒,不杀吧,心头恨,杀了吧就和谈不下去。

烛之武:叔詹说得对。

那就出布吧。正好大夫石申父自告奋勇要去!

晋文公也不来虚的,直接说撤兵可以,两个条件:一是立逃亡在晋国的公子兰为储君,二是要把叔詹交出来。

自告奋勇的石申父没什么知名度,**因为他"杰出"的外交才能只表现出一个移动硬盘的功能**。他就把晋文公的话复制完,带回郑国粘贴。

郑文公说,我尚未立嗣,要立公子兰也没问题。

听说公子兰在晋国很得重耳的宠幸。重耳这次出征本来也想带公子兰来,但公子兰说晋国要打郑国,他没有能力救就算了,哪还能没心没肺一起来打。能说这话的人是贤人,作为储君也好,将来既能治理郑国,还能和晋国搞好关系。

但晋文公为什么要抓叔詹?因为文公认为当年自己流浪路过郑国,郑文公不接待,去年河阳大会郑文公早退,等等这些事的背后一定有文章。作为主政郑国的叔詹肯定出过不少馊主意。

郑文公心里明白,这些不靠谱的事情其实都是自己在瞎折腾,这锅怎么能给叔詹背?而且郑国的许多国事还要依仗他。

叔詹说,如果牺牲我一人就能救郑国,那我也值了。

郑文公很痛苦,**我恨我自己**。

叔詹很感慨,你要爱你自己。这是我作为臣子的节操。"主忧则臣辱,主辱则臣死"。

那就去吧,晋国正在等着。晋文公煮了一锅热汤在等叔詹,当然不是准备和他一起涮火锅,而是准备把叔詹当作火锅涮。

文公问叔詹,你怕吗?

叔詹一点不畏惧。说当年君上你路过郑国时,我就对郑公说晋公子这么贤明,身边的追随者又都是上卿之才,以后肯定会称霸诸侯,我们应该认真接待,但郑公不听。在河阳会盟时,我又说郑国既然认定晋国,就要从一而终,如果中途背叛早晚会受惩罚,但郑公还是不听。现在这两件事情都成为事实,我也算是未卜先知,料事如神,这是**智慧**。

嗯,智慧也包括拍晋文公的马屁。这马屁不但有深度,不明说,还有广度,顺带把狐偃他们也拍一拍。

郑文公:关键锅又踢给我。

叔詹又说,我这次来,大家都说必死,但我还是来了。只要能救郑国,还在乎生死吗?我愿意为国赴难,这是**忠义**。

嗯,或许你的智慧也预料到自己不会死。

叔詹再说,我明知会死还是赶来,不畏死,这是**勇敢**。

晕,这不是同一件事吗?换个角度再说一遍又算一个卖点?

叔詹还说,用我的生命换取郑国的和平,减少不必要的战争,这是**仁义**。

切,这不还是同一件事?换个表情卖个萌就算另一个头像?

叔詹补充说,但我想不到,像我这样**智**、**忠**、**勇**、**仁**俱全的人在你们晋国原来是这样的待遇。

晋国:智、忠、勇、仁都是你自己说的,我可没有认证。

晋文公其实也不是很想杀叔詹,否则就上面这些扯淡逻辑,晋国完全可以找人反驳回去。毕竟你的所谓智、忠、勇、仁是对你郑国而言,与我晋国何干?但叔詹高调标榜自己,也算个人才。他似乎在给晋国一次收买人心的机会。

拿叔詹的命来收买,就等于救了叔詹的命。

而且人家第一句就把马屁拍得那么洪亮、那么精确,完全值一个顺水人情的市场价。那就是成交吧。重耳说,你真是贞烈的人啊!我刚才只是想试试你的勇气,晋、郑可以继续做好朋友。

把叔詹抓一抓,再放一放,显示了晋国的威力。叫你来死你也得来,这是晋霸的权威。"杀鸡儆猴",让各位诸侯看清楚,我这回不杀,不代表我下回也不杀。如果你们有异心的话,可以先想一想郑国再做决定。

这样一算,晋国"耀武扬威"的目的也达到了。

还有一种可能。晋国要送公子兰回郑国继位,叔詹又是郑国最大的权臣,所以有些工作要做在前,比如敲山震虎、卖弄人情。一顿操作后,叔詹就不会给公子兰穿小鞋。大家都是晋国器重的人,都欠着晋国人情,惺惺相惜。

最终,这场喊着罚郑口号、轰轰烈烈的强强组合就这样草草收场。所以好兄弟最好不要合作做生意,越有能耐,双方越容易各自心怀鬼胎。晋国与秦国自此开始产生芥蒂。**所谓的"秦晋之好",现在已好得差不多,保质期快过了。**

郑文公这次很诚信,立即确认公子兰为世子,也很配合,两年后便去世。公子兰继位,即郑穆公。

公子兰为什么叫"兰"？传说他母亲燕姞此前梦见一个天使（中国版的）送给她一枝兰花，说送个儿子给你，又说兰花是最香的花，你佩戴它一定会得到别人的喜欢。不久，郑文公遇见她，心血来潮准备宠幸。燕姞说她地位低贱，如果怀有孩子，别人肯定不信，请用兰花作为信物。文公同意了，果然就生个孩子，于是信物兰花就变成"信物公子兰"。

十五、晋霸的前赴后继

每人都有特定的成长经历，但一般人对自己的经历清楚，对别人的就似是而非。许多人来到你的生命中，第一次见面就是成年，大人或老人，已经××岁了。他给你的影像印象也成特定的"画面"，不是人设，而是面设。重耳公子一来到我们的故事视野，已经四十多岁，一坐上晋侯的位置，就六十来岁了，天天说他老了老了，他的年纪的确越来越大。狼来了，狼来了，狼真的会来，狼的名字叫"死亡"。

国君们一定会有一个临死的画面，但不一定会有遗言的故事。

文公离世

郑文公去世后不久，中华版图上的另一位文公也去世了。

作为春秋时期影响力最大的霸主，晋文公前后只在位九年，但他却能带着晋国充分利用前代君侯们打下的基业，确立中原秩序的中心地位，使晋国的强大由量变到质变。晋文公还能借鉴齐桓公身后的子嗣之乱，早早确立晋世子，保障晋国的霸主之位能稳定过渡并顺延下去。

晋国的霸业是稳当的霸业，表现时简单粗暴，收获时精准有力。开局一场平定周王室内乱，战斗简单但高端大气上档次，直通高层，赢得周襄王的认可。接着一场城濮之战，"以暴制暴""刚柔并济"遏制楚国，确立了晋国在诸侯国中的威信。之后犹如蜻蜓点水一般，拍拍曹国，点点卫国，恩威郑国，似乎都是兵不血刃就打完收工，其实霸主的名望已紧紧攥在手中。

有投资就有回报，看得准，投得狠，回报很丰富。

他的伟大不在于战争。战争只是他走向伟大的一些节点、一种手段而已。他的伟大在于具备一个政治家所必须具备的一切因素。

坚韧。重耳流浪十九年，从翟国到齐国、宋国、楚国，在"迁徙"中深切感受到物质的匮乏之苦。这种困苦对一个普通人来说不算什么，但对于习惯锦衣玉食的王公贵族来说，无疑是一场考验。他到诸侯国避难，总要忍受客居他乡、寄人篱下、低人一等各种让人内心深感"卑微"的打击。如果他吃不了苦、受不了委屈、吞不下耻辱，随时都可能死（放弃）在某个节点上。

重耳就这样一步一步过来，热情的见过，冷漠的见过，尊重与鄙视都见过，云淡风轻，气定神闲。他的品德既有天生的内因，也有十九年磨炼的外因。漂泊的经历最终证明，也或造就了晋文公主政后遇事宠辱不惊、沉着应对、稳步进取的政治品格。

真正能吃苦的人，都是事后才知道原来自己的过去在吃苦。

理想。一个王公贵族在机遇面前，如果还没有争取王位的理想，那和咸带鱼有什么区别？"争位思想"在王权的制度、理论、信仰、措施还没有完全成熟的春秋战国，是一种积极的思想。

君王家从来不缺乏"不王则弑"（成王败寇）的故事。

这是一个充满血腥博弈的逻辑概念。如果你不想争夺王位，就要全力去表达"放弃"，其中所花费的精力可能比去"争取"还要多得多。因为**想争的人很难相信不争的人**，你对王位的威胁和你的身份存在完全一致。他们认为最可信的"不争"是你不存在。硬币的正面是"身份荣耀"，反面是"杀身之祸"。

重耳背着"祸"到处奔波，躲避了十九年，也坚持了十九年。这是难能可贵的政治品质，永不放弃追求政治理想，辅佐你的人才有奔头。但要坚持理想真不是文字描述的那么简单，重耳在翟国十二年，在齐国六年，始终"客居"保留晋国公子身份，就是保留理想，保留争夺君位的资格，也保留着被"刺杀"的危险。且行且珍惜，**他始终不肯以臣子之名委身于任何一国，晋国的户口死活不改。**

用人。有些人言辞练达，善于煽动，能在几万人面前慷慨激昂。他一定是高票的候选人，但不一定是高能的执政者。有些人其貌不扬，口齿不清，但动静皆宜，能很好地团结身边的人。在政治的规则里，支持的数量不代表支持的质量，圈内的认可才是真正的认可。

真正的牛人脸上没有写"牛"字，但他的身边充满了各种"牛"人。他不一定是×行业的精英，但他能降得住精英，这叫政治领导力。

重耳具备的政治领导力，是身份和人格的完美结合。在落魄的时候，就有许多豪杰愿意抛家弃子地跟随他。各路豪杰拥有各般的能耐，或文修武备，或鸡鸣狗盗，都能"安详乐随"委身于重耳。翻开历史看看，后世朝代开国帝王的权术魅力像极了重耳的这种能力。他们都有"看人准，用人狠"的特点。

事实证明，晋国就在他的"准、狠"下迅速强大。

那些谁都不服的牛人就服你，那些万众都佩服的牛人就服你，那你还有什么理由不成功？

敏锐。一个有十几年钓龄的渔人，绕鱼塘走一圈，就知道哪里有鱼；一个做过十几年操盘手的经理，把脉一只股票，基本就能判断它是不是垃圾。许多时候，"判断"不是苦思冥想，不是精打细算，就是一种"直觉"，一种天生的敏锐，就像鲨鱼能闻到血的味道。你说不出标准的理由。

成功人士介绍他的经验，说什么努力、什么坚持、什么细节，都是事后对事前的总结。一个成功的事实摆在眼前，他的什么理由就都是理由。在问题面前，一个人在决定要不要做、如何做的时候，方法很多，选择很多，而且不管哪种方法、哪条路都不缺乏理由，都不缺乏成功的案例。那凭什么做出决策？

三国的官渡之战，袁绍不管干什么、怎么干，谋士们都有一堆相互攻讦的理由。他变得优柔寡断，朝三暮四。为什么？因为他缺乏政治直觉。战争从来都没有稳赢的谋划，没有一劳永逸的方案。

每一种主张都有漏洞，所以才需要领导者的应变能力去弥补这些漏洞。

敏锐的直觉不是欲望的随意表达，不是愤怒的直接表现，是先天和后天完美的结合。赵衰、狐偃们的敏锐直觉是判断重耳必然主位晋国。重耳的敏锐直觉是准确地判断攻狄救周、围卫救宋、城濮之战的难度和意义。

不知道为什么知道，叫直觉；知道该什么时候出手，叫敏锐。

隐忍。常说的低调是什么？低调的前提是你有实力、有能力，如果没有，就不要随便装，因为容易装成低能。低调是无辜的。

低调的概念上升到国家的政治层面，就是隐忍。隐忍是高尚的。

晋国已经不是简单的诸侯国，但晋文公没有穷兵黩武，没有开疆辟土，而是看清时代的特征和诸侯们的思想潮流，选择延用"尊王攘夷"的伯业方式带领晋国走向新的巅峰。武力之强可以获得一时势力，但难以持久。被征服者的不服和畏惧将在你低谷时给予你反击。重耳隐忍了武力。他选择的道路让晋国在此后百余年都是中华大地的实际主人。

重耳涵养出的晋国风水够几代人吃老本。

远谋。晋国的持续霸业，是晋文公训养武力但不依赖武力的结果。从郑国回来后，他开始用心经营人才，起用郤缺。郤缺很有能力，但他是郤芮的儿子。郤芮曾经力劝惠公追杀重耳。郤缺成了罪臣之后，有非常"棘手"的身份。文公起用他，那是不计较前嫌。如果文公不用，儿子襄公继位后，就很难再用郤缺。那是"杀父仇人"的子女，用他就是对父亲的不孝。

重耳在外十九年，晋国的各种政治势力错综复杂，支持重耳的大臣因为成功了有名有姓，不支持、未支持的贵族其实更多。如果不用，他们就可能被别的势力所用，形成隐患。文公起用郤缺，犹如赦免头须一样，都在释放一种信号，有历史问题的人，尽管放下思想包袱，随我一起奔向未来。

文公要留给子孙一个稳定且强大的晋国。

文公在最后的时光里又重新调整三军六卿，进一步巩固了"六卿制度"，也进一步夯实了晋国的霸业基础。六卿中的九家十一氏正式登上晋国舞台，他们开始运作晋国，左右春秋。

"三家分晋"的源头似乎也在这里。于是就有人归罪给文公。我解释过，这是没道理的"锅"，一代人做一代事，明朝灭亡会回去怪罪朱元璋吗？文公让晋国强大百余年，然后在二百年左右灭亡，又怎能怪他？难道子孙们就真的什么都不用做，靠祖宗的遗产一代一代吃下去吗？如果没有文公，也许晋国不出五十年就被秦国、楚国灭了呢，中原没有领头的，又不知会出现哪样的混乱。

这是生命周期的逻辑"锅"。晋国有三家分晋，齐国有田氏代齐，鲁国有"三桓专权"，为什么？因为时间到了。就像时间到东周，诸侯长大，后来时间到战国，士族长大、家臣长大一样。孩子长大了，都要成家立业。

二百年的"朝代"还不算长寿吗？

伟大。重耳做到他那个时代晋国所能实现的强大，这就是伟大。个人的成长故事体现了重耳的人物性格,晋国的成长故事体现了重耳的人物能力。把手中的牌打出最好的结果,就是能力。可能光头的牌避免光头,不可能上庄的局,打到上庄,就是牌技。

他的伟大在于开创了晋国伯业的基本国策和运转的基本机制。他的伟大在于让晋国持续成为中原的领头羊。他的伟大让诸侯的春秋逐渐变成了晋国与楚国的春秋。

当然,你要挖他的缺点也有。但作为帝王,政治水平最重要,瑕不掩瑜。

好人和好官完全两码事。

晋文公与齐桓公最大的区别在于:齐桓公死了,齐国就沦为边缘诸侯;而晋文公死了,晋国还是一流国家。

襄公继霸

周的"王朝电视台"在某天晚上播出一条重要新闻:晋文公卒,世子姬骧(欢)继位,即晋襄公。字越少问题越大,这是一条爆炸性新闻。晋文公的威力和晋国的实力正在深刻影响着春秋格局。文公去世了,代替周王室维持春秋秩序的领导去世,意味着权力要发生过渡。每家诸侯国都要掂量一下,在这场权力过渡中,自己将要扮演怎样的角色。秦国、楚国、齐国等强国想着试一试,取代这个位置。其他诸侯国呢,它们的精力是谋划要不要找新大哥。找谁?给不给钱?我们是收选票的小费,还是交门票的小费?

晋襄公:大家别急,再等一等。

晋襄公的母亲叫逼姞(jí),是个品德高尚的女人,是一个识大体、懂礼节的贤惠妻子。当年重耳亡命翟国时,娶狄人季槐为妻,为了确保老公在翟国能过得好一点,逼姞就主动让位给季槐;重耳回国继位后,为了巩固秦、晋的友好关系,又娶秦穆公的女儿文嬴为妻,逼姞再次提出自己的排名继续后移。

高风亮节的母亲教育出来的儿子肯定也知书达理。朝野群臣对姬骧的印象很好。早前,因为重耳仓促逃难,姬骧有一段时间流落民间,被寺人**头须**收留,等重耳回到晋国后,他才重新回到文公身边。

有才华、有阅历、有名望的姬骧很快就被确立为世子。众望所归。

当年，郑庄公喜欢公子突，造成世子忽（郑昭公）的动乱；齐桓公的儿子很多，虽然把世子昭托付给宋襄公，但其后老糊涂，又乱许诺其他夫人（公子），最后一样造成齐国动乱。

晋文公做得比他们好很多。晋文公也很喜欢另一个儿子，**公子雍**。他确立姬骧为世子后，就叫公子雍去秦国，不是去秦国做流浪公子，而是叫他去秦国做官。相当于修改身份户口，退出竞争。

晋襄公顺利继位，晋国的政局很稳定。这种"稳定"也给人一种错觉，就是看不到姬骧的能力。姬骧为人比较宽厚仁慈，执政理念也是垂拱而治。诸侯一度对他产生怀疑，对比历代晋侯，怎么都觉得姬骧有点软柿子的感觉。

实力相当的对手想捏一下，不明真相的邻居也想捏一下。

谁啊？秦穆公就是第一个实力相当、不明真相的邻居兼对手。

秦晋不好

隔壁的老秦老丈人忍你们家很久了。

强悍的秦国，在西戎战场上节节胜利，但却一直没能东扩。秦穆公熬过了晋献公、晋惠公、晋怀公、晋文公四任君王，现在不想再熬了。

秦晋的地理位置相邻，财富、实力几乎相近（其实晋国要强一节，但秦国不这么认为），各自完成第一轮兼并后，再发展下去难免要相互磕磕碰碰。

地缘政治让这对冤家注定要擦出火花。

秦国这些年主要专心于西边事务，无力也无暇实质性介入中原的事务，只能任由晋国在自己眼皮底下扩张，时不时还要在旁边呵呵地搭把手。秦国希望晋国能提供一个安稳的东边环境，以便他继续专心对付西戎。

现在不行了，不能再呵呵。秦国发现，晋国经过这些年的吞并，已经吃掉自己进出东方的出口。

老秦人已经没办法走自己的路。再不亮出实力，可能就要无路可走。

秦人认为现在就是最恰当的时候。晋国的政权处在过渡期，是专制国家的软肋期，权力可以渡过去，但威信需要重新建立。而且秦穆公还收到一个可以试探晋国的好消息。

两年前，秦晋围攻郑国，因为烛之武的口舌之能，最终三方和平解决。

按照秦、郑的协议，秦将杞子、逢孙、杨孙三人屯戍于郑之北门，名义上帮郑国守城，实际是秦国在中原经营的一个驿站。守门的杞子有一颗从不安分的心，他看到公子兰回郑国继位后，和晋国的关系好过秦国，就心生嫉妒。时逢晋文公去世，就传递消息给秦穆公说，郑国北门的钥匙就在他手里，秦国只要派一小股部队来偷袭，里应外合就能拿下北城。

这不是两年前那个老梗吗？两年前烛之武就是用地理跨越的事实劝说秦穆公，说郑国在晋国之东，秦国在晋国之西，打下郑国只会增加晋国的国土。秦穆公还觉得有道理。但现在怎么又改变主意了？

可能是此一时彼一时，虽然郑国还是按照两年前的合约给秦人留存"驿站"，但郑文公、晋文公都已去世，谁知道郑国会不会又被齐国或楚国看上，然后又有新的利益分配？我秦国在北城的"殖民"还有没有办法保证？所以现在最安全、最保险的做法是把这块肉放进自己口袋。

股市术语：落袋为安。

蹇叔和百里奚均反对这个计划。他们也希望秦国介入东方，但现在还不是时候，尤其去偷袭郑国更不靠谱。"偷袭"是要人不知道，但你从秦国出发去郑国北城，中间要经过晋国或周王室地盘，哪能保住秘密？既然不能保密，诸侯一知道，就会有相应的动作。偷袭的部队又必须轻车简从，如果偷袭不成，万一又与诸侯军队正面遭遇，就很容易被打败。

明说了吧，就是要预防晋国。你去折腾郑国就是挑战晋国的中原地位。你的军队还要从人家眼皮底下经过，是晒脸吗，是炫耀吗，还是挑衅？

但穆公不听，他赌晋国不会出兵。

秦穆公：他们不是在办丧事吗？应该没空。

二老：如果他们决定不办了，估计就要换成我们来办。

蹇叔和百里奚很郁闷，一直以来言听计从的穆公怎么突然就不听了？他俩年纪很大，性格很倔；他俩心里很堵，做事很绝。他们**在秦军出师的时候，竟跑去哭师**，好像哭一哭就能疏通谏言不被采纳的心堵。他们哭得很认真，哭出了需背诵全文的《蹇叔哭师》，但哭声很晦气，军队的气势生生被他们毁掉一半。百里奚的儿子孟明视、蹇叔的儿子白乙丙也随军出征，但依旧阻挡不了他们想成为"玄冥二老"的决心。

白发人送黑发人，二胡起。

父亲用哭丧来做临别赠言，严重影响了秦师的情绪。孟明视他们后面遇到问题就容易变得优柔寡断。许多时候,**谋士为了让事态能按照预料的方向走,会在潜意识里帮忙、助攻、推动结果的发生。他们是果,也是因。**人们都不喜欢听晦气的话,好的不灵坏的灵。

所以"暴君"在出征时,杀晦气、镇邪祭旗都有一定理由。

蹇叔和百里奚很幸运,他们效忠的秦穆公不是暴君,是喜欢演配角的温和秦穆公。他们的老命得以继续,秦国的故事也在继续。

殽山伏击

秦国正式出兵,嘿哟嘿哟赶赴郑国。他们在途中遇到郑国的弦高。一个想搞事、会来事的弦高。他也有一颗永不安分的心。

弦高是一个贩牛的商人。周王室有个王子,叫颓,喜欢牛,所以郑国、卫国有不少从事贩牛生意的商人。基于这个特点,弦高有机会接触到不少周王室的王公贵族。

秦军要去郑国必须经过周王室的京畿地界。可以推断,时常出入高层的弦高一定有机会获悉秦国出兵的来意。要知道百里奚曾经因养牛技术精湛,差点做了王子颓的畜牧官。

这里面有文章,细思极恐。养牛人是不是有个朋友圈,建个**牛人养牛研究牛问题的群**吧?

周人:秦人你们出兵做什么?

秦人:没什么,就出去逛逛!

郑人:糊弄鬼呢,这个阵势。

滑人:鬼都不信。

周人肯定会去打听秦军的目的。正好,百里奚曾经在周王室待过一段时间,负责养牛。他会不会有老朋友?会不会还有联系?然后历史又说贩牛的弦高获悉了秦人的真正目的。弦高不但知道秦兵要打郑国,还知道人家要打突袭战,也知道是要与守北门的杞子里应外合,甚至什么时候出兵都知道。

很明显,这么详细的消息真不是在茶馆就能随便打听得到。

我没有说百里奚走漏消息。我没有证据,而且他是好人。

作为商人,弦高最忌讳打仗。作为郑国人,弦高更忌讳仗在郑国打。打仗除了死人,还容易破财。牛又是很重要的战略物资,很可能被无偿征用。

弦高觉得应该做点什么,把损失减到最低。他一面让伙伴奚施去郑国通报这事,一面又冒充郑国使者带着自家的牛去犒劳秦军。他想要让郑国早点知道秦人要来偷袭,也想要让秦人误以为郑国已经知道秦人要来偷袭。

这事办得很成功。郑穆公接到弦高密报后,就派扯淡高手烛之武去找杞子、逢孙、杨孙三人。老狐狸随便一诈,杞子居然默认了,吓得连夜跑去齐国。逢孙、杨孙见势不妙,也跑去宋国。

另一边,孟明视也被弦高带来的牛肉搞得有点困惑。这事有点奇怪。孟明视问你这个使者怎么没有国书,玄高说没有国书,只有口授。还有,如果郑国知道秦军要偷袭,不是应该在家里做准备吗?派个使者来嘘寒问暖干什么,还送牛来慰问?按说送点土特产、纪念品什么就可以,都说要打仗了,居然会送牛?就像听说你要杀我,我还送刀过去?

孟明视其实已经知道弦高是个假使者,但他能来"犒军",说明他肯定也派人回郑国报告。事实无非是,如果弦高说的是真话,那么郑国已知道"被突袭"的情报。如果弦高说的是假话,那郑国现在也应该知道了。

只要郑国知道,突袭就搞不成。

那搞不成为什么不改为硬打呢?当然不能,围城岂能和窃城混为一谈。而且硬打耗时间,郑国就有机会搬救兵。到时候救兵一来,两面夹攻,秦兵不是变成三明治、馍夹肉中间的那块肉?

孟明视想来想去,不甘心白来一趟,决定顺手牵羊。钓不到鱼,就在人家鱼塘里撒一网,或者在池塘边的菜地里挖几个地瓜回家。秦兵也是这么想的,就顺路洗劫了滑城(国)。

对滑国来说,是真的突袭,非常突然。滑国的情报部门也获悉重大机密,听说秦国要去突袭郑国,正准备搬张凳子捧包爆米花来围观,哪想凳子才拿出来,连人带凳子就被秦兵劈头盖脸一顿暴揍。

滑国:我怎么蒙圈了呢?

滑国国家不大,但故事不少。他本是郑国的属国,前几年"屁股长痔疮"突然在郑卫之间摇摆,导致周王室介入。结果周王室又因此卷入"引兵戎狄"**太叔带内乱**,也才有晋国去救周王的故事。晋国平乱后,还得到周王室穷讲究的赏赐——四个城池和伯侯的名分,非常实惠的蝴蝶效应。

滑国这次是真无辜。它只是静静地,常花常月赏自己,吃着火锅唱着歌,突然就被洗劫了。

算起来,秦兵的突袭还是突袭,只是戏码换了对象,该有的动作都有。小小的滑国当然比不过郑国,用对郑国的兵力来对待滑国,很容易行为过当,一失控,结果滑国就灭亡了。

同样,这次"滑国事件"受益的还是晋国。晋国不但找到了出兵阻击秦兵的借口,而且被灭的滑国最后也并入了晋国地盘。

晋国:滑国你真是我的吉祥物。

现在全天下都知道秦国要去打郑国没打成,却把滑国给劫了。大家的目光再次集聚到晋国。晋国是老大,在你眼皮底下发生这样的事情,你要有个态度。

这是晋襄公继位以来的第一次考验。大家都在疑惑:晋国刚刚换领导,还能不能当老大,还敢不敢当?老大就是要出来主持公道。

秦国真给襄公出了道难题。襄公和栾枝都不想直接面对秦穆公,毕竟秦国此前帮晋国那么多,而且现在还是晋文公的丧期。但先轸却认为秦穆公帮助晋国,本质也是为秦国的利益考虑,就算不是,也是一码归一码。至于文公的丧期呢,正是因为他们利用我们丧期浑水摸鱼、趁乱打劫,对晋国发起挑战,我们就更应该给予打击,不能让苗头起来。

要让天下都知道,老大晋国没有能力短板,也没有时间短板。

先轸理直气壮,因为他有把握打败秦兵。明白人都知道,秦军回国必须经过崤山,那是险峻的山谷,暗藏危机,也包含战机。这一点百里奚能知道,天天研究打仗的先轸更会知道。

本来是秦国出兵去突袭郑国。现在晋国出兵,要变成晋兵来伏击秦兵。伏击和突击差不多,都是出其不意,都属于下黑手系列,常常为江湖名门正派的正义人士所不齿。但国家战场上,大家都不怕这个齿(耻)。

此时,在气势上,晋军理直气壮;在体力上,晋军以逸待劳;在地理上,晋军埋伏突袭。原本就善于打仗的先轸,再给他这么多加分项,这场仗就没什么好说,光用牙齿就能咬死你。

孟明视也不傻,他知道崤山险要,就想出一个"分段经过"的办法。无奈先轸棋高一着,更加精明,他先放过第一段牙将褒蛮子,只等到孟明大部队经过时才收网。没办法,**你在明他在暗,散户碰到庄家,只有等着做韭菜的命。**

秦军全军覆没，三名主帅孟明视、西乞术、白乙丙，还有那个探路的褒蛮子一起被俘获。

晋国打了一场大胜仗。从军事角度、国家角度来说无可厚非，但从道义来说，实在有点不好意思。就如同你的仇人从你家门口路过，然后你在楼上偷偷扔块砖头把他砸晕，第二天你会出去炫耀"丰功伟绩"吗？

个人不行，但国家可以。

历史上，许多人把殽山之战看作晋襄公继承文公伯业的最好证明。因为比起后面晋、楚的泜水之役，本战算得上是惊天动地：至少战场上有死人。

泜水之役：就不能等到我上场再笑再说？

实际上，殽山之战也如同城濮之战一样，战后的影响远超过战争本身。

晋襄公命令莱驹去斩杀褒蛮子，结果反被褒蛮子一声大喝吓得刀掉地上，倒是旁边一个叫狼瞫的小校尉手起刀落，利落地砍下他的头。没有对比就没有伤害，晋襄公立即提拔狼瞫为将领。请记住这个人，**他的姓里比"狠"还多一点，打起仗可比"狠"字多好些点**。在后来秦国发动的彭衙之战，就是因为他的不要命，直接冲散秦军，导致秦军又一次大败。

另一个影响是先轸吐了一口口水。

晋襄公因为听信母后文嬴的劝说，为了维护秦晋的关系，头脑一热就释放了秦国的三个主将。

先轸听到消息后非常生气，跑过来责问襄公。将士们拼了命才换来的三个俘虏，你居然听信一个妇人的话就把他们放掉。放虎归山，而且是带着仇恨的老虎。先轸越想越气，越说越来劲，控制不住的情绪"惯性"太大，就在襄公的面前吐了一口口水（也有说吐他脸上）。这是极大的不敬，但襄公选择原谅他，一来自己确实有错，二来先轸是超级人才，不能因为一时兴起的激情犯错就错杀他。三是先轸的威望很高，如果杀他，会留下一堆埋怨和仇恨。

理由很好，襄公的做法也很好，**但先轸却不肯原谅自己**。襄公不惩罚他，他决定自己惩罚自己。在与戎狄大战的战场上，在晋国稳操胜券的情况下，先轸自己却突然发起自杀性的进攻。

没错，他就是自杀。卑微的自杀者，伟大的殉道者。

白翟之战

殽山之战后不久,让先轸殉职的白翟之战便接踵而来。

【戎狄】春秋时期,因为信息闭塞,游牧(游猎)部落与诸侯之间很少交流。周王室和诸侯们都把主要精力放在自身的爱恨纠葛中,对外族的了解比较笼统,不会认真研究戎、狄有什么区别,各自分几个部落,什么关系,什么仇什么怨。诸侯自认遵循周礼,自称"中原",对应把不遵周礼的部族按地理方位简单分为南蛮、北狄、东夷、西戎等。它们不是四个国家(部落),它们都由很多部落组成,只是基于某个位置,被共同使用某个称呼而已。

在某个时间段某个部落崛起,它就可能被当作那个地域的代表。白狄、赤狄等可能是不同的部落,也可能是同一个部落,只是换个首领而已。

总之,他们是谁不重要,重要的是他们要做什么!

做什么?抢啊!这是游牧部落的切实需要。不是他们天生素质低下,是他们为了改善生活,是他们对美好生活的向往和追求。游牧的生产方式单一,物资比较匮乏,想与中原做点生意又常常因为文化差异被鄙视,因为制度差异被坑蒙拐骗。没办法,除了打架,怎么都玩不过文化人。

所以今天的贸易战以贸易为主,那时候的贸易战就是战。

打仗最终变成游牧民族的强项。他们是一群来来去去像风一样的男子,总是以万变应不变(城池),能抢一点是一点,抢完就跑。

追不到,找不着,气死你。

他们可能也想过固定下来,但几次建设相对固定的活动场所(城市),不是自身经营不善,就是被另一拨游牧民族打掉。这是他们的弱项,所以干脆就继续从事"山贼"这份很有前途的职业。

这次出来闹事的"风男子"是一个被取名为白翟的部落。比起其他部落,它可能更"中原化"一点,至少叫白翟,不叫白狄。

晋襄公问,哪个白翟?是不是我父亲曾待过的那个翟国?

先轸说,是的。

襄公问,不是一直都好好的,为什么突然来打我们?

先轸说,算来也是我们欠人家情分。先君当年曾在那里住过十二年,但回来后也没有什么表示。先君在世之时,双方都好好的,看面子,讲情分。现在他们老国君也去世了，他的儿子白胡继位后就不再念过往情分，依仗自己勇猛，趁我国丧之时，出兵劫掠。

襄公问，那赶紧去解释一下，把厚礼谢意补上不就可以了？

先轸说，如果晋国缺礼，他们来求，我们可以给。但他现在起兵来问，我们就不能给。要给也只能给将，兵来将挡，以儆效尤。

这叫威严，叫霸气。**你可以求我，但不能要求**。

襄公说，那要麻烦你再次出征。

先轸说，我上次因一时之怒，没能克制自己而向你吐了口水。发生这种大不敬的事情，已经不适合再做主帅，请另找主将吧。

襄公说，咱不提这事。

好吧！君命不可违，先轸只好再次挂帅。带上胥臣推荐的郤缺（郤芮的儿子），开启攻打戎狄之战。（敲黑板：这里有伏笔。说明郤缺受胥臣赏识，并由先轸传帮带，这是后来六卿帮派内斗的渊源之一。）

战争的打法很先轸，诱敌深入，再伏兵围杀。现在看来这是很普通的一种打法，但在当时，还属于先轸的战争创新，版权所有，就他运用得最自如。许多对手如初生菜鸟，都要成为这套战法的牺牲品。

先轸的儿子先且居负责**诱敌**，郤缺负责**伏击**。翟主白胡负责**被骗**，接着负责**被杀**，分工明确，流水作业。先轸负责挥一挥衣袖，绝不拖泥带水。

已是稳操胜券了。主帅都被人杀死了还有什么好挣扎，但故事却突然转弯了。

因为先轸准备送给白胡的弟弟白暾一份大礼，而且是亲自去送。这份大礼是"死"。是的，先轸去白暾那里送死。白暾真没白蹲。

战神先轸

先轸应该是一个有道德洁癖的人，他犯有道德礼仪的强迫症。

一方面，他用这套指导思想治理军队，整个军队令行禁止，行动号令统一，战斗力极强。比如牛人狼瞫，因为一次"手起刀落"被晋襄公破格提拔，但不懂礼仪，没找主帅办理相关手续，先轸便敢违背上意，不用他做先锋。狼瞫斩杀襃蛮子本身就不是一次正常的号令，而是临阵的自主行为，只是这次擅自做主成功了，又得到君主的肯定，所以也不好追究。军人首先要能接受并服从命令，严格执行。狼瞫的行为如果纵容就容易仗着君王的厚爱而不听主帅的命令。先轸的战争理论属于**做局套餐**，一环紧扣一环，每一个环节都很重要，每个人（位置）都作为整体的一部分，才能用最小的代价取得最大的收获。这种"**串型谋略**"有个致命的弱点，某个环节一旦出错，就可能满盘皆输。在城濮之战时已经出现过这样的事，只不过幸运，有惊无险罢了。

祁瞒：惨痛的教训啊！

认真和严谨是他的品德。既然他要求士兵绝对服从自己，同样会要求自己绝对臣服于晋侯。

在先轸心里，某个深处的潜意识里，他敬佩、畏惧文公，却不那么信服襄公，如果平时不做好**思想改造**，就容易在某一刻，会不经意地把这种情感差异表现出来。因为襄公放走三名秦将，他一激动，就向襄公吐了口水。不管是口水还是痰，不管是朝脸上还是朝地上，细节不重要，重要的是性质很严重。不要说在封建社会、周礼社会，就是放在今天"素质社会"里，也是大不敬行为。

为此，**认真严谨的先轸十分怀恨自己，感觉人生不再完美。**

作为一名书生，我希望自己顺利考上一所好大学，但在高三那年落榜补习了，于是就算后面考得再好，也总觉得不满意；或者是你被调剂到第二志愿的院校，没有考上理想的大学，于是你的大学也不完美了。人之常情，你我内心中都会有遗憾。不同的是我们对待"遗憾"的态度。

有人为了避免理想不完美，就选择了"不选择"。如坚持单身的人，其实他们内心都有一个女（男）神，但现实总是不如意，为了不使理想残缺，就决定一直单着。现实很骨感，会让绝大多数的人生遇到不完美。他们便做出不选择的选择，可以叫回避，也可以叫放弃。

先轸没有回避，没有假装看不见。他连自己的墓志铭都设计好了。

我不但能力超群，而且忠君爱国，但因为那一口口水毁掉了一切完美。

理想不再完美，必须修补。先轸的过失只能用"惩罚"擦去污点。偷东西要打三十大板。打过后，小偷的心理包袱就轻了，三十大板帮他抵消了"犯罪"。修补的措施，有点美中不足，就像刚穿的新衣服溅上了脏水，虽然**衣服上的污渍可以洗去，但是你心里的污渍却洗不掉。**而且襄公自己还忙于自责，又不肯降罪处罚先轸。于是，先轸唯一的机会也没了。

襄公：让我洗白先轸的过错，那谁来洗白我的过错？

道德高尚的群体和道德丑陋的圈子，互相让或互相抢的结局有时很相似。"抢"的抢成满身伤痕，很痛；"让"的让到彻夜难眠，很苦。所以夫妻关系，一攻一受，反而关系和睦；平等相处，各显优秀，却容易反目成仇。

襄公和先轸的问题几乎扎成困局，但也不是无解。

在极端的思维体系里，还是有方法可以洗刷。方法并没有明文规定，但一直被道义认可，那就是死，**以死明志**。它和科班出来的高素质道歉，没心没肺地说"对不起"，简直是天壤之别。

先轸：解释清楚了就好。

先轸在自杀式冲锋前，留给晋襄公一道奏疏，说我是有罪之人，大王宽容我、重用我，我十分感激。托你的福，战争即将胜利。既然赢了，就要奖赏将士。如果君王赏赐我，就等于有罪的人也可论功，那以后谁还会遵守礼仪？如果你不赏赐我，那又变成有功不赏，以后打仗谁还会拼命？为了解决这个矛盾，我决定借翟人之手以代替国君之令，对我的罪行进行惩罚。另外，我的儿子先且居颇有将才，可以替我。

他把信送出后，就孤身一人杀进敌军阵中。

舍生取义者，生得伟大，死得更伟大。他的生是官职显赫的生，不是落魄到没什么意思的生，不是万念俱灰需要用死来逃避的生。所以他要取的义才是真正意义的义，才是有分量的义。

白捡到春秋最优秀将领的白翟人一点也高兴不起来，相反还十分恐惧。据说先轸杀入敌阵，横冲直撞如入无人之境，虽被包围但翟人却杀他不得，弓箭手看他大义凛然的气质，手都软了。

先轸急坏了，都开卷了，你们倒是翻书啊。先轸不得已，只好把盔甲脱掉，站在那里。活靶子一般，就差说我不动，你们射吧！

又画了重点，你们还不会，只好直接递答案。

先轸最终如愿。

白胡的弟弟白暾，原是白翟的二把手，现在变成战场的一把手。他想用先轸的尸体去换哥哥的尸体。因为内心的畏惧和诚服，翟人把先轸的尸体打理得整整齐齐，还用香水浴净，锦袍包裹。谁知换来的哥哥却只有一颗血淋淋的头颅。白暾又伤心又气愤，就冲杀过去，但这一切都在先且居预料之中。父子果然一脉相承，套路都是一样味道。白暾没占到一丝便宜，还被追杀得半死,要不是在紧要关头使出撒手锏,估计就要去追随刚走不远的哥哥。

撒手锏就是"求情"。追他的人正好是狐偃的儿子狐射姑。父辈都曾经共过患难,也算是老相识。白暾一打感情牌,果然奏效。狐射姑便做了顺水人情,睁一只眼闭一只眼。

狐射姑:我没追上。

关云长:可以理解。

戎狄之战以晋国大胜告终,但白暾才是真正的受益者。他在战场上遇到先轸,跑路中撞见狐射姑,回国后就捡了个君王之位。

有福气的样子就是这个样子。

十六、伯业的三家相争

白翟失败,白暾回家。但对襄公来说,不是雨过天晴,而是台风刚要登陆。

新力量总是容易被人怀疑。怀疑有时还很致命,**不是你有多大的本事,而是你能经得住多大的怀疑,扛得住多大的"挤兑"**。

【相信的力量】你的能力值是100,他是80。如果他怀疑你是60,有机会就会壮大胆子去攻击你。从字面上看你顶得住,但他能怀疑你,说明还有别人也会怀疑你,等几个"别人"合起来怀疑你,一起攻击你,他们叠加的能力就超过100,你就顶不住了。如果他相信你,认为你是200,80和200的差距那么大,他根本不敢与你作对。相反,还会去依附你。这样的"他"多了,你的能力值,或者说你的集团所能调动的能力值就真的变成了200。

人言可畏。有些谎言说多了就变成"真实谎言",是真的被"人多"扭转了,量的增长引起质的改变,比如银行的挤兑、股市的踩踏。你把一个坏人说成好人,他很有可能会慢慢变成好人。

官场有句话:人不能查(被怀疑),一查肯定有问题。同样,诸侯也要有句话:君王不可疑,多(被)疑肯定要出事。

这就是权威的重要性。

重耳继位文公,不管他真实能力多少,没有诸侯敢怀疑他,没有人敢试探他。

晋国只要不惹事,就会越来越强大。

襄公继位后,局面就完全不一样。一是人们对新生的权力产生习惯性怀疑。二是按照情感的平衡概念,他们对文公的畏惧其实是提前透支了对晋国的感情,到襄公这里,**感情逆反的补跌**就会助长这种怀疑。

晋国再不干点事,就会越来越弱小。

父辈太强大,做儿子想要立业,有些工作也不好做。阴影不说,还有隐形的逆向情感债务。"二代"有轻松的一面,如果还想进取,也要看到其中的辛苦之处。父辈建立的起点太高,进步就很难。父辈的能力太强,他去世后,那些被压制的"妖魔鬼怪"就都会跑出来。

晋襄公就是这种辛苦的牛二代。开始秦国怀疑,接着赤狄也怀疑,好在他是块真材实料,一一顶住。但怀疑并没有结束,还有诸侯继续加入,比如许国、蔡国。它俩迫于地缘的压力,早就开始盘算自己的后路。

这条后路逼出了晋襄公的第三次"反质疑"——泜(zhǐ)水之战。

泜水之战

泜水之战的名字很好听,高端大气上档次,但它根本不算战争,比齐桓公当年带着盟军到楚国争论茅草的事还无趣。它就是靠"之战"来唬人。

晋文公去世后,许国和蔡国马上就想到楚成王。老成的成王名声在外,年轻的襄公名望未起。晋国的霸业不知能否继续,楚国的实力绝对还在延续。一个不确定,一个确定。对于小诸侯来说,安全第一,于是决定改换门庭找亲家去。

晋国知道后很气愤,刚刚在殽山之战打破了秦国的企图,通过白翟之战克制了戎狄的试探,怎能想到自家的中原兄弟也突生异心?为了避免持续的"质疑"升级为"挤兑",襄公必须果断出手把这种萌芽扼杀在摇篮之中。他任命阳处父为大将,出兵讨伐许国、蔡国。

阳处父是晋襄公的老师。襄公继位后,老师跟着学生就红了,红得发紫。

同样,楚国也不甘示弱,派斗勃(子上)同成大心去救许、蔡。

"大国的冲突多从小国的摇摆开始"几乎已经成为春秋的定律。

晋、楚双方来到泜水，晋国在水北，楚国在水南，各自安营扎寨。看这个阵势，火辣辣的冒烟，似乎要有一场大战恶战，没个死伤无数，至少也得血流成河吧。但真不好意思，这场电影里，"大战"不画重点，"似乎"才是重点。

实际上双方的将士一箭未发、一剑未把，每天的主要工作就是瞪着对方。他们的目的都很明确：**瞪死你，瞪到你内心发毛。**

你瞅啥？瞅你咋的？那我也瞅你，爱咋咋的！

很遗憾，双方互相瞪了俩月都没人死，连个生病打喷嚏的倒霉蛋都没有。

这不是干耗吗？是的，阳处父首先受不了了，想回家。不能再瞪了，不只眼睛累，关键是没有粮草。但晋国也不能直接退兵，因为担心楚军趁机杀过来。

老司机阳处父想来想去，终于想到一个办法。他派人跟斗勃约定，说咱们对瞪两个月也没什么结果，干脆决斗吧。我后退三十里，你渡河过来，然后真刀真枪真干一场。如果你们不敢渡河就退三十里，让我们来渡河。

成大心说，楚军要是渡河渡到一半，晋国不讲信用射杀过来，到时进退不得很被动，不如让他们渡河过来。

斗勃觉得有道理。从历史数据看，晋国确实喜欢不按套路出牌。于是，楚军喊话说我们后退三十里，让你们渡河。

戏剧的一幕开始了。

你们既然知道晋军喜欢不按套路，又怎能猜透他的套路？楚人没想到阳处父这次不讲信用的**重点不是在哪里攻击楚军，而是根本就不攻击**。他看到楚军退后三十里后，就在军中大喇叭广播说，楚军怕我们，跑了！

然后呢，晋国才真的跑了！不，是撤退，而且是一路撤退，一路宣传说楚军怕晋军，不敢"对峙"，已跑回楚国。

晕！明明是自己要回晋国，却说人家要回楚国。但他赢了，因为宣传的内容与看到的"事实"相吻合。看热闹的诸侯对照着"眼见为实"，确实找不出什么毛病。他们只能以讹传讹叹息楚军的胆小，犹如热心的网民奔着"有图有真相"的真相就一时脑热，义愤填膺。

后退三十里的楚军，按照约定正摩拳擦掌地等着晋兵。**结果是等，等等等，终于等到一只鸽子。**

吐血啊！什么意思啊，不辞而别？中原人也太没礼貌了吧。

说好的捉迷藏，我藏好了，你居然直接回家了。

斗勃：知道真相的我，眼泪掉下来。

被动的楚军也没什么好办法，和晋国一样粮草不多，只好回家。最终，这场晋、楚认真假装的战争就此戏剧性地结束。不过战争的场面可以假装，但战争的影响却不会跟着造假。和此前一样，泜水之战的战后影响才是真的战果。

成王去世

从伤亡的角度来说，战争能不打尽量不打。但对将领来说，仗不打，你来回一趟得有个说法。你又不是去开会。但斗勃还真不好找说法，晋国先把宣传做出去，说楚国畏惧而退。先入为主，影响很不好消除。

晋国造的是有事实依据的谣，具备一定的可信度。网络谣言也差不多，**谁先从事实中断章取义谁就占先机，谁先发就谁先"赢"。**

何况阳处父还有"推手"。推手是楚世子（太子）商臣。

商臣在阳处父造谣的基础上再叠加一层谣。他向成王举报说斗勃主动退兵是因为收了晋国的贿赂。这是谣言2.0类，类似于病毒变异，威力超强。

成王听后暴跳如雷，大骂斗勃吃里扒外、伤天害理、背叛楚国。他的年纪已经很大，脑子常常不清楚，容易听风就是雨。他只考虑到商臣的儿子身份，却忘记了商臣和斗勃的矛盾问题。

楚王就赏赐一把剑给斗勃，说不要来见我。为了防止斗勃把它理解成收藏品，楚王还特地交代使者，说剑是用来杀人的。

斗勃已经没有退路，只好自刎。这事也怪斗勃太大意。他太不当回事，以为成大心他们都可以证明，等回去见到楚王就能解释清楚。哪知被商臣截和了，已见不到楚王。真是可惜了斗勃，作为战将，没能死在战场上，却被两个谣言杀死。

【网络舆论】我们应该畏惧网络舆论的残酷性，搞不好真会死人。而且真的死人还会被重视，那些虽然没死却造成的伤害就只能由当事人默默承受了。所以不要只一味埋怨管控网络，动辄义愤填膺，不爽这个，不爽那个。大家肯定爱国，但我们都搞不清楚最后谁是阳处父，谁是公子商臣，谁将会是斗勃。

商臣为什么要造谣？世上没有无缘无故的爱，也没有无缘无故的恨。楚成王当年准备立商臣为世子时，征求过斗勃的意见。斗勃说，楚国立世子从来都偏向年少的公子，商臣年纪偏大，而且有异相，蜂目豺声，生性残忍。万一你以后改变主意想改立别的公子，他一定会滋生动乱。

斗勃的分析很有道理，但楚王没有听，也没有反驳。

【不成问题的问题】通常的问题都是希望对方给予答案，叫问答题。其中有一类问题的答案就在题干里，就是传说中的送分题，或者叫不成问题的问题。那为什么要问？因为问问题的人信心不足，希望你给予支持，而不是意见。比如你的朋友找到对象，带过来问你如何，面上是问你好不好，实则是来宣布，要请你帮忙确认一下。

而且问问题的人一般会在语气中暗示他希望的答案。只要你不是傻到冒烟，或是问题本身实在难看，你都应该顺着杆子爬上去，说好。

这种不成问题的问题，他的问号后面一定紧跟着感叹号。

楚王可能已下定决心，只是缺乏自信。他并没有提出另一个儿子做对比，就不是犹豫不决。他要问斗勃，是因为心里有点空，想听听斗勃讲赞同的话，说说选商臣的理由。顺便传达一层意思，我已事先征求你意见，既然你同意，现在支持我的决定，以后就应该支持商臣。

哪想斗勃不同意。

不知道是没有领会领导意图，还是与商臣关系实在不好。总之，斗勃不但不说商臣好，还很有条理地指出他的问题。

但因为是不成问题的问题，成王最终还是任命商臣为世子。

这也没什么，你是君王，想立谁就可以立谁。关键是成王也不做好保密工作，居然让商臣知道斗勃说他的坏话。这就太不厚道了！

本来恋人未满，但你一表白，完蛋，朋友都做不成。商、斗二人便结下恩怨。

商臣认为自己虽然成功地成为世子，但斗勃的反对就等于在成王心里种下一根针。给我扎针的人，消耗我正向能量的人，都必须死。所以遇到"泜水没战"这么好的机会，商臣就一定要用起来。

斗勃死后，成大心痛定思痛，死活也要去见楚成王。太冤了，成王你是真不靠谱啊，前面城濮之战，父亲成得臣自杀，这次泜水之战，领导斗勃自杀。不带这么玩吧，以后谁还愿意为楚将，为你拼命？

楚王这次没有让成大心失望，接见了他。这一见，水落石出，旧事就生新事，新事又酿成大事。大心告诉他事情的所有真相——是谣言杀死我楚国大臣。楚王很恼火，谁造谣都可以，就不能是商臣。哪有儿子骗老子？

事情过后，成王静下心来想想还是小儿子公子职好。楚王寻思这次也不征求什么意见，就自己操作，哪天逮到机会找个理由废掉商臣，改立公子职为世子。

事实证明，楚国的保密工作主要是楚王自己做得不到位。没多久，商臣就通过弱智姑姑的气话知道了父王的心思。

保密局：楚王为什么要把心思说给妹妹听？

商臣很害怕，"**废太子基本就是死太子**"。太傅潘崇也很害怕，"前太子太傅基本也是个半死的太子太傅"。两人一顿商量，一致认为解决害怕的办法只有提前继位。

解决提前继位的问题必须先解决掉楚成王。

于是，儿子弑父的故事再次上演。在商臣的一手部署下，太傅潘崇拔剑对着楚成王问，大王你已经在位四十七年，你腻吗？

不腻啊！

但楚国的子民已经腻了，他们希望见到新君。

子民：你们说你们的，别扯到我身上。

成王说，我可以退位，但不知能不能活命？

潘崇说，自古一君死才有一君立，一国哪有二君？

成王又说，我刚刚吩咐厨房烹煮熊掌，能不能等熟后我吃最后一顿？

王的气节果然不凡，最后一顿都要熊掌。

然而潘崇不傻，他已经看穿一切。熊掌要炖很久，你是不是在等救兵？

成王没有办法，现在连熊掌都帮不了他，只好在潘崇的胁迫下自尽。

然后商臣继位，即楚穆王。"疑似候选人"公子职，虽然连备胎的名分都没有，但一样要被杀掉。传说中要做公子职老师的令尹斗般也要杀掉。这都是政治斗争的通用手法，配套待遇。牺牲帝王一家的骨干，换来国家政治的稳定。

楚穆王杀掉斗般后，却让成大心接任令尹之位。可能原因有两个：一是成大心的父亲被成王冤杀，所以不会感恩成王，也不会为他报仇（造反)。二是成大心能征善战、打仗威猛,很适合楚穆王攻城拔寨、武力称霸的口味。

成大心：爱努力的男孩，运气都不会差。

另一边，泜水之战后，晋襄公本来还有点埋怨阳处父，听到这个连锁反应的意外消息后，顿时豁然开朗，反而觉得阳处父是个福将，能杀人于千里之外。但赵盾说，成王虽然凶横，还可以讲道理，而商臣连父亲都杀，还会有什么顾忌？中原的诸侯要开始倒霉了。

赵盾的预料很准。楚穆王继位不久，就开始新一轮的灭国活动。这段画面太暴力美学，留待楚国专场的时候再说吧。

秦国：我们的恩怨还没完呢。

秦国的故事还要继续，不能就这样在殽山之战中白白被削了。

狼瞫战秦

泜水之战后不久楚成王去世了，楚国将进入权力的盘整期。晋襄公的翅膀硬了，晋国通过了权力的过渡期。晋襄公摩拳擦掌，要开始维护伯业的秩序，准备朝不守规矩的卫国开刀。

卫国咋不规矩？其实是小事，他没有按时来晋国汇报工作，但襄公对此却不依不饶，认为他虽然没有像蔡国那样跑去找楚国，但这种消极行为一样说明对霸主的怠慢和对襄公的质疑。

这还了得！晋襄公决定亲征，亲自小题大做，既要开刀，也要开荤。

秦国知道这事后又激动了。孟明视认为复仇机会来了，此时的晋国国内空虚，过去打一枪就跑，保准没错。

秦穆公也是这么想的。他不甘心秦国就此止步于中原，一定要再试一次。

谁知道卫国的武力不成气候，智力还不如武力。卫成公原想通过陈共公去找楚国，结果被陈共公一顿忽悠，说与其等着被打，不如化被动为主动反过来攻打晋兵。以此向楚大哥表明态度，可更好地获得楚大哥的支持。

卫成公一听有道理，脑子立即短路。估计也是想到此前被晋国整得死去活来的画面，心中怒火烧起，居然真的去进攻晋兵，真的抓起鸡蛋砸向石头。

战争很快就结束了,因为鸡蛋很快就砸完了。卫国的大夫孔达已经变成晋国的俘虏孔达。这是秦国万万没想到的事,本来是**一场设计好的偷袭战,现在因为卫国的不靠谱又要变成遭遇战。**

卫国啊未果,卫成公啊未成功,好歹也是一个诸侯国,顶一阵都顶不住。你们不堪一击的态度未免也太果断了吧?

于是在时间差的操纵下,**要回家的晋兵遇见要去他家的秦兵。**

悲剧似乎又要重复去年的画面。去年是突袭变"被突袭",今年好一点,是突袭变遭遇。遭遇战的全称叫"彭衙之战"。

孟明视是一名优秀的将领。他面对突如其来的变化,并没有惊慌失措,而是按照"教科书"开始在正面战场上排兵布阵。

但是,意外又发生了……

习惯不按套路出牌的先轸已经去世,但先轸的马夫狼瞫还在,非常健康,活蹦乱跳。可能因为驾车靠近领导,狼瞫从领导那里学到不少战斗精髓。不同的是,**先轸的不按套路,出的是智谋;狼瞫的不按套路,出的是身体。**

白翟之战时,先轸因为抱着自杀的念头,所以无情地拒绝了狼瞫请做先锋的要求。狼瞫感觉受到侮辱。他的朋友劝他杀掉先轸解恨。狼瞫不同意,认为杀掉先轸不正好证实他对自己的评价吗?老狼决定忍辱负重,等待机会证明自己。

机会就在眼前了。这次晋军的主帅是先且居。且居同意狼瞫担任先锋的请求,还鼓励他,做动员打鸡血。他姓狼,你给他鸡,结果会怎样?这画面想想都可怕。还不止,他不只是一匹来自北方的狼,还是一只准备舍生取义的狼,是一只看到过先轸自杀式冲锋的狼。狼瞫十分认同这套不畏死、求死还必死的战法。

狼瞫带头突然冲进秦军阵营。他的自杀式袭击让秦人很不适应。什么仇什么怨,都是拿工资的人,就算你拿双份、买意外险,也不用这样吧?秦军毫无思想准备,甚至反应不过来,阵脚也被打乱。这时,看到战机的先且居就趁势冲杀过去,秦军大败。

秦军:晋国到底是什么地方?都出什么人啊!

狼瞫的死,很快就变成孟明视的不幸和先且居的幸运。

兵败的孟明视觉得这回回秦国必死,但秦穆公不但没有杀他,还主动承担失败的责任。因为秦穆公的劲头被激发起来了。他认定自己在哪里跌倒就一定要在哪里爬起来，而且最好是原班人马，原地爬起才叫真"爬起"。

这是君王的霸气。

秦国复仇

两年后，秦穆公亲征。不吃馒头也要蒸馒头，蒸口气。**一定要为殽山之战的死难兄弟报仇，也为在报仇殽山之战中死去的兄弟报仇，简称总报仇。**

秦穆公为这一战准备了两年，可以说是倾巢出动。在过黄河后又把船只烧掉，抢注了"破釜沉舟"的版权，一副不赢不回家、死磕到底的气势。

我就问你们，怕了吧！

怕了，真怕了！赵衰看出秦国这次不好惹、不能惹的夸张表情，就去劝晋襄公。我们再厉害也要让一让那些不要命的"怒汉"。晋国决定采用"三不"原则，不理会、不出战、不对话，坚壁清野，用最小的代价换取秦国消气。

秦军在晋国围打劫掠王官、和郊两座边境城池"畅游"个把月，也不见晋国部队应战。他们就回到殽山，找出三年前那些稀里糊涂死去的兄弟遗骸，举行了盛大的祭拜仪式，然后各种吹吹打打回家。

秦军虽然没有对晋国给予实质性的打击，但因为动作大、时间长，也成功吸引到中原诸侯的注意，非常有流量，影响很大，反响很好。在回去的路上，一些诸侯就迫不及待对秦国的实力和英勇竖起大拇指。你们把如此不可一世的晋国吓得都不敢出来，牛。

喜欢用凑热闹方式抢戏的周襄王也想借机对路过的秦军抛一个"绣球"，准备再次拿出"伯"的荣誉称号授予秦穆公。但尹武公劝住他。"伯"的名号具有唯一性，是稀缺资源，不要随便封人。你如果再封秦国，就算是让秦做西边霸主，也一样会惹怒晋国。这对周王室可不是好事。

周襄王觉得有道理，做人不能三心二意，做王不能一伯多授，那就作罢。

秦穆公虽没得到"伯"的称号，但自伐晋回去，凭借着响彻天际的名声和威望，已得到实质性的"西垂霸王"。秦国周边的几十个部落，在这种气势下，被哄骗、被欺压，就和的和、灭的灭、并的并，渐渐"投入"秦国怀抱。秦国的版图又扩大许多。

晋襄霸业

秦人总复仇后，晋人也开始总反思。老是这样打打杀杀，容易恶性循环，把自己搞成"暴力男"。我们**称霸称伯所提的"尊王攘夷"总策略**，明明是要在实力的底座上吹出道德的号角，为什么这几年就走偏了？

这事也不怪襄公，这是成长的经历、爱的代价。只有通过复杂局面的考验，才能确立权威。文公为什么那么容易？其实文公在"重耳时代"就用坚韧和贤德敲打过诸侯的潜意识，传播着晋国有这么一个人，打不死，击不垮，还天生自带光环。在此基础上，大家都觉得他会是、必须是晋侯，并且是会很快成为霸主的晋侯。大家能这样预料，就会默认促成，倾向于助攻。

晋襄公没有这种优势。诸侯国中老爸英雄儿混蛋的例子比比都是，比如郑庄公、齐桓公。所以襄公虽然接手比重耳更好的启动资源，但要付出更多的努力，才能消除大家的疑虑。

当然，不管是努力学习还是努力种地，都不如努力打仗效果来得快。

晋襄公通过几场硬仗，基本消除了诸侯的疑虑，逐步建立起自己的威望。但事情太顺也容易让思路走偏。

晋襄公变得过分信任武力，以为武力能解决一切，也能带给他一切。卫国不"朝"，他便亲征，小题大做，耀武扬威。直到被欺负进牙缝的秦国开始反扑死磕时，晋人自己也挨揍后，晋襄公终于开始换位思考，再次转变思路。

晋国开始主动与鲁国、卫国、曹国建立和平外交。诸侯们看到强大的晋国居然愿意放下身段与自己和平共处，非常激动。他们从怀疑惊恐到信任欣慰，再到"臣"服，晋国的霸业终于再次走到波峰。

有实力的合作才是合作，没实力的合作只是乞怜求援。恭喜晋国，恭喜春秋，晋襄公能严格按照"流程"发扬晋国的霸业，稳定春秋的秩序。

休战后的第二年（襄公六年，前622年），也不知道为什么，晋国的重器、几位重要将领——中军将先且居、中军佐赵衰、上军将栾枝、上军佐胥臣先后去世。职务一下子空出许多，尤其是中军将，谁来接替就成为一个问题。问题的选项很多，但没有绝对的正确答案。答案的正确与否取决于事态的发展和你的应对能力。

襄公很为难，他想平衡新旧贵族，也想平衡权力分配。新贵族因为跟着重耳流亡获得不少重要职务，襄公想借机会平衡掉一些，给老贵族多点机会，相互制衡。但老贵族近些年参战较少，将领成长不顺利，拿不出几个像样的苗子，而新贵族一代接着一代，战功赫赫，表现突出。晋襄公权衡再三，在保存实力的前提下，搞出了一个平衡的方案。新贵族里狐偃之子狐射姑、赵衰之子赵盾、先且居之子先克和老贵族箕郑父、先蔑、荀林父共同组成新的三军六卿。

襄公本已同时安排狐射姑为中军主帅，赵盾为副，但阳处父从卫国回来后，说狐射姑刚狠且好大喜功，不得民心，不如赵盾贤能。

襄公很听老师的话，立即去董地，到训练场把两人叫过来，当场宣布位置对调，非常突然，非常暴力，搞得狐射姑相当郁闷，相当尴尬。按理说，你是晋侯，人事调就调了，任性就任性点，尴尬终究也会过去。可你却又在狐射姑询问为什么调换时，居然直接把老师给出卖了。

姬骧同学也是太不把这事当回事。

狐射姑却是非常当回事，说者无意，听者有心。狐射姑恨死这个老师，不好好教书，跑出来瞎建议什么？祸从口出知道吗？引火烧身晓得不？晋襄公去世后，狐射姑因为在立君问题上败给赵盾，越想越气，就跑去把阳处父给杀了。他认为这事追溯起来就是阳处父起的头。

调整六卿后第二年，晋襄公去世。他只在位七年，好不容易建立起来的威望都来不及"挥霍"就离去。同年，秦穆公也去世。

晋襄公是一名伟大的君主，"春秋五霸"的重要候补人选。作为一名君二代，他对内谦虚谨慎，对外坚决果断。短短几年，几场漂亮战役就成功杜绝了秦国的东进念头，遏制了楚国的北上势力，进一步巩固了晋国的伯业基础。

可惜天不假年，襄公仓促离世时世子还未成年。晋国因六卿不和造成政治动荡，以赵盾为代表的卿大夫借机脱颖而出，迅速壮大。他们开始左右晋国的政局，影响春秋的秩序。晋国的伯业也因此变得磕磕碰碰。

十年后,楚国庄王继位并迅速崛起,打压晋国,问鼎中原。晋国也不用再磕碰,可以直接躺在地上,睡会儿。

楚庄王的故事后面再说。接下来要先说一说如"孽缘"一般陪着晋国称霸的秦穆公和他的秦国故事。

中 篇

（第五届）秦霸穆公：苦难逆袭

第四届诸侯国秩序委员大会结束后，与会的诸侯国约定再赶赴秦国，参加由秦穆公召集的**第五届诸侯国秩序委员大会**。

这是一届特殊的大会。此前大会是按照时间顺序召开的。在同一个空间下，以排队先后进行。本届大会是在同一个时间段里，按照周礼观念和逻辑顺序，在不同地点召开的另一届会议。

与晋文公同一时期的秦穆公对中原、对周王室，乃至对中国历史一样做出巨大贡献。他的贡献不可以被抹杀。秦国按照周王室的旨意，安心地守护着西域，成功地抵御西戎的攻击，为中原保留一个没有外族入侵、没有被干预的广阔空间，保障诸侯们能在**周礼的框架下，开展对社会新秩序的各种探索**。

秦国一直都在践行中原提出的"尊王攘夷"。

本届大会同样是团结、胜利的大会。大会顺利产生诸侯国秩序委员会常任国、成员国，并众望所归地选举产生第五届秘书长、理事以及一批干部代表。

同一梦想，不同舞台。

本届大会的主题是"尊王御戎，恪守周礼"。大会报道的主要内容为秦国的历史和近期工作总结，并展望了春秋诸国的未来。

秦国在大会上回顾先祖创业的艰难历程和顽强意志。从秦非分封秦地，重启嬴氏开始，经历秦仲的大夫职务、襄公的诸侯伯爵等艰辛过程，秦人一步一个脚印，按照周礼的要求，不断努力、励精图治、勇于拼搏。经过几代人的努力，秦穆公终于可以与中原诸侯平等对话。

大会肯定了秦穆公开启的秦晋之好，为晋国三定君主，协助晋文公平定周王室劫难。大会认定穆公的功绩主要有三个方面：一是**有品德**，协助晋国走出动乱,培养优秀的中原盟主晋文公;二是**有规矩**,恪守周礼,建立抵御西戎的完善机制,保护中原腹地;三是**有实力**,在与晋国争霸的过程中,不落下风,体现出一个诸侯霸主该有的水平。

大会按照周襄王的提议,选举秦穆公为西方霸主。

最后,大会在宏伟盛大的礼乐声中胜利闭幕。

本届时间跨度:公元前637—前621年

主盟国:秦国

常任国:晋国、徐国、郑国、卫国、滑国

名誉主席:周襄王

秘书长:秦穆公

理事:晋惠公、晋怀公、晋文公、晋襄公、郑文公、郑穆公、虞公。

代表:【秦】颛顼(zhuānxū)、大费、大廉、若木、飞廉、恶来、季胜、造父、大骆、秦非、秦仲、庄公嬴其、襄公嬴开、世父、秦缪嬴、秦文公、宪公嬴立、弗忌、威垒、三父、秦出子嬴曼、武公嬴说、德公嬴嘉、嬴白、宣公嬴恬、成公嬴载、公孙枝、丕豹、百里奚、蹇叔、伯乐(孙阳)、九方皋、繇余、杞子、逢孙、杨孙、白乙丙、孟明视、西乞术、褒蛮子、奄息、仲行、铖虎;【徐】费昌、徐偃王;【虞】宫之奇;【晋】舟之侨、先轸、丕郑、栾枝、里克、屠岸夷、庆郑、韩简、虢射、郤步扬、狼曋、先且居;【郑】弦高。

(注:围观的代表可以参照第四届名单,不重复列出。)

主要工作要点:嬴人传说、颛顼之后、大费治水、若木封徐、费昌助商、恶来助纣、嬴氏灭姓、造父平徐、造父封赵、大洛封丘、秦非善马、秦领嬴氏、秦仲御戎、秦仲封官、庄公攻戎、西垂大夫、襄公和亲、世父建功、襄公迁都、襄公救周、襄公封侯、文公继位、秦占岐山、文公筑城、建庙修祠、精神文明、宪公灭荡、三庶乱君、武公纠政、武公击戎、德公继位、诸侯交秦、兄终弟及、宣公继位、无意周乱、秦晋冲突、成公继位、修生养息、穆公继位、穆姬联姻、牛马情缘、虞国百里、百里求职、百里就虞、百里为俘、百里逃楚、五羖大夫、糟糠之妻、郑商弦高、弦高犒秦、伯乐相马、荐九方皋、野人吃马、韩原大战、两勇相博、惠公陷困、庆郑刁皮、韩简胜势、野人救驾、惠公被俘、晋国求和、

殽山之战、蹇叔哭师、袭郑未成、回军灭滑、先轸猛人、晋释三将、彭衙之战、晋击卫国、秦出攻晋、变态狼曋、王官之战、穆公亲征、扬威晋国、专注西戎、繇余画策、秦霸西戎、穆公去世。

十七、秦人的奋斗不屈

了解一点历史常识的人，都知道秦国以及后来的秦朝。这足以证明秦国的影响力。秦朝统一中国，并建立完整意义的国家政治——中央集权。

秦后的两千多年历史，帝王群雄并起，朝代不断更替。他们都以这套模式为基础，再根据时代特点进行修修补补，**有时候换换汤，有时候换换药（老方子的新药），有时候换换锅**，再以"创新"之名宣传新朝新气象。

老秦人只是一笑而过。

秦国已经像里程碑一样矗立在历史长河中。夏、商、周等朝代虽然时间跨度长，存在意义大，但到这里统统归结为"**先秦**"。这些王朝被秦一对比，就没有什么特点了。你们都一样。

然而秦的成长之路却是一条充满荆棘的道路，就像一个农村的小伙子立志要走出农村，到城市去立足一样。他的每一步都要比别人要付出更多。智力、体力、勇气、坚韧、运气等一样都不能少。

先祖传说

华夏的部族文明发展到特定的信仰时期，许多部落就开始追认祖先，解释来龙去脉。祖先当然是越牛越好，越牛越有号召力和凝聚力。

秦人传说他们的祖先是**颛顼**。

颛顼是大牛人（神），传说中的五帝之一。秦的"嬴"姓确实很有历史沉淀，有故事、有地位。嬴姓为中国上古八大姓（姜、姬、姚、嬴、姒、妘、妊、妫）之一。这些姓的偏旁都有一个"女"字，说明那是母系社会的产物。秦人的历史至少可以追溯到母系社会。

只是到周朝，官方又说颛顼姓姬，跑偏了。

周：他们是外孙。

从颛顼开始，秦人的祖先们生来生去，生出一堆名字很奇怪的列祖列宗，然后就到大费。大费和儿子大廉、若木一起跟大禹治水有功，得到封赏。

若木封在徐，建立徐国。若木很能生，子孙主要留住徐国。到夏朝末年，他有个子孙叫费昌，因看不惯（受不了）夏桀的残暴，离开夏朝，投奔商汤，专门为商汤驾车，并帮助商灭夏，立下战功。他的后世便成为殷商贵族。至于这一支贵族后来干什么，笔者也不知道，连续剧有时也喜欢这样有头没尾，估计是按文学方式纯粹幸福地生活下去。

文学作品最后一句：王子和公主从此幸福地生活下去。

大廉相对比较简单，估计是治水治上瘾，就扎根在边陲。日月穿梭，很快过夏朝，来到商王朝。

你可能会问为什么时间跳来跳去？那是，要不然怎么叫传说！传说的各种美丽就是源于它的不严密，才能给你足够的想象空间。"**自助型**"**故事**让读者更容易切入自己的经历和感受，情节才能深入骨髓。

大廉有个子孙叫恶来，与赫赫有名的商纣王关系很好。很明显，他的名字这么有个性，可能也是后世根据他和纣王的关系推论并固化下来。武王伐纣，恶来也一起被揍。但是他的父亲飞廉（蜚廉）飞了。

漏网的蜚廉并没消停，没多久又参与周王室的"三监之乱"。周公很生气，在平定叛乱后，就把他的部落一并灭掉。周王更很愤怒，宣布把"嬴氏"剔出上古的八大姓。让痴迷商王朝的顽固分子无处遁形。

嬴部落就变成只有人没有姓，吉卜赛流浪的人。不出意外的话，时间一久，人也会被别的部落消化吞并掉，世间将再也无嬴人。但上天很调皮，他关上一扇前门后，可能还给你留出一扇后门。恶来还有一个弟弟，叫季胜。听听这名字，一看就像好人，而且还可能是帅哥。季胜有个曾孙叫造父。造父是后人追加的名字，**没有哪个父亲会给儿子取名叫什么父，只会取名为造**。"父"指让人尊敬的男子，是后世的尊称。造父有过硬的驾驭术。一次偶然机会，他被周穆王看上，被任命为专职司机，并协助他平定徐国徐偃王的造反。

想在"造父"面前"造反"，你回家多读点书再来。

徐国是不是很眼熟？没错，就是前面若木的子孙，还是嬴姓的子孙。什么意思？就是这一出戏中的好人坏人全是他们家的。

平乱后一调查发现是误会。徐偃王听说周王室被"动乱"才出兵勤王，不是逼宫。而且他平时为人和善、名声好，所以就免于处罚，继续治理他的徐国。造父没问题，"平叛"徐国有功，周穆王就封赵地给他，也就是后来的赵国。

"赵"与"造"发音很相似，是不是有故事？不重要，重要的是秦、赵属于同一个祖宗。

秦非身份

造父得势后，其侄儿大骆也受了恩惠，被推荐去战场，又建了军功，最终获封犬丘（地名）。大骆应该属于恶来一脉，否则说恶来有什么意思呢？大骆有个儿子叫非，喜欢搞畜牧业，而且很有天分，要搁在现在很可能就是某农大的院士。周孝王听说非善于养马，就把王朝养马的任务交给他。他养出来的马强壮彪悍，繁殖力强，精力旺盛，有数量还有质量。

周孝王很高兴，希望非能够继承大骆的宗脉。但大骆的正妻是申侯的女儿，她生的儿子才是大骆的大宗。这是周礼中一项重要规矩。

周孝王想用王权干预一回家政。

申侯很快闻到周孝王冲动的味道，就去找孝王。他说从前申国的祖先在骊山生一个女儿，嫁给戎族胥轩做妻子，他们的儿子濔（jué）与周王室亲附，能安心守卫西部边陲，使西戎与周朝和睦相处。现在我女儿嫁给大骆，生子成。骆、申再次联姻，让西戎再次归附，让大王稳坐京都。

简单说，成能代表西戎与中原的联姻，但非不行。复杂说，申侯在西戎有一定的影响力，他在"威胁"周王室。正常说，非的个人能力确实不错，但没有申侯这样的外公，发挥不了政治联姻的作用。

孝王觉得有道理，那就不换，但非的养马功劳也不能被埋没。他打听到非的祖先伯益（大费的笔名）替舜帝主管牲畜，牲畜繁殖得很好，就受到封地赏赐，说明"养马有功也可以赏封地"。他也想给非一块地。

孝王就分"秦"地给非。注意，此处有"分"没"封"。不过他又赋予非重新启用"嬴姓"的权利，重开宗脉。非很感动，非常感动。有家了，不但有土地、有房子，关键还解决户口问题，独门独户。

非甚至有点感谢申侯。

所以说嬴氏很早就有，只是中间被截断。秦虽然才刚刚开始，但它重新启用了嬴的姓氏。**秦便成为嬴姓最主要宗脉的"内动力""主动脉"。**

千万不要小看"宗脉"这事。古人很讲究来龙去脉,搞清楚"你是谁家的孩子"是大家能不能一起愉快玩耍的一个重要前提。你我要先把家族拿出来,我乃谁谁之后,如果"谁谁"都是天上飞来飞去的上古圣人,那我们就旗鼓相当,可以一起喝茶吃酒。"嬴"被取消后,原先嬴部落的孩子们就沦为二等公民。其他部落多少会看扁你。

部落:我妈不让我跟你玩。

这是信仰和观念的"暴力性"特征。大家一旦认定某个原则,不管这个原则合不合理,哪怕是荒唐,也要遵守。如果你违背了,其他坚守的人就在信仰和观念的指引下自动联合起来,鄙视你。虽然此时的你还是原来的你,但风景却是不一样的风景。

镜子里的你还是你,别人说的你还是你,但心里想的就不是你。

非的努力和成效有目共睹。周孝王没有给他金银珠宝,而是一个标识的赏赐,一个在今天看似空空如也的虚拟符号。在非这里,它就是最大的赏赐。非取回嬴姓并被确认为嬴的宗脉,意味秦非就是嬴姓的主持人、领导。天下漂泊的嬴姓族人终于可以回归主流社会,与其他七姓平起平坐,喝茶聊天,说三道四。

那天,嬴姓部落的族人听到这个消息,一定又哭又喊,纷纷开启"夕阳下奔跑"的庆祝方式。犹太人最能理解这种感受。当他们听说可以去以色列建国时,那情景又何尝不是当年嬴姓人的所想所盼、所见所做。

秦人:我妈说我现在可以跟你玩。

这是一次质的改变,是一面凝聚的旗帜,是起步偏晚的秦国能迅速壮大的原因之一。越来越多的嬴姓部落将集聚到秦国去,那里才是他们的家。秦国刚刚成立,但嬴姓已过千百年,天下充满了嬴子嬴孙。他们现在都可以是秦国人。

秦非在秦国的地位非常高,被认定为开国之君。但在周的眼里,它只是很普通的秦,地盘很小,类似乡镇而已,级别很低,暂叫秦非子,"子"并不是爵位,只是一个尊称,一个身份证而已。对比其他诸侯的开祖,侯啊公啊一出生就是光芒四射的样子,秦国只能从"子"开始。**以身份地位来说,卑微低贱,但以凝聚力来说,势头无两。**

嬴氏的特殊过往和特定文化让重回舞台的秦人深切明白:珍惜眼前之周朝,脚踏实地之秦地,居安思危,厚积薄发。

秦仲地位

秦非去世后,是一个找不到名字的秦侯×继位,接着是一个在位很短的孙子,同样没有名字。子孙祭祀他时,定为秦伯公。我们严重怀疑养马家的孩子不上学。也可能是秦人刚刚成家,百业待兴,要先解决物质文明建设,然后才有精力注重精神文明建设。

到秦非曾孙这辈,秦人想到要学习,但战争来了,于是取名这事又被耽搁。

周:你取个名字要费很多时间吗?

秦:取了也没什么用!

周:我让你来做官,没有名字以后怎么叫你?

秦:真的?那就叫秦仲吧!

事实当然不是这么随便,只可能是秦早期的历史记载、文献资料比较匮乏。从这点看,秦人先祖们的创业得有多么艰辛,跟隔壁晋国真没法比。山西人一诞生就是周成王的弟弟,唐叔虞。有哥哥的庇护,晋国的诸侯基本要素一应俱全。秦人是白手起家,什么都要自己去探索、去钻研。他们估计连支笔都没有。好不容易买支笔吧,又找不到能用笔的人。

秦仲是真去做周的大夫。在他担任秦首领第二十一年,周宣王发现"西边的太阳就要落山了",边境很不稳定。西戎太厉害,需要找个人去克制一下。于是,秦地的秦仲就变成周的大夫秦仲。

对一个偏远山区的小伙子来说,"大夫"的职务弥足珍贵。隔壁"周二代"出一分努力,甚至不用努力的成就,他要用十倍,而且还要带着血、冒着杀头的风险才能取得。

机会来自西周的周厉王。他很厉害,很严厉。他的凶狠使楚国自动取消"称王"。他频繁发动战争,耗尽国力,使得国家经济衰退、物质匮乏。他就想到垄断山林川泽的开发经营权,靠收租分红来捞钱。**点子很先进,但做法很落后。他居然自己干,没有设立"张三李四"做缓冲区**。结果,愤怒的贵族煽动国人造反,直接将火烧到他屁股上,把他赶跑了。

后世的秦国引以为鉴,启动变革就让商鞅在前面干,发现大家不满意、很愤怒时,把商鞅杀掉就可以,秦王还是秦王。周厉王没有"商鞅"可杀,没有"挡箭牌",自己就被赶到(逃到)彘地。那些他打压的西戎群体便乘机反击,报复性地劫掠周王室和边关诸侯。地处西部边陲的秦国首当其冲,受到重创。

厉王去世后,周宣王继位。宣王想要肃清西戎祸害,第一个就想到秦国。一是秦国地处边陲,一直跟西戎打交道,熟悉他们的战法。二是秦国的大骆部刚刚受到重创,秦人新种下对西戎的仇恨。周宣王就任命秦仲为大夫。这个"大夫"不是在机关开会上班的大夫,也不是医生。他的主要工作是打西戎,是外出挂项目,搞征地、搞拆迁(鼓励强拆),是任务明确的专职大夫。

这是一项双赢的决策。对秦人来说,反正我都要打,现在还多一个大夫的职务。对周王室来说,给他一个正式但廉价的职位,顺水人情,名正言顺,让秦人感恩戴德,更加忠诚卖力地守护边境。

"大夫"的官职不高,但至少进过京城。对别个诸侯国来说,大夫啥也不算,京城也算不了啥,但对农村小伙子秦仲来说,京城让他大开眼界。

秦仲还在周的帮助下装备了诸如车马、礼乐和管理机构等诸侯王该有的基础元素。

秦人的激动很快就表现到战场上。他们有时化激动为力量,有时化悲痛为力量,都非常主动。怀里揣着印有"周大夫"名片的秦仲像打了鸡血一样,对西戎进行疯狂反击,直到自己被西戎打死。不过没事,愚公都可以移山,因为有子子孙孙,秦仲死了,还有儿子嬴其。拓边事业后继有人,拆迁事业前赴后继。

庄公承业

往返过秦、周的秦仲,就学着中原诸侯的模样回家装修置办家具。"大夫"的职位虽小,但给予秦一个处世外交的身份。秦人终于摆脱四代以来,只单纯面对西戎的狭隘视野。他们接触到中原文明,提升了对国家建设的认识。

至少他们已经开始给儿子取名字,并叫人记载下来。秦仲的儿子叫其。秦仲死后,儿子嬴其继位,即秦庄公。

插播一句,十五年后郑国成立。郑国一成立就马上进入强国行列。看到为了几个馒头而拼尽四五代人的秦国,郑国呵呵路过。它也是典型的周二代,开国之君是周厉王的儿子、周宣王的弟弟姬友。

这是贫二代和富二代之间活生生、血淋淋的对比。没有对比就没有伤害。秦庄公很快就找到自己的生活意义,打西戎,继续打西戎。

西戎与上面解释过的戎狄一样,都是一个统称,就像现在说的"网民"一样。他和犬戎、白狄、赤狄,等等,都是归类性的称呼,名字意义不大。不能因此说这个部落养狗,那个部落有毛,长得白或长得红。

好不容易把那个不要命的秦仲打死,本以为可以消停一段时间,结果却换来一个**不但不要命,还横、还牛、还有名字的秦庄公嬴其**。

秦仲牺牲在打击戎狄的战场后,周宣王又振奋又同情,就召见秦仲的五个儿子。宣王很满意秦的努力和付出,继续给孩子们做思想工作,肯定父辈的成绩并希望他们能继往开来,再接再厉立新功。王的召见是一种荣耀,荣耀的背后还包括物质赏赐的刺激。

周宣王这次的赏赐很大方,给了他们实实在在的干货——七千精兵。秦仲被杀的那场战役,秦军一定伤亡惨重,才需要周王室出面补充兵员。

在他们硬碰硬的作战方式下,秦军损失这么大,西戎肯定也死伤惨重。此时,周王室的七千精兵等于让秦军满血复活,完全可以对西戎来一次致命的扫荡。事实确实如此,饱受秦军之苦的西戎还没喘好气,又看到秦庄公像开了挂的天神一般冲杀过来。嬴其一战就解决西戎(某个大部落),得到大片土地。

收获战报的周宣王很高兴,就任命秦庄公为西垂大夫,并将原大骆之族所居住的犬丘赐给秦庄公。大骆之族此前被西戎重创并占领,现在算是重新夺回来,重新确权。

如此这般后,中原诸侯终于开始关注秦国。

他们了解道,西边出现一个不要命的诸侯。接着就把自己知道的事,一碗煮成一锅,添油加醋,口口相传。

襄公和亲

秦庄公在位四十四年后去世,秦襄公嬴开继位。嬴开是次子,上面有个哥哥叫世(尊称世父)。世父因为爷爷秦仲战死在西戎战场,便发誓要报仇。他甚至不想做秦君,只求带兵去打西戎。

秦庄公的位置就传给弟弟嬴开。但世父去打西戎,一下子就被西戎俘虏了。另一面,襄公的妹妹又嫁给西戎。感觉几件事情的逻辑是不是有点乱？

有说秦缪嬴嫁与戎人丰王为妻后，和亲改善了秦国和西戎的敌对关系，世父也被释放回来。也有说世是嫁妹后，守城时不小心被俘虏，然后做了一年"西戎客人"才回到秦国。

不管哪个版本，故事似乎都有点扯。扯淡从世父开始。某人高考前信誓旦旦说非清华北大不上，可成绩出来后，发现一本线都达不到。某人被女友抛弃，悲恸欲绝，发誓终身不娶，但第二年你就收到他的结婚喜帖。故事说世父连王位都不要，雄赳赳、气昂昂要去打西戎，然后剧情突然无弧度转弯，被俘虏了？事实或许真有这样，但像这样的事为什么会被记下来？是想羞辱他，还是想羞辱秦国？而且发誓要为爷爷报仇的血性哥哥居然有一个这么冷静的弟弟，想到用和亲的妥协政策。和亲是嫁我妹，不是娶你妹。弟弟用这种方式换哥哥回来，那哥哥以后该如何面对大家？

你想气死哥哥还是想羞死哥哥？

把世父打西戎说成是为祖父报仇，也不合情理，很少有孙子去报爷爷的仇。而且爷爷的仇，他爸第二年不就在周宣王七千精兵的帮助下报过了吗？双方此后又继续打了几十年，"仇"应该都报烂了才对。

猜测有一种可能是弟弟嬴开夺了王位，哥哥世父被逼出奔。秦国没几个同姓诸侯，流亡公子似乎无处可去，不知退路的哥哥，唯一的选择就是西戎，以死明志。世父并没有多少兵马，匆忙进攻西戎，兵败被囚。

嬴开听说哥哥去了西戎，担心世父会借助戎狄壮大起来，对自己产生威胁。他就和西戎谈判，说大家和好吧，你把我哥放回来。这样既可消除隐患，也可以获得名声，并赢得和平发展的时间。

另一种可能是庄公打了几十年西戎后，似乎打明白一个道理：秦国的人口太少，打下来的土地守不住，没过多久又会被另一些部落占领，**所以打西戎变成打不完西戎**。他想要一段和平时期，打仗打到穷得叮当响的秦国需要休生养息。他认为次子开比长子世更加合适做这事。在战争中长大的世脾气暴躁迷信武力，根本不会理解与西戎和平相处的苦心和意义。秦庄公最终选择嬴开。哥哥就带上自己的兵马，夹杂着被剥夺继承权的赌气擅自干到西戎去，被俘。

继位的嬴开与戎人丰王实行和亲，就是贯彻父亲的遗志，所以秦国上下也没什么反对。否则国策变化这么大，还变得这么快，万一惹得老秦人不爽，估计连君位都不保。同样饱受战争之苦的戎人也愿意和谈，就把世父放回去。

从名字上看，世当时可能被剥夺嬴姓该有的一些权利，但后来又恢复了，所以后人祭拜的灵位才有世父的"父"字。其变化的过程反映了襄公对哥哥的复杂感情。他拿走哥哥什么，感觉欠哥哥什么。而且哥哥肯定还立过什么功，否则"被俘虏"怎能列入祭拜的"父"行列。

诸侯里没有继位的哥哥多了去，凭什么嬴世还有"父"的牌位？

不管是哪一种理由，事实是秦襄公通过和亲手段暂时解决了西戎问题。秦国赢得了难能可贵的和平发展时期。秦人必须抓紧时间实施内政改革，因为谁也不敢保证战争什么时候又会突然降临。

秦救东周

第二年，秦襄公马上搞个大动作，迁都。

当然，迁都只是好听的说法。有家当的人家叫搬家，你一个租户也就是换个地方放行李箱而已。穷光蛋的秦国其实经常搬家，一个重要原因也是家当少，好搬。要搁在现在，你迁个都试试。所以对秦人来说，与其叫搬家，不如说搬办公室。但经常搬家也可说明一个事实：秦国一直在发展。他们不留恋安逸的故土，而是随着形势发展的需要，不断寻找最适合的位置。这一次，他们从西垂（殷周时对西方边地的泛称，相当于今甘肃省东南部一带）迁到汧邑（qiānyì，今陕西省陇县东南），更靠近周王室。他们想进一步交流学习中原文化。

中原的天才是蓝蓝的天。

五年后，这个伟大的决策就获得丰厚的回报。摇摇欲坠的周王室到周幽王时，终于体力不支，一个趔趄摔倒在地。申国，又是申国，借兵犬戎围攻镐京，西周至此灭亡。

邻近周王室的秦襄公很快就收到"勤王"的消息。他意识到这是一个千载难逢的机会，立刻带兵去镐京。一同赶来的还有卫国、郑国、晋国。四家诸侯一起把犬戎赶出京师，迎立幽王的儿子周平王。

卫国、郑国、晋国三国都是皇亲国戚，秦国是外姓诸侯，不过在大是大非面前，英雄不问出处，救国不分贵贱。从这个角度看，申侯和犬戎算是给了秦国第一次和传统贵族一起平起平坐共商国是的机会。

周平王很意外也很开心，决定赏赐给秦国点什么，但周王室刚刚被犬戎洗劫一空，比秦国还穷。

秦国又主动承担周平王迁都的搬家工作。毕竟这项工作秦人刚刚做过而且经常做，驾轻就熟。而且周平王的资产估计一个行李箱都装不满。**与其说搬家，倒不如说是搬人。**到新都洛阳，襄公又慷慨留下几头牛，并送来不少生活必需品。

刚刚继位的周平王彻底被感动了。

看看人家，还是异姓，竟能如此尽心尽力雪中送炭。这次一定要给他点什么，谁也不许拦我。但钱是真没有，那就给政策吧。

周平王说，我现在搬到洛阳，原来岐山丰山以西的地被犬戎抢占不少，只要你能夺回来，有多少算多少都给你。

要知道，不管什么戎都不简单。犬戎能打败周幽王，说明他们也有一定的实力。西边的戎狄也因为秦国的和亲政策，现在一样满血恢复。所以你现在把这些空头支票、欠条拿来做奖金，估计很多围观群众都看不下去。

周平王也觉得过意不去，就又准备另一份厚礼，是真厚礼，对秦国很值钱，但周王却不用花钱，那就是"诸侯"爵位，封侯（伯）。

自此，立国一百多年，经过六代人奋斗的秦国，在拿到身份证后，山区农村小伙子终于又办到 VIP 卡，进入贵族行列。他终于可以和郑国这些天生城里人一起喝咖啡、谈艺术、聊人生。

咖啡很苦，但秦襄公非常感动。他当即表态一定要把这群该死的混账王八蛋犬戎打死，为周王室报仇。

于是，由他一手造就的秦戎和平局面，又由他亲自打破。岐山附近的地都是好地，**以前就算想要也不能要，他打仗的目的只能是打人。**但现在不一样，有周王室的刺激政策，秦襄公认为秦国对战争的理解也要开始转变，以后打仗，除了要打人，更要打地盘。

回到秦国的秦襄公激动得睡不着觉，立即召开会议，宣布秦人已经走过为生存而战的第一阶段，到了为发展而战的第二阶段。

有什么区别？有啊，以前许多事情都要杀人，现在可以不杀，只要把他们赶跑就可以。赶跑比杀人要容易得多。

抱着这份美丽的梦想，秦襄公祭拜了父亲，汇报秦国的最新战略。他们不再按照传统打那边的 X 戎部落，现在重心要转到岐山这边的 Y 戎部落。

在天有灵的秦庄公一定会答应。哥哥嬴世此时如果还没死，肯定会投入战斗，并立下战功，争取后来的"父"。

但岁月真的不等人，而且还戏弄人。此后六年，襄公多次打过岐山，但又多次被戎狄夺回去，反反复复。正当他要继续死磕时，却病死在出征的路上。

秦襄公：等等，我说的死磕是先磕后死，不是一磕就死。

没事，你死了也一样可以磕，因为你还有儿子。你已经吹响了号角，秦人再也不是原来的秦人。**在秦非子开启嬴秦后，秦襄公开始了秦国。**

这些年来，秦人是从会议的听众人员（群众），到会议的工作人员（秦非子），再到会议列席人员（秦仲大夫），直到现在变成会议参会人员（诸侯）。步步都是坎，步步都是泪。好在嬴氏一步一个脚印，扎扎实实变诸侯。

但在天下纷争的年代，"诸侯"也非一劳永逸，诸侯家搞不好也一样没有余粮！

所以秦襄公死后，儿子文公必须继续，继续种粮、收粮、抢粮。

十八、前辈的励精图治

秦襄公的最大缺点是短命，只在位十二年，而且还有强迫症，十二年里，六年是西周，六年是东周，一碗水端平的样子。如果是喝茶聊天，十二年也不算少，但是对于正在成长发育的秦国来说，老天给嬴开的时间就太少了。

好在秦国已血脉偾张，继位的文公也是一位政治高明于军事的君王。春秋是诸侯的大争时代，**军事是基础，保障你不被灭亡；政治是提升，能使你发展壮大，变成一个真正的国家。**

秦国就这么上道了。他一个从农村出来的孩子，**用武力弄来一顶虚的帽子，然后再用文治变成实的内容。**上一次是大夫的称号，这一次是诸侯的分封。

文公筑城

与老爸襄公相比，秦文公有个突出的优点——长寿。他在位五十年，不但活得超过了老子,甚至超过了儿子(世子先他去世)。他也有个突出的缺点,找不到名字。不是他没名字,是笔者找不到他的名字。

他谥号文公,突出了文治,但也不能忽略武功。有些学霸参加国际数学竞赛得奖,大家说他是数学大咖,其实人家语文也是全班第一,只是在全国第一的数学面前,语文就不用再提,没意思。

语文:我就路过。

秦文公就是学霸。他在位的第十六年,带领秦国拿下岐山,成功套现二十二年前周王室的空头支票。而且由于实力太强,惯性太大,一冲起来就停不下来,刚打下岐山以西,又打到岐山以东。文公说到做到,说要把西戎赶跑就一定要赶跑,他还讲道理,说岐山以西归属秦国,那打下以东的地界就还给周王室。能打出成绩,又能保持风格,说明秦国的国力已经上升到一个新水平。

他打赢仗叫武功,为什么能打赢叫文治。

秦文公用十五年左右解决战场之外的其他问题,吃饱饭、穿暖衣。把战场之外的要素,如兵员、后勤、训练等都搞上去,战争就会变得很简单。在周王室的辅助下,在中原文化的影响下,文公已经把秦国变成了真正意义的诸侯国。秦国不再是当年那个穷得叮当响、打了胜仗也要付出巨大代价的秦国。他们对半原始半部落的×戎建立了绝对的优势。秦国对西戎的战争变成胜多败少,而且胜利不再是惨胜,可以是灭国灭种。

这是实力提升带来的影响,量变到质变的厚积薄发。

秦文公:这十五年我有多累你们知道吗?

那么他到底治了什么能这么文(稳),说来你可能不信,因为你站在今天的角度看,都是很简单的事,比如筑城。

城市人一有钱就买楼,农村人一有钱就盖房,都没毛病。

秦文公一有钱就想着筑城。城市是国家的基本组成。城市建好,对外可以防御,对内可以经营,完善政府机构。秦国原先也有城市,但忙打仗,没钱也没心思花在城市建设上,而且由于缺乏与中原交流,也不知如何建设城市。城墙要多高?马路要多宽?一堆问题呢。

关键是修建城市,很耗钱。

对于习惯征战的秦人来说,盖楼做包工头是一项崭新业务。文公要想法获得大多数人的同意,让大家赞同他花钱,不会有怨言。修城的目的就是笼络贵族，如果因为这事反而搞得大家不团结、不愉快，那就本末倒置，适得其反。

如何让大家都同意？文公也是费了不少周折。记载说，文公三年（前763年），他带着七百名士兵去东边打猎。打猎算什么事？就跟我们现在去打篮球、去健身房一样。他们把国家大事当作个人日记吗？当然不是，他是去考察别家诸侯的城市建设。假装去邻居家喝茶，其实是去看人家怎么盖楼。东边有许多老牌诸侯，如晋国，有先进的造城经验。同时"打猎"也可顺便考察地方。果然，挂名猎队在几次调研后，终于在汧水、渭水的汇合处找到一块好地方。

接下来才是想法让大家同意在这里盖楼筑城的事。文公想到一个办法，占卜。大家也不要争，我们问鬼神吧，看天意。占卜的结果是大吉，卜词说如果在这里建城，秦的子孙就能受到神灵的庇佑。

那就搞啊，神的旨意这么明确，谁还能拒绝神的好意吗？

新城的具体位置其实很模糊，应该是在襄公迁都汧邑的附近。也可能是当时匆忙迁都，没修好，没装修，所以文公继位的前些年，秦人其实还住在西垂。

除了在汧渭修城，文公采用类似的"鬼办法"，找人找钱找支持，为秦国建出不少城池。城池根据实际情况可大可小，没有规模限制，只要能把打来的土地固化了就行。

有城的秦人就像有房的进城务工人员，从此不再居无定所。秦国终于彻底摆脱与西戎一样走走停停、抢来抢去的低级生存模式。

为了筑城，想出这么多的办法，演出这么足的戏份，文公的名字更应该叫建国，嬴建国吧？

城池建好后，办公场所有了，后面就是管理水平的问题。文公按照东边诸侯国模式，设立百官，组建官僚机构。这么多年光顾着打打杀杀，现在要注重内政建设，要教化老百姓除了杀人，还要会盖房搭桥、兴修水利、种地打粮、生产创作，等等，一样都不能少。百官不一定都要，但百业是必需的。

史官：我来了。

经过一番努力，秦国终于像个诸侯国了。和隔壁邻居相比，无非是他们的好一点，多一点而已。当然，如果这两个"一点"要拿出来比，差距还是很大。改革提升后的秦国虽然对西戎有压倒性的优势，但对比东方，尤其是晋国，它还只是个学生。实际上此后几百年，秦国一直都被晋国压制着，甚至"三家分晋"后，单独的赵或魏还能搞得它喘不过气来。为什么？因为人家在成熟的机制体制下，人才辈出。

就像西部和东部的发展差异。广东、浙江有的内容，四川、重庆实际上也都有，但在人才、资金等先发优势的诱导因素下，广东、浙江的经济实力还是可以甩四川、重庆几条街。

体制机制很重要，先看有无，再比先后、拼好坏、争优劣。不过，从无到有，从虚到实，秦文公已经为秦国交出一份足以彪炳史册的成绩单。

经过一番努力，秦国现在也算是"四脏"俱全，有城墙保护，有办公地点，有管理机构，有运转机制，还缺一"脏"是什么？企业文化！文公要为秦国做的企业文化其实就是修畤（zhì）修庙。

这事放在现在属于封建迷信，但在当时算是精神文明建设。

文明建设

文公首先要做一个梦。梦具有可塑性强、贴近生活、通俗易懂等特点，一直以来都是帝王居家旅行、装神弄鬼的必备良药。

文公说他梦见一条黄蛇从天上垂下来，头在地上，嘴巴一直伸到鄜（fū）城（今陕西省洛川县东南）的田野中。然后就问史敦（占卜师）咋回事。史敦说这是一个好兆头，连接天地的黄蛇，意味着秦国已经得到上天的恩惠，我们要赶紧祭拜。文公就下令建鄜畤（畤是古代祭祀五帝的固定处所，因建于鄜城，故称鄜畤），用牛马羊三牲祭祀白帝。什么意思？就是告诉世人，我们的祖宗（颛顼）显灵了，秦国一定会很有前途，大家放心跟我干吧。

然后，文公借机再修一座庙。

有一次，文公在陈仓游猎，途经北阪城时，得到一块名为"陈宝"的石头，十分特别，颜色像肝脏一样。秦文公立即意识到里面一定**有文章**，不行的话，也可以**做文章**。他就命人在北阪城修建陈宝祠，还特意献上一头牲畜祭祀。我们秦国出现的宝物，很有可能是九年前那条（梦中）黄蛇衔到这里的。不久，在陈宝祠的东南方向，居然在晴天发出雷鸣般的响声，野鸡都跟随着鸣叫，陈宝因此也被称作"鸡鸣神"。其实大晴天打雷也不奇怪，公鸡白天打鸣也是常有的事。但这些事组合在一起，能吹出什么牛就看个人的功力。功力都在定义和宣传上。

这就是秦文公认为的文章。

"鸡鸣神"事件顺理成章被定为黄蛇之梦的有力补充。毕竟梦的故事只他一个人感知，鸡一打鸣就等于为大家找到梦的现实依据，证明了我过去的梦，以及我的未来不是梦。至于你信不信，反正我信了。既然我都信了，你们还不信吗？

当然信。信的版本很多，还有说陈宝不是宝石，而是野山鸡修炼的神。

此外"当然信"的"热心群众"买一送一，又帮忙传出另一个故事。

故事说秦国有一座祠堂，叫怒特祠，光听名字就知道里面住的神仙一定是不好惹的主。祠堂边上长着一棵梓树。秦文公想要砍伐掉这棵树，可能是这棵树老出"幺蛾子"有碍观瞻。但砍伐时，大晴天却突然狂风暴雨，更奇怪的是，树干的创口随即合拢，砍了一整天也没把它砍倒。估计"光头强"亲自来也没什么好办法。当然青铜器时代，砍树确实不是一件容易的事。

秦文公就增派士兵。人多力量大，光拿斧头的人就有四十个，但还是砍不断。士兵们疲倦了要回去休息，其中有个人因为用力过猛，伤到脚，不能走路，只好躺在树下休息。迷糊中，他听见有只鬼对树神说："你与秦人对攻战得很辛苦吧？"树神说："哪算得上辛苦？这不是轻而易举吗？"鬼说："文公一定不肯罢休，怎么办？"树神回答："他能把我怎么样呢？"鬼说"文公如果派三百个人，披散着头发（装神弄鬼的常用发型），穿着赤褐色的衣服，用大红丝线缠绕住树干，撒着灰来砍你，你能怎么办？"树神便哑口无言。第二天，这个士兵便把梦中听到的话告诉秦文公。

秦文公愿意相信这段听起来有点扯淡的对话，因为理性的谎言是不敢说这么离谱的情节。他就让士兵们按照"梦境说明书"穿上赤褐色衣服、披头散发去砍，一砍出创口，就把灰撒上，树真被砍断了。还不止，树中居然有一头青牛跳出来，奔跑着跃入丰水。

不久，青牛又从丰水中跑出来。秦文公派骑兵击杀。青牛很猛，大家都没办法击杀。有个骑兵摔到地上后，发髻散开了，但他不管不顾又重新爬上马披着头发去追它（真是一头很有杀伤力的发型），青牛突然变得很害怕，一顿乱跑后又逃进丰水中，再也不敢出来。

托尼哥：我们只给办贵宾卡的顾客打理这种发型。

故事很传神，有力地说明秦文公是有神灵相助的诸侯，秦国已经受到神鬼的庇佑。另一个方面，青牛代表的邪恶势力已经被文公杀死（征服），秦国人民将"毫无顾忌"地幸福生活下去。

故事还要说明秦文公不是普通人，三天两头与鬼神闹关系，至少也是帝王级别（起步价）的大人物。那秦国不是大有希望？大家就安心留在秦国跟着秦公干吧，穷点怕什么？暂时的。公司现在是没什么钱，但几乎注定有似锦前程，大家还想什么跳槽呢？

高明的秦文公就像高明的公司，"拴住"员工的办法要一套套的，工资待遇、未来预期，还要有公司文化，硬件、软件、固件一件都不能少。

此前启用的嬴姓对"秦集团"来说，相当于一个图腾文化。这些年，随着各地非嬴姓部落加入，秦国光靠一个祖先的故事已远远不够，已不能有效凝聚国人。时势造英雄的秦文公通过修城、置官、画鬼等一套组合的治国理政举措后，**秦国终于通过"国家"的凝聚力把嬴人转变为秦人**。这是一项伟大的工程。

伟大工程需要做的事情太多，以至于秦文公在走向伟大人物的过程中都"没有时间去世（死）"，结果世子"熬"不过，反而先死去。等到两年后，文公去世，世子的世子，年仅九岁的嬴立继位。

文公的努力让秦国跨越式进步，文公的寿命让嬴立跨越式继位。

宪公生猛

宪公嬴立继位时才九岁，还没发育好，但已继承了秦人的血性。他一上台就来戏，马上组织秦人对外作战。所以**还没发育也没事，我们可以边打边发育**。反正这个时期不管什么事，只要是秦国的事，都可以记在他头上。他是首领，领导负责制。

何况还都是可以炫耀的事。

秦人按照传统，仍旧开打 X 戎。不同以往，秦国已经有史官了，他们可以清楚记录这是××事，打谁，在哪里打，打哪里，非常有条理。以后子孙查阅资料就不用靠回忆。

史官：论行车记录仪的好处。

记载这次被怼的西戎部落叫亳戎。从字面看与安徽的亳州不知道会不会有关系？我不是说字一样就一定要有联系，而是一个这么生僻的字，除了考试，在其他地方偶遇，总会让人习惯性浮想联翩。

戎狄部落取的名字虽然很难念，但是很好打。宪公继位第二年派兵去打亳戎，那个地方叫荡社，一打就赢。然后秦人再接再厉，趁热打铁，次年再打一次，亳主跑了，秦国就占领荡社。

后来有个秦王叫嬴荡，应该有这个渊源吧。

胜利来得如此容易，一定是沾上文公苦心孤诣、五十年内务建设的光。但小屁孩可能误会了，以为自己真的有如神助，有点忘乎所以。文公本来是借神鬼来糊弄老百姓，想不到他孙子比群众还信。

不久，秦国听说芮国出事。国君芮伯万的母亲芮姜因为厌恶芮伯万的宠姬太多，便将芮伯万赶出芮国。芮伯万只好到魏城居住。宪公想趁芮国无主占点便宜，就派兵去打芮国，谁知没有国君的芮国军队反把秦军打败。

大意了，你以为人家没有君主，没孤儿只有寡母，就好欺负？你就没想人家不是还有一个能把国君儿子赶出国门的母亲吗？这女人得有多凶悍啊！**妈妈不发威，你都不知道这里曾经是母系社会。**

秦国很郁闷，正想着怎么复仇时，周王室却突然出手，派兵到魏城把芮伯万拘留了。

芮伯万：我招谁惹谁了，谁都不爱我！

悲催的芮伯万，多娶几个老婆不是很正常吗？是**婆媳关系**没处理好，还是**婆媳媳关系**没处理好？搞得芮国妈妈不爱，周朝"爸爸"不爱，什么世道啊！

插播一句：芮国后来被秦穆公灭掉，估计那时强悍的芮姜已经去世。

在喊打喊杀中，秦宪公也渐渐长大，只是寿命也渐渐到此为止。二十一岁那年，秦宪公生了一场大病，居然再没有好起来，不久便去世了。

宪公的一生是短暂的一生，他立的功业也是屈指可数。在灭 X 戎的传统活动中，亳、荡这种级别的部落，实在不值得一提。

他的最大亮点应该是给秦国生出三个君主。

他去世时才二十一岁，但发育比较早，在加班加点日夜操劳的加持下，至少生了三个儿子，最小的儿子曼也已经六岁。在权臣的操作下，嬴曼首先继承王位，但不久又死于非命，谥号都没有，只称为秦出子。

幺弟出子

宪公在世时，已立嬴说为世子，但因他过早去世，来不及布局，世子嬴说就被权臣抛弃。大庶长弗忌、威垒和三父废掉世子嬴说，拥立秦出子为国君。"大庶长"的职位相当于后来的丞相，权力很大。那个叫三父的权臣，应该是嬴曼的三叔，父只是尊称而已。

有人认为他们立年纪小的君王，是想着更好控制。但嬴曼的两个哥哥，年纪最大的世子估计也就八九岁，哪会不好控制？

我们确实也不知道他们为什么这样做，只剩下一个知其然而不知其所以然的结果。但这个结果已经能说明一些事实。

秦文公参照中原的模式建设（改造）秦国，让秦成为一个像模像样的诸侯国。秦人享受着"国家"政治组织带来的高效与强大，同时也要面对"国家"带来的副作用——权力争夺。

【权力分化】如果是一个部落，或者举例说土匪群吧，不管人数多寡、实力强弱，他们的事务相对简单。每天除了打猎吃肉、杀人逃命之外，剩下的故事也没剩多少。首领或土匪头个人就有能力处理全部事务，再加上地位带来的固化威信，部落群体的权力就都集中到他身上。如果部落出现新的牛人，也只能安心做好他的部下。如果矛盾激化了，新牛人也可能直接杀了他，夺取部落首领之位。"谁强谁就上"，首领的位置简单、暴力，安全性不高，但实效性高。你要么是，要么不是，很少说有哪个土匪头会成为傀儡，被××部下架空。

部落升级为国家后，人数变多，国土变大，国家的事务也会相应增加，量变到质变。君王不可能事无巨细都亲自做主，要有人帮，分担工作。他为了巩固地位，提升效率，要建立制度与机构。典型的产物就是丞相。

在部落时代，普通人很少有需要首领处理的事；在国家时代，普通人普遍会有需要"上面"协调的事务。直接**管理、处理这些事务的"官"就很容易提升个人威望**。新的"权力内容"出现后，就相应地出现新的权臣。部落时代，只有相当于皇权的首领；国家时代，就会出现皇权和相权。他们**不是谁夺走谁的权力，而是权力的蛋糕做大了**。

不管怎么对比，"皇权"肯定比"首领权"大得多。但从权力自身来说，皇权已失去权力的独占性。在部落里，大家只听首领的；在国家里，因为事务接触，一部分人也会产生对丞相的崇拜。换句话说，国家里，人们听国王的，也会听丞相的。尤其是国王死后，新王未立，皇权消失的一段时间里，大家就只能听从丞相。丞相对"立谁不立谁"就有很大的权力空间。

秦宪公年幼继位，许多国事包括最重要的带兵打战，只能依托各位大臣。秦国很快就形成第一批"集权"的官僚集团。掌握权力的三庶长再经过十二年的磨砺，终于羽翼丰满，建立了权力威信。

秦国也开始像中原诸侯那样"染上瘟疫"，发生权臣立君的政变。秦国的官僚成熟了。秦国的国君从此也要学习如何处置内部的权力分配。他们除了学会打仗，还要学会权谋。

时代不一样了，体育生也必须认真学习文化课。

嬴曼小朋友根本来不及学习。六岁就稀里糊涂地登上君位，在十二岁那年，也不知哪里得罪谁，又稀里糊涂地被三个大庶长杀掉。没有记载，我们不清楚其中缘由，不能像讨论其他诸侯政变那样说三道四、判断是非。

从这点看，秦国史官的地位还不高，许多事情没介入，不知内幕，或者是不敢记载，或者是记载后又被销毁。当然，也可能是后来失传，或者司马迁不想杜撰了。我有时会怀疑太史公在写春秋时，许多事情也是道听途说，并非真正看到各国史书。毕竟，秦始皇灭国焚史可不是白焚。

搞不清怎么来的，也搞不清怎么没的。杀掉嬴曼后，三个能左能右的大庶长又想到立前太子嬴说。这种为所欲为的感觉、任性的感觉真的很爽。不过这次"爽"很有可能是酸爽。

因为嬴说有话要说。因为弟弟来不及学习的内容，哥哥是看着弟弟学习的。

武德相继

秦武公嬴说继位时已经十几岁，按照当时的寿命，已算成年也正值当年。他老爸在这个年龄，早就干了成年人的事。如果记载没错的话，父亲出生（秦宪公于公元前724年出生）到儿子继位（秦武公继位为公元前697年），其中满打满算也就二十八年。父子两人一人分十几年，都要赶紧发育，时间用得很紧凑。

史书记载说，秦武公继位第一年就带兵出征，打一个叫彭戏的部落。一开场就奔着"武"的谥号去，角色的代入感非常强烈，一刻都不肯耽误的样子。

儿子能带兵打仗至少要发育过,父亲能生小孩也需要发育过。那么问题来了,这二十八年该怎么分?

秦宪公:你们研究这有意思吗?

秦武公:你们研究我爸这事有意思吗?

当然有,要不我这颗八卦的心该如何跳动?

好人郝建:都这个时候了,我也不想跟你较那一岁两岁的真,确实没意思。

对比秦曼,新继位的嬴说优势非常明显,一是年龄更大、更懂事。这个年龄段多一年是一年,时间对心智是指数函数的影响。二是引以为戒,更谨慎。看着弟弟如何上台下台,如何稀里糊涂走完一生,怎敢轻易放松警惕。三是经历生死,更强大。他经历被废,又等到被激活,命运的淬炼让他的内心强大无比。

所以经过浴火重生的秦说已完全超乎三位大庶长的预料。他一上台就激情澎湃地开拔打仗。他要马上接管比赛。三年后,秦武公已经拥有自己的队伍,能够控制秦国的局势,可以随便指指点点、说三道四。

嬴说问,我那个傻弟弟当年到底是怎么死的?

大家纷纷指向三位大庶长。于是,秦武公以弗忌、威垒等人暗杀秦出子为由,将他们诛杀,并夷灭他们的三族。(三父可能在此前已经死去)

"诛灭三族"是秦文公为了建立国家惩罚机制,参照中原建立起来的政策。所以不要认为谥号为"文"就想象成文质彬彬、戴着眼镜弱不禁风的样子。这种人狠起来连他自己都怕。

看到大庶长被夷三族,秦人终于明白嬴说为什么那么着急,一上来就要出去打仗。他是想要获得兵权,掌控秦国。

彭戏:那为什么选择我?

当然不止彭戏,秦人已选定许多部落,已在他们的名字后面打勾。

搞定内部矛盾的秦武公,很快又捡起祖传事业,再次把满腔热血洒到西部去。不久,秦国就先后征服或并吞绵诸、邽戎、冀戎、义渠戎、翟和貘等戎族,还有小虢国。秦国的势力已经达到关中渭水流域,快接近中原。

嬴说:现在,你们知道我为什么叫武了吧?

他亮点确实很多，但污点也不能忽略。对应"株连三族"，他居然开创了"活人殉葬"。他要求用六十六个活人为自己陪葬。这一刻，**西边的学生似乎走到东边的老师前面。但走偏了，走邪了。**

武公去世后，没有把位置传给儿子嬴白，而是给弟弟嬴嘉，即秦德公。

秦德公继位有两种可能。一种是哥哥嬴说主动让给他。他目睹嬴曼小朋友上位的危险，所以没让儿子嬴白继位，而是让弟弟来。这个结论可以用默认来反推论，因为记载并没说到抢夺的事，没说就认为没有，而且人家的谥号为"德"，应该不至于做出不道德的事。当然，给他定谥号的工作是由他儿子秦宣公嬴恬主持，多少会有点照顾的性质。

另一种可能是嬴白继位了，但没几天又被嬴嘉叔叔轰下去。

据说白公子的封地在平阳。平阳是秦国的都城。哪有把都城封出去的？这是相当于送礼送到送老婆的程度。第二年，秦德公才将首都迁至雍城（今陕西省宝鸡市凤翔区）。从这个记载看，可能是秦嘉采用比较温和的方式抢走侄儿的君位，比如带着家当去别的地方——雍城，去另立中央。结果他成功了，于是，嬴白所在的平阳反而变成伪政府。

那么，秦德公又迁都了？

是的，因为有占卜说，如果建都在雍城，子孙就可以到黄河去饮马。谶语意味着秦国可以继续扩张，这是大吉大利的征兆。这话真不真其实也无所谓，他掌握话语权，他叫鬼神说什么，鬼神就会说什么，人民就会听到什么。

我们还是接受他正规继位的说法，反正在位的时间也不长。

德公在位仅两年。"德"在他身上甚至都还来不及体现，更没有机会完美体现。他的"德"更多是体现此时秦国的德。

德公时期，梁伯、芮伯迫于压力前来朝见秦君。这两个国家来朝贺，意味着秦国在别人眼里，形象已经发生本质的变化：**从原来的需要周王室庇护变成现在有人找他要庇护。**秦国地处西部，地偏人穷，就算有亲戚，也不常走动。如同农村孩子到城市，秦人似乎还有一种自卑心理。不少诸侯也瞧不起他。现在变了，有两个伯爵的诸侯，其中一个还是姬姓（芮）来他家做客，并主动要求和他交朋友，希望能得到他的保护。

秦人的自信心大涨，虽然还没实现从奴隶到将军，但不知不觉中，已经摆脱了奴隶的心理束缚。

这是一件具有划时代意义的大事。秦文公的对内文治和秦武公的对外打击,为秦国积攒下来的威望,终于厚积薄发在这一刻破土发芽。德公来得早不如来得巧,功劳就记在他头上,拿下一个"德"的谥号。

不过《史记》又说梁伯、芮伯是十二年后才来秦国,见秦成公。这事也不好证明,所以我们就看事物的性质——有没有来比什么时候来重要得多。

德公在位期间还曾创造性地提出"祭三伏",用狗血来祭鬼神,为广大老百姓求福祛病。百姓有没有求到福不知道,反正他自己是没什么福,在位两年就去世。同他父亲一样,留给秦国的最大遗产就是生出三个秦公。

秦国这几年就喜欢"兄终弟及"。

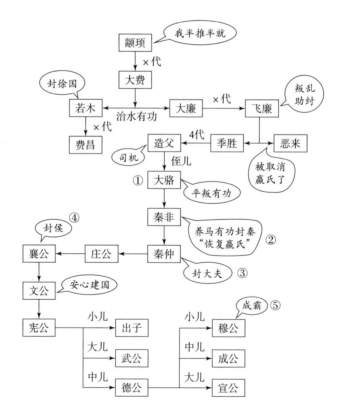

《正再读春秋》之苦秦五步逆袭图

十九、穆公的东邪西毒

秦人经过九任君主的努力,从无到有,从简单到完善,一路荆棘漫道到了秦穆公,终于有能力、有机会、有信心与中原诸侯一起指点江山。

农村的小伙子考上大学后,努力学习,找到工作,加班加点,落了户口,付了首付,终于可以和别人一起谈相亲的事。他们的相亲不是婚丧嫁娶,而是尊王攘夷。

同样是"尊王攘夷",地处西边的秦国与中原的齐、晋有诸多不一样的理解。

针对尊王。秦表现得比谁都积极、都真心。它的成立和发展都离不开周王室,所以周王室有难,秦人都会不遗余力出手相救。因为中原诸侯的偏见,秦人想要借着周王的名义来"指挥"诸侯的可能性很小。齐、晋是实力打下基础,就缺个理由,而秦的实力不够,就算拿到旗帜也生不出那么强大的意义。

秦不会为了旗号的尊王而尊王。他尊王的动机就在周王本身。历史多次证明,秦的每一次尊王(勤王)都能得到周王切切实实的赏赐。如果实惠都明明白白摆在那里,谁还会去求虚名?虽然周已大不如前,一年不如一年,但相对秦国的特殊性,还是可以取长补短。

到了秦穆公时期,周的实力已比不过秦。秦小猫已长大变成秦老虎,双方的关系也开始转变。秦不再指望周的什么赏赐。双方就像关系一般的家人,相对而坐,默默不语。从开始到现在,**秦对周的尊重和救助更多是因为感恩的"反哺"**。

这是他们对"尊王"的理解。

【尊敬】所谓尊敬领导,有人是尊敬领导这个人,有人是尊敬领导这个职务。撇开对象不说,还有两种动机,一种是觉得领导就应该受到尊敬,往大说是制度,往小说是素质,由外向内的一种"行为约束"。他对领导尊敬,是抱着尊敬而尊敬;另一种人,他不知道尊敬是怎么回事,就本分地按照礼仪规矩做事,是由内而外的自然行为,等大家回头讨论时,才知道自己这样做就是尊敬领导。

至于攘夷，对于齐、晋来说，主要时间都在中原，很少打夷，每打一仗就要记录一下，好像多大的功劳；对于秦来说，从一建立就一直在打夷，打西戎，真没什么好炫耀，工作嘛，吃饭，睡觉，打豆豆，很正常的职业而已。就好像某些知识女性干一回家务就要晒一下朋友圈，当作天大的事，生怕社会不知道，但对那些真正贤惠的女性来说，真要晒起来，估计微信团队还要加硬盘。

这便是秦国的尊王攘夷，秦穆公的春秋霸业，**实力霸西边，吞并征服二十个戎国；印象霸东边，改变秦国在诸侯眼里的印象**。

接下来要详细说说穆公的霸业，从他大哥开始。

宣公养息

前面一直说，封建专制的关键节点是权力更替（过渡）问题。"父死子继"的方案能很好地消除叔叔们对王位的觊觎，但容易招来儿子们的斗争。此时的斗争还只是家庭内部矛盾、国家内部矛盾，简单版的冲突。

如果有权臣，如果天下不太平，或者有强大的外敌在，儿子们还来不及成长，父亲就去世，"父死子继"将充满危险，容易掺和包括内部权臣派系的权力斗争，外部敌对势力的入侵渗透，几方交错，剧情相当复杂。

垂死的君王思来想去，不得不采用"兄终弟及"的权力交接方式。正常的兄终弟及，一定是儿子还没成熟或不够成熟，而弟弟已经成人，还比较成才，能压得住朝局，能抵御得住外敌。

迫于形势启用的"兄终弟及"隐患也很大，涉及"弟"之后要给谁的问题。还给自己的儿子，还是再给下一个弟弟？弟弟可能会有很多，但绝不是无数，一直"兄终弟及"肯定会传到没有弟弟，便只好又来"父死子继"。此时的"子"一般是最后这个弟弟的儿子，前面不管有多少个哥哥的儿子也很难抢回来，毕竟有老爸的现实（直接）优势。此前的宋国稍微奇葩一点，宋宣公去世后，传给弟弟宋穆公，穆公去世又回传给哥哥宣公的儿子宋殇公。后面又是穆公的儿子庄公接替了殇公。

这样算来，兄终弟及对于第一个哥哥是不是有点亏？是，但比起传给儿子，不是王位不保，就是国家不保的危险，老哥哥老国王也只能两害相权择其轻。

不管咋说，能够主动把王位交给弟弟，都是一个以大局为重的君王。

一个真正的政治家。

宣公嬴恬是德公的长子,顺理成章地继承只做两年秦君的老爸德公。算进两位伯伯(秦出子和秦武公)合起来二十六年的在位时间,宣公继位时的年纪应该也不小。

成年并成才的宣公继位不久,就全面掌控朝局政权,但他的执政思路有点不一样,他致力推行"**休战养息**"。

公元前675年,周王室发生王子颓叛乱。喜欢养牛的王子颓是周惠王的叔叔,一直有野心,也有一定的影响力。他联合蒍国、边伯、石速、詹父、子禽、祝跪五个大臣搞政变,叛乱失败后逃到卫国。后又在卫国的帮助下,成功逆袭,把惠王赶出周王室都城,自己称王,属于典型的篡位。

秦国靠近周王室,很快就收到邻居家的政治八卦。

秦国上下义愤填膺,一股"想做事、要做事"的热情瞬间点燃整个朝野。大家觉得,一是这些年周王室一直对秦国不错,有恩惠;二是实践证明,只要去救周王室,每次都能名利双收,有实惠。

现在又是千载难逢的机会,某些激进的大臣甚至都吩咐手下开始磨刀。

但秦宣公说,不打。

五大臣为什么要帮助王子颓?因为周惠王很霸道地收回他们的部分封地,用来做动物园。建设野生动物园,面上看似要提倡旅游业,实则周惠王想用作平时打猎的休闲娱乐场所、私人会所。

周惠王,是真会玩。

大臣们一致认为这是一起严重的腐败行为。腐败深深地伤害了他们对土地的感情。比起喜欢搞野生动物散养的周惠王来说,五大臣更倾向于那个喜欢搞人工圈养(养牛)的王子颓,至少人家不抢夺你的土地。

难道是一场野化和驯化的冲突对话?如同开荒和退耕还林的哲学关系?

那卫国为什么要帮助王子颓?卫惠公朔也是"动乱来、动乱去"才上来的卫侯。他的政敌公子黔牟在大臣拥簇下一度抢占他的王位八年。他在齐国帮助下复位后,公子黔牟就变成卫国黑名单上的人。周惠王却毫无顾忌地收留"黑人"公子黔牟。这事严重伤害了周、卫之间的感情,尤其是卫惠公的感情。

卫惠公根据自己的亲身经历,相信(认定)造反有理,就帮助王子颓打周惠王,顺便享受那种公报私仇的感觉。所以在吃瓜群众的眼里,不管是惠王还是惠公,都有不对的地方,都不是什么好鸟,自私自利。他们都谥个"惠"字,都想着怎么给自己"实惠"。

另外,宣公似乎也知道周王室已经拿不出什么像样的东西"赏赐"给秦国,无所欲便无所求。或者反过来说,姬颓当周王对秦国也没有什么损害。**只要菜做得好吃,我不挑厨师。**

还有一个重要原因,秦国的实力打西戎还行,要掺和中原的是非,与卫国、燕国公开为敌就不好说。秦国的心里没底,如果控制不住局面,容易得不偿失。**能不能让周王室愉快还不知道,搞不好自己先和中原诸侯闹出了不愉快。**秦国以前为周王室出兵打仗,主要是打外敌,不是处理家长里短的内部矛盾。打戎敌本来就是秦国的工作、秦人的专业,没有周王室的号令,他们也要打。如果有号令,还可以一举三得,打戎狄、扩地盘、得赏赐。

但这次的动乱是家事,不一样、不专业。别说一举几得,搞不好什么"得"没得到,还举不起来。谁知道他们叔侄俩水面的嬉戏和水底的故事是不是一致,怎么说都要优先考虑自身安全。

友情提醒:"中原有风险,踏进须谨慎。"

秦宣公不傻,赔率不高,付出不小。他决定不冒这个风险。

那就作罢。但你不管,总要有人管。第三年,同样经历政乱的郑厉公出手,起兵联合×虢国一起把周惠王再送回周王室。王子颓也就彻底颓废了,和五大夫一起被杀。

秦国:我是一个安静的美男子,来一场低调的旁观、一次悄悄的发展。

晋国:我看见你了。

秦晋矛盾

秦国的东边,除了有周王室外,还有一个大邻居——晋国。晋国已经结束六十多年的分治内乱,曲沃武公成功取代翼城成为正统,他的儿子晋献公正用几代晋人铸就的血性疯狂地进行扩张。

正在扩张的晋献公突然发现身边还有一个人也在扩张。我发现地上有钱,我在捡钱,但紧接着发现你也发现了,你也在捡。

普通人的思维是:那就赶紧捡啊!看谁快。

政治强人的思维是:那谁,你等一等,先过来一下!

晋国就打了秦国几拳。秦国本想忍忍就过去,咬咬牙继续捡钱,但很快就发现过不去,这不是擦枪走火,而是竞争性冲突。

看来西部牛仔与中原武侠的冲突是躲不过了。

那就打吧!

秦宣公还是心里没底。从实力上讲,晋国是百年老店,秦国顶多算个一时的网红。底蕴的差距有点大,但事实却是网红直播打败了百年老店。就是这么不讲理,流量小生发起嗲来,安卓手机都会吓成振动。

我们不知道战争的具体过程,但可以推测,秦宣公对于打赢这场仗并没有多开心,因为战争使秦国暴露了实力。如果晋国开始重视秦国,秦国以后还怎么闷声发大财?一直以来,晋国只把秦国当作一个农村来的小伙子,偶尔一两次狗屎运,翻身成了网红,也就那样吧。谁知网红这次居然打赢了老戏骨。老戏骨就记住了网红的名字。

被传统强队重视到底是不是好事?如果"重视"是请客吃饭、喝酒聊天的话还好,但现在不是,现在是政治,是军事,是扩张,是你多我少,是零和博弈、你有我无的排他性竞争。哪一件都是要人命的梁子。

晋国果然开始提防秦国。秦国越来越被动。两家此后多有冲突,但秦国总是输多赢少。

秦国的东进受阻,计划搁浅。

自此,秦国由原来只需专心对付西戎,变成需要东西两面兼顾。这不是谁造成的问题,也问不了谁的责,**这是发展与强大(崛起)的必经之路**。就跟打游戏一样,你具备一定等级后就要到下一关去,与相应等级的人过招。

没有十全十美的好事,也没有十全十美的好人(好王)。能得到群众拥护,又能得到同事认可,还能使领导满意,这样的人才多在教科书里面,偶尔走出一两个给我们看,那也只是理想、是目标,不是标准。

在有你没我的春秋竞技场,没有哪个诸侯会在列国的一片拥护爱戴声中,口服心服中取得伯业天下。如果有,那一定是胜利后倒过来吹牛、修改、杜撰、戏剧化后呈现的结果,属于骗人的口舌。

倒过来吹当然好听,但正面面对的时候,可不好玩,很困难。

在位十二年的秦宣公,生了九个儿子,但都不如自己的弟弟嬴任好贤明。考虑秦国的特殊时期,政治家的广阔视野和宽广心胸就想到"兄终弟及"的传位方式。为了能正面对抗晋国,为了共克时艰,为了秦国的明天,宣公决定先把自己的位置传给二弟,成公嬴载。

秦成公嬴载只做了四年的君王,几乎是一个没有故事的人。就像后来宋襄公在齐桓公和晋文公之间传递霸业一样,成公就像一个转送秦国君位的快递员。

快递员的使命是把客户的物品安全送达,如果丢了要赔,如果自己私自拆开,不但要赔,还要打屁股,再开除。这一点,秦成公嬴载懂得透,也做得好,才有默默无闻的样子。

当然,作为一个诸侯王,如果死活要找亮点,也有。

此时,风头强劲的齐桓公已登上舞台,在遥远的东方开始他的表演。在管仲的指导下,"尊王攘夷"的节奏时而纸短情长,时而意气风发。不久,齐国介入燕国和孤竹国之间的矛盾。

齐桓公按照诸侯的"身份理论"做出英明的判决。燕国作为正式诸侯(有编制)有道理,山戎(农村来的,没户口)没道理,收留山戎的孤竹负连带责任,一样没有道理。于是**他们打了山戎又打孤竹,把孤竹生生打成孤独**。

秦国的某条边界与孤竹很近。有些大臣感觉到危机,齐小白会不会打了孤竹就停不下来,惯性打到秦国来?要不我们出兵救一下孤竹吧!

争取主动,免得后来人说我们不懂唇亡齿寒。但秦成公以一个政治家的敏锐和一个快递员的敬业做出准确的判断:别去惹他。

你不惹他,他就不会惹你。如果你惹他,他就有理由惹你。

我就安心送好我的快递,别想欺骗我拆包。

齐国敢对孤竹开战,因为孤竹还不是一个"正式"的诸侯。而且,**齐国有把握打赢孤竹,应该也有把握打不赢秦国**。再者,小白只想做中原霸主。中原二字与我西垂何干?一个晋国已搞得我们头疼脚麻,秦国哪会想去争什么霸主?

没有竞争,就没有伤害。

我们只需静静地围观,稳稳地吃瓜,秦国一定会安然无恙。

齐国:你懂我,我懂你,我好你也好。

秦成公真是称职的二哥,称职的快递员。他的最大优点就是成人之美,成全齐国之美,更成全他弟弟嬴任好的美。

守成，还短命。这种哥哥哪里找，而且道德高尚。他有七个儿子，谁都不要继承秦君，统统安排去演戏，演葫芦娃！快递是弟弟的，王位是弟弟的弟弟，谁都不要想太多。

穆公继位

如果事实真是宣公审时度势做出的"兄终弟及"，那足以证明秦宣公和秦成公的政治胸怀。而坦然接受使命，勇于面对国内外复杂局面，当仁不让，不贪图虚伪的"让贤"名声，一样能体现秦穆公敢于担当的政治素质。

此时的秦国比以往更加强大、更加富有，但也更加麻烦。就像你上学时，没钱还要考试，感觉念书很累；毕业参加工作后，你的心智、能力等都比念书时更加全面、更加强大，但你要面临落户购房的压力、结婚成家的压力、升职加薪的压力，你面对的**总压力**变得更大。

能力越大，责任也越大。责任越大，你才有机会表现能力有多大。

秦国在西线对付诸戎，虽然有时也会磕磕绊绊，但整体赢多输少，局面完全在掌控之中。与西边作战，就是比狠、比拼命，如果这场输了，说明我们还不够狠，下次再狠一点就可以赢回来。说白点，对戎狄的游戏比较简单，而且秦国几代君王战死沙场，已经具备得心应手的"攻守战和"经验。但要对付东边的百年老店，秦国上下都没底。它是百货商店，士农工商要什么有什么。秦人与它打交道，像个小学生，不要说什么经验，可能连心理都过不了关。

与东方打交道，不是只有打仗，而且打仗也不是就靠拼命耍狠。穆公意识到要与晋国搞好关系，至少目前必须这样：一是秦国可能打不过晋国；二是秦国不能停止打西戎的传统业务，秦国要避免两面作战；三是中原骨子里还是瞧不起册封没多久的秦国，身份可以用周王室颁发的身份证证明，但观念还要靠自己的努力去改变。晋国是中原大国，秦、晋之间必须多交往、多学习，以和为贵。

打是解决不了这些问题的。秦、晋关系的总基调应该是能不打就不打，能少打就少打，能停战就赶紧做朋友。

不打可以避免许多问题。大家签份停战协议，然后坐下来慢慢谈。交朋友的方法很多，一起开会学习、吃饭喝酒、散步聊天等都可以。但穆公觉得停战合同太弱，喝酒聊天太慢，**他决定来个一针见血的手笔——和亲，**

想娶晋献公的女儿为妻。在政治利益面前,和亲并非免打金牌,但绝对比任何协议都有效力,而且两家人变成一家人,融合融合也能减少偏见。

正好,专心扩张的晋献公也是这么想的。

中原诸侯国之间的通婚很普遍,很正常。婚姻讲究门当户对,诸侯一般也只与诸侯谈婚论嫁。秦国立为诸侯也有百余年,也该到了通过婚姻礼仪加入这个诸侯大家庭的时候。

都在外企上班了,说话时好歹也要夹带几个单词。

另外,听说献公的女儿很漂亮。

说到女人,秦国自己也很多,问题是秦国的传统文化是打来打去,没空搞什么诗书礼仪。老秦的儿女们都熟悉也只熟悉打仗的事,就算没有吃过猪肉也看过猪跑,耳濡目染之下,儿女们的作风都走成彪悍路线。隔壁百年老店的老贵族就不一样。几百年来,许多家族只要不打仗,就天天在家看看书、写写字、学学礼仪,所以晋献公的女儿与秦国的女人有很大不一样。

城里的女人果然白。

晋献公女儿嫁给穆公后,就跟着老公改称穆姬。穆公很疼爱穆姬。这个老婆不但漂亮,还懂事,能时不时为秦国的外交内政出点主意。

政治的"贤内助",后世叫参政,或者叫干政。因为"贤内助"想内助,所以要防止"内助"影响"外助",政出多头,还感情用事。

秦穆公:我愿意!

在秦国特定的历史条件下,穆姬的参政有利无害。她远嫁而来,没有政治帮手,形成不了政治势力。穆姬的眼界和观念不一样,确实能为秦国在加强对外交流、提升文化软实力等方面提供不少帮助。

这段婚姻也成为历史美谈,**称"秦晋之好"**。

一个好汉三个帮,贤内助的配置已经到位,那贤臣呢?不急,老天爷这回对秦国很够意思,买一送 N,有数量有质量,还有流量。

秦人祖先从养马开始,所以秦穆公这辈子注定与牛马有缘。他为秦国做牛做马,需要辅臣大臣来帮忙。很巧,大臣里也有好多与牛马有关的人和事。真是缘分来了,感觉什么事都能沾得上,都可以说得通。

重臣百里

百里奚和蹇叔都是秦穆公身边十分重要的辅臣。他俩最大的不同是百里奚有故事,而蹇叔有百里奚的故事。

百里奚不是秦国土著,是虞国人。前面介绍过,虞国和虢国一起在"假道灭虢"和"唇亡齿寒"两个成语故事中被晋献公灭掉。那时户籍管理不严,人才没有地域歧视,找工作也不看本地户口,虞国的百里奚可以怀揣简历到处求职。秦国又是诸侯中的后起之秀,严重缺乏人才。所以双方一对眼,一拍即合。

百里奚有名字,说明祖上应该有点身份,但到他这一代已败落。他又光顾念书,没去学点正经手艺,到三十岁才勉强娶一个杜姓女子为妻,后面又生了儿子,就更穷了。贫穷就应该出去赚钱,但百里奚比较恋家,想要出去打工又舍不得老婆。杜氏深明大义,说你一个大老爷们天天在家守着娘儿们有什么出息?去吧,出去混吧,家里的事不要操心。然后,她又杀掉家里仅有的一只鸡给百里奚饯行。

没错,炖出一锅的鸡汤,再配上杜氏纯净的心灵,绝!

好,那喝完后就出去找工作吧。

鸡:*好好说你们的话,不行吗?*

开始听说齐国不错,百里奚就去齐国。齐国是大国,没有熟人引荐,根本没人知道你是谁。百里奚搁那儿"东漂"十年无人问津,又屁事不会,真是**"怀揣影帝的心,天天抢着龙套的活"**。最后本色出演乞丐,一路讨饭讨到一个叫铚的地方,遇见蹇叔。蹇叔也是个穷光蛋,但他英雄慧眼,看到百里奚乞讨讨得这么斯文,这么有气质,肯定不是一般的乞丐,就请他回家吃饭聊天。果然,国事天下事,百里奚都对答如流。于是两人惺惺相惜,没忍住就"斩鸡头烧黄纸"结拜兄弟。百里奚便留下来帮着蹇叔在铚村一起养牛。

鸡:*就是个比喻,没必要再杀我。*

养牛是个技术活,许多养牛的牛郎最后也把自己也养成牛人。

平静的养牛日子也没持续多久,齐国就动乱了。齐国的公孙无知杀死堂哥齐襄公自立,还开始招兵买马。百里奚蠢蠢欲动,准备去应聘。

蹇叔说不要去。找工作就是找主子,大丈夫不能随便就选个主子。如果以后发现这人不行,你换他是不忠,不换又要和他一起受难。无知立国属于非分窃立,人家襄公有儿子(弟弟)在外,早晚会杀回来。

果然几个月后,无知就被杀。

百里奚后来又去周王室碰运气,遇见王子颓。王子颓很赏识他的养牛本领,就说兄弟你来我这里干吧,畜牧局局长。

百里奚又开始动心。但蹇叔又说,王子颓志大才疏,也不是什么好鸟,早晚要造反。

果然,王子颓不久就与五位大夫发动叛乱,驱逐周惠王,自立为周王。不过,他只当了两年老大,就被别人(郑厉公)杀掉。

百里奚只好和蹇叔一起回虞国。虞国大夫宫之奇是蹇叔的老朋友,搞不清楚为何齐国那边的穷光蛋在虞国还有一个富裕的朋友,他们平时到底怎么联系?

百里奚回家后,才发现妻子和儿子已经不在,不知去向。真是悲催!如果百里奚的寿命到此为止,他的一生就是悲剧,以后只能成为百里家族最失败的典型贴在水井边的洗衣板上。

好在他命长。

三人见面后,宫之奇认识并了解了百里奚。或许是考虑到本地人的就业优势,宫之奇就向虞公推荐百里奚。虞公说好,录用吧。

但蹇叔又说,虞公这人看中小利益,没有前途。

百里奚这次终于反驳了,说我贫困了几十年,就像鱼儿在陆地上,随便找点水湿润一下嘴唇总可以吧。

话都说到这个份上,蹇叔也只能睁大眼睛给个表情包,可以!

于是,流浪的养牛人百里奚就过上虞国大夫"签到上班,打卡下班"的生活模式。命运似乎在向他招手,花要开了?没有,事情没有这么简单,老天既然选定你,就不会轻易放过你。**你注定是秦国的影帝,就不可能在虞国跑一生的龙套。**

就在这时,一个叫"假途灭虢"的成语出现了。

山西人送来美女和宝马、玉石给虞公,说借个道,要去打虢国,这是买路钱。虞公是小诸侯没见过大世面,看到美女、宝马就心动了。宫之奇早就机智地看穿一切,就用"辅车相依,唇亡齿寒"的道理,劝虞公不要答应。但见过宝马的虞公立即用"同宗论"反驳回去。宫之奇准备再引经据典时，发现百里奚不但不跟着劝，还拉他衣袖，意思是说你不要再瞎嘚嘚。

百里奚私下里对宫之奇说，你把事情的好坏说给一个愚笨的人听，就像珠宝丢在道路上。你表达了自己的观点，现在很危险。

宫之奇感叹道，虞国这样胡闹早晚灭亡，要不你和我一起跑吧。

百里奚不愿意，可能是找工作找怕了，说你跑你的路，要再拉我一起跑，一拖一，罪加一等。你跑吧，我再等等看。

看啥？晋国灭虢国后，又对虞公说，上次你借路给我，这次你就借国给我吧。

虞公很悲痛，几乎哭断肠，责骂百里奚当时为什么不劝，百里奚说，你都不听宫之奇的话难道会听我的话？我那时不说（没撕破脸），现在才能留在你身边。

留在身边做啥？也没有球用，虞国一样被灭。

不过百里奚是有骨气的"被灭"。他不接受舟之侨的推荐，拒绝出仕晋国。他说，君子都不住在仇国，难道还会去仇国做官？

对，就算你得到我的人，也得不到我的心。

但这不是等于在讽刺舟之侨吗？原来虢国的大夫，现在的晋国大夫舟之侨脸上火辣辣的。我推荐你，你不来就算了，还说风凉话鄙视我？

我都这样了，你还这样，你到底是要怎样？

好吧，既然你不愿意做官，那我就成全你做俘虏。舟之侨就借着晋国嫁公主去秦国的机会，向晋献公推荐让百里奚做陪嫁的媵（yìng）人，类似男丫头。那时太监制度还不完善，所以"男丫头"的身份地位与后来的太监差不多。这样也算羞辱他扳回一局。

百里奚被当作男丫头送去秦国，心里十分气愤。**我的"才华"已经被晋国毁了，既然不能守节，那就让我做一个安静的牛郎吧！**但你们把我当嫁妆是什么意思？你们欺负我，合起来欺负我。好，我闪！虽然年纪大了点，但是以我的智慧假装拉屎拉尿然后逃跑的本事还是有的。

史书说逃跑的百里奚本来要去宋国，但没找到路，就去了楚国宛城。他一个跑路的还能挑三拣四？估计是慌不择路，误打误撞到宛城，人家问他哪里来的，他就说准备去宋国，迷路了。顺个理由就留在宛城养牛。

养牛比做官容易，百里奚又很专业。没多久，他就养出名了，被楚王知道。楚王说会养牛别只在宛城养,去大牧场吧。

于是,老百里就去南海。南海不是海,就是地名。

秦穆公也是个认真的人。在收晋国嫁妆时,发现嫁妆的账单与实物不合,少了一个男丫头百里奚。就问身边人,百里奚是谁。大臣公孙枝久在晋国,是个实在人,说百里奚是个牛人,就讲了百里奚的故事。秦穆公一听,感觉很好,想招到秦国来用,就派人去找。

一打听,原来这老小子现在在楚国。

秦穆公说,我去找楚国谈谈,多送点钱,算是给他赎身。公孙枝说,这样反而不行,楚国让他养牛说明楚王只当百里奚是普通人。我们现在用重金去求楚国,不等于告诉楚王,百里奚是人才吗?那楚王不会自己用吗?你还不如就和楚王说百里奚是秦国逃跑的媵人,秦国要抓他回来处罚,名正言顺。

秦穆公就命使者带着五张羊皮去楚国。这是男丫头的市场价。士兵把百里奚扣上囚车,准备带走。南海的兄弟们都哭了,但老百里心里乐了:秦穆公是个明主,怎么可能因为一个媵人而专门派出使者?

果然,囚车一到秦国国境,就发现秦穆公亲自在迎接。

就这样,**百里奚身上又多出一个荣誉称号:五羖大夫**。

百里奚到秦国时已经七十岁了。秦穆公刚开始很失望,这么老了还能不能用?百里奚只是呵呵:你知道姜子牙吗?

呵呵完的百里奚真不是吹,一上任就马上进入角色,提出诸多建议,帮助秦国走上强大的轨道。秦穆公很高兴,准备给百里奚安排上卿的位置。

百里奚说我不行,我推荐蹇叔。我前几次想要出来做官,听了他的劝阻意见都能成功地避开风险,就最后一回去虞国没有听,结果被俘虏,还被逼成媵人。

媵人:没我这个环节,你能到秦国?

秦穆公也巴不得,多多益善。集团公司要上市,要扩张,一直缺人呢,就派人去请蹇叔。

蹇叔也装一回,说我本不想做官,都是百里奚要建功立业,我只好出来帮助他。回头又吩咐家人说,你们好好种地,我过阵子就回来。一副谈笑风生、镇定自若的样子。其实,心里乐呆了。

铚地:你回来个毛。

蹇叔一到秦国，就和百里奚一起出任秦国的左右庶长，乐呵呵的。

再说那个杜氏，就是百里奚的老婆，也是个厉害的角色。听说老公终于发达了，就去秦国找他，但不能直接找，因为丞相不是想见就能见到。她先应聘去百里奚的府第洗衣服，然后逮个机会就唱歌，唱出很多只有他们才听得懂的"密码歌曲"。百里奚听后颇有感觉，就认真端详起来，真是我老婆啊！

于是，夫妻重逢。各种山崩地裂的背景音乐，走起。

百里奚这人品确实没的说，当上宰相也没有换老婆。

他都七十多了，换什么换？

他们的儿子百里孟明视也马上变成官二代，从不务正业的猎户直接变成将军、大夫。蹇叔的儿子白乙丙也一样，大家都套上秦国引进人才的好政策，直接走上领导岗位。

这是养牛的故事，一个讲述秦国正能量的故事。牛是真的好牛，但有时候也会顶人，故事是真的好故事，但情节也有波折。因为故事的主角除了虞国的百里奚，也可以是郑国的弦高。弦高是个卖牛的商贩。

百里奚会养牛，弦高会卖牛，从生态链来说，双方都可以扫码加好友，但很遗憾，他们不同派别，只能从互相制约来说，那就是克星。

你不是很牛吗？我（出）卖了你。

牛贩弦高

弦高是个善于抓住机遇的牛贩子，在贩牛界颇有名气。他抓的第一个机遇是赚钱。弦高搭上了周朝那个篡位的王子颓，颓喜欢牛，所以他通过倒腾牛，那几年赚了不少钱。但如果只会赚钱，商人而已，到处都是，谁理你？关键他还能抓住第二个机遇，花钱，而且很会花钱，花钱消灾。他花掉十八头牛，消了郑国的灾，这就不是商业，是政治。

是政治的话题就可以记录下来，这是春秋史官的偏好。他是"殽山之战"的主角之一。

弦高能在商业中赚钱，能在政治里花钱，说明他也是牛人。

这故事在晋国一篇里已有讲述。简单复盘一下，就是晋文公去世那年，陪晋国玩了三四代君王的秦穆公感觉自己已经足够了解中原，想要站到舞台中央试一试。正好此时秦国派驻郑国的杞子报告说他可以做内应，请秦国出兵突袭，拿下郑国北城。突袭有一定的成功率，但行军中途却碰到郑国贩牛的弦高。弦高获取军情后，就一面回报郑国，一面假装成郑国的使者带上十八头牛去犒劳秦军。秦军认为"突然"的优势没了，只好放弃了"袭击"。

但秦军在回秦的路上，却遭遇到晋军在殽山的伏击，几乎全军覆没。

养牛人百里奚辛辛苦苦养出来的牛和儿子孟明视，就这样被牛贩子弦高玩弄，玩坏了好事。玩成了经常考试的《殽之战》。

养牛的好，贩牛的坏，这是"牛"给秦穆公一次心痛的感觉。对比起来还是马好，养马杀马吃马都好。

马：你们听说过伯乐吗？

伯乐相马

伯乐是个大家耳熟能详的名字。现在已经搞不清楚他当时到底是一个人，还是一个官职。但这不影响"伯乐"在后世变成一种职业、一种能力的象征，因为许多人都认为自己是千里马，就缺一个伯乐。

推测"伯乐"原来是一个官职，如同司马那样，有人做司马做久了，就姓司马，司马×。春秋时期，马是十分重要的生产生活物资，同时也是最重要的战略资源，各诸侯都高度重视养马的工作。据记载，他们已经把马分成种马（繁殖用）、戎马（军用）、齐马（仪仗用）、道马（驿用）、田马（狩猎用）、驽马（杂役用）等六类。那么，养马、相马也就成为一门重要学问。社会需要有人去鉴定区分一匹马最适合做什么。管理这些人的官，或许就叫"伯乐"。

秦国尤其需要马。他的主要对手是戎狄，都是善于以马为生的部落。对戎作战的特点要求秦国比其他诸侯国更加重视马。相应的，秦穆公就特别重视会养马相马的人才，比如孙阳。

相马人孙阳是郜国人。郜国是子爵诸侯，地处今天山东省菏泽市成武县东南，后来被宋国灭掉。小小的郜国对于马的需求没有像秦国那么强烈。孙阳的天赋表现不出来，就七转八转来到秦国。只有参加西部大开发，才能展现他的才能，发挥兽医的天分。

他做得很好，以至于秦穆公封他为"伯乐将军"。渐渐地，他便被直接尊称伯乐。所以事实应该是伯乐相马，穆公相孙阳。按照我们现在对伯乐的理解，孙阳是马的伯乐，那么穆公就是孙阳的伯乐。

相马这件事，第一个层面是概率问题，样本的质量很关键。千里马常有，就像我们今天说人才常有。有些人才谁都看得出来，不用相。伯乐要有比别人更加独特的眼光，相到别人相不出的"金子"，那才叫相，叫本事。

按照传统的人才定义，你到清华北大说找人才，那不是伯乐。你要到一个职业学校去，然后相一大批学生，说准哪个会成科学家、工程师，那你才是伯乐。

马也一样。一匹看着健硕、肌肉发达的马，跑起来再差也不会差到哪里去，就算不是千里马，至少也是好几百里马。人家伯乐的厉害，是可以透过这些表象，看到骨子里。他可以在一堆瘦骨嶙峋的马里面，发现哪匹马会跑出千里，叫作"得其精而忘其粗，在其内而忘其外"。

在哲学里，它是现象与本质的关系；在数学上，可描述为概率和因果的关系。打个比方，有才华的人有很高的概率考出高分。考出高分的人也不是全都有才华，其中有高分低能。同理，一些有才华的人也不会考出高分，对应叫低分高能吧。

普通人的眼光，也是当今判断人才的主要方式，就是按照分数来，从高到低。方式是暴力了点，但相对公平，而且万一有错也不会太严重。伯乐的能力是通过望闻问切，就能在高分中挑出低能，在低分里选出高能。这是精细分选的能力。

现实社会中的"相马"，把人分出三六九等，这是"人才体系"的第一步。伯乐能看出来你是不是才，能成什么才，但这不一定有用，才算刚开始，重点是第二个层面的问题：伯乐本身的能力（能量）有多大？

马是好马，这是内在条件。至于能不能跑出千里，还需要外在条件。

谁能相信伯乐的判断，他能给你多大的舞台？没有舞台就算你是真的千里马，又能怎样？留给上帝用？有个舞台，有个环境，你可能只是近似的千里马，七八百里，也会被认可为千里。

孙阳的伯乐是秦穆公，秦国的最高领导人。所以孙阳成为秦国最牛的"伯乐将军"。如果发现你的伯乐是省级领导，那你有机会变成市级领导；如果他自己才是市级，那你的机会就是县级，以此类推。

所以**伯乐除了发现人才，还有更重要的下一步是培养（使用）人才。**

伯乐：那应该属于"贵人提携"的环节吧。

村长也知道我是千里马，可是我们村一共才十里，那我一辈子也只能和那些十里马一样混着混着混下去。

在父母的眼里，子女都是人才。所以父母们是孩子的第一个伯乐。**伯乐"父母"的能量有多大，对千里马"儿子"的影响就有多大，这是"×二代"们比普通人更有优势的理由之一。**

这是外在条件的主观因素，还有客观因素。现实中，特定区域的市长、县长只有一个。所以说**千里马常有，伯乐不常有，千里跑道（平台）更不常有。**

好在秦国的跑道多的是。秦国要打仗，需要人才，能提供给人才成长的机会很多，当然"送死"（检验）的机会也很多。伯乐的工作很重要，重要到一个孙阳不够，忙不过来。孙阳要面临衣钵传承的问题。相马的孙阳还要开始相人。

孙阳发现儿子们都不行。这里就要涉及相马的**第三个层面的问题：千里马的标准问题**。战争的年代，千里马的标准比较高。比如市长的职位，和平时期，一万人里面有几十人能担当，但在战争时期，估计只有一两人有这能耐，能压得住乱世。孙阳觉得儿子们都不是那块料，勉强放进去只有死路一条。他开始留意更多人、更多候选人，寻找更合适的人。

这是"×二代"的反向优势——看清形势，及时刹车，不要去送死。人家掌握渠道，可能不知道答案是谁，但一定知道答案不是我。

经过一番寻找，孙阳终于找到了答案。他的名字很武林、很江湖，叫九方皋。

九方皋者

"九方皋"一听就是文学形象饱满的角色，就像武侠小说什么公孙无策之类，每次出场，都能自带背景音乐。

相马的伯乐现在是相人的伯乐，表现出相术的2.0版本。经过考察后，孙阳把小九九推荐给秦穆公。

九方皋很幸运，相他的人是孙阳，不是孙阴，能量值很高的伯乐（伯乐将军），所以他有机会被帝国的最高领导人接见。为了验货，秦穆公就派他去寻找好马。过了三个月，九方皋回来报告说已在沙丘找到一匹好马。

穆公问是匹什么样的马，九方皋说是匹黄色的母马。

穆公派人把那匹马牵来一看：你当我瞎啊？

这明明是一匹纯黑色的公马。

秦穆公很不高兴，如果不是九方皋瞎了，就是伯乐瞎了，否则，只能是我瞎了。中国人和非洲人我还分不清？就把伯乐叫来责问：什么意思？你所推荐的那什么皋，连毛色公母都分不清，怎么可能能懂得相马？

孙阳长叹一声，这是一种自信的敬仰之叹。

孙阳感叹道，九方皋相马竟然达到这样的境界，这正是我比不过他的地方！他注重的是马的天赋和内在素质。他的注意力能高度集中在马的内部，而忘记其他无关的外在。他只看见他所需要看的主因，看不见他不需要看的干扰。像九方皋这样相马，包含着比相马本身更深奥的道理啊！

这套解释很有道理，逻辑、鸡汤、哲学都有照顾到。问题是既然你看不见外在属性，那穆公问你什么颜色，你可以说不知道，而不是瞎说什么黄色。

黄色和黑色只要不是"黄黑"色盲，还不至于如此随便吧。但极致的人才也确实有可能出现这类失误。比如天要下雨了，妈妈吩咐你去把衣服收起来，天才的儿子就去收。他只是收了衣服，裤子还在那边。

裤子：天青色等烟雨，而我在等你。

九方皋：你说叫我找好马，也没叫我看什么颜色啊！

所以问题的关键不是你知不知道，而是你不能瞎说。"知之为知之，不知为不知"。好在那匹马牵回驯养后，发现果然是一匹难得的好马。否则就凭你信口雌黄的欺君证据，等着杀头吧！

还有一种可能是伯乐想借用"故意的犯错"，让穆公加深对九九的印象，就像短视频故意弄错"逼迫"你反驳一样。听说当年英国科学会为推广万有引力定律，就造出一个苹果砸脑袋的故事。先吸引吃瓜群众的注意，再培养兴趣。

英明的秦穆公果然记住并认可了九方皋，而且得到了孙阳举一反三的启发，派人到各处去招募人才。**人才如同好马一样，形态各异，高矮不一，并非都是帅哥**。去招募的人不一定有九方皋的能耐，但以孙阳的理论作为依据，确实比原先只会"貌相"的标准进步了不少。

这一指导思想的直接受益者是谁？那是一群没名字的人，俗称野人。

天降神兵

因为马在秦国是珍贵的国家资源,所以秦穆公很重视马的圈养。但在某一天,穆公外出办事休息时,却发现几匹马意外丢失。

大家很紧张,这是国家宝藏失窃案啊!好在案情并不复杂,很快就破了。

原来有一批人把马偷走,他们不是拿去卖,而是暴殄天物,杀了吃,还很霸道,也不跑远一点的地方吃,所以很快就被士兵发现。大家觉得人赃俱获,应该把他们包围起来,然后就地正法,杀一儆百。但穆公过去一看,原来是几百个农民啊。

要杀吗?马都死了,杀他无益,关键是法不责众啊!他们敢偷官家的马吃,肯定是饿坏了,明知故犯是迫不得已,但也说明胆子够大。

穆公突然改变主意,说这些马都是好马,肌肉发达,肉质精细不好消化,你们直接吃容易拉肚子。我再送点酒给你们助消化。

套(盗)马的汉子们一听,秦公真仁义,最后一餐还给酒喝,断头酒吧?

谁知道,喝了也没说杀,还直接放走。

农民伯伯们蒙圈了,思想被动了。**所有那些对于生活的愤怒,对于秦国的不满瞬间变成愧疚**。这哪里是秦公的错,是这个世道的错,是世道让我们生活艰难、铤而走险,而秦公他深明大义、既往不咎。

总之,眼泪汪汪。(忘记了洗衣裳)

泪不能白流。三年后,秦穆公与晋惠公在龙门山打仗时,因为一个局部的失误,导致穆公被围困。正在这危难时机,那几百个三年前眼泪汪汪的农民不知道从哪里杀出来,把晋兵打跑,穆公也因此得救。

穆公很感激,说要赏赐,但人家不要。又说你们留下来吧,当兵,有编制,人家也不要。他们坚持只为报当年盗马吃马的不杀之恩。

这么纯粹的感情,真是一群讲究人。

正所谓种瓜得瓜,种豆得豆,种因得果。

现在轮到穆公眼泪汪汪了。(他不要洗衣裳)

搞不清楚这些"野人"是正好路过呢,还是家就住在龙门山附近。猜测他们应该是一个部落。这个部落为了报答当年杀马、吃马、送酒的情分,就主动要求参加此次战役。秦穆公有正规部队，对这种游击散户不是很在意，所以就没有编进进攻计划，属于战场上的自由人。结果正是这批自由人弥补了战术上的失误，挽救了穆公，进而挽救了秦军。后人为了故事的需要，或者是文献的流失，就说是"突然"杀出几百人。

突然？几百个大汉刚才在哪里秦军都不知道？天上掉下来的，还是从地里蹦出来的？你当世界真就电视画面那么大，镜头不拉远就看不见别人？他们怎么会知道那里有事，提前埋伏着？

当然，不管事实缘由何在，故事已经进一步提升了穆公**好人有好报的形象**。他成为五霸里霸得最柔和的那一个，只有柔和的人才能人畜无害、牛马愉快。

百里奚：我养牛。弦高：我卖了。穆公：你这个坏人。

伯乐：好马。野人：我吃了。穆公：你们是好人。

二十、战争的丰功伟绩

作为霸主，不管霸东还是霸西，文治不能少，武功更不能少。在混战的春秋，如果没有拳头、没有战功，你可能连说话的机会都没有。秦国有，而且还是有理有据的那种"有"。秦穆公关于战争的归纳路线是：**早期尽量不打，中期一定要赢晋国，后期痛打西戎**。上篇说晋国的时候，提到秦、晋之间的矛盾，因为两家各有各的"主场"需要，所以本章拟来个小转身，以秦国的角度再认真说一遍，侧重点不一样。

韩原大战

也就是龙门山大战。

秦穆公对于晋国的感情很复杂，又爱又恨。就像某西方强国，它哪会是朋友，地球只有一个，大家都在竞争，它还常常喜欢在我们身后摆一刀，但它有雄厚的科技、军事、经济实力，我们还真不好与它撕破脸，能友好就先好着。先不说打不打得过的问题，我们还需要它的××支持呢，打了还怎么支持？

穆公也是这么想。为了和平，他采用最直接最高效的外交方式——和亲。通过和亲，双方都得到暂时的双赢局面。**不是握手言和，不是同舟共济，而是暂时搁置猜忌**。但在发展的道路上，有你无我的利益冲突总是不可避免。尤其是晋献公后期的子嗣之乱，导致晋国之乱，规矩和平衡就被破坏了。

穆公开始还是按照原来的态度对待晋国。他吃不了晋国，也不希望晋国出一个与自己敌对的君主。他想立一个能和秦国继续友好下去的晋侯，但又不能太厉害。否则晋国发展太快，等于秦国被打。

综合考虑后，他帮助晋国选择晋惠公夷吾。所以**有时选择你不是因为你优秀，而是因为你不够优秀**。按常理，夷吾欠他一个人情，哪想夷吾不但不够优秀，人品还出人意料，居然翻脸不认人，不但不报恩，还变本加厉，借钱不还。

穆公觉得，一是有**舆论压力**，秦国老这么被人欺负，诸侯国会把我们看扁；二是有**内心动力**，夷吾违背礼仪失信失义，我应该能打赢这场仗；三是有**军事实力**，秦国不是宋国那种光有仁义的戾包，我还有武力。

秦、晋双方就在龙门山发生第一次大规模的正面冲突。从兵力来说，秦国少，晋国多。从士气来说，秦国理直气壮，晋国内部不一，明显心虚。

这是一场时间短、见效快、影响大的战争。对秦国来说是画面清晰、紧张刺激、成效显著。

开始是晋国的先锋屠岸夷直接杀入秦军阵列。他力气大，而且急于表达对晋惠公的忠心，想要拿出一份让人印象比较深刻的投名状，所以冲得比较狠，也冲得比较顺利。但他很快就棋逢对手，遇到蹇叔的儿子白乙丙。小白也是一个很想证明自己的年轻人。两人都想立功，都很拼命，经过一番口舌后，他们决定单挑。

这是**第一个场面**。两个立功心切的积极分子正在把战争变成体育竞技比赛。旁边的士兵们倒也轻松，先不打，围观，等两位大哥打完再说。

不知道他们有没有下赌注？赔率多大？

第二个场面是晋惠公看到屠岸夷顺利冲进去后，自己也带兵杀出，本以为就是喊喊口号、打打士气，不想竟遇见秦将公孙枝。公孙枝本来也是晋国人，是没落的贵族，早就看不惯惠公的执政理念，所以就主动迎接上去，对打纠缠一番。按照惠公的最初计划，**自己是第一个冲出去，马上就可以第一个退回来**。现在将士们都启动起来了，他正准备后退，哪想那匹精挑细选的偶像马因为没见过大世面,被吓得乱跑,拉着战车居然陷进了泥潭。他看到路过的庆郑大夫,就赶紧呼救。庆郑有心结,一直反对晋国欠债不还,反对惠公出战,还说没理的人打仗必败,结果差点被惠公杀了祭旗,在大家的求情下才保住小命。准备出征时,他看到惠公选择那匹选美冠军小驷马来拉战车,又出来反对,认为打仗又不是喝酒郊游,应该用战马。惠公依旧不理他。

九方皋:相马用马这种事,还是要听专家的意见。

庆郑也不是专家,他只是个大夫,但在这里更像一只乌鸦。

这只乌鸦前面连续被骂,还差点被杀,心里老不舒服,所以看到惠公马车陷入泥潭时,心里就有逆袭的优越感,幸灾乐祸地偷笑。他不去救,而是跟惠公说他去找别人来救。

他似乎有意在促成自己的预言,关于晋国必败的"乌鸦"诅咒。

至于公孙枝,他本来只想着抵挡一下进攻而已,却意外发现惠公被困在泥潭里走不掉。这是条大鱼啊,真是天赐良机,公孙枝就抛开身边的小鱼虾米,直接杀过去,把惠公从泥潭里拉出来。惠公见这人面熟,以为是想回晋国的立功表现,正要说谢谢,人家却反手就把他给捆了。

不好意思,如果把你放回去,我还要拖家带口迁回晋国立功;如果把你捆了带回秦军,马上就能立功,可以当场结账,现金支付。

惠公连同身边的仆徒、虢射、郤步扬等人就一起被抓。正是应了"擒贼先擒王"之说,如同下象棋一样,车马炮还没有什么厮杀,一不留神一个失误,帅直接被将死。

棋局就结束了,但仗还没有打完。因为信息不对称,传递不及时,别处不知道这里发生了什么,都还在拼命。

这就要说到第三个场面。晋国韩简原来在屠岸夷后面,望见这家伙在那里缠斗,就带另一军冲向秦穆公的中军,与秦将西乞术交战。两人也是旗鼓相当,几十回合不分胜负。在持续拉锯的情况下,晋国兵多将广的优势就慢慢体现出来。秦国的牌基本出完,但晋国还有。大夫蛾晰又引军到来,他可不是屠岸那种体育爱好者,不搞单挑,直接去夹攻西乞术。秦军挡不住,西乞术也被韩简打下车。

秦穆公便暴露在晋军面前,也是一条大鱼。大夫梁繇靡眼尖,叫韩简、蛾晰不要纠缠那个手下败将,赶紧去抓秦穆公。

眼看第二战场的一幕就要在这里复制了，谁知突然杀出几百个野人一般的汉子。他们肌肉发达，装备简单，行动无序，但气势如虹，跟发了疯一样，见到晋兵就砍杀，毫无章法。韩简吓了一跳，只好先迎战这群"天外飞仙"。

在正常情况下，游击队遇到正规军是撑不了多久的。鸟枪大炮顶多也就沾点突袭产生的军心变化，等人家军心一稳，战场早晚要回到原来的样子。但就在这时，那只乌鸦飞过来，来一脚乌龙球。

乌鸦庆郑说，你们还打个毛啊！晋侯被困在泥潭里，赶紧去救啊！

韩简一听，这还了得，人家都"将"军了，我还打什么车马炮。再不回去救，估计棋盘都让人家端走。

就这样，在几百个野人战队拖延时间的间接帮助下，在对手内部不和的直接帮助下，秦穆公虚惊一场，反半败为全胜。

问题是韩简赶到泥潭时，发现龙门山已经收摊，结束了。只有第一战场，最早开始的单挑还没结束。估计都××回合了吧？他们还在继续。

屠岸夷和白乙丙两人还是扭打在一起，这要多大仇、多大恨啊？

敬业！干一行爱一行，包括单挑。

其实单挑本不可怕，可怕的是各家小弟们都在看着。输人不能输面，输面不能当众输面，当众输面更不能当着众手下输面，当然要死磕到底。

确实死磕，战后秦兵费老大劲才把他们两人掰开。据说白乙丙回秦国后喝了好多药，吐出不少瘀血，又休养半年才复原。相比之下屠岸夷就简单多了。秦公开始还琢磨这么厉害的勇士，不知能不能留下来为秦国服务，结果一打听，这家伙是弑君杀臣的刽子手，那就没办法了。

秦国是缺人，但用人导向的底线还要把握住。如果这样的人都用，那以后队伍还怎么带？所以就按大家的意思，直接杀掉。

屠岸夷：秦国赖皮，说好的单挑呢？

这样看来，韩原大战有点像喊冤大战。晋国还真不是败在秦国手里，因为导致晋惠公被抓的两人其实都是晋国人。一个是乌鸦庆郑，一个是中彩票的公孙枝。秦国才不管这些，他们只想通过战争提升秦国在晋国乃至中原的影响力。然而，秦国看到自信的同时，也真切感受到晋国的强大，中原文化的强大。晋惠公被俘虏后，以韩简为代表的一大批将军并没做鸟兽散，而是跟在秦军后面一起做俘虏，垂头丧气地跟着。

像一群落难的公子。他们是想表达一种态度:我们的失败是天意,而非人为,如能假以时日,你要不要试试,敢不敢再试试我们的实力?

正是有这些基本前提,有双方实力差距的事实,加上老婆穆姬为弟弟的求情,穆公最终同意放晋惠公回去。当然,晋国的战争赔款也很实惠。

秦晋都是大国,能和好尽量和好吧,打仗最终也是为了和平。"打打更健康",不能把健康打没了。

而且让这种人当晋侯总比其他人好。从将领的忠心来看,不是说惠公没本事,而是输过一回,穆公放你一马,晋国就不大可能再好意思与秦为敌。人家帮你回国做君王,还帮你救灾渡难关,你却恩将仇报,承诺不兑现,借米又不还。现在你打败仗被俘,人家也不杀你。于情于理,晋国人民再也提不起底气跟晋惠公干那些膈应秦国的事。

国事本质也可以是人情的事。山西人一定也要脸皮。

事实确实如此,秦晋之好又继续好上八九年,直到惠公去世,直到晋国的人质公子圉擅自逃回晋国,又再次惹怒秦穆公。

友谊的小船实在没法再开。

这才有打造重耳这艘新船的计划。

重耳和他弟弟明显不一样。在位八年,虽然实力爆棚顺利成为中原霸主,但对于自己的恩人、姐夫、老丈人、好邻居秦国始终尊敬三分。秦晋之好又继续好起来。看清晋国实力的秦穆公也见好就收,能收尽收,**不打无把握之仗是一个政治家最起码的智慧**。他只能一直隐忍着对中原的渴望,只能眼睁睁看着晋国三天两头锣鼓喧天、鞭炮齐鸣、人山人海庆祝各种胜利。秦穆公落差的心理越变越复杂,有点羡慕嫉妒恨的感觉。

这种感觉熬到晋文公去世后,终于熬不下去了。

实力不足,对比有明显劣势,但在晋国新旧政权的交替过程中,秦国的政局稳定性更好,可以弥补其他的不足。秦穆公决定试一试。

这便是殽山之战。

殽山之战

百里奚说他只有一次没有听蹇叔的规劝,偏要在虞国做官,结果就被俘虏了。秦穆公好像也会说一直都是听蹇叔、百里奚的建议,只有这一次不肯听。他坚持要跨过晋国去偷袭郑国，结果真的大败而归。

其实**许多文人分析事实，都是有了结论再找例子证明。**我们的文化都是文人记载并传承下来，而谋士是文人的杰出代表。文人希望辅佐的帝王能以史为鉴，对他言听计从，就会按照这个思路来记载、分析历史。

在历史小说里，我们常常会看到 X 主公不听 Y 谋士的劝说，最终导致失败的结局。很熟悉的套路，是谋士的套路；很熟悉的配方，是领导负责制的配方。**所以领导负责背锅，不管是黑的还是白的；谋士负责预言，不管是乌鸦还是白鸽。**

殽之战的过程前篇描述过，孟明视、西乞术、白乙丙带着偷袭的秦兵在去郑国的路上遇到贩牛兼吹牛的骗子弦高，最后决定撤兵。回来顺路袭击了滑国，也顺路进了殽山，再顺着被晋国伏击，几乎全军覆没。

这是一场典型的妈妈说"我早就说过"的失利。

妈妈是蹇叔和百里奚，他们一开始就反对出兵。他们的想法很简单，郑国的城池距离秦国太远，中间隔着晋国和周王室，地理跨越太大，就算打下来，也没有什么用处，不好管理。

在当时条件下，你放个城池在外面，早晚也会变成别人的，不是被抢走，就是跟人跑，或者搞独立。就像你把女儿放在千里之外的城市，心里能踏实吗？如果社会不安定，动乱四起，谁保护你女儿？所以蹇叔和百里奚反对突袭，并不只关心突袭能不能成功的问题，而是就算突袭得手后，你能做什么？

这只是利益的问题。他们没有猜透穆公的心思。

秦穆公不会不知道他们二人顾忌的问题，但还是坚持出兵，理由更简单，他想介入中原，进一步东进。中原才有广阔的政治舞台，秦穆公向往这片热土已经很久。他因为秦、晋之间的差距，忌惮晋献公的威力，一直停留在羡慕中。龙门山大战试探出晋国的强弱，但等自己积蓄力量准备进一步染指时，晋文公来了。

晋文公让形势变得更加严峻，因为他的隐忍和对局势的驾驭能力一点都不逊于秦穆公。晋国又一次变成秦国东进的阻力。穆公只好再次收起欲望。

现在晋文公去世了。他以一个政治家的敏锐，推断刚刚继位的晋襄公没有足够的实力和勇气对抗秦国。如果**打狗还要看主人，那"主人不在"**

就成了打狗的最佳时机。穆公想通过打郑国来宣布秦国准备挑战晋国的霸主地位。大家借此比一比：看我能不能？看你敢不敢？穆公要赌一赌。

所以偷袭郑国的成败很重要，偷袭这事本身更重要。**百里奚看到的是利益问题，而秦穆公想要的是政治态度。**

穆公确实看透了晋襄公，但他不知道晋国还有一个**先轸**。

一般来说，新继位的君王，最重要的工作是如何巩固位置，不被兄弟争夺，不被权臣架空。在这种顾虑下，会有一段真空期，会出现仇家（敌国）在军事上趁乱、趁丧讨伐的时机。从这个角度看，秦穆公选择的时机没毛病。穆公还是晋襄公名义上的姥爷，他十分了解襄公，历经患难，经过逆袭，性格偏懦弱。按理说，穆公能把握时机、了解对手、果断切入已经占据不少制胜的有利因素，但哪会想到晋国又杀出一个先轸。一个左右历史情节的英雄。

从先轸强势要求出兵这事看，晋国已经进入一个新的政治阶段，即制度。六卿制度开始运行，发挥着优越性，它把晋国的图伯称霸变成晋人的共同认识。所以在晋襄公刚刚继位，还在担心权臣的时候，"制度"的责任心让先轸提出来要主动打击敢于挑衅的秦国。襄公无须犹豫不决，他只需看清先轸出兵是为了他自己，还是为了晋国就可以。

襄公这个判断力还是有的。于是，晋国在服丧期出兵了。

有谋略、有能力的先轸根本不会被礼教所束缚。能这么轻易鄙视礼教也说明他不是在篡权。一个不要名声，敢于与礼教为敌人的人，江湖味过于政治味，写在脸上的个性还能篡什么权？

先轸像个"插件"，完全出乎秦国的预料。

秦穆公：我猜透了晋襄公，谁知却冒出个先轸。

故事便因此埋下阴森森的伏笔。带兵出征的百里孟明在撤退的路上，顺手牵羊找一个软柿子捏，很软的滑国。捏完后带着贼不走空的得意，赶紧就跑。晋国没有来，孟明视感觉有点小幸运。但他没想到，人家不是没来，而是在等。在殽山等，在这个秦国进出中原的咽喉之地等。

你若不来，我就不走的那种等。

"我等你"是诗歌，"我们等你们"就变成厮杀。

秦国上下都知道这个地方很危险，大家小心翼翼，但最终还是全军覆灭了，因为对手是先轸。**他知道你会小心翼翼，他也配合设计出另一个小

心翼翼的圈套。 最终成功拿下秦军。

秦军败了，秦国觉得我们去打郑国确实有错，但错不至死。你这样占据有利地形截杀我，是不是太过了？

本来可以罚酒三杯的事，你居然打我耳光。

秦、晋双方都越想越恼怒。自此，秦晋之好彻底结束。离婚！

秦穆公发誓要报仇。现在不再说什么盟主啊，东进啊。这个脸要是不争回来，周王室以后开会可能都不会给我发请帖了。

好在机会很快又来了。不过这么积极主动送上门的机会会不会又是陷阱？

彭衙之战

彭衙之战就是殽山之战2.0，纯粹是秦国的复仇之战。在殽之战两年后，孟明视带着秦兵来复仇。机会也不错，晋襄公正亲征卫国，晋国后方空虚。而且晋国变态牛人先轸已经去世，现在带兵的是他儿子先且居。

晋文公设计的六卿制度，让带兵的人有权还有位。如果你能力太平庸，位置根本坐不稳，毕竟后面还有五个牛人一直盯着你。五人只能由晋侯任命，如同内阁一样，很难被主帅直接培养成自己人。前主帅先轸能（敢）推荐自己的儿子，说明先且居肯定有过人之处。先轸如果贪权的话完全可以贪生不死，厚着脸皮继续挂帅下去。**所以他推荐的人一定是能人先且居，而不是儿子先且居。** 不过他没想到，儿子的福气还远超能力。

因为一个叫狼曋的神人。

殽之战后，晋国知道秦国一定会回来报仇。但实力摆在桌面上，所以内心还是不怎么当回事。晋国仍旧以盟主的身份去打卫国，惩罚它无故缺席年度盟会的任性。晋国认为扼杀住这股"歪风邪气"比防范秦国更重要。

秦国逮住这个空当，出击复仇。穆公还让孟明视带兵，哪里跌倒的孟明视要在哪里爬起来。从传统角度看，孟明视也是一员能将，排兵布阵什么都很规矩，一切看起来都没什么毛病。

面对秦兵，晋军都很平静，一副兵来将挡水来土掩的气定神闲。晋襄公回国，先且居去迎战，一副分工明确的样子。这是外松内紧的表现。两军在彭衙遭遇，双方按照春秋打仗的模式排开。唯一不同的是，那个叫狼曋的猛人因为先前被先轸遏制,就一直在寻找机会证明自己。家里养过狗的朋友都知道,散养的狗一般没有"锁养"的狗凶猛,何况是狼,还念"神"。他本该在先轸时代大放光芒,但灯泡的开关被先轸关了,不但照不出光芒,还被鄙视地骂过一顿。

现在,**先且居把他"释放"了,把他底层的愤怒释放了出来**。狼曋不想挨个去解释自己到底是个什么样的人,说我真不是老将军先轸说的那样。他决定来个统一回复,一次性全部解释。本来就十分厉害的狼曋现在再加上愤怒,火上浇油,实在不得了。

秦人,包括晋人都见过先锋,但都没见过这么变态的先锋。不要命,明显带自杀性的恐怖分子先锋。

秦军多年征伐,战场的故事见多了,但遇见这种火力还是首次。见世面,长知识了!这是遥远的东方给予他们的见识。"见识"的代价非常沉痛。

遥远的东方:其实我自己也不多见。

不按套路出牌的狼曋把秦军冲得七零八落。虽然他自己最后也战死,但先且居瞅准时机,果断出击,切中要害,秦军再次退败。

这已不再是面子问题,简直就是存亡问题。你雄赳赳气昂昂说要来报仇,结果就被对方一个狼曋给干趴下,这还了得!就像某个武林高手闭关多年,练成什么盖世武功,结果一出关居然摔倒了。

如果这个坎过不了,以后大家也不要叫我什么秦公,叫秦公公得了!因为秦国的气势与势头一旦没了,就很难再复原。

"势头"你看不见,但影响力很大。**对比市场看不见的手,它是战场看不见的手指**。打架为什么要打对方的头子?因为干掉一个领头,其他人就容易臣服。如果他们不服,剩下的一个一个来,你哪能扛得住?还好,事实是他们大多就这样"臣服"了。

你灭他老大的气势时,也包含灭掉他的一种能量,**叫势能,政治势能**。

【政治势能】物理说,势能可以转化为动能(动能也可以转化势能)。势能不一定有杀伤力,但转化为动能后,就是一股能量,能撞伤你。所以人们遇到头顶悬着的石头,就会害怕,想跑。不是这块石头的势能伤到你,而是你担心它掉下来转化为动能后会砸伤你。一块石头就算掉下来,顶多也就砸伤一个人,但就因为它不掉下来,保持着势能,结果每个人都会畏惧它，都想跑。

势能不伤人，但它悬着，反而能震慑更多人。

势能怎么形成？可以来自动能。滚动的铁球滚到高处，速度越来越慢，高度会越来越高，动能就冲出势能。

一群人里，A 很能打，如果他想叫谁去做事，谁不听话就打过去。"打"相当于动能，"打"几人次后，他就形成足够的个人势能，以后不用再打，大家也能感觉到**他的势能**，心里害怕就会乖乖去做事。时间一久，他还会衍生出新的附加势能，身边会有马屁 B 人组成集团，如果有谁不听话，都不要他亲自出手，集团里一堆 B 人也会去教训某个谁，这就叫**政治势能**。

由高度形成的能叫势能，由权力威胁（权威）形成的能就叫政治势能。同样，政治势能也不一定非要转化，大家能感受到就可以，因为谁也不想被用来转化。于是，畏惧就表现出臣服。

自然科学的势能和动能，对应到社会科学可称"政治势能"和"行政动能"。

如果悬石滚下，势能转化为动能，后被外物阻止，等于动能消耗了，无法再转回势能。同样，领导开始发号施令，政治势能转为行政动能，如果令行禁止，行政动能不损耗还能转回并提升政治势能；如果政令不通被生生顶回，等于行政动能损耗不能再回到政治势能。久而久之，他的权力、威信就都会减弱。

秦国很恼怒，如果政治势能无法重新建立起来，不要说东进，以后打西戎都要从头再来。西戎听说你屡次被晋国尅倒，就会削弱对你的畏惧，认为你不再是神一样的对手，就不会再怕你，不会轻易投降。你又得挨个去打，要重新从零开始蓄养政治势能。其间你还不能败，否则就事倍功半，不进则退。秦国会越来越困难，甚至鼓破万人捶，墙倒众人推。本是健康的银行，被挤兑就真的倒闭了。

所以晋国的坎一定要过，要把失去的"能"夺回来。只是没想到，这次去夺又没夺回来，还把本搞没了，等于失去更多。

散户：补仓的钱又被套。

本想从哪里跌倒就从哪里爬起来的孟明视，还没爬起就再跌（趴）倒了。原来，人是可以重复踏进同一条河。

但秦穆公说，顶多两次。因为下一年，穆公决定亲征。

王官之战

现在应该算殽之战 3.0。因为狼瞫的不按套路出击，导致我们的励志故事也不能按套路出牌。孟明视也只能知耻而后勇，**知二耻而后勇**。

孟明视：我一定要维护好励志故事。

孟明视自彭衙败退回秦。秦穆公还是没杀他，反而主动承担了责任。孟明视又是感动又是自责，他变卖家财，抚恤伤亡将士家属，亲自训练军队，和士兵朝夕相处、同甘共苦。这种态度、决心和气势传到晋国，先且居敏锐地感觉到事态的严重性，这是要死磕的节奏。按照鸡汤理论，打志气比打仗难得多。

先元帅觉得，对这个不能劝也劝不动的对手应采取先发制人的策略。他为拉出仇恨的广度、增加获胜的把握，就集结宋、陈、郑三国军队一起组成联合国军去打秦国。面对士气昂扬的四国联军，孟明视沉着冷静，认为秦军尚未做好充分准备，不可应战，就命令紧闭城门，加紧训练。**你围你的，我练我的**。这正是晋国所担心的局面。小百里不按照你的节奏跳舞，说明秦国为这次"复仇"已设计了一套完整的计划。

晋国没有办法，就散布小道消息说，孟明视输怕了，变成了胆小鬼，并在秦国买通舆论专家、水军、推手以及臭不脸的叛徒一起喊出要求解除孟明视指挥权的声音。

这是专家的特点。他们习惯急得不得了，听风就是雨。**不是因为他们傻，而是因为他们不知道**。他们的消息渠道有限，就这些资料好像也只能得出这样的结论。

面对质疑和嘲讽，孟明视再次选择忍辱负重。既然忍辱过，就不在乎忍二辱还是三辱，都一样。同样，秦穆公也顶住各种压力，不改初衷，孟明视最终还是孟明视，还是大将。

秦穆公：我顶你。

第二年，准备好的秦军开始奏响复仇的歌曲，"起来，不愿被说三道四的秦人们"，进军晋国。全天下都知道秦国这次准备有多充分。从士气上说，叫哀兵必胜；从实力上说，穆公亲自出征，家里能动的家底，除了看门的老头和光屁股的小屁孩外，其他人都出来了；从决心来说，穆公命令破釜沉舟，不胜不归。

晋人知道这次主角一定是秦国。**对付主角的最好办法就是不对付。**

坚壁清野，不打！我也和你上次一样，不陪你唱戏。

秦国很生气，连续攻破王官、郊等小城（邑）后，英雄再无用武之地。他们在晋国国境内走来走去一个多月，各种耀武扬威"张牙舞爪"后，又去殽山祭拜了亡魂。一切事务妥妥完成后，才悠然地带着胜利回家。

周襄王看到这一幕，又按捺不住激动的心，想去找秦穆公，也想给他颁发一张盟主的牌照。尹武公拉住了，劝他看看再说，不要急着否定晋国。周襄王觉得有道理，俗话说瘦死的骆驼比马大，而且秦国确实就是养马的。

秦穆公：没事，我可以等。

秦军为什么只打几个边界小城呢？因为穆公心里也清楚，这是两个大国的政治默契。秦国知道不能像殽之战那样"赶尽杀绝"，**做人不能把对方往死做，一定要留有余地，对方才不会死命反扑，这是教训。**晋国是在让秦国发泄怨恨。几个小城下来，怨恨也消得差不多，对外对内都说得过去，如果还不知天高地厚，非要死磕晋国的大城市，那就是你不给晋国面子。明天的晋国就会像今天的秦国一样，反过来死磕秦国。恶性循环，两败俱伤。所以只要吃饱饭，吃到肉，就应该放下屠刀。

晋国做错事，你去它家砸几个碗，踢几脚凳子是可以，总不能得理不饶人，把人家的老婆抓走吧？晋国也要面子，不要逼它也开始维护面子。

这是面子平衡，更是政治平衡。晋国的赵衰知道，秦穆公也知道。看破不说破，继续做朋友；说破不做破，继续做邻居。

不管怎么说，秦国已经取得面上的胜利。天下的诸侯已经看到秦国的实力。千万不要去惹秦国，否则它发起横来，连晋国都怕。

孟明视：我等了三年，就是要等一个机会。我不是要证明我比别人了不起，而是要证明，我失去的东西，一定要亲手拿回来。

秦穆公：英雄本色。

秦国的政治势能终于再次确立起来，恢复到原来的样子。它是老虎，不是猫。那就不要惹老虎，不要惹到它发威。

至少西戎的部落就是这么认为的。

大灭西戎

秦国一直都在打西戎,只是分阶段分重点不同对待而已,有时候紧,有时候松,有时候狠,有时候轻。这段时间想要试探东方,就轻一点,现在试探完毕,发现那过不去,就做条无形的防线,再次把重点拉回到西戎。

就像一个高中生,听说除了高考,学奥数去竞赛,考得好就可以直接保送大学上名校。他就花几个月时间去搞奥数,最后发现不行,考不上前几名,保送不了,只好又回到语数英的主业上来。

回来的秦国就不再是原来的秦国。人家奥数虽然没有考上好成绩,没保送,但毕竟多做一堆习题,大脑的逻辑思维训练到一个新的层次。新层次就有新做法、新气象、新成效。那个掉下山崖的大侠如果能重出江湖,肯定已经打通任督二脉。同样,回头西望的秦穆公已脱胎换骨,对西戎战争的打法也跟着改变。从传统的硬碰硬看谁硬,到现在的硬找弱,一打一个准。秦国把在东边吃的亏,学的艺,全都运用到西部战场去,再实践再提升,这叫战略升级。

让西戎最头疼的是秦国好像在他们的地盘上装了北斗,哪里是软肋,哪里是硬骨头,居然被摸得一清二楚,西戎诸国好像中了木马。

是的,木马叫由余(繇余)。

繇余有余

由余很像"由于",或者也念"摇椅",看读者心情了。他本是晋国人,有很强的语言天赋,不但会说母语晋国话,其他的戎狄土话、秦国腔调等都能轻松脱口而出。

曲沃代翼后,翼城老晋侯的公子哥们就变成没落的贵族。晋献公一上台,又搞政策性捕杀(驱赶)。他们在晋国的道路越走越窄,只好各自外逃谋生。由余就在这个时候离开晋国。只是有点奇怪,比如现在出国留学移民,一般都去美国、欧洲之流,由余却选择去非洲,去西边某个西戎部落。只有一种可能——有亲戚,而且是实在亲戚。他过去后,很快就担任×戎国的主要谋臣。

为了×戎国的稳定和发展,由余就到周边的西戎诸国走走看看,能建立友谊的邻居尽快确定关系，暂时不能建立也签订个意向。那段时间西戎之间相互杀戮的次数明显减少。此时，诸戎最大的"天敌"秦国，正进入秦穆公时代。穆公注重东进的策略，很少顾及西边，等于给了西戎诸国喘气的机会。

这是难得的发展机会，能喘气就要赶紧想想如何发展。但大多数部落没有这种意识，他们只会尽情地享受着太平，天天过着打猎喝酒、唱歌跳舞、撩妹吃烧烤的生活。他们的状态让有远见的由余很担心、很痛心，**由余觉得和这些把烧烤当饭吃的部落在一起，实在没什么前途。**

他把目光投向秦国。

他成功忽悠戎王让他出使秦国。到秦国后，由余吓了一跳。在他的印象中，秦国也是西戎的一支，相对于晋国，秦人只能代表着"落后愚昧"。看到真实的秦国后，他才知道这个邻居的文明程度完全超乎意料。秦穆公也有意拿些发展成就来炫耀，总带他去看一些当时中原贵族们玩弄的奢侈品。

作为使者，尤其是见过世面的使者，由余是不可能表现出痴迷拜金的样子。他反而运用丰富的知识，鄙视一番，说华丽的奢侈品对于建国毫无用处。因为有九方皋相马的启发，穆公立即预感到由余的不简单，发现他完全不像是西戎本地的土著，便吩咐内史廖去了解一下由余。果然，他是晋国没落的贵族，就是秦国想要招募的人才。

穆公又特意再找他深入聊天。由余的观点对于秦的治国理政不一定都对，但穆公意外发现他对于西戎的情况十分清楚。一个晋国人比秦国人还了解西戎。对穆公来说"了解"十分重要，管他是哪里人。如果能得到由余，就等于掌握了西戎的许多秘密。

这是知识改变命运的典型案例。西戎人土生土长那么多年，除了学会打猎烧烤外，对身边的地理风俗、部落分布、实力特征等根本不想不会也不懂去探索。"外来的和尚"由余却有天生的敏锐性，很会念经。他的努力提升了自身的价值，他成为西戎的"**百事通**"。

命运在向他招手。

由余：我看见了。

秦国地处西鄙，吸引人才的优势十分有限。春秋时期的人才流动还不大，秦国就算给安家费、高工资、高地位，也很难吸引多少中原人才过去。

但对比更加落后的西戎，秦穆公还是有信心。

秦穆公一面找各种理由把由余滞留在秦国，一面又委托内史廖去戎国做戎王的思想工作。"思想工作"不是摆事实讲道理，而是送美女、搭美酒，说秦国想要和你们建交。天天吃烧烤的汉子们一下子能喝到好酒，酒后还能看到完全不同风格的"美女天团"表演综艺节目，还可以随时乱性，实在是……那啥，我都不好意思说。没多久，戎王就彻底养膘了！

戎王：秦穆公人真好。

由余很快就看穿秦穆公的伎俩，因为自己也是有心，所以就眉来眼去一年后才回到戎国。到戎国后，由余看到戎王变得只想享受太平，嘴边天天挂着家庭最重要、老婆们最重要，人的生命只有一次，什么秦国，什么戎狄，早就忘光光了。由余有预料中的失望，便收拾行李，带上家眷去了秦国。

戎王：防火防盗防邻居。

再次回到秦国的由余就不是使者，而是秦国的上卿。他开始为秦穆公谋划如何分化瓦解诸戎。这项工作与内史廖送美女几乎是一个套路。**秦国学会并认真完成许多看不见血的工作，不再动不动就打打杀杀，不再只知道打打杀杀**。打架是解决不了问题的，彻底消灭才可以。

穆公将工作重心放到西戎后，在由余的协助下短短几年就灭了二十个戎国，开辟国土千余里，再次惊动天下诸侯。

周襄王：这次谁也不许拦我。

激动的周襄王终于颁给秦穆公一面"霸西戎"的牌照。

秦穆公：我等了三年，就是要等一个机会。我不是要证明我比别人了不起，而是要证明我失去的东西，一定要亲手拿回来！

孟明视：这句我说过了。

由余去世后，穆公痛哭不已。人死不能复生，但由余也没有太多遗憾。在殽之战的前期，百里奚和蹇叔因为秦穆公没有听自己的劝阻，就耍性子辞职。秦穆公就让由余、公孙枝出任左右庶长。地位的提升，也是财富的增殖，据说由姓和余姓便和由余有很大相关。

穆公去世

公元前621年,晋襄公在位七年去世,秦穆公最疼爱的女儿弄玉去世,此前公孙枝也去世,这些亲朋的相继离去让暮年的嬴任好甚感悲凉。他不再怎么亲理国政,热情大减,一般国事都委托孟明视,还有"子车氏三子"奄息、仲行、鍼虎(三良)。不久,秦穆公做了一个梦,梦见这么多老哥们都在叫他,说等他一起再建功立业,醒过来便开始生病,没几天就去世了。

秦穆公在位三十九年,位列春秋五霸之一。他**有影响**,辅助晋国惠、怀、文三代君王,晋文公还称霸诸侯;他**有实力**,挑战晋国权威,高开高起,历尽波折,并能完美收官;他**有胸怀**,注重外交,慎用武力,宽待怀公并馈施晋国米粟,吸纳各色人才不拘一格;他**有功绩**,压制西戎屏护王室,保护中原诸侯免受西戎的蔓延和侵扰。他在前辈的基础上,一手缔造了春秋时期最强大的秦王国。遗憾的是,他有点生不逢时,因为他的对手居然也是春秋特级政治家,晋文公、晋襄公父子是,南方的楚成王也是。NBA96黄金一代、03白金一代,凑上堆了。

很倒霉。他原本是江湖的顶级高手,但一出江湖,就先后遇见天下武功排名前二的大侠,一过招发现都这么费劲,就开始有点怀疑人生。打两仗就输两阵,我是不是很烂?

瑞典有个十分优秀的乒乓球选手,叫瓦尔德内尔。从蔡振华开始,他在世界乒坛上陪中国人打了几十年球,六代人都做过他的对手。师父打不过,徒子徒孙还是打不过。虽然他自己也是大满贯得主,但如果没有中国这些变态魔王,那他的人生应该有更多的精彩。

秦穆公有很强大的政治能力,是难得的明君,但他遇到的对手实在太强。秦国又正在崛起,不得不面对这些敌手。卷子太难,难怪前面两位眼光独到的哥哥会拿出"兄终弟及"让他来。

哥哥:你行你上啊!

很幸运。高手过招,一定要找到个差不多的对手才过瘾。如果只打一些不入流的小喽啰,你就算赢也学不到什么,浪费时间,还缺乏成就感。这是秦国的幸运。在晋国最美好的时代,强强联手的君臣时代,秦国能和晋国站在同一个舞台上,纵横捭阖,进行各种深入浅出的交流。秦国迅速跻身中原强国的行列。

在晋国上升的阶段，**秦国也拿出他们精心酝酿的明君，使得秦国不被晋国打压、掠夺甚至吞没**。穆公接受并践行自己的历史责任，通过锐意改革在一个老企业建立现代企业制度。他带着秦国在春秋最重要的变革时期，弯道超车，赶上霸主的队伍。而且，与其他天生富贵的诸侯不同，秦国是从一个毫无地位的农村小伙子开始，一步一个脚印打出来的。

很可怕。秦穆公不但能抵御中原的侵蚀，还能不亢不卑地学习东方诸侯国的先进理念，并活学活用到西边。秦穆公成为秦国对西戎作战的历代君王中，效率最高的一个。他付出的代价最小，灭的国家（部落）、取得的土地最多。

据说秦穆公死后，陪葬多达有一百七十七人。数字代表着残酷，也代表着后代对他的崇敬，但真实性难以考究，据说"三良"也在陪葬之列。一般来说，陪葬的名单都是后宫后妃，很少有谋臣。是不是新继位的康公出于政治目的，还是别的什么原因要杀"三良"，就借陪葬的名义，借力发力、顺理成章地杀掉？也有人说是"三良"太过崇拜穆公，主动要求陪葬，一定要殉情，拉都拉不住。

不管怎样，随着秦穆公的去世，春秋最热闹的一场强人对话也宣告结束。

此后，中华大地上出现几十年"霸主有名无强"的弱霸局面，直到楚庄王出来接棒。这段时期，霸业秩序因为缺乏强劲的霸主使得诸侯社会又陷入"弱肉强食"的"礼崩乐坏"。

第四篇（届）晋霸文公：实力造就/第五篇（届）秦霸穆公：苦难逆袭

守\攻	周朝	晋国	秦国	宋国	郑国	楚国	齐国	鲁国	卫国	曹国
周朝	1. 邀霍攻郑；2. 叔隗、大叔嫁周，作乱	2. 封贵四邑；3. 践土会盟，授权伯业								
晋国		1. 晋国简介，曲沃代翼；2. 献公强晋，假途灭虢；3. 申生被杀，夷齐继位；4. 里克作乱，惠公登位；5. 流亡列国，重耳出逃；6. 重耳归晋，平叛郤氏；7. 设置六卿，三军大治；8. 文公去世，襄公继位；9. 戎狄之战	2. 崤城赖秦；6. 殽山之战；8. 彭衙之战，狼瞫溃秦	3. 周曹救宋	4. 背晋事楚	2. 先修激楚；4. 城濮之战；6. 同贵许蔡，泜水之战				
秦国		1. 选定惠公；3. 报复赖账，韩原大战；4. 两助重耳，上位文公；5. 回马袭；6. 殽山之战；7. 报复败赖，彭衙之战；9. 三战晋国（亲征）	1. 嬴氏秦非，仲大夫；2. 拥立侯，封伯扩地；3. 古戎叉，兄弟终及，穆公继位；4. 婚晋国，互救大夫；5. 内政改革，伯乐相马		1. 挺清兵郑；2. 寻求保护				2. 囚房卫侯；3. 释放卫侯；4. 晋襄问责	2. 灭曹救宋；3. 释放曹伯
楚国		1. 善待重耳；4. 践土会盟			1. 盟晋国郑；3. 千里突袭					

续表

守\攻	周朝	晋国	秦国	宋国	郑国	楚国	齐国	鲁国	卫国	曹国
郑国	3.留护襄王	1.无视重耳；2.践土会盟；3.又愤退师盟；4.对话重耳；5.叔詹退秦	2.烛武退秦；4.弦高退秦						1.滑国之争	
楚国		1.对话重耳；3.子玉通晋；4.城濮之战；5.接纳许蔡；6.泜水之战		图霸中原		商臣弑父，穆王继位	受鲁邀请，攻下城池			
齐国		1.收留重耳；2.践土会盟								
鲁国		践土会盟			2.邀周击郑		2.晋邀退齐；3.邀楚攻齐	1.先发制人；展获故事		
卫国		1.拒绝重耳							1.叔武代卫；2.成公复国	
曹国		1.戏弄重耳								

下 篇

（第六届）楚霸庄王：传统逞强

春秋故事爱好者议定由楚庄王在楚国组织各诸侯国召开**第六届诸侯国秩序委员大会**。本届大会的主旨是"文化包容，共同繁荣"。

此前主盟国提出的会议口号多为"尊王攘夷"，盟主的称号一般由周王室授予确认。这是一种"实力自下而上，授权自上而下"的产生方式。鉴于在楚国在发展历程中，周王室一直对它存有偏见，本届会议产生盟主的方式改为"实力自下而上，确认也是自下而上"的民间选举方式。

本届会议名义主席暂缺。（王不见王）

楚国的"盟主"地位不是一天炼成的，是几代人共同努力的结果。楚国拥有独特的楚文化，与中原的礼文化存在较大差异。楚人一直受中原排挤，但他们经过艰苦奋斗，逐渐获得中原的重视和承认，并在楚庄王时代，厚积薄发，成功赢得诸侯的畏惧和尊重。

大会首先回顾了楚国历代先王的创业历史。楚人在商朝时期被逐出中原，"筚路蓝缕，以启山林"，一路向南，终于在湖北楚山附近扎根。他们与周边部落不断交融、学习、交流、竞争甚至激化矛盾引发弑杀。在经历血与火的重重考验后，熊氏终于等到周王室"遗忘式"的封爵，建立楚国。

在爵位与实力极不相配的情况下，楚人的倔强逐步发酵。幸运的是，他们已经形成一套完整而强大的楚文化。文化消融了楚人心中的不平，让楚国逐步走出一条具有南方特色的发展道路。

大会认为楚国的发展水平与中原不相上下，某些工作甚至更加突出。

大会总结了楚国自穆王继位以来对中原的影响和贡献。

这几十年，中原主要诸侯晋、齐、鲁、宋、郑等相继出现政权过渡的问题。其中晋灵公、齐懿公、鲁文公、宋文公、郑灵公等人一度失政，导致国家混乱，人民生活困苦不堪。楚人认为这是一个必然的过程，任何制度都不是完美无缺的，只有在不断发展中，在经历各种困难磨难后，一步一步修缮才能逐步成熟。

中原的混乱给了楚文化进入中原的机会。中华的两大文化因此深度交流、碰撞、融合并最终形成灿烂文明。

中原的龙和楚国的凤相遇，中华龙凤呈祥。

大会充分肯定了楚庄王的能力。他能及时抓住机会，带着楚国几百年的文化积淀挺进中原，与周王室对话，敢于对代表中原文明的晋国发起挑战，通过邲之战互相"提醒"。楚庄王既能完善楚文化，还能尊重中原文化，不穷追猛打，不灭国绝祀，保护了中原的文化传承。

大会认定楚国是军事的巨人、经济的巨人，也是文化的巨人。

大会休息期间，与会代表还畅谈楚庄王个人的成长历史，对其三年蛰伏期中蕴含的文学内容赞叹不已、羡慕不已。不飞则已，一飞冲天，值得后世人学习。

最后，大会在雄壮而宏大的周礼、楚乐交汇声中闭幕。

本届时间跨度：公元前620—前590年

主盟国：楚国

常任国：晋国、齐国、鲁国、宋国、陈国、郑国、卫国、徐国、蔡国、秦国、曹国

秘书长：楚庄王

理事：楚穆王、楚共王、晋灵公、晋成公、秦康公、郑穆公、郑灵公、郑襄公、陈共公、陈灵公、陈成公、齐懿公、齐惠公、齐顷公、宋昭公、宋文公、鲁文公、鲁宣公、蔡庄侯

代表：【晋】赵盾、狐射姑、公子雍、公子乐、狐鞫（jū）居、阳处父、臾骈（yúpián）、穆嬴、郤缺、先蔑、士会、先克、箕郑父、梁益耳、士谷（或縠 hú）、先都、蒯得、梁弘、赵穿、魏寿余、屠岸贾、钼麑（chúní）、提弥明、灵辄、董狐、赵括、荀林父、郤克、赵朔、栾书、先谷、士会、赵婴、巩朔、韩穿、荀首、赵同、韩厥、魏锜、赵旃（zhān）、荀罃（yīng）、逢伯、鲍癸、解扬、屠岸贾；【郑】公子宋、公子归生、公子去疾、叔詹、堵叔、师叔、公子坚、公子庞、乐耳；【陈】孔宁、仪行父、夏姬、夏征舒；【齐】世子舍人、邴原、邴歜（chù）、

阎职、华元、高倾、国归父、卢蒲就魁、高固、邴夏、逢丑父；【周】单伯、王孙满；【宋】子御、王姬、孔叔、公孙钟离、公子卬、华元、吕乐；【鲁】公子庆父（孟孙）、公子牙（叔孙）、公子友（季孙）、公孙敖、孟孙谷、孟孙难、公子遂（东门遂）、季孙行父、叔孙得臣、归父；【楚】熊渠、熊通、斗缗（mín）、熊赀（zī）、息夫人、鬻拳、熊艰、熊恽、子元、潘崇、范山、斗越椒、蒍贾、公子朱、公子茷、成大心、成嘉、斗克、公子燮、庐戢（jí）梨、伍举、苏从、斗般、养由（繇）基、斗克黄、公子婴齐、公子侧、宁国、屈巫、襄老、申叔时、唐狡、孙叔敖、伍参、蔡鸠居、乐伯、摄叔、公子谷臣、申无畏、申犀、虞丘子、孟优、狐丘【卫】孙良夫、石稷、仲叔于奚；【曹】公子首；【其他】息侯、蔡哀侯

主要工作要点：楚霸环境、晋霸衰期、晋襄去世、两派争位、盾杀公子、射姑杀臣、贾季奔翟、穆嬴母子、重议夷皋、灵公继位、秦康落空、令狐之役、五将做乱、先克遭诛、赵盾平乱、秦人复仇、河曲之战、晋国固守、秦诱赵穿、混战持平、秦假约战、臾骈智慧、赵穿昏头、士会善谋、晋召士会、寿余苦肉、康公中计、灵公嬉闹、赵盾劝诫、灵公反击、钼麑义士、灵公杀盾、赵盾潜逃、赵穿请罪、卧底灵公、赵氏弑君、成公继位、起用公族、制衡失败、郑国定律、郑灵继位、灵公宴鼋、姬宋好食、食指信号、灵公戏弄、姬宋强食、不欢而散、姬宋弑君、郑襄继位、郑国七穆、陈灵君臣、夏姬传奇、君臣共淫、征舒弑君、二臣逃楚、商人杀侄、懿公篡位、鞭尸邴原、阎职失妻、设套单伯、晋鲁调和、邴阎弑君、姜元继位、惠公得利、宋国昭公、楚穆威宋、宋昭赴楚、宋国受辱、子鲍收民、子鲍起事、宋文继位、鲁文继位、鲁国三桓、孟孙落势、东门起势、秦女干政、东门联盟、东门使齐、姬倭聘齐、马踏世子、宣公姬倭、姬盼耻兄、楚国崛起、祝融子孙、芈姓熊氏、熊渠称王、武王强楚、楚置权县、汉阳诸姬、武王伐随、武王战死、文王迁都、息蔡连襟、桃花夫人、息侯挖坑、蔡侯复仇、鬻拳劝诫、文王纳息、文王征巴、大阉鬻拳、文王征黄、文王战死、鬻拳殉葬、熊艰继位、遏制熊恽、熊恽弑君、成王立位、子元伐郑、子文令尹、成王无霸、楚国文化、子弑父君、穆王继位、楚灭三国、楚进中原、越椒伐郑、郑欲固守、越椒诱敌、郑国求盟、陈国胜楚、威慑陈国、宋国投楚、宋昭受辱、若敖家族、平叛群舒、楚庄继位、群舒再叛、斗克作乱、劫持楚庄、戢梨平叛、沉迷歌舞、

不鸣则已、庸国攻楚、大鹏展翅、消灭庸国、郑国投诚、陈灵投晋、郑国攻宋、大棘之战、晋国弃宋、楚攻陆浑、问鼎中原、王孙对答、越椒造反、蒍贾被杀、百步穿杨、平叛若敖、绝缨之宴、踏进中原、晋楚争郑、晋成征途、景公姬据、晋国服陈、楚国灭陈、陈县复国、百日攻郑、唐狡报恩、郑国望晋、郑国归楚、晋国救郑、邲地之战、伍参主战、令尹主和、楚王倾和、楚军转战、晋帅欲和、副帅欲争、先谷进兵、晋国出战、郑国教唆、楚国来使、先谷却使、乐伯秀艺、魏锜秀艺、赵旃未遂、楚击赵旃、赵旃奔逃、晋兵接应、楚兵接应、楚军大攻、晋军溃败、晋人抢渡、荀首父子、楚纵晋退、晋失颜面、晋赦败师、晋国扰郑、楚国激宋、楚国攻宋、宋求救晋、十月围城、解扬使宋、晋国口凭、楚赦解扬、楚兵种地、华元夜访、宋国盟楚、楚国光芒、晋国灭潞、晋欲和齐、郤克使齐、四国使者、齐顷辱残、郤克结仇、郤克主晋、鲁斗三桓、季孙主鲁、鲁国恨齐、齐攻龙地、齐鲁对战、卫欲偷袭、卫国乌龙、卫国逃脱、三国求晋、晋国出战、楚国换代、鞌地会战、高固戏晋、齐顷误判、顷公轻敌、一鼓作气、晋人抵挡、郤克忍痛、晋国反击、齐国溃败、真假齐顷、丑父受俘、齐国求和、郤克辱齐、齐晋和谈、楚国霸业、文化楚国、楚国习周、明星孟优、孟优劝言、楚臣叔敖、双蛇咒语、兴修水利、云梦大泽、修建芍陂、抬路修车、抑制通货、治水理念、狐丘问答、叔敖清贫、孟优学戏、楚庄补赏、寝丘智慧。

楚国开始

中原诸侯如麦霸一般唱着春秋的大戏。郑国庄公、齐国桓公、宋国襄公、晋国文公，他们相继成为中原诸侯秩序的主宰。为什么？因为流传至今的史书是由"以鲁国为代表的中原人"所写，标准为他们所定，他们说谁符合就是谁。秦国能风驰电掣痛打西戎，但想要扬名立万还得寻求中原认可。从秦非子开始，叫"开局就一个非非，其他东西全靠打"，打西戎、打戎狄、打晋国，一直打出爵位，打出"霸业"。中原诸侯虽然瞧不起秦的出身，但又不得不承认它的努力。秦一心向着中原，并承认中原的文化标准，怎么也算半个自己人。

楚国就不行。

楚国地处南方，与秦国一样称霸边陲。楚人很早就不屑成为周王室的诸侯，他们的努力方向不是如何获得周的认可，而是想通过武力取得与周同等的地位。理想慢慢变成熊楚骨子里的固执，他们不愿意按照周礼的套路出牌。那个套路对他们来说，就是没有希望的规矩。他们另起炉灶，另辟蹊径，走出一条与中原礼仪不同的"荆楚文化"。

楚国的指导思想与中原诸侯变成互为因果的关系。楚国认为，你的文化体系不接受我，所以我要坚持自己的文化；中原认为，因为你不遵守中原文化，是蛮族，所以我们就不接受你。

非常典型的婆媳关系。

中原渐渐形成一条潜规矩：谁能抑制住楚国，谁才有资格成为霸主（攘夷）。中原鄙视它又如此重视它，因为它的实力足够威胁自己。中原对它是又怕又恨。

楚：我就喜欢你们恨死我，但又拿我没办法的样子。

楚国有一个野蛮且彪悍的传统——国出强君。如果继位的王暗弱无能，不出去打打杀杀，便会失去民心，很快会被弑杀。套用一句话，楚王的标准是"要是发起火来，连他自己都怕"，所以本着"霸胜劣汰"的规则，他们常常发生兄弟相杀，甚至父子相杀。

强大的楚国倒逼中原诸侯产生伯业秩序，"砸挂"春秋礼乐，并留给战国足够的准备时间。逞强的楚国被一次次欺骗去演配角，配合齐称伯、陪衬晋称霸，给它俩足够的气势去"引诱"无知的小诸侯。正如学而优则仕，演而优则导一样，配角久了，学得多看得透，也就熟悉了套路，总会找到主演的机会。

机会是老天给的。中原出现了短暂的消沉衰败期。体系制度的发展如其他事物一样，都有衰弱期，也叫作专政制度的"螃蟹蜕壳期"。晋国、齐国、鲁国、宋国等主要诸侯国相继出现政权的过渡危机，自顾不暇，无力制衡楚国。

机会是楚人熬的。楚国一样刚刚经历过政权交接的"阵痛"。楚人的阵痛因为一个雄主的出现而快速愈合。他们有信心、有经验、有措施很快强大起来。

机会确实要留给有准备的人（国）。

【螃蟹蜕壳】健康螃蟹的壳很硬，还有双螯做武器，很多食肉动物都拿它没办法。但螃蟹的成长需要阶段性蜕壳。蜕壳期间，老壳蜕掉，新壳刚刚长出还很软。此时的螃蟹非常脆弱，随便一只鱼就可以吃掉它。所以螃蟹一到蜕壳期，就要预先找个洞躲起来，少去惹是非。

二十一、中原的晋霸衰期

相比于齐桓公舒舒服服的四十三年国君，历经千辛万苦的晋文公前后才做了九年君主，确实短点。按照风水理论鼓吹的气数说，厚积薄发的伯业霸主都有 N 代的轮回时效。晋文公的苦心经营，晋襄公的稳扎稳打，晋国的故事应该是从一个胜利走向另一个胜利。

情况完全不是这样，晋国政权再次面临更替时，权臣们已经提前壮大。他们是前朝、前前朝的功臣，前朝的君王能镇得住，新任的国君就唬不了。他们动辄就是三朝元老，倚老卖老，要资格保地位，争权夺利。晋国的政权将面临一场暴风骤雨的折腾。

从文公流亡的功臣算起来，已经过去三十多年，功臣二代在父辈的基础上取长补短，结成团伙朋党，形成家族势力，影响晋国政局。赵衰的儿子赵盾和狐偃的儿子狐射姑，他俩的地位最显耀，矛盾也最突出。

赵盾立君

晋襄公临死时，搞了个托孤仪式。他嘱托赵盾、阳处父等人，一是要好好辅佐世子夷皋，二是和邻国搞好关系，继续保持晋国霸业。但刚死没多久，尸骨未寒，赵盾就不干了。他说现在中原的情况这么复杂，形势越来越严峻，不能立幼主，应该立晋文公的另一个儿子公子雍。公子雍在秦国做事，有利于晋国与秦国重新搞好关系。

理是这个理，可赵盾没有说当年公子雍为什么会去秦国。

晋襄公：是为了防止对我的执政形成威胁。

公子雍：哥，到你死我也没回去威胁啊！

赵盾的理由很片面，断章取义，而且逻辑也有问题。立幼主是怕被权臣控制，但你擅议废立，不就是权臣吗？难道说立年长一点的君主，摆脱权臣控制，就是要摆脱你的控制？晕，这不是绕口令吗？你直接做一个好权臣不就可以了？

我严重怀疑公子雍就是赵盾的好朋友。比起做小屁孩夷皋的权臣，好朋友公子雍能让赵盾做更稳定更长久的权臣，降低变数风险。毕竟，小屁孩都会长大，会更换权臣。狐射姑也是这么认为的，但他不明说，看破不说破，这样他才有话说，说其他话。

狐射姑说，既然不立夷皋，那不如立公子乐。他的母亲是秦穆公的女儿怀嬴，不是能更好地建立秦晋关系吗？

赵盾知道这个封地在贾，又叫贾季的狐射姑肯定不服自己。先且居去世那年，晋襄公重新确定六卿人事，贾季是中军元帅，赵盾是副帅。没想到晋襄公的老师阳处父出差回来说贾季有这个毛病、那个问题，不适合做一把手。听话的学生就把他们俩调了位置。

不服！那一年是不爽加不解，现在是不服加不怕。

不服的狐射姑，有不服的心，还有不服的实力。

赵盾说，怀嬴为什么叫"怀"不叫"文"？因为他曾是晋怀公的老婆啊！她的根源就有点乱。

贾季还是不服，想继续争辩。但赵盾直接打断他，关掉话筒不让他说。

官大一级压死人啊！

赵盾就这么拍板定下公子雍，并指定由先蔑、士会两人去秦国迎回公子雍。

狐射姑很生气，也派人去陈国迎接公子乐。你接你的雍，我接我的乐。

公子乐乐呵呵，天上掉下的好事，正想着如何报答恩人，哪想一不留神就乐过头。他在回晋国的路上，稀里糊涂就被赵盾派来的刺客杀掉。花儿还没绽放就直接被掐掉。

赵盾：大家都要讲政治。

狐射姑：那就是不讲规矩了？

公子乐：晕，为什么不是你们自己吵？

听闻公子乐被刺身亡，狐射姑简直气到爆炸，但也没有什么好办法。论家底，狐赵都是大户人家，可赵盾现在还是中军元帅，执政者。对啊，为什么他会是中军主帅？本来明明是我啊。对，是阳处父。是太阳惹的祸，不是月亮。

阳处父：那年我就说了句公道话。

狐射姑：现在我要做件公道事。

持续沸腾的狐射姑已经不要什么理智。聪明人如果怒令智昏也会做傻事。他派弟弟狐鞫居去杀阳处父。

小鞫居名字很拗口，但做事却很利落，手起刀落杀掉阳处父，还割下老阳的人头带回家。

明目张胆，这是要把矛盾公开化的节奏。

作为执政大臣，赵盾不得不处理这起影响巨大的案件，托孤之臣遇刺，那还了得！但出乎大家预料，这个本可以借题发挥，烧到狐射姑的借口他却不用。他只说阳处父太大意，出门被盗贼给杀了。

真是难为赵盾，**狐射姑明目张胆地杀人，他明目张胆地假装看不见**。不管你当不当我瞎，反正我都要装瞎。

其实这是赵盾老成谋国的大度。他不希望两大家族在这个时候火拼。从这点看，阳处父确实没看错人。

赵盾手下一班人却不乐意。讲政治和讲规矩本来也不矛盾。你老狐夹带着私恨，公报私仇，还如此嚣张。晋襄公刚刚去世，尸骨未寒，你一赌气就把人家老师给杀了。

狐射姑：尸骨未寒就可以换遗嘱？

赵家班小的们就咬着不放，死活要揪出毫无暗杀经验的小鞫居。这小子也够狠够傻，还够天真，连个面具都不带，口罩都不带，就出来搞破坏，谁不认识你？他们把小鞫居交给晋国司寇。司寇也是赵家人，工作效率非常高，说证据确凿、事实清楚，马上判决死刑。

赵盾这下被动了，也没办法只好同意快速把小鞫居正法，免得又招供出什么。这伙人真不理解他的苦心，光顾着拍马屁，好心办坏事。

但狐射姑又一次误会了。这位聪明一世的狐×代最近老是犯糊涂。赵盾快速杀你弟弟就是不想让这事牵涉你，这叫杀人灭口。他却理解为这事被赵盾知道了，老赵是在警告自己，这叫杀鸡儆猴。

扯淡！全晋人都知道你是主谋。赵盾要想整你，留你傻弟弟活口才是掣肘你的最好办法。

一步错步步错的贾季越想越怕，就离家出奔了！

狐射姑这几年也确实时运不济。不买《春牛图》，出门不看日子，八字不合都不知道。他跑去老爸当年避难的翟国，找到翟主白暾。在先蔑与翟国对战时，狐射姑曾私自放跑白暾。白暾很讲感情，热情地接待了他，双方还一起回忆几十年来的传统友谊。这本是一个很温馨的画面。哪想白暾也不安分，不知因何矛盾居然派大力士侨如去攻打鲁国，结果反被鲁国大夫富父、终甥设计杀了。鲁国又趁热打铁，联合卫国把白翟给灭掉了。更可气的是，鲁国的执政大臣"三桓"之一的叔孙氏刚刚生了个儿子，竟取名叫叔孙侨如。

没办法，靠山山倒，狐射姑只好又跑去赤翟潞国。

跑路都跑去非洲了，还不能去南非？

赵盾后来听说了狐射姑的悲催故事，就坦诚说，我杀狐鞫居就是为了让狐射姑安心。我们两家父辈都是追随文公的流亡功臣，理应合力继承发扬晋国的光荣传统，怎可以自相残杀呢？

但小肚鸡肠的心哪里会理解什么叫宽宏大量呢？

赵盾：会的，我再试试！

赵盾又派臾骈送狐射姑的妻儿老小去潞国，帮他解决两地分居的问题。

臾骈原来是下军司马。他曾向下军元帅狐射姑提过一个听起来有点难听的合理建议，说"你不要像楚国的成得臣那么刚硬"，但狐射姑不听。既然刚愎又怎么会听？狐射姑当众驳回臾骈，且语气轻蔑，包含上级对下级的羞辱之意，让臾骈很没面子。

这是仇，那是不是一定要报？

某个落井下石的小人就跑去找臾骈，教唆他借着送人家家眷的机会，做做手脚，比如路上病死几个什么的，报仇雪恨。但臾骈说，赵元帅让我护送就是对我的信任，我杀了他们不是惹怒元帅吗？而且乘人之危杀人妻女也是不义，这种不义不智的事怎么能做？

大家听臾骈这么说，都觉得很赞。很快，他反驳落井下石的故事也传开了。赵盾知道后，认为臾骈是个人才，就准备重用他。狐射姑也听说了此事，大为触动，觉得自己真不是东西，开始反省自己。这是后话。

后话后说，现在回来继续说晋国国君的继承人问题。

按理说，公子乐被杀，狐射姑失败，那继承人问题不就没问题了？万万没想到，这才刚刚开始。事情的发展远远超乎赵盾的意料，甚至影响了晋国的史料，并一度成为天下的笑料。事情的名字叫"按下葫芦起了瓢"。

秦争晋君

公子雍听说公子乐乐死后，心情大好，觉得一切尽在老赵……尽在老赵和我的掌握中。竞争对手没了，又有权臣赵盾的支持和强悍秦国的保护，里应外合，双保险。

公子雍还是高兴得太早，因为赵盾变卦了。

理由不是什么政治压力、军事压力或者外交压力等常规性问题。理由是一个女人；一个女人的哭声，一个女人持续不断的哭诉声。上班时，她去你单位哭，下班时，她去你家哭。她不是恶意的上访户，她是有真冤情。

这个女人是襄公的老婆，世子夷皋的妈妈，穆嬴。

夷皋才七岁，很懂事的样子。"穷人的孩子早当家"，最近一段时间的"懂事"就是陪妈妈到处去哭诉。亲妈啊，她这是在为自己哭，为君主之位哭。这事无可厚非，帝王家成王败寇，你此时不哭，到时候可能连哭的机会都没有。会哭的孩子有奶吃，会哭的孩子他娘有……

穆嬴鼻涕加眼泪，边哭边说，襄公到底做错什么，为什么刚刚去世，你们就违背他的遗言，欺负孤儿寡母？你们改立他人，那是不是要找个地方悄悄把我们母子杀掉？

赵盾烦死了。从心情来说，遇到这样的主，就像现在职业上访户一样，膈应你。从感情上说，人家确实是先王的妻儿，是名正言顺的世子，你还不能随意把她怎样。人家的道理也很充分，不是恶意上访，不是职业上访，是真有冤屈。

但最大的隐患还要从政治上说。晋国此时没有国君，各方势力都在暗流涌动，谁不想来个拥立之功。晋国的世家不是只有赵家、狐家，还有许多×家，只是没有表现出来而已。如果权力交接很顺利，他们就算不满、不服，也找不到发力点，埋在心里久了就当作没有，也不会像狐射姑那么出格。**没有表现出坏人，以后就还可以继续做好人。**但穆嬴现在一直哭诉，就变成一个重要的支点（赌博称"盘口"），那些反对的人就会揣测：民心因为同情母子会发生多大的变化？是否可以试试看，自己有没有机会来个力挽狂澜的政治主张。

赵盾真正的担心是"隐患变现"。如果自己的政治势能压不住复杂多变的局面，就会有人起来反对，隐性变显性。凭借自己的才智能力或许可以武力平乱，但把废立的矛盾说开，搞不好就要大开杀戒。晋国就会元气大伤。

这是一个公忠体国的大臣所不能允许的结局。何况还是自己一手造成的，何况还是自己完全可以预先控制住的。

赵盾去找郤缺商量这事。赵盾说如果改立夷皋，但先蔑、士会已经在回晋的路上，该如何应对公子雍和秦国？

郤缺说现在废幼立长，那幼长大了呢？到时不一样动乱吗？两害择其轻吧！

公子雍：我也可以不让我侄子长大。

最终，两个权臣一合计，晋国改立夷皋为君，即晋灵公。晋国马上派人去通知秦国，说不好意思，我们前面搞混了，有点误会，晋国还是由小世子继位。要不，你们先回去吧！

秦国：你猜我会同意吗？

好好的拥立之功被你们整成"逼宫之功"，那就逼吧！

秦康公能爽吗？他本来是很爽，以为刚继位就捡到一个这么大的功劳，可以像老爸一样拥立晋国君主。本着好事做好的原则，为避免节外生枝，他还非常周全地派出四百辆战车护送。

这是随时准备打仗的节奏吗，还是说如果不打仗就来搬家？晋国反正有钱有财物，这么实在的大恩还不送我们大礼，多叫几个人就多搬一点。

想不到这份大礼居然是刀兵相见。

晋国上下也很慌张，不知是和是战。充满政治智慧的赵盾知道，**道理解释不了利益**，尤其这么大的利益，什么理都装不下，唯有撕破脸。好在撕破脸这事在春秋也常常发生，只要撕得快、准、狠，那就破脸不破相，可以继续做个无辜的好人，或者任性的强人。

晋人是真的领悟到撕破脸的真谛。他们不宣而战是为"**快**"，使出"劫寨"等下三滥的手段是为"**狠**"。一夜的混战，公子雍居然战死了，关键是其他有名有姓的角色都没有死。这是"**准**"，史称"令狐之战"。

这就不好解释了，秦人你不重点保护吗？

这就很好解释了，晋国肯定下死命令，其他人无所谓，公子雍现在必须死。没办法，政局的需要，兄弟已不能再做了！

这才是真正的政治斗争。要么沸点，要么冰点，非王即寇。赵盾是一个优秀的政治家，天生冷静冷酷、果敢果断。阳处父在天有灵，可以欣慰地笑出声。这是他对晋国做的最大贡献。

相比之下，公子雍还是太嫩。昨天他还是王位的储备者，今天白天还是王位的有力争夺者，但晚上就变成王位的牺牲者。

股市：君位有风险，争位需谨慎。

角色变化这么快，公子雍适应不过来，直接就适应了过去。秦军也一样，都没有搞清楚怎么回事。剧情逆转得太快了。

秦军：说好的大鱼大肉接待呢？

喜事变丧事？

秦军不知道怎么回事，但晋军知道，晋人知道，在秦军中的晋人先蔑也知道。他不干了，这叫是什么事？不带这么玩吧！说好叫我们去做媒迎亲，我们正锣鼓喧天地赶来，你却突然告诉我，是准备做丧事，不是结婚。

我还怎么面对秦国？礼我都收了，那脸皮该怎么回？

先蔑决定留在秦国，不回晋国。这是来自先蔑的蔑视，不只鄙视赵盾，更要证明他不是故意欺骗秦康公。先蔑也不是一般人，他是先轸的弟弟（堂弟）。

士会也是这么想这么做。他和先蔑都是谋士，也一样留在秦国，但两人的关系不怎么样。据说他俩在秦国三年都不见面。别人问士会为什么，士会说我出逃秦国只是因为犯了错误，不是因为跟随他。

士会还真是个倔强的士会，连逃跑都要跑这么帅，一定要分主次。他似乎瞧不起先蔑，因为他确实比先蔑牛。

事后，赵盾按照荀林父的建议，将士、先两家的家眷一并送到秦国，也算是对他们的弥补。事情似乎得到一个相对温和的结局。但对赵盾来说，许多事情一旦开始了，就再也没有结局。

外患稍微消停，内忧就立即登场。

权臣相争

晋襄公当年为了平衡新旧两边贵族的势力，曾考虑过调整三军六卿。本来计划一边一半，让两派势均力敌，但先克（先且居的儿子）多嘴说赵家和狐家的功劳不能这么快被忘记，襄公就感情倾斜到新贵族这边。老贵族兼老干部箕郑父、梁益耳、士縠、先都的位置就被赵盾和狐射姑等人替代。

先都是先克的叔叔，但熟归熟，争权失败的仇恨还是要记上。先都很明确，权力利益面前没有什么叔侄，公私两分明。

其实大家都知道先克和赵盾是世交，两家互相欣赏、互相提携。这才是老同志们气愤的重点,你俩一组团,左右逢源,其他家族的前进道路就被封堵得死死的。老干部也认为只有组团抵抗,才有可能起死回生,避免"封锁我一生"。

考虑先都、先克的叔侄关系,箕郑父、梁益耳、士縠开始还有顾忌,所以组团时没算上他,暂由三人成立晋国"TF 政治天团"。

天团一成立就接个大活——全力反对赵盾抛弃世子改立公子雍的"忤逆"。人家夷皋世子好好的"三好学生"、优秀学生干部,为什么要换掉?他们议定一旦公子雍回来,就公开唱反调支持世子,就算争不到位也要争口气,气死赵盾。

后来发生穆嬴、夷皋母子春秋第一哭时,他们还窃喜,觉得搅局的理由越来越符合情理,思路越来越清晰,正义的力量越来越强。

没想到,赵盾最后变卦了,改立世子灵公。

意外意外,太意外了,但不被动,因为三个热血的老干部也跟着变卦了。他们义愤填膺的观点变成赵盾没事找事欺负无辜的公子雍,很不厚道,等公子雍回到晋国,他们就公开支持公子雍。

这就是他们的政治立场,**不是立谁的场,而是反谁的场**。作为扎根政坛多年的老贵族,他们的智慧可不白瞎。经过第×次商议,他们决定把反对的理由也改一改,说赵盾"擅行废立,专横弄权,目中无人"。新口号通俗易懂,朗朗上口,非常利于传播。

终于等到公子雍回来,就在晋国门口。"TF 政治天团"很兴奋:公子雍你再坚持一会,赵盾今天亲自率兵迎战,城内空虚,我们明天就在城内起事接应你。

可他们再次没想到,秦兵一个晚上就溃败回家。第二天一大早,赵盾凯旋。他们别说起事,甚至起床都来不及。而且公子雍也死了,那还起个毛?

典型的"人算不如天算"。老同志们可能认为自己年纪大、觉少,明天还会起个大早。早起的鸟儿有虫吃。想不到"搞事情"一个晚上都等不了,昨晚人家就把虫子给喷药了!

好在悲痛之余也有意外收获。昨晚蒯得将军因为急于求成,冒进反被秦兵打掉五辆战车,是大胜中的小败,是全局胜中的局部败。败得有点像污点,让有强迫症的人很难受,所以污点必须清除,蒯得就被元帅先克撤职。

先克：这样的牌你都能输，丢人。

蒯得将军不服，就去找士縠发牢骚。士縠告诉他，先克的后台是赵盾。但赵盾也得依靠中军先克才能强硬起来。你明白吧？

明白，相生相克，有矛有盾，这是鸡生蛋、蛋生鸡的故事。

明白鸡蛋的问题不是重点。明白是要找人先杀掉先克，消除赵盾的羽翼，他就没什么能耐了。然后我们就可以起事。

这事好办，先去找先都。

蒯得了解先都，这个"怪叔叔"因为家仇国恨（主要是家仇）早就想教训一下先克。先氏家族早在先轸父辈那一代就不和。

蒯得就去找先都。先都听到还有一个"TF政治天团"，立即心潮澎湃，马上表示绝对不会因私废公，一定会大义灭亲。

这个克叔的侄儿，为了不让你继续克，先把你反克，把先克变后克、不克！

不久，先都就在家族祭祀时，派人到祭祀现场刺杀先克。今年的今天是祖先的祭日，明年的今天也是你的祭日，祭日中的祭日。

先都很自信，觉得自己操作很隐蔽，一般人很难想到是叔叔刺杀侄儿。这阴谋放在豆瓣悬疑系列电影上，评分至少8.0。

没错，剧本是很悬疑，但问题是电影的主角是赵盾。

赵盾听说先克被杀，十分愤怒。这还了得，刺杀上卿重臣和谋反差不远，就下令全力查找凶手。

这是全城全国总动员的节奏，扫黑除恶的氛围十分浓厚。

先都和蒯得**这种政治小学生水平的激情分子**立马就慌了，赶紧找士縠他们商议，纸包不住火，早晚会被查到，要不我们抓紧吧，赶紧起事。

真要起事？那可不是小事。说说可以，要来真就很需要当事人的胆量和勇气。梁益耳**这种政治幼稚园水平的嘴巴分子**心里更慌了，缺乏主见的他急需找一个人倾吐，如鲠在喉，不吐不快。

他找到了梁弘：我告诉你一秘密。

梁弘吓了一跳，这是灭族的大罪。现在我也牵涉进去，就找到臾骈：我告诉你一秘密。

臾骈一知道，赵盾也就知道了。

朋友的朋友可能还是朋友，但朋友的朋友的朋友却多半是敌人。

手握政治博士学历的赵盾没什么犹豫，立即抓住这五位有贼心没贼胆更没贼能耐的"谋反者"，统统杀掉。公子雍我都杀了，还差你们？

赵盾就这么一个简单的回手掏，顺利拔掉五颗小地雷，消除了内忧。但戏还没谢幕，按照"葫芦和瓢"的理论，又要轮到外患了。

河曲之战

平定立储的内外闹腾后，晋国舒了口气，好爽！但秦国很不爽。

不带这样耍人，只有这样耍猴。

秦国是诸侯，但秦人不是猴。一定要干点什么，否则不但现在被大家取笑是猴，事后还会被补充笑是猪，"诸侯"成"猪猴"。

秦康公更是气愤，友情已达恋人未满，做好事未遂，还被揍一顿，所以一定要讨个说法挽回面子。三年前白白被晋国戏弄的令狐之战，晋国轻描淡写地解释说是他们的家事，我老秦人的脸却一直无家可搁。

秦人：战争是最后可以搁脸的地方。这个地方叫河曲。

没错，秦国出兵了。口号清晰明朗、通俗易懂——复仇。

"复仇"的字眼很有气势，但背后的逻辑很悲催。十几年来，秦国对晋国发动的战争基本都是复仇。好不容易上法院当一回原告，居然还是被殴案。

臾骈对赵盾说，秦兵有备而来，锋芒锐利，我们最好深沟高垒，固守勿战。他们远道而来，粮草不济肯定不能持久。等他们撤退时再追击，稳扎稳打，一定可以打败秦军。

赵盾很欣赏臾骈，有理有据，有思想有步骤。

但这下害苦了秦国，粮草真是他们的软肋。秦康公就找士会，问咋办？

士会知道，除了秦康公对这场厮杀望眼欲穿外，晋国那边也有一个人望眼"欲穿"，他就是赵穿。

赵穿地位显赫，他是赵盾的堂弟（也有说堂侄），也是晋襄公的驸马爷。不过他的智商（性情）正好与地位成反比。这还不可怕，可怕的是他以为成正比。

在出战时，他就找堂哥谋求上军副帅之职，但被赵盾无情地拒绝。取代他的人是臾骈。

有了这么一出矛盾做前提,按照这种人的出牌规律和智商水平,那后面只要是臾骈出的主意,他都会反对。他十分有原则地杠上了——**名字都这么难听难念的人凭什么在我穿哥面前指手画脚?**

然而对晋国了如指掌的士会早就看穿了一切,包括看穿赵穿。

士会就安排秦军重点挑逗赵穿。赵穿禁不住诱惑,很快就出战。白乙丙跑,赵穿追,追了十里地,发现没有晋国军队跟上,只好回来。回来就大骂,晋国现在怎么这么孬种?然后就点上自家的兵再次出战。这下麻烦了,晋军不得已,只好出兵去救。好在双方混战一场,互有死伤,赵盾赶紧鸣金收兵。

现在事实就变成一个悖论。

如果晋军不理会赵穿的鲁莽行为,秦国为了钓大鱼,也不会大规模出兵。所以赵穿此时打过去,会发现秦兵真的很差劲。回晋以后,赵穿就可以天天显摆这事,说要不是臾骈那个胆小鬼只知"用计"的话,我们早就打败了秦国。好像事实真是如此,赵穿说得对,做得也对。

如果晋军认为赵穿判断得对,当时就出兵大举攻打过去,那么秦国肯定也会起全军进行包围互殴,战场就进入秦国的节奏,晋国很有可能就输掉战争。这样的结局肯定可以证明赵穿的错误。

但为了证明他一个人的对错,就要牺牲晋国的利益,代价太大,不值。

【事实的真假】智者的苦恼,常常源自生活中存在的悖论。你认为他是错的,但**你的止损(纠错)使得错误未生成事故,危害没有发生**,事实反过来变成他是对的。你如果不去干预,任由错误发生,那么等到造成损失,可能又来不及补救。他反而会承认你的对,你是好人。

如果你要提醒别人,这条捷径的前面有个坑。他会怀疑你在欺骗他。如果你又因他的放弃而获利,超越他,他就会恨你一辈子。如果你什么都不说,就等他掉进坑里,再伸手拉他一把,他倒会感激你一辈子。

陌生人好说,亲友就难办了。

你如果想要去证明他们有错,那你真会酿成大错。

父母对子女,叛逆期的子女,总有非常痛苦的无奈。**讲义气的儿子,信爱情的女儿**,拉都拉不回来。你或者眼睁睁看着他们出错,或者气冲冲等着他们怨恨。

不过这种悖论也存在一个很大的争议——你是否真的智慧? 事实不是电

影，它的推进（走向）只有一次机会，它不是实验室，不可以用重复试验来证明谁对谁错。

于是，信任就很重要。

赵盾信任臾骈。赵穿不信。

赵穿就成了晋国最大的软肋，**明智的赵盾和臾骈只能采用不明智的做法，用自己的错误去证明赵穿的错误。**

臾骈看到秦军的软肋，但捏不住，因为士会也看到晋军的软肋，反捏住。

晋国要感谢晋军的强悍作风和赵盾的得当指挥。晋兵在不利的情况下，还能与秦兵打个平手，但勉强平手的事实根本不能让赵穿承认自己的错误。

其实这不是认识问题，而是态度问题，不是错不错，而是服不服。

见识到晋军厉害的秦军真的开始萌生退意。他们确实担心晋国到时追上去打屁股。于是就派使者去晋营下战书，说既然今天打不出结果来，请明天再光明正大厮杀一场。

使者虽这么说，说得这么狠，但臾骈很快就判断出秦军的真实目的不是明天的火拼，而是今晚的撤兵。臾骈就着手谋划如何抄人家后路，打人家的屁股。

士会和臾骈都是高手。高手过招，虚虚实实都是表面功夫。他们都有弃其糟粕取其精华的本事，都能敏锐洞察并善于咬住问题的本质。

可惜臾骈的谋略又被赵穿知道了。他是高级将领，可以自由出入军帅帐篷，脑子笨，态度横，但耳朵好。

又是用计？打仗不是要打个痛快吗？晋国兵强马壮、光明磊落就可以打败秦国，至于去搞什么打人家屁股这种下三滥的事吗？

赵穿很生气。他不但不配合，还在军营里大声嚷嚷，含沙射影地骂臾骈，并鼓动士兵们明天跟他去找秦兵面对面，直接对打，做一个痛痛快快的将士。

见过窃密泄密的，没见过用大喇叭泄密的。

赵穿人高马大，嗓门几乎穿透云际，参加"晋国好声音"估计都不需要黑幕。赵盾不得已，只好作罢。

××好声音：我们是好声音，不是大声音。

秦兵果然连夜回家。

臾骈再次判断准确，但没用，因为他有一个猪一样的队友。

河曲之战就这样草草结束，没什么亮点，除了照出两位高级谋士的智慧对决和一头猪的高级搅局，剩下的全是感叹号。

但"士会"这个亮点还是亮瞎了晋国的赵盾。

召回士会

秦晋河曲之战后，赵盾觉得士会如果继续留在秦国，对秦康公来说就是如虎添翼。他不但聪明，**而且对晋国的人事、猪事了如指掌**。

赵盾有种被人看见底牌的不安，就召集六卿一起商量如何把士会召回来。商议的结果是来一场苦肉计。魏寿余（魏犨的堂弟）是唱戏的最合适人选。

戏是这样唱的：赵盾要求魏寿余带兵去守黄河。寿余说几百里，怎么守？赵盾说不去就军法处置。寿余只好骂骂咧咧回家，与老婆一起商量，说不如投奔去秦国算了。然后在吃饭的时候又嫌弃菜太淡，把厨子打了一顿，真打，还狠狠地打。预料中的厨子就怀恨跑去告密。于是，赵盾就派韩厥去抓寿余。但寿余跑了，韩厥只好将他的老婆孩子抓起来。

一环扣一环，非常紧凑，非常有因果关系。

寿余跑到秦国，关于他的悲催故事也跟着传到秦国。秦康公接见了他。士会说，晋人多诈。如果真降应该有什么见面礼吧？寿余就拿出晋国魏地的地图，忽悠秦康公，说事情都已准备好了，就是守城的将军"张三"不是很配合，请康公派一名了解魏地、熟悉守城张三将领的人，跟他一起去劝说劝说，简简单单地就可以接收魏地。

那还有谁，不就是士会吗？

有人就劝秦康公，说士会是晋国人，会不会借此机会一去不回呢？秦康公也不傻，他也有这个担心，但最后还决定让士会去。一是士会如果要回去早就回去了，而且真要想回你也留不住。二是士会真要回去，晋国的赵盾也得接受，要冰释前嫌才可以。三是魏城确实是一座好城，在黄河对岸，如果能属于秦国，就等于秦国的势力拓展到黄河以南。这是一个非常大的诱惑。秦康公抵挡不住这样的诱惑。他决定冒这个险。

士会是个明白人，半推半就为难说，晋人多诈，万一我一回去他们突然算旧账把我扣留，到时候你不理解我，就会杀了我滞留在秦国的家眷。

秦康公说我不是那种人。

但士会是那种人。士会说晋人多诈,他就是晋人啊!

果然,士会一过黄河,赵盾那边就敲锣打鼓地搞起一级接待。对岸的秦康公才知道上当,但也没办法,只好把士会的家人给送过去。无奈地做个顺水人情。

人情做得很值。士会很感动,就写了封信给秦康公,劝他不要与晋国为敌,好好休养生息,把穆公打下来的土地巩固好、建设好。

秦晋至此十多年没有战争冲突。**这才是秦晋之好,士会之好。**

其实能顺利召回士会除了导演赵盾的剧本好以外,最主要还是士会也想回晋。他们可能已经对接过商量过,演这场戏纯粹是为了糊弄康公,让他也能放士会的家眷回去。如果士会真想留在秦国,这点破戏漏洞百出,他会看不出来?

他能知道赵穿是什么人,自然也会知道寿余、韩厥是什么人。

说白了,就是几个聪明人联合起来,糊弄一个实在人。

秦康公:什么都是假的,只有那句"晋人多诈"才是真的。

厨子:不对啊,我也是真的!

随着士会回到晋国,这波政权更迭造成的连锁反应也可以宣告结束了。现在的问题要变成政权本身,因为小灵公已经发育了,有了成长的烦恼。

君臣生隙

专心于晋国事务的赵盾百密一疏,光顾内政外交忽略了对灵公的君王教育。如同许多家长一心扑在事业上,虽然事业蒸蒸日上,但子女却缺乏正向引导,误入歧途。

"他还只是孩子",但转眼之间,一个崭新的坑爹的败家儿就长成了。

晋灵公其实不败家。他只是喜欢玩,不败家还过家,过家家。要在寻常百姓家,也不是什么大坏事,问题是他是君主。

问题是他不像个君主。一直以来都是赵盾在做主,事情定好了,给他走个程序。没人教他如何处理国家事务,如何成为明君。赵盾不教。

只有人教他赏花养鸟、打猎调琴,这人叫屠岸贾。屠岸贾说这些算"高雅艺术",但赵盾不同意,说艺术要来源于生活,你要先有生活。

那就生活吧。灵公就和手下玩过家家。

晕，赵大人说的生活是诸侯的生活，不是生火做饭的生活。

灵公也很不爽。我不管你擅权治国，你为什么要管我生火做饭？

为什么管？因为太过火！

人家玩弹弓弹鸟，他俩是弹人，还比赛着弹。人家寿余是为了策反士会，才找理由打厨子，他却因为熊掌未熟而杀死厨子。关键人家厨子本来就说还没熟，是他自己非要马上端上来。

凡此种种，赵盾实在看不下去，就约士会一起去劝说灵公。

两边"三观"完全不在一条线的人开启劝说与反劝说的对话，就像一幅鸡同鸭讲的场景。灵公受不了两位大臣"立体声环绕"的喋喋不休，就同意说我玩最后一天，明天就按你们的要求，开始正式上班。

一个抽烟的人说，我抽完这根就戒烟。

两人听到灵公这样表态，似乎也心满意足了。不过士会好像忘记了自己曾说过"晋人多诈"。晋灵公可是标准的晋人。

第二天，灵公还是和昨天一样，依旧出去打猎。赵盾就追上去，继续开始他苦口婆心的长篇大论。事情似乎进入了拉锯的节奏，如果赵盾这一番劝说，灵公就放弃打猎，那他的"爱好"也太没面子了；如果灵公还是没心没肺地继续去打猎，那赵盾的"口才"也太没面子。一番较量后，双方"倔强与妥协"的面子交会点就是——灵公继续玩，但玩得不那么开心。

不开心的灵公在屠岸贾的鼓励下，想到了更长远的打算。他继续向赵盾表态，真的是最后一天。

赵盾不信。灵公说肯定是真。

灵公说的"最后一天"是指"你最后一天唠唠叨叨"，而不是他最后一天出来玩。他决定杀掉赵盾。老赵，你没有明天了。

灵公的想法很大胆，也很天真。他以为杀赵盾就像杀那个厨子一样。他和屠岸贾商议找来一个杀手，叫作鉏麑。

鉏麑是勤快人，做事有板有眼。第二天天未亮，他就赶到赵盾家，发现赵盾已穿戴整齐，正坐椅子上，（等候）准备上早朝。他一副正经的样子让鉏麑大为感慨：原来赵盾和我一样是性格正直的人。等上班都等得这么清楚，一定是好人。好人是晋国的瑰宝，岂能死在我手里？

鉏麑很矛盾，他答应过屠岸贾。为了不食言，为了不伤害功臣名士，鉏麑只能想到伤害自己。他就在门外大喊：我叫鉏麑，宁可违背君命，也不忍杀忠臣，请相国自己保重。喊完后就直接撞向门口大槐树，脑浆迸裂而死。

义士的场景很像《三国演义》过五关斩六将里，荥阳王植的部将胡班。王植命胡班去烧死关羽。胡班把稻草柴火都铺好了，就因为好奇关羽长什么样，跑去偷偷看一眼。这一看不得了，胡班顿时被关二哥的气质征服了。关羽坐得直，气场大，还认真读着《春秋》。胡班大呼神人，然后就放跑关羽，烧掉空屋子。最后自己反被王植给杀了。

赵盾、关羽：坐，一定要坐好，可以救命！

鉏麑、胡班：英雄所见略同。

灵公、王植：你俩王八蛋。

王八蛋是坏人，但许多被王八蛋骂作王八蛋的人其实不是坏人。这么讲义气的刺客，要不是名字这么难写难念，鉏麑的名气应该更大一点。

鉏麑自杀后，大家都劝赵盾不要再去上朝，风险太大。赵盾坚持要去，因为灵公昨天说好最后一天，今天要守规矩上朝，他不去就成了他不守规矩。何况人的生死有命，哪里会逃得脱。

他说得好，也确实逃得脱，就是害苦了保镖提弥明。

灵公看到赵盾没死还来上朝，很吃惊，就和屠岸贾商议，准备执行B计划。他们在朝堂上赞美吹嘘了赵盾几句，然后请赵盾留下来喝酒。他们早就布置甲兵埋伏在周边。

至于他想干什么，我想你懂的，宫廷事变的保留节目：摔杯为号。

一切都很顺利，如果没有提弥明的话。鬼知道提弥明打了什么鸡血，如此生猛凶狠。士兵们也是心虚，一来怕被提弥明死磕，二来怕得罪赵家，都想着让别人砍下第一刀，自己再上去补刀，就你看我我看你，结果硬生生让赵盾跑出宫殿。断后的提弥明最后还是被杀死。

赵盾得救了？不过关于"**拯救大臣赵盾**"的故事一旦开启，就没那么快停下来。故事从鉏麑开始，鉏麑死后传到提弥明，现在提弥明已死，又跳出一个叫灵辄的武士，接了过去。

灵辄和灵公都有一个"灵"字，但完全不一样。灵辄是生前就叫灵辄，灵公是死后才谥号为灵。灵辄的灵是侠义之士对道德的灵，灵公的灵是"天灵灵，地灵灵"就是不灵的灵。

当年灵辄落魄时，有一回饿晕在路边，赵盾正好遇见，就给他食物，但灵辄却不吃，藏了起来。赵盾很奇怪。灵辄说，我出来时母亲也饿着，现在还不知是生是死，我要赶紧回去把食物给母亲吃。赵盾听完十分感动，孝子啊！就给他更多的食物，说你母亲要吃，你也要吃。

这个故事很感人，接下来的故事更感人。故事叫**知恩图报**。

多年后的灵辄已经是王宫的武士（可能是赵盾后面替他安排的工作）。他今天正好在宫门口站岗值班。我以前在电视剧里看到宫殿两边杵着的士兵，一直觉得他们就是等着吃盒饭，没想到里面还有灵辄这种人，还这么有戏。

灵辄一下子提升了这支盒饭队伍的形象。

灵辄：我本来也等盒饭，谁知道今天先等到恩人。

盒饭的营养应该很不错，要不才当几年兵，原来饿晕在路边的灵辄现在居然能背起赵盾跑起来。灵辄的目标很明确，负重冲刺，只要能冲到大门就可以。那里有赵家的子弟兵接应。

赵盾终于赢了，因为灵辄，他没有被杀死。

赵盾也算输了，因为灵公已经公开撕破脸。他只好逃出城去。

这时候，二愣子赵穿再次出场。二愣子没什么思想束缚，他看到堂哥这般狼狈，很气愤，就劝堂哥不要急着出奔，等他几天。

当了一辈子猪队友的赵穿这一刻要发挥一头牛的作用。

赵穿：夷皋，姐夫忍你很久了。

赵氏弑君

在适当的时候，猪也有智慧。什么时候？就是对手比他还猪的时候。

赵穿：只要没有史胼，我的智商就正常。

赵穿不知哪里来的智慧，突然灵光一闪，脑子里出现一个完美的计划。他回到绛城，第一步是请罪。他对灵公说，我是赵氏宗亲，现在赵盾犯下罪行，我也不好意思继续在你身边，请你降罪开除我吧！

正所谓一物降一物，赵盾聪慧盖顶，轻易就能镇住赵穿，却拿灵公没办法。但赵穿的自残表演却能驾驭灵公的判断，正如石头剪刀布的效应。按说，能被二愣子忽悠，也只有三愣子了。

灵公说，赵盾是赵盾，你是你，一码归一码，我做人很公道。

于是赵穿不但继续"照穿"，还成功地穿进灵公的心里。

第二步是拆分。赵穿对灵公说，你现在自由了，没有赵盾的唠唠叨叨，就应该广纳美女充实后宫。你看齐桓公、晋文公，哪个不是妻妾成群？

灵公很感动，终于有人理解我了！

那就赶紧落实吧。赵穿又建议由屠岸贾亲自挂帅去民间搜罗美女。屠岸贾眼光好，熟悉主公的品位。

第三步是煽动。赵穿对灵公说你宫殿的守卫防御太差，为了保障你的安全，让我去军队挑一些武士来换。灵公想想也是，这么多人还杀不死一个赵盾，确实不行。还是小穿穿关心我，一眼就看穿这里的问题所在。

赵穿就到军队里挑选一批"素质比较好"的武士，说你们现在麻烦了，灵公要你们去守卫宫殿，我是死活也劝不住啊！以后你们的假期年休都没了，津贴也不会增加，而且还有随时被杀的风险。

大家就开始起哄。保护这种人有什么用？连相国他都要杀，还有什么做不出来？将军你要救我们啊！

赵穿一看时机成熟，就找几个代表商量如何解困自救。最后亮出底牌，说我们只有现学现卖，也给他准备保留节目：摔杯为号。

鉴于上次那个杯没摔好，我们现在换成"挥袖为号"。把投票选举改为举手表决，简单明了，也算是一次方法方式的创新。

不错，这次创新成功了。公元前 607 年，晋灵公被杀于桃林。

三愣子被二愣子用三个步骤给挂掉。

神奇吧，那个一直怨恨臾骈使用计谋的赵穿这次怎么也会用计谋？按照他以往的习惯不是应该直接冲上去一刀砍下吗？不再要快意恩仇的那种冰爽了吗？

臾骈：可能他只是讨厌我这个人吧！

所以大家都不相信这是赵穿能做得出来，能单独做出来的事。他应该只是执行而已，背后肯定有高人。

后人不信，那个叫董狐的太史也不信，就写道：某年某月某日，赵盾弑君。

赵盾一看，说老董你弄错了吧，我那时候都不在绛城。

董狐说，你也没出国啊！

赵盾说，是赵穿啊！

董狐说，那你咋不正法他？

赵盾：好吧！你赢！

当然，赵盾不可能不知道赵穿想干什么，但你要说是他指使赵穿去做也不大可能。赵穿背后肯定还有其他谋士指点，赵盾一定知道，但不阻止而已。

狗会咬人，你出去遛狗，看狗跑走也不追、不阻止？所以现在的法律说宠物咬人，责任在主人。

赵穿：我讨厌这个比喻。

灵公被谥号为灵，那生前也就好不到哪里去。一个活着没好的人死去也没人想为他翻案。继位的是晋文公的另一个儿子，黑臀。按照辈分是灵公的叔叔。

君王家的叔叔没空理会侄儿的昏暗过去。

至于那个屠岸贾呢，他在搜罗美女的路上听到了灵公的变故，就赶紧跑走藏起来。但关于他的故事还要继续，因为"赵盾弑君"把他和赵家的命运紧紧关联在了一起。

成公守成

灵公去世时才十七岁，没有留下子嗣。君主的"业务"回滚就滚到他老爸晋襄公这一辈，也找不到合适的儿子，业务就继续回滚到晋文公这一辈。他们找到文公的另一个儿子，姬黑臀。

黑臀其实不符合"自上而下"的继位规矩。或许当时不那么严格吧。

晋成公姬黑臀是一个中规中矩的守成之君，他的最大亮点好像就是这个颇有屏蔽词味道的名字——黑臀，还不是外号，人家就是这个名。村里叫阿猪阿猫阿狗的人很多，但多是外号。按照老一辈人的说法，取这种名字的娃好养活。难道晋文公也信这个？所以他一不做二不休，既然这么灵验，就不用什么外号，直接用作大名，结果呢，不但养活了，还成功成为成公。

从"黑"字看，好像这是一个胎记。而且拿器官做名字可能是晋人的光荣传统，比如耳朵。重耳不是也很吉利吗？

重耳：说清楚，我耳朵没毛病哦！

成年继位的晋成公只在位七年。他看到士族过于强大，想重启公族（老贵族）来制衡他们，但理想很丰满，现实很骨感。士族已经强大到你调动不了。他提出"扩招职位，启用公族"的政治改革被赵盾为首的士大夫将计就计，轻易化解。他们通过设置招收条件，用定萝卜定坑等方式糊弄成公，结果新的公族岗位居然又被赵盾的同父异母弟赵括（不是战国纸上谈兵的赵括）这类人所占据。

人家也是按政策办事，政策套得很准。赵括的母亲是重耳的女儿，标准的皇亲国戚。除了赵括，还有一堆××驸马也就顺理成章走上领导岗位。这些人都有一个特点，既是士族，也沾边公族。

晋成公：终于明白你们为什么那么爽快同意。

当然，作为春秋霸主的后代，晋成公也有一些常规动作要做，比如去打郑国、打赤狄。自从楚国崛起后，郑国就成一个焦点。它跟楚国好，晋国就打它；它跟晋国好，楚国就打它。

诸侯们都可以把这事叫"郑国定律"。这是一个实力不济的"小侠"夹在两大敌对高手之间，被逼出的生存方式、生存法则。

郑人一直都在问，为什么不是晋、楚为了争夺我而竞相贿赂我，拍我马屁？就像美女一样，男人们为了追到美女都会使出浑身解数。为什么郑国却相反？

【郑国定律】男子追美女，他们的目标就是美女。而晋、楚争郑国的真实目的不是郑国，而是对方。帅哥会顾忌美女的感受，晋、楚才不理会郑国的心情。

除了目的，还有秩序。帅哥追美女只是礼制秩序下的一个画面，在国家的稳定秩序下，**他们只能靠追求，而不是霸王硬上弓**。在春秋时期，晋、楚争夺的就是秩序本身，是画面的全部。换句话说，国家的太平保护着美女，但春秋正动乱，周王室保护不了郑国。

郑国实在生不逢时，那时的"霸王"不是靠投票，而是靠拳头。郑国连投票的机会都没有。

问题是郑国自己也不消停，常常喜欢作死，旧伤添新伤。它唯一的希望就是晋、楚自己出乱子，把精力放在内政上，就不会每天惦记着"郑国妹妹"。

希望还真有。晋襄公去世后，全天下好像都在等楚国，等楚庄王。以晋国为首的中原诸侯国，开始一系列的家长里短，闹矛盾、闹纠纷。它们应接不暇地看热闹、演热闹，一会儿别人，一会儿自己。

偶尔冒点"霸业"的星火,根本发挥不了作用,生不出场面。

二十二、诸侯的家门事故

什么是风水?就是机遇来的时候有风有水,风调雨顺的样子。这些年,这些美好只有对楚国时才是这样,才有温柔的一面。对其他诸侯,晋、郑、陈、齐、宋、鲁等就只剩粗暴的一面。

雨水就这么点,给了你就不能给他。雨露均沾?那是理想化。

郑灵嬉亡

晋国赵盾在进行各种内外厮杀的同时,郑国也没闲着。郑人对于政权更迭产生的内乱一直有更深的理解。

郑庄公"称霸"去世后,郑国经历了一场四兄弟轮流执政的厮杀,最后到郑厉公的儿子文公姬踕,才算止住一直狂飙的内出血。郑文公和儿子郑穆公姬兰是运气好的国君,父子俩一共在位六十七年,赶上齐桓公称霸,晋文公、襄公称霸时期,中原的社会秩序基本稳定,能有效遏制正在崛起的楚国。两个守成之君也有能力在齐、晋、楚的夹缝中找到生存的空隙,憋屈是憋屈了点,好死不如赖活着。手里的牌就这样,挺住就算是苦劳。

如果非要说功劳,那就是维系郑国几十年不内乱。

这份平静到穆公儿子郑灵公姬夷这里就被打破了。这些年,春秋大地上的"灵"字公好像特别多。灵谥号的本意就有乱、荒唐的意思,说明当时的中原确实不平静。不过郑灵公的荒唐似乎"冤"了点。

"冤"从请客吃饭说起。公元前605年,郑灵公刚刚继位国君,心情愉快想安排一场庆祝活动。活动有个好处,就是"吃人家的嘴短,拿人家的手软",吃过以后,大家至少会对他多一点支持吧。

但请客这事如果没搞好,有时也会坏事。比如"先请谁,谁坐哪里"之类的问题。如果没安排好,遇到一个计较的人,好好的请客吃饭就会变成没事找事,好事变坏事,带来不少麻烦。

郑国的麻烦和这类问题差不多属于一个性质。

郑灵公无意间得到一只鼋(yuán)。鼋就是一种老鳖,比较珍贵,在当时算是比较高档的野味。灵公也不贪心，准备杀来请诸位大臣一起吃。

但他不想给公子宋吃，因为这家伙有点讨厌，喜欢吹牛。

笔者听过无数个关于吹牛的故事，这是最特别的一个。一次能造成伤亡的吹牛，一个吹牛会吹死人的故事。

公子宋和公子归生一起去上朝，路上突然发现食指会动（类似神经质的抽搐）。他说这是他的一项特异功能，每当食指动的时候，就预示着有口福，有美味佳肴吃。公子归生不信。他就举例说，在出使晋国时食指一动就吃到石花鱼，出使楚国时食指再动就吃到天鹅和合欢橘，十分灵验。

公子归生还是半信半疑。不过他略显鄙视的表情和轻蔑的态度反而成功勾起公子宋的牛皮劲。

等他们一入朝，发现厨师真在准备杀老鳖。

还真准！真是让天下吃货汗颜的特异功能。两个人就大笑起来，公子宋笑得特别欢，一副要把牛皮吹成"功成名就"的自信。郑灵公很奇怪，有什么好笑的事说来听听，大家一起笑，独乐不如众乐嘛。

灵公听完故事后，一脸不屑，只是"呵呵"。他说能不能吃到老鳖要看我心情好不好，而不是你的食指动不动。

公子归生就不嫌弃事大地奚落起公子宋，那是执意要扎破牛皮的奚落。他说万一主公明天不请你吃那咋办？

公子宋还真有点心虚，这是本"牛皮"的最大隐患，但"护脸皮"的挣扎还是让他自我安慰说，如果都请大家，怎么会不请我呢？

还好，公子宋的名字在邀请宾客的名单中。

不好，灵公在众人坐定后分老鳖汤时说，不巧了，少一份。公子宋就不要吃了。对了，你的食指现在还动不动，灵不灵？

灵公：我讨厌别人在我面前显灵。

公子宋的面子挂不住了。牛皮都挂出去，吹了一天，这样收回来不都晾干了？牛皮干了没事，关键脸皮也跟着干，那就很尴尬。他急中生智，突然跑到灵公面前，伸手在灵公的碗里夹出一块肉，吃了！

这不是吃到了吗？

食指：不好意思，我就是这么灵。

现在轮到灵公的面子挂不住。一国之主啊！公子宋竟明目张胆地抢国君饭碗，国君还怎么混？也怪公子宋，你抢隔壁座公子归生的不就可以了，为什么非要找灵公？啥意思？要发挥"冤有头，债有主"的江湖义气？这里是王公大臣的正式场合，你当是村口卖假牛肉丸的和食客之间的掐架？

灵公大怒，饭局不欢而散。公子归生回家后很害怕，毕竟自己也有煽风点火的成分。第二天就死活拖着公子宋，要一起向灵公赔罪。公子宋是明白人，知道这罪是没的赔了，就索性不赔。他跟公子归生说，像姬夷这么无礼的君主，也不要指望我以礼相待。

我要杀了他。

公子归生赶紧劝说，就算是一只猫一只狗，养久了也会有感情，何况是人，一国之君岂能随便喊打喊杀？

灵公：你这个比喻是不是很不恰当啊？

公子宋说，我开玩笑的。

他不是开玩笑，他的玩笑要在后面才开。他出了归生家就大声说公子归生和公子去疾日夜在一起神秘兮兮，一定是在商量造反起事。

公子归生慌了，说你怎么可以这样胡说，这可是死罪啊。

公子宋说，既然我要死，那就让你先死，陪我死。

公子归生没办法，只好妥协公子宋的杀猫杀狗计划。但他明确表态不参与，就装作什么都不知道。

公子宋回复，好的。

剧情就逆转了！郑灵公在出城秋祭期间，某日晚上洗洗睡后就再没有起来。他被刺客用土块压死。郑灵公死得很冤枉，屁大的事，"罪"不过死，而且是公子宋无理在先。他也只是生气，并没有惩罚公子宋。他是被"先发制人"而死。可惜是可惜，不过郑国能做郑君的公子哥多的是。

鼋：谁叫你吃我？

郑国朝堂一商量，就让公子坚接位，即郑襄公。公子坚是郑灵公的哥哥，郑穆公的庶出儿子。公子坚打仗不行，被楚国的斗越椒生擒过，但当诸侯还是有点思路。郑襄公继位后的第一件事情就是反省傻弟弟的死。他反省的重点不是为什么死，而是为什么这么容易就死？权臣都这么牛，都不听管束吗？郑襄公认为根源是宗亲太庞大。他想把这些公子哥都赶走，去别的国家祸害别人吧。

公子去疾知道后很着急，就一直劝他，说你只要把德行提升起来，别人自然就会归顺你；如果你不注重自身德行建设，就算赶走公子哥，还会生出其他权臣,一样会操纵郑国。襄公觉得有道理,就放弃了驱逐公子们的念头,180度转弯改为重用他们,让大家一起来参政,一起来败家,相互制衡。最终,郑穆公的七个儿子,也就是他的兄弟们,就都成为郑国的重臣,史称为"七穆"。注意,不是七个葫芦娃,含他自己是八个。

这是郑灵公不是很灵的故事,在位只有区区一年。他的"灵"不是做的事情有多荒唐,而是死的原因相当荒唐。真正的"灵"还要看隔壁陈国的灵公。

陈灵公在荒唐性、故事性、破坏性上都可以甩开郑灵公十几条街。

陈灵淫亡

陈国在郑庄公称霸时,曾经"随礼"发生了妫佗弑君的内乱。妫佗在位不到一年,又被弟弟妫跃借蔡国力量反杀。在齐桓公、宋襄公、晋文公称霸时期,陈国对应的君主就是妫跃、妫林、妫杵臼三个兄弟,史称陈厉公、陈庄公、陈宣公。宣公去世后,他的儿子陈穆公、孙子陈共公相继继位。他们一路"公"下来也没什么波澜,直到公元前613年,陈共公去世,陈灵公继位。

字幕:真费劲,直接打"九十年之后"不行吗?

陈灵公名叫平国。"国"是平不了,但"灵"却实至名归。他可以平易近人,毫无诸侯架子与大臣孔宁、仪行父一起喝酒猜拳,甚至称兄道弟。

陈国:那就是没大没小,不讲规矩。

他又兴趣广泛,对打猎、唱歌、泡妞等艺术圈的行当信手拈来,颇有研究。

陈国:那就是没心没肺,不理国政。

在陈灵公眼里,国政是虚妄的概念。陈国就这么大,他能做什么?

事实确实如此。历代陈侯所能做的"什么"其实就是配合别家诸侯做"什么"。哪位诸侯大哥说要做盟主,他就去参加会盟。他遇到谁都可以叫大哥,小嘴巴贼甜,一副人畜无害、国缘特好的样子。万一哪个大哥不高兴,要打他,那也不用太费心,他可以直接认输结盟。就像一个精明的小破孩,你的棍子一举起来,他马上就认错。所以同样是夹在楚、晋之间的小弟,陈国就没郑国那么招摇、那么刺眼,总能窃得"时光不老,岁月静好"。

陈灵公登场后，陈国马上改弦更张。岁月还是岁月，不过现在要动起来。发动陈国的是灵公，但真正让陈国跑起来的是一个女人。这个女人不简单，她叫夏姬。她是春秋四大美女之一。

【四大美女】除了我们常说历史上"四大美女"外，春秋还有阶段性的"四大美女"。她们分别是陈国嫁到息国的息夫人（又叫桃花夫人，后改嫁到楚国，生楚成王）、齐国嫁到鲁国的文姜（齐桓公的姐姐，老公是鲁桓公）、郑国嫁到陈国的夏姬（正在讲），还有一个是西施（耳熟能详）。

夏姬是郑穆公的女儿。她十五岁时，梦见与某个神仙交合，学会吸精导气的本领，床上功夫一流，能采阳补阴。和江湖上卖狗皮膏药的骗子不同，她这套技术实打实，有真实案例佐证。在郑国时，就和同父异母的哥哥公子蛮眉来眼去，兄妹私通，结果不到三年，公子蛮就扛不住，死掉了，可能是精尽人亡吧。

药渣，倒了吧。

这是哪个神仙？难道就是传说的"快活似神仙"的"快活似"？后来，她嫁给陈宣公的孙子夏御叔，生了一个儿子叫夏征舒。十二年后，夏御叔也死掉了。

药渣2.0，倒了吧！

其后，她与陈灵公等三个君臣相通。后来又被楚国掳走，嫁给楚国连尹襄老，第二年，襄老也死了。不久，又与襄老的儿子黑要私通。黑要被问罪杀掉。

药渣3.0，统统打包，批处理全倒了吧。

最后嫁给为她费尽心机的巫臣（屈巫）。恭喜巫臣，**历史没有记载他是药渣。不过，楚人说他是人渣**。他向晋国献策，培养吴国对付楚国。

巫臣的事后面说，这里先说陈灵公这拨。

孔宁、仪行父与夏御叔同朝为官，早就听闻并垂涎夏姬的美貌妖艳。夏御叔熬成药渣后，他们就有各种想法，只是苦于没有机会。后来孔宁借打猎的机会，终于通过丫头荷花勾搭上夏姬。事后，还把夏姬的内裤偷走了。

倒不是说他有性怪癖。他的真实目的是想向仪行父炫耀。一条内裤让一个大夫昂亢（莆田方言，类似北方说的嘚瑟）得不得了。仪行父受不了诱惑，也开始费心机，套路基本一样，还是通过丫头荷花。结果也一样，勾搭上了，不过为了体现能力在孔宁之上，这家伙居然带上春药。药的效果很好，夏姬很满意，事后奖励"春药哥"一件她穿过的内衣。内衣明显高雅于内裤，至少布料多一点。绝对可以反昂亢！

至于这个荷花，好一朵荷花，你到底是丫头，还是妈咪？其实她的身份已经不重要，重要的是要接一个很有身份的客户。陈国最贵的 VIP 贵客——陈灵公。陈灵公身上有狐臭，不过人家是国君。**身份可以弥补身体。**

灵公的路子也是这条路子。有两个兄弟开拓后，路子已畅通无阻。这三人还真是缘分颇深。开始是喝酒的称兄道弟，后来是猎戏的情同手足，现在是泡妞的有福同享。他们已把这事开发成"工业化流程"，一样的工艺，一样的流程，一样的味道！不过灵公拿到的礼品是汗衫。

"内裤、内衣、汗衫"的阶梯进化，堪称陈国的无耻三件套，也可能是春秋"**君臣融洽**"的典范三件套。

他们还不满足，决定把活动的色调再调整一个档次，变静态为动态，变单一为多元。他们各自穿着夏姬的信物，喝酒嬉闹，讨论什么时候一起去找夏姬。

接下来的画面就是限制级的内容。他们这么做已经不是道德问题，而是触碰到刑法。只能此处略去××字。

偷情这种事。开始是偷，后来就不偷了，明目张胆，这叫色胆包天。不久，他们与夏姬的事就闹得陈国上下皆知。**所谓好事不出门，坏事传千里，而艳事不但传得远，还传得快！**吃瓜群众听闻后除了羡慕嫉妒恨外，也没什么办法。轮又轮不到你，制又制不住他，人家是诸侯、是国君。

只是搞不清楚，陈灵公为什么不直接把夏姬纳入后宫？难道是兄弟义气到爆棚，一定要走共享的路线？

夏姬的儿子夏征舒已经长大。他每次都努力回避这破事，但这么频繁，总有撞车的时候。三个奸夫一直把他当作小孩，当作语言嬉戏的内容。

三人常常一边喝酒，一边开玩笑。说些夏征舒长得像你像他像我之类的话，评头论足地研究到底是谁的孩子，像风像雨又像雾？

侮辱得没边没底。

夏征舒终于愤怒了。此前没心没肺的陈灵公为了拍夏姬的马屁，还提拔夏征舒，让他掌握兵权。所以现在就像是愤怒的人手里还有一把枪，剧情变得非常紧张。而无知无畏的陈灵公还在刺激夏征舒。有种你开枪啊！

有！夏征舒终于起兵造反，信号不是摔杯，而是"抓奸夫"。大奸夫陈灵公现场被毙，但二奸夫孔宁和三奸夫仪行父却跑掉了。事后，夏征舒以陈宣公曾孙身份自立为陈国国君。

天不佑陈国，孔、仪二人跑到楚国后，就开始惹是生非。他们不会坦白自己"惹事"的前因，而是直接"生非"，对楚庄王哭诉夏征舒造反的后果，请楚大哥主持公道。楚庄王正愁没有理由，也就不核实了，直接出兵陈国。

陈国哪是楚国的对手，动乱中的陈国更不用说。

可怜的夏征舒，他只是飙了他该飙的血性，但**春秋的礼仪是保护诸侯的规矩**，所以最后还是按照弑君定罪，被楚庄王车裂。

楚庄王想借夏征舒的案例告诫他的子民：王就是王，做错事你们可以劝，但不能杀。楚庄王还想借着陈国的案例给其他诸侯上了一课：他宣布不要再有陈国，改作楚国的陈县。史称"灭国置县"。

"灭国置县"是政治改革中先进的理念，但在周礼大背景下，却成为很不得人心的"残暴"行为。为了避免诸侯因害怕被灭而死磕楚国，楚庄王也是顾忌重重。楚庄王还想介入中原，想要获得中原的认可，所以最后还是同意了大夫申叔的建议，恢复陈国，让陈灵公的儿子妫午继位为陈成公。

陈国终是逃过一劫，但这只是开始，后面是一劫又一劫。它已经患上了动辄被灭的习惯性骨折。好好养病吧，我们再把目光转到齐国。

与陈灵公几乎同年继位的齐懿公，在位时间更短，但"时短情长"，败家的荒诞有一样的戏剧，也有不一样的风格。

齐懿乱政

齐国与晋国实力匹敌，无奈齐桓公死后，几个儿子不争气只争位，连续内乱之后就再也没能恢复原来的"霸气"。

不过分开说好像也有，霸是有的，恶霸；气也有，气人。

对比晋国，齐国考试可能考不过，但在逃课、上课睡觉等方面却丝毫不逊色。晋灵公在桃园研究如何提高弹弓"弹人率"的时候，齐国的公子们也在研究如何提高君位的"上座率"。

齐桓公去世后，齐国几次政权交接都不顺当。世子昭被易牙、竖貂拥立的公孙无亏插进一竿子，后在宋襄公的帮助下，得以继位为齐孝公。

齐孝公最大的功劳是帮助晋文公按下称霸的启动钮。他没事找事去打鲁国，又被展禽、展喜兄弟的说辞迷惑，改打仗为和谈。鲁人心里不爽，就去请楚国打齐国。楚国打完齐国，又顺路把宋国也围了。晋国便出兵救宋国，并通过打击蔡、卫最终促成城濮之战，成就了文公的霸业。

齐孝公就这样碌碌无为做了十年齐侯。他去世后，弟弟公子潘指使卫开方杀掉世子，然后自立为齐昭公。

后世给谥号也是真毒啊！公子潘抢走哥哥公子昭的王位，你们居然就给人家谥号为昭公？

昭死你，还是羞不死你？

齐昭公比他哥哥的故事更少，但坐得更久，二十年。不管多少年，对无为的人都一样，都是用来吃饭、睡觉、打豆豆。他去世后，世子吕舍才继位五个月就被昭公的弟弟公子商人杀了。然后公子商人继位，成齐懿公。

懿公继位后发现齐国最近有点问题，老是发生叔杀侄，夺君位，硬干"兄终弟及"的事很不厚道。他决定叫停这套复制粘贴的规律——就到我为止！

决定的动机很不错，但效果却很一般。他确实避免了儿子在继位后被叔叔杀掉，因为连他自己都提前被弑杀。这是后话，先说他自己怎么上位的。

公元前613年，齐昭公去世后，世子舍人继位。但舍人的才智平平，没有任何特点，活着就像空气，如同今天说"找个老实人嫁了"的那种老实人。老实人就勾起叔叔公子商人的权力欲望。好比闺蜜要抢你男友一样，你长得没她漂亮，家境没她好，总之什么都比不过她，但你就狗屎运找到一个这么好的男朋友。闺蜜很气愤，老天不公平。她觉得可以努力一下。公子商人也是这么想，傻侄儿什么都不如我，居然还坐上诸侯宝座。

想法有，胆子也有，就差机会。在等机会时，他也没闲着，要为自己找点信心。恰逢此时，天上有流星出现，公子商人就找人算一卦，卦词的解释为"宋、齐、晋"三国国君皆死于内乱。

公子商人说，齐国要乱？那不是说我吗！

太好了，这哪里是暗示，这是明示，是老天叫我赶紧下手。老天布置的任务哪有不成功的道理？等等，还有最后一个问题。公子商人上面还有一个哥哥叫公子元。公子元在朝野的口碑很好。公子商人担心杀掉世子舍人后,大家又要按照"兄终弟及"的继承顺序选公子元。

那我还搞啥?白忙?

公子商人就去找哥哥,说舍人才智平平,难堪大任,还是哥哥来做诸侯吧。

公子元看着弟弟的嘴脸就明白一切,立即表态说,我知道你想做什么,请不要连累我。我可以做你的臣,但你不会做我的臣。如果你成功了,请留我一条命。

这个没问题。公子商人安心了,杀掉才继位五个月的侄儿舍人。舍人就稀里糊涂变成了齐后废公。公子商人继位后,确实不找哥哥麻烦。公子元也很配合,经常托病不朝、闭门不出。兄弟俩说话都算数。

公子商人了解哥哥。他相信有口碑的哥哥会咬住口碑不放,就放心地把工作重点放在其他事情上。这事情叫报仇。

报仇能早要尽量早,因为"快意恩仇"里面有个"快"字。

原来在齐桓公时期,公子商人曾与大夫邴原(东汉末年也有一个邴原,但不是同一张"饼")争夺田邑。管仲认为公子商人理屈,就判定田邑归邴氏。公子商人因此恨透邴原,但他只是一个公子,恨不出什么花样。

现在可以了,他已经是国君,要什么花样就能出什么花样。就像刚刚当选的村主任,马上就能想到一百种办法报仇小时候一起玩捉迷藏的伙伴,当年他老是捉我。他的针对性很强,那我的花样就很多。

多大的仇恨啊?**你的心有多小,这个仇就有多大!**

不过这仇现在也报不成,因为邴原已经死了。

没事,那就鞭尸吧!齐懿公真把邴原的尸体挖出来,当着邴原的儿子邴歜的面把尸骨砍断。

邴原:不是还有管仲吗?

他还问邴歜,你爸的罪该不该断足?我这样做,你恨不恨我?

邴歜说,我父亲活着的时候免受刑罚,已是喜出望外。现在这副朽骨,还有什么值得可惜,我哪会恨你。

这话说得真在理、真没心、真好听。懿公很满意。不过,字典说"**歜**"**字,念处,意思是盛怒、气盛。**

齐懿公没查字典。他直接认可邴歜,认为小邴"三观暗合",一定是被自己的权威和魅力所折服,是自己的铁粉。

走,铁粉,一起泡妞去。

齐懿公可能有熟女控。他叫邴歜组织一场家庭妇女联欢会,要求各个大臣把自家的老婆都带到宫中一起联欢。齐懿公早就听说大夫阎职的老婆美貌无比,所以才费尽心机地挂羊头卖狗肉。通过大联欢的引子,再顺理成章地把阎职老婆留下来继续小联欢,并升级到吃饭、睡觉。

第二天,齐懿公让人通知阎职,说你可以再娶个老婆,这个给我。

阎职敢怒不敢言,我什么时候说不要了?但怒归怒,笑脸还是要给,说贱内怎么有那么好的福气啊!

相比其他人,阎职自己也算是"好福气"。齐懿公除了报仇和泡妞外,还有不少更差劲的事。舍人被杀后,舍人的母亲成天哭哭啼啼,懿公受不了就把她囚禁起来。她是鲁国人。鲁国听说后想接她回去,但又担心面子不够,就请周王室出面。周王室的使者单伯不会说话,单刀直入说懿公你已经杀了她儿子,就不要再囚禁她,请放她回鲁国吧。

齐懿公很讨厌别人说"杀"字,不吉利!大家都是富贵人家,高学历高素质,说话做事都要图个吉利。感觉不爽的齐懿公又开始耍小心眼。他骗单伯去见舍人的母亲,然后再叫人报警去捉奸,开展"有预谋的突击扫黄"活动。无辜的单伯愣了半天,才明白是怎么回事,又气又惊,一句话都说不出来。

齐懿公很满意,亲自编剧并导演的闹剧,效果和反响都超出了预期,有一种名利双收的喜悦。他大声广播说,想不到周王室的使者是这样的人,道德沦丧,举止无耻,为惩恶扬善、弘扬文明,齐国只好先把单伯关起来。

鲁国被他闹得没办法,只好去求晋国出面。赵盾点头同意,但他不派使者,而是直接召集诸侯开会,准备伐齐。懒得理你所谓的"学历、素质"。齐懿公听说晋国要出兵,一面赶紧把单伯放掉,让舍人母亲回鲁国去;一面派人去晋国向赵盾解释,带着"诚意"的那种解释。

赵盾听得很满意,看得很满意,收得也满意。于是,各自心怀鬼胎的诸侯在满意的赵盾带领下,也就不再说出兵的事。

齐懿公就这样化解了一次危机。可见他也不糊涂,**欺软怕硬、能屈能伸、特别能坚守"别打我"的底线**。

这样的日子一天天过去,四年来齐懿公并没感觉什么不妥,他现在出去郊游时,甚至还喜欢带上邴歜和阎职。

右师华元劝他,说你刖邴歜之父、纳阎职之妻,这两人还是不要带过去。

齐懿公说,他们并没有怨恨我。我已经用人格魅力和执政魄力成功消除了他们的怨孽。用人不疑,疑人不用。

怎么可能消除啊!邴歜早就想杀齐懿公,就是担心力量不够。现在是个机会,他猜测阎职肯定也背着仇恨,但不敢确认。他想先试探一下。

他用枝条打了阎职的头。阎职说,你为什么打我?

邴歜说,夺你老婆,你都不怒,打个头会死啊?

阎职反问,你说我?你老爸被鞭尸了呢!

这就对上了,大家都记着这事。邴歜就告诉他,现在这里就咱两人,这是天赐的机会,过这村就没那店,何不报仇?

阎职说,好!太好了!

简单粗暴,两人就把齐懿公杀死了。消息传回临淄,大家都很平静。有人劝邴歜和阎职,赶紧跑啊。邴歜和阎职根本不急,还在一起喝了一次酒,再回家慢慢收拾好行李,然后投奔楚国。

不着急!能带都带上。

他们知道,齐懿公来路不正,国人并不认可,搞不好大家还在高兴呢。

上卿高倾说,这两人是弑君的逆臣,应该立即抓捕。

上卿国归父说,公子商人本就是弑君的人,我们当时不能主持正义,现在有人帮我们主持,又有什么罪?

话是怎么说,但底子里不该是这个理。连×灵公级别的诸侯被杀都有人出来说不能随便弑君,现在这个×懿公级别的被杀,怎么就没人为他讨公道?只能说大家已有新的政治目标,没空理会他。甚至他已经变成绊脚石。

新目标就是公子元。

既然公子商人那么伤人,现在又把自己伤死,那一直称病不出的公子元,现在就该病好了。请他出来做齐侯吧,即齐惠公。

从利益关系看,我有六成的把握,上卿国归父和公子元参与此次刺杀活动。就算他们不参与,也应该完全预料得到。他们只是**用不干预的方式,围观式地参与**。执法者欲擒故纵,纵虎吞狼或者借刀杀人,既不渎职也不违法。

暗暗促成鹬蚌相争，坐收渔利，是政治斗争的最高境界。

齐惠公上台后，齐桓公四子争位的斗地主游戏才算结束。齐惠公没什么故事，坐稳十年诸侯，传位给世子无野，即齐顷公。

齐懿公：那个卦不是说我杀舍人，而是说我被邴歜、阎职杀啊？

卦：我说弑君，又没说弑几次。

哦，既然卦这么灵，晋灵公被弑，齐懿公被弑，那不是还有宋国吗？

宋国：来了！来了，马上！

宋昭祖母

宋国的宋襄公，在泓水之战后，带着屁股的伤痛，带着未能完成的心愿离开了春秋的舞台，儿子王臣继位，即宋成公。宋成公比较实在，宋国多大脸就争多大面，就带着对楚国的仇恨，步步紧随晋国。在城濮之战中，宋国扮演最佳助攻的角色，帮助晋国成功气炸成得臣，并最终取得胜利。

虽然没有手刃仇人的快感，但能看到楚成王的失败，宋国人民的心里还是好喜欢。毕竟以宋国的实力，亲自报仇这事肯定指望不上，能赶上出一分力、参与其中已经很不错。宋国那几年的运气也不错，遇到最强的晋国，庇护着中原的安定。在晋襄公去世的第二年，宋成公的运气也用完，随即去世。

或许因为"复仇过楚国"这一点，国人还是比较认可宋成公。

宋成公去世后，他的弟弟子御杀死世子和大司马公孙固，自立为国君。但宋国人民不答应。第二年，"大家"就杀了子御（宋后废公），改立宋成公的小儿子杵臼为君，即宋昭公。

面对突如其来的君位，杵臼似乎没有准备好。他知道，并不是自己的才能和实力匹配这个位置，也不是只有他的地位和身份适合这个位置，而是时间刚刚好，来得早不如来得巧的那种"好"。

宋昭公继位后，万事按部就班，就是对嫡祖母王姬（宋襄公的老婆，不是他的亲祖母）有点偏见。但种种迹象表明，这位年轻的嫡祖母也不是简单的女人。她看上宋昭公的庶弟，小鲜肉公子鲍。

公子鲍是个帅哥，书上说他美艳胜过妇人，就是比较娘的帅哥。这种类型正好符合某些中老年妇女爱好"小奶狗"的胃口。王姬对公子鲍就有点欲罢不能的"垂涎"。不过，公子鲍也不肯轻易就范。

王姬知道公子鲍的心思,就使出撒手锏,许诺可以辅立他为宋君。

公子鲍就半推半就了。小鲜肉有钱赚,也会说为了爱情。

在政治旋涡里长大的王姬很快就找到借口,利用戴氏族人杀掉宋昭公最信赖的帮手孔叔、公孙钟离和公子卬。

这叫剪除羽翼。昭公还是太嫩!

失去帮手的宋昭公开始走出各种昏招儿。他听说楚国准备讨伐宋国,吓得赶紧去见穆王。他和陈共公、蔡庄侯一起,陪同楚穆王打猎,名为释疑,实为比赛拍马屁。对比马屁界的传统强队陈、蔡二国,宋昭公的态度和水平明显下沉一档。他的吹捧能力本来就不高,又加上心不甘情不愿,不把楚王的小事当作宋国的大事,所以很快就出事了。宋国忘记了带上引火之物,耽误了猎后的烧烤大事。楚穆王大怒,鞭打了宋昭公的车夫。

既然打狗都要看主人,那打车夫就是打车主人。主人就是宋昭公。

进一步说,打宋昭公就是打宋国。所以"烧烤未遂"事件传到宋国后,国人都觉得没面子,怪罪宋昭公不会办事。你本来就不该去拍马屁,拍就拍吧,还拍不好。真是做啥啥不会,吃啥啥不剩。

另一面,得到中老年妇女支持的公子鲍却借机开始大肆收买民心。谁没饭吃,可以到公子鲍家吃,鲍鱼是没有,但馒头管够。此外,他还宣布自己辖区内七十岁以上的老人可以按月领取养老大米,并享受一定程度的医保。对于朝中的卿大夫们,公子鲍也都天天问好,三天两头有事没事一起吃饭唱歌,联络感情,加深印象,塑造完美人设。

宋国遇到灾荒时,公子鲍宣布收留全部灾民。这收买民心确实力度空前,成效显著,但他怎么能这么有钱?可能收的包养费比较高吧。

总之那些年,全宋国人都说公子鲍好。

要是搞个网络投票的话,估计宋国人民会把公子鲍投成周天子。

无为的宋昭公已经无力回天。他也认为这个庶弟早晚要上位,只是不知道什么时候动手。早死早超生吧,形势已然这样,我又能怎么样?裁判是你的人,卷子你也先看到,现在连观众都被你收买了。

宋昭公也不是坏人。他知道自己要被废掉,就带着大量珠宝出城。大家都以为他要逃跑。结果出乎意料,他把这些财宝全分给手下,并叫他们快跑。大家劝他一起跑,他说自己是被祖母抛弃的人,哪会有诸侯收留。他做过宋国国君,哪还能去做别人的臣子。大家又说要不我们跟公子鲍拼了。他又说,杀我的人已经在路上,你们哪是他们的对手,不要白白送死。

大家只好含泪告别。

从这个角度看,宋昭公也算有智慧、有仁义、不畏死、有气节。只是历史总把光环留给成功的人,所以我们也听不到他辩解什么。

公元前 611 年,宋昭公被杀,公子鲍继位,即宋文公。谥号是不是有点乱?这样的人也叫文?**是有文化、文质彬彬的文吗,还是娘娘腔的文**?

晋文公:不要乱猜,不要乱说。

鲁国:我想我们应该会"公道"些吧?

三桓东门

鲁国号称礼仪之邦。有这顶帽子戴着,家丑就死活不能外扬。所以鲁国的政权过渡相对温和一点,哪怕真出现打打杀杀,至少史官记载时,也会笔下留情、嘴上留德。

上部《伯业》曾说过鲁国。在齐桓公时期,鲁国有一个"庆父不死,鲁难未已"的成语,说是鲁庄公去世后,他的弟弟庆父连续指使他人弑杀继位才两个月的公子斑、继位才两年的鲁闵公姬启,最后惹怒国人,自己也身首异处。

鲁国后来在齐桓公的支持下,迎立闵公的哥哥姬申为君,即鲁僖公。

鲁僖公是个好君主,在叔叔季友的协助下,治理鲁国三十三年,安然度过齐桓公、宋襄公、晋文公的称霸时期。在齐桓公去世的前一年,季友等人去世,他开始亲政。在晋文公去世的后一年,鲁僖公也去世。时间掐得很准。这种与伟大人物几乎"并肩同行"的经历让他的人生也增添不少色彩。

想当年,我跟齐桓公一起讨论××的时候;那一年,宋襄公他想争霸,然后,那啥……这些经历,估计都够鲁僖公吹牛吹上好一阵子。

公元前 626 年,鲁僖公去世,他的儿子鲁文公姬兴继位。

按照"**制度的生命周期**",到这个点,春秋已过百年,大夫卿士也已壮大。如同晋国出现赵盾一样,鲁国政权也开始旁落,出现"三桓"。

"三桓"前面介绍过,起于鲁桓公的几个儿子。他们的子孙经过几代后壮大成为鲁国的权臣。鲁桓公最大的儿子继位诸侯,即鲁庄公,可算作"伯"。不过他的诸侯身份更显赫,就没必要叫什么伯。第二个**公子庆父便**

是仲（孟）；然后是公子牙，是叔；再者是贤人公子友，称呼季。公子的儿子就是公孙，他们的后代就对应称为"孟孙氏、叔孙氏、季孙氏"这三"×孙氏"就是"三桓"。到春秋中后期，他们渐渐形成士大夫家族，一代接着一代控制鲁国国政，和鲁侯默契地分享着鲁国。

庆父自杀后，他的儿子敖继承爵位。敖便代表桓公"孟"这一支的大宗，被称为**孟穆伯公孙敖**。"孟"是对应桓公一辈，"伯"是他为庆父的长子，"穆"是"谥号"，公孙是辈分，"敖"才是名字。整套称呼下来，非常长，非常啰唆，也可以假装非常有文化。

按照辈分算，公孙敖是鲁文公的堂叔辈。他是"三桓"的龙头老大，有钱有能力也有点好色。他和鲁文公的庶弟公子遂一直有矛盾。公子遂住在东门，也被称呼东门遂。

公孙敖想娶莒国的公主，但莒国不肯，说你老婆那么多，我女儿嫁过去只能做小老婆。公孙敖就说，其实他是替公子遂做媒。莒国就同意了。但等到嫁过来时，公孙敖就"霸王硬上弓"在路上把生米煮成熟饭。

公子遂知道后大怒。你用我的名字去泡妞，居然连渣也不剩点给我。

站在道德制高点的公子遂就用这个没有边际或边际模糊的绿帽子借题发挥，大做文章，最后把公孙敖逼出鲁国朝廷。空缺的位置由孟孙谷、孟孙难顶替。这两兄弟辈分低一级，与鲁文公和公子遂平辈，属于弟弟行列，说话的声音自然也就小声不少。

季孙氏的代表人物叫行父。名里有尊称"父"字，他是季友的孙子。按辈分，也是东门遂的堂弟。同样，叔孙这一支的掌权代表也是东门遂的堂弟辈，叫作得臣。彼此彼此，声音都大不到哪里去。

也就说原本"三桓"用事的鲁国，此时发生短暂的权力转移，出现第四股政治势力——鲁文公的弟弟东门遂。

既然有权，东门遂就不能只是东门，西门也要过问一下："有没有吹雪啊？"还有南门、北门都要走一走。

不是权力大了欲望就大，而是权力大了，欲望就可以表现得更大。

鲁文公的正妻是齐姜，生世子恶和公子视。他还有个小妾是秦女，生公子倭和公子叔肸（xī）。秦女不安分，仗着文公的宠幸就想让儿子继位。

这是非分之念。但在"想唱你就唱，敢唱就会红"的春秋，许多"非分"经过努力真有可能变成"本分"。秦女的唱功不错，颇有政治眼力。她看准东门遂，送钱送礼，并许诺如果公子倭上台，鲁国的国政皆由东门当家作主。

非常有吸引力的承诺。那大家就一起努力吧。

文公去世时，齐惠公派人来慰问。东门遂就以还礼为由去齐国。他跟齐惠公说，鲁国世子恶不是先君文公喜欢的孩子。他出生时占卜说他以后会亡国，所以才取名为恶，但他是嫡长子，按照礼制只好由他继承鲁侯。随便介绍一下，公子倭这孩子，器宇轩昂，品学兼优，天生一副五道杠的样子。

齐惠公：哦！

东门遂说，鲁国人民都希望公子倭能继承大位。

齐惠公：啊！

东门遂说，如果你能支持我们扶立公子倭，结成婚姻，鲁国以后就认齐国为大哥，年年朝聘（交会费）。

齐惠公：好的！

这才是干货，前面都是废话。大家都是明白人，不来点真金白银，光凭那些不着边际的"品学兼优"就想骗齐国人民支持你更换国君？你去查查看，这些年齐国在这方面交了多少学费？

东门遂回到鲁国就跟"三桓"说，齐国要把嫡女嫁给公子倭，你们怎么看？

行父就问，为什么不是嫁给世子恶？

东门遂不说话，就拿眼神呵呵，你懂的。

"三桓"便懂了，不再说什么。老哥不是叫我们怎么看，而是叫我们不要看。

东门遂：那不说就代表同意。

东门遂骗世子恶和公子视去看母马生小马。潜伏在一旁的刺客就直接把兄弟俩杀死在马厩里。第二天，鲁国传出事故新闻，说世子恶和公子视去看母马生小马，孩子好奇不听大人劝，去摸小马，结果被母马踢死了。

母马厉害，威武！一踢还踢俩。那好吧，公子倭"只好"继位，即鲁宣公。

不过"恶"的名字是不好听，但"倭"就好听了？

东门遂：倭人本是正常的外夷，黑化是后来的事。

叔肸知道宣公哥哥参与暗杀兄弟后，就闭门不出。哥哥来召他去做官，他也拒绝。人家问为什么？叔肸说，我不是怨恨富贵，但我看到哥哥就会想到弟弟，我哪能忍心？

人家又问那你为什么不去别的诸侯国呢？叔肸说，我哥没有对我不义，我又怎能出逃彰显他的行为，对他不义呢？

"进也不进，退也不退"，那就是静止？是的，相当静止，连鲁宣公送来的礼品、慰问品他都不收，**宁愿织布做鞋去卖**也不收。

刘备：卖鞋真不赚钱啊。

人们就经常看到一个卖鞋的穷人君弟，一边卖一边感叹。大家猜测叔肸一定是看过"伯夷叔齐不食周粟"的教材。

食不食周粟、鲁粟不要紧，反正也不影响鲁宣公继位，就算是膈应他，也膈应不死人。一个鲁国而已，此时华夏的重点是楚国。

楚穆王是杀老爸楚厉王上位，但楚国不会那么乱，就算乱，人家也应付得来。为什么？偏爱吗？不是！因为楚国的政权过渡经常都有这样打打杀杀，他们很熟悉"弑君"，有经验，会应对。在你们这里不正常的事，人家很正常，丝毫不影响继续走楚文化的发展道路。

学宫廷礼仪，齐、晋、宋、鲁、郑、陈代表的中原可以看不起楚国，但论政权纠错，楚人可以让中原诸侯汗颜到汗流浃背。

二十三、楚国的辛苦崛起

铺垫了这么久的中原诸侯，终于要轮到楚国上场了。楚国是南方的大国，春秋故事的压舱石。一般人是十年磨一剑，楚人是百年磨一剑，所以绝非常剑，非常耐磨。楚国从熊通称王到庄王熊侣历六代君王百余年，才让中原不得不口头承认楚国可"王"。不服的人已死，只剩下都是口服、心服和念念有词的"佩服佩服"。

没有一口吃成的胖子，也没有一年长成的大树；没有一天建成的楚国，也没有一世就能完成的称王。

上古传奇

楚人的祖先，一般可以追溯到祝融。当然，祝融还可以继续追上去。在神话传说体系里，一会儿说祝融是炎帝的五世孙，一会儿又说黄帝的孙子是颛顼，颛顼的孙子是祝融。也就说，祝融再往上追就不好追，有不同的观点，有分支有分歧。人家是子女有分支，楚人到这里是祖先有分支。不过没事，传说而已。传说有什么漏洞都可以解释，实在解释不了就再打个补丁，自圆其说。

实际上，**祝融就是一个职位**，不是一个很特定的人物。

还原一下故事的大概脉络。燧人氏发明钻木取火后，人们感受到火的好处，就商定要有人管理并看守火种。取火是技术活，这人要比较聪明，能力强会玩火。火除了吃饭、烧烤、防御等生存需要外，还有一项重要的运用是祭祀，所以掌管火的工作常常由巫师兼职。"祝"的本意就是巫师，"融"的本意是能力强大。人们就尊称管火的巫师为"祝融"。

谁负责这项工作，谁就叫祝融。炎帝的子孙干过，黄帝的子孙也干过。就像现在的×局长一样，陈姓人做过，林姓人也做过。当时没有专门的人口管理，没有户口，所以没像林局长、陈局长这样对应的叫熊祝融、彭祝融等。

后来有统计说"祝融八姓"，就是有八个姓氏的部落首领管过火，出任过祝融，分别是己、董、彭、秃、妘、曹、斟、芈。

与祝融一起出现的官职还有**句芒、蓐（rù）收、玄冥**等，他们四个（神）一起组成四季，对应着国家（部落）不同时期的建设重点。

春天的时候，草木出生，是生命起点的季节，万物生机勃勃。这时候要祭祀，在五行属木。"句芒"本意是弯曲生出的草木。于是，句芒就代表着春季祭祀的官职，后演变成宗伯，再后面就成礼部尚书。

夏天的时候，天气燥热，人们精神亢奋，许多战争都发生在夏季。夏季的日照时间比较长，也适合搞军事训练。火是战争中很重要的武器。所以"祝融"就代表着夏季的官吏，五行属火，后演变成司马，再后面就是兵部尚书。

司马这个官职还演变成姓。晋朝的司马懿也认定祖先是祝融。

秋季的时候，天气转凉，寒气四起，草木开始枯萎。"蓐收"的本义是秋天成熟的草木，可以收割了。此时空气中庚气重，一般是行刑的季节。行刑要用到刀枪什么的，所以对应的五行就是金。蓐收代表秋季的官吏，后来演变成司寇，再后面就是刑部尚书。

冬季的时候，夜长昼短，万物沉眠，雨水减少，是搞土木（水利）建设的好季节。"玄冥"一词本意是黑暗的意思，五行里对应着水。玄冥就代表着冬季的官吏，后来演变成司空，再后面就是工部尚书。

《倚天屠龙记》里面有个组合叫玄冥二老，会用寒冰掌，就是包含着主冷、主水的寓意。

尚书有六个，除上面四个，还有两个。

户部尚书对应回去的名称是司徒、后土。因为季节用光了，就不对应，反正你主要是管人口和土地。五行还有一个名额，那就对应土。

吏部尚书对应回去叫冢宰、天师，管理官吏的职位。在古时候，他的重要性也没有前面几个大，既然季节用光了，五行用光了，那就单着吧。反正当官的也喜欢装，什么孤，寡，高处不胜寒。那就寒着吧！

五行：售罄！

四季：预售就罄了！

吏部尚书：怎么这么随意啊？

句芒、祝融、蓐收、玄冥本为春夏秋冬四官的官名。后演变为春夏秋冬四季的神名。在这一套传说中，祝融就是神仙。

人们认祖先都喜欢往神灵上靠，动机没毛病，但为什么就祝融的名气最大，都在抢注？不是还有其他三个吗？因为火最重要，最牛。

火在远古时期是人类掌握的自然界中最先进的科技。水、木、土都是自然的直接馈赠，满地都是。金要有火才能炼出来。掌握火就等于走向文明。所以管理火的祝融，就相当于在今天掌握核技术的院士。

这么高大上，当然谁都愿意往上靠。

祖先辛苦

做过祝融的芈姓部落，在夏王朝时还有一块封地叫熊，或者担任过一个类似"熊"的职务，总之他们在芈姓后，开始出现熊氏。商代夏后，注重血统的商王朝追打各家异姓部落。芈熊部落打不过，不得不开始南迁。

南迁不是一次完成的。他们没有特定的目的地，是被打一次迁一次。

每次都在新的地方建设得差不多,有点恢复元气了之时,商朝就打过来,半轰半抢的样子,不得已又得走。那段经历对芈熊来说就是血泪史,叫"**筚路蓝缕,以启山林**"。终于在迁到湖北荆山一代后,商王朝才停止了"打、砸、抢"。

太远了!一来一回抢到的财物还不够路费。而且芈熊部落已经被商王朝的中原军打成蛮夷,那就应该参照西戎、北夷的标准对待。商王朝已没必要专门为芈熊制订一个工作计划。

"蛮夷"是中原的商人对芈熊部落的称呼,充满鄙视的味道。芈熊部落坚决不承认、不接受。他们在南迁的过程中通过口口相传,始终坚信自己是祝融的子孙,根正苗红,不是蛮夷。但从北到南,地理气候变化很大,他们为了生存又不得不去适应,要去学习当地土著人的各种生活习性和文化习俗,学得多了,许多动作手法就变得与中原不一样。商人就说芈熊部落已经被南蛮同化,坐实了,你们就是南蛮。

"南蛮"怎么了?

真正的"南蛮"也不认同芈熊部落是蛮族。因为芈熊部落的身上还保留着许多中原文化的痕迹,非常倔强。就这样**两边都有,又两边不靠,反而造就芈人特有的文化**,后来华夏文明重要的组成部分——**楚文化**。

比起南方的其他部族,芈熊部落带着中原先进的文明而来,各种精神层面的生活优先一节;但比对中原,人家夏商周都换了几茬,芈熊早已交流脱节,跟不上发展的节奏。

特别说明一点:生存的**文化没有先进不先进的区分,只有相同不相同、丰富不丰富的差异**。中原的周礼文化,荆楚的楚国文明,双方相爱相杀了几百年,哪有谁比谁先进?所谓"楚虽三户、亡秦必楚",或许这句话里还有文化相生相克的内涵。

秦人的发展很迟,西周都过去二百多年了,才有秦非他们,其间嬴氏还断过二百年,所以秦文化基本上是接受了中原文化。秦人最终克掉中原,建立秦朝,说明它是修炼中原武功秘籍者里最好的高手,打通了任督二脉。别的中原诸侯也用这本秘籍的文化,谁也打不过秦国。楚国不一样,楚有自己的武林秘籍。九阳神功是玄冥神掌的克星,所以楚人把自己的秘籍练好后,只要一打通任督二脉,就可以克制秦国了。

中原文化的图腾是龙。龙的形象比较凶,张牙舞爪,体现的是威猛与武力，所以中原诸侯的兼并手段基本靠武力。楚文化的图腾是凤。凤的形象高雅脱俗，昂首挺胸，体现的是气质。所以楚在吞并南方部落的过程中，名义也叫灭国，手段也用上合并，如卤面吸收海鲜的味道，没说非要把人家祖坟给刨了。楚国因此常常发生部落叛变的问题，就是因为这些部落没被彻底打死。

后世的文人，糅合了华夏民族的文化，把龙与凤放在一起，龙凤呈祥。龙为男主阳性，凤为女主阴性。男人打男人没问题，最后却容易被女人征服。这大概也是文化上的阴阳相融相克吧。

芈熊部落在商的追逐下，经历了不幸的生活，但铸就了万幸的品质。他们到南方后，把部落取名为楚。"楚"的字形显得比较坎坷，人在丛林里跑，可以形象生动地说明部族的艰辛历史。也有说"楚"是荆条的意思，他们在荆山建设，荆条是最主要的工具。也有说是部落首领鬻熊的妻子难产，最后剖腹产下一子，自己死去。剖腹在当时是一种十分神秘恐怖的医学行为，一命换一命，巫师是用荆条裹住她的腹部再开刀。为了纪念这位伟大的母亲，部落就改名为楚。

不管哪个原因，反正楚部落来了，楚人的鬻熊时代也来了。关键是时间节点也到了，商王朝的末日也快了。

楚人一直想回归中原，摘掉"蛮夷"的帽子。他们恨透了商人，正是商人毁坏他们的家园，逼迫他们离开故土，还给他们扣上这顶饱含歧视的帽子。他们怀着仇恨找到西伯侯姬昌。

楚人表示自愿加入岐山的反商大军。周人问你能干啥？首领鬻熊说他是祝融的后人，管火用火是他们的传统强项。那就是火师。火师不能纯粹玩火，他们还有一项重要的使命，观天象。这也是巫师的本职工作。鬻熊本来就会，但那是在自己部落搞。部落里他最大，所以他推测预料什么，就可以是什么，不管后面发生啥也好解释。现在到西伯侯这里，他没有这个特权。一切要以事实说话，天气预报准不准明天就知道。

领导最不想听的就是员工的解释。

鬻熊的压力很大，可能还出过错，后面因为工作强度大，猝死了。可气的是周武王建立周朝后，似乎忘记了还有鬻熊"因公殉职"的功劳。

天气预报经常错，搞得灭商的"牧野之战"都在雷雨中打，还说什么功劳？

楚人：对手不也没带伞！

周朝第一次分封时，鬻熊的儿子去周朝参加庆功大会，却发现什么都没得到。任命书、嘉奖令看了几遍，上面都没有自己的名字。

楚人十分失望。这本是他们回归中原、让中原重新认可芈熊的最好机会，但机会没了，是个假机会。

好在他们的失望也没持续多久，到周成王时，周朝又搞一次分封。这次周人想起楚人，没有功劳还有苦劳。

第一批封功劳，第二批分苦劳，这个顺序没毛病，就是隔太久。但楚人又有新的失望，就是分封的地盘太小，才五十里，而且又不是中原的地段，居然还是楚人自己的老地方。

什么意思？我满心欢喜地向老师打组长的小报告，结果老师却当众说我鼻涕没擤干净。楚人实际占领的地盘更多，现在被朝廷确认反而变少了？好在名分已经到手，至于地盘，就算周人不认可，但实际控制权仍旧在楚人手里。

不过名分实在是……都不好意思说出口，子爵。倒数第二。

周：咋的？你隔壁的许国还是男爵。

算了吧，至少拿到贵族身份证。要知道，这身份比秦人还早一百多年。

拿到贵族身份的楚部落首领叫熊绎，他是鬻熊的曾孙。他也因此成为楚国的开国之君，朝廷有登记的子爵诸侯。

从此，中华大地上有了楚国。从此，楚人一发不可收拾。

熊渠称王

熊绎之后的几代君主都没流传下来什么故事，到六世孙熊渠这里，楚国才出新亮点。

记载说，熊渠趁周王室衰弱和中原动乱之机，开疆拓土，相继攻打庸国、扬越、鄂国，将楚国的势力推进至江汉平原。楚国逐渐兴盛起来。熊渠感觉良好，自我膨胀有欲与天公试比高的冲动。他不满足于子爵，想直接僭越称王。很奇怪，他并没有自己称王，而是创造性地封三个儿子为**句亶王、鄂王、越章王**。可能是试探中原，也可能是鄙视周王室。但没多久，又听说新继位的周厉王姬静连国人山里打猎、河里抓鱼都管，异常暴戾，熊渠心里害怕，就取消了三个儿子的"荣誉"称号。

这种担心很正常,我们看到一个敢自残的人,也会有点畏惧。

事实可能不是这么没有前因后果的传说。从时间上看,熊渠继位初年对应周王室的老大是周夷王,周夷王的老爸是周孝王。周孝王因为秦非养马就封了秦地,并重新启用嬴姓。这事传到楚国,楚人想一个养马的都可以封赏,我管火的就应该有更高的赏赐。于是,熊渠去周王室朝贡时,就提出升级爵位的申请,但被周王室无情地拒绝了。

周人:你就朝贡一车酿酒的茅草而已。

楚人:那他还只是养马的而已!

当然,秦还有一个是楚人无法比拟的条件。秦非在周王室上班,俗称领导身边的人。楚国一直都在南方,就算功劳再大,周人也只是听说听说,哪有秦非来得直接!

楚人很气愤,觉得自己帮助周人镇守南方,遏制蛮族这些事都白做了!于是楚人就开始转变思路:改遏制为蚕食,把自己做大。

思路一变,局面就立马改变,前进的道路越来越宽广。熊渠发现做大楚国其实也不难。他很快就吃掉周边的诸多部落。成功来得这么顺利,楚人突然就有一种"我干吗要鸟你周王室"的气魄。熊渠一激动就把几个儿子都封王。

儿子才是王呢!

没多久,周厉王继位。周朝一改温驯的性格,突然发力。周厉王一上台就到处打人。此前周王室的善意被诸侯理解为无能,搞得天下常常出现自作主张的问题。周厉王很厉害,东征西讨敲山震虎,打击蛮夷杀鸡儆猴。熊渠有点害怕,为了安全起见,就决定暂不称王,儿子还是儿子。

事实确实是"称王未遂",但它是一次试探、一种态度,为以后楚人的强悍性格打下意识形态的基础。其实楚人一直都有这个问题,不称王,称什么?称公、侯,甚至伯,都是僭越。安心叫楚子?那简直就是埋汰。周边的陈国、随国都是侯爵,邓国、黄国还是伯爵,你说气人不,这邻居还怎么走动?

楚人非常郁闷,位不配能。到熊渠的八世孙熊仪,楚国又被逼造出一个叫"敖"的词语。"敖"在当地方言里就是"王"的意思。就像现在的暴发户,不能叫什么长(市长),那就叫什么总(总裁)吧!于是就有了楚若敖熊仪。

"敖"虽然解决了楚子的问题,但听起来还是有点不伦不类,还是会被周边的贵族邻居偷偷取笑。若敖、宵敖,还蚡冒什么的,太拗口了!所以敖的称呼也没用几世,到熊仪的曾孙熊通这里,楚国又再次发飙。干脆,不再称敖了,再度称王。实在熬不下去了,我楚国就是王,楚武王。"敖"就退而求其次,变成没有顺利坐稳君位的楚王的一种荣誉称号,有点类似中原"哀、殇、废"的味道,有很强的照顾性质。有一支子孙去守"敖"的墓,或是继承"敖"的衣钵,竟然守出"敖"的姓氏。

武王定型

楚若敖熊仪之后的几个楚王都没什么响亮的故事,说书人就拉快进直接到楚武王。楚武王熊通是楚国的第十七任君王。

熊通杀了侄儿自立楚王。他在位期间,到处耀武扬威,打诸侯,抢土地,欺负人,为楚国的版图成形立下了汗马功劳。楚国也正式进入肥沃的江汉平原。

楚武王在位五十一年,从第三年开始就视扩张楚国为己任。先是灭掉前几任君王一直想灭但灭不了的权国,还有郧国、绞国等,再合并贰国、轸国、巴国等,又痛击随国。或许名单还远远不止这些。

今天学历史的同学,真应该感谢那些牛哄哄的君王。

楚国还吞并了许多没有名字的部落,为后来秦国统一天下打下化零为整的基础。换句话说,楚国君王兢兢业业,积少成多,省吃俭用,终于把毛票和硬币换成一张百元大钞,然后"强盗"秦国走过来,抢了就跑,秦就有一百元。如果没有楚国,秦人还要抢一百回。南方只有一个楚国,你只要灭了郢都,抓住楚王,楚国就属于你,南方就属于你。如果没有楚国,是一百个小诸侯,那你就要整一百出这样的戏,虽然伤不着你,但可能会累死你。

楚国吞灭诸侯的过程中,灭权国具有重大的政治意义。不知道为什么,楚武王灭权之后,不按照当时的规矩作为封地,而是**成立了中国历史上第一个县**,权县(今属湖北荆门市)。权国是殷商的后代,流淌着贵族的自豪血统,热衷于政治活动,所以权县的首任县长斗缗居然被他们策反了。斗缗有独立的政治野心,权县人也有复国的热切愿望,两者一拍即合。但他们好像忘记对手是楚武王,这个牛人刚刚完成过几代君王都完成不了的灭权理想。

楚武王不在乎再多灭一次，无非是再表现一下才艺。这套路，我熟。至于斗缗，杀了，不可惜，想当我县长的人多的是。权国的遗民，还是移民吧，去一个叫那处的地方。

那处是哪处？不知道，就叫"那处"。名字不重要，重要的是楚武王从权县上总结出经验，以后**灭国设县**要加上一条，把原来的贵族迁移走，分化瓦解他们的固有势力。

除了权国，随国被灭也有故事。

随国是姬姓诸侯国，标准的皇亲国戚。西周时期，周王室为了安定南方，特地分封一些姬姓子弟到淮水上游和汉水中游地带，建立起随、唐、蔡、应、息等数十封国，组成一个庞大的姬姓封国集团，史称"**汉阳诸姬**"。**它们互为掎角之势，负责监视并阻断荆楚和淮夷、于越等蛮夷的结盟。**

但历史给周王室开了个玩笑。人家楚国根本就不想结盟，而是吞并。汉阳诸姬可能犯了方向性错误，把主要精力放在挑拨离间上，没预防楚国吞并其他小国小部落。等他们明白过来，已经来不及。楚国已完成国力的原始积累。

"官二代"随国的爵位是侯爵，比楚国的子爵中间还多隔一个伯爵。政治地位优越的随国长期看不起楚国，但又没有楚人彪悍。打架肯定是打不过，遇到楚国不顺心，还常被叫过去非打即骂。

长期口服心不服的状态让随人无法坚持原则，变得有点随便。

恶霸家的儿子欺负村长家的儿子，能力问题 VS 身份问题，谁傻谁被揍。

楚武王开始是看重随国在"汉阳诸姬"的实力和地位，想通过给随国一顿胖揍，立个威，杀鸡儆猴！

"你瞅啥？""瞅你咋的！"

还有一个重要原因，随国境内有一座山，叫铜绿山。山如其名，有铜矿，而且含量非常高。楚国的青铜工艺很先进，但材料不足。他们日思夜想，想得到这座山，以破解矿产进口难的老问题。

所以这顿揍是必须的，好几个理由都指向"揍"这个字。

楚国出兵围住了随国。主政随国的大臣有两人，一个叫少师，一个叫季良。少师比较肤浅，看到楚国展示出来的老弱病残就想主动进攻。季梁认为楚武王已经在位三十年了，到处打仗，实力强悍，现在主动来打随国，怎么可能是老弱病残的配置？肯定是引诱我方去攻打。

随侯犹豫了一下，决定不去打。他并不是觉得季梁说得多有道理，而是占卜问了神，神说去追打很不吉利。

神这次表现得很靠谱。楚国勾引不成，就搞个"汉东大聚会"，那些被打得服帖的诸侯都按时来参加，唯独黄国、随国不来。楚武王就说这两个家伙太无礼，要教训一下。黄国一听，赶快带着"抑郁症"的病假条来请罪。随国却很不在意，反而决定和楚国联军干一架。

看清楚啊，随国。你可要长点心！

上次就来一个楚国，用老弱病残给你看，你都不打，这回是楚国联军，你却决定打。是不是又问神了？我猜是。古人信神，绝对不会怀疑神的判断力。所以这次**能解释神依然正确的唯一办法，就是不记载随侯是不是问神**。至于黑锅，就留给少师去背。反正上次他也说要打。

这种强弱严重不对等的战役，毫无悬念，随国兵马损失大半，黑锅少师也被杀死。逃回城的随侯终于明白，胳膊掰不过大腿，就同意让季梁去楚国请罪结盟。结盟是好听的话，实际上是认罪拜大哥。但这时候拜大哥已经没有面子，更没有资本，如果再不带上像样的投名状，大哥随时会翻脸。

"投名状"就是答应楚武王去找周王室，帮楚国要爵位。

随国就去洛阳拜会"周爸爸"桓王姬林，说现在的楚国与以往不同，很有实力，希望王室给他一个"假王"的称号，授予他管理江汉诸国。

老周一听这话，差点气死。

我晕，明明叫你们去监督限制楚国，你倒好，回来替他说好话，还帮他到处借钱，你到底是哪头的？

什么假王真王，统统不给，滚蛋！

那就没办法了，随侯只好跟楚国大哥说，我尽力了！

楚王知道后很不屑。他不给我还不要了。我现在也不要什么假王。我突然想起楚国的先君熊渠早就是王，我要恢复称王。

自此，汉东诸国面上都要承认楚王。从熊通开始，楚子没有了，天下只有楚王。当然，许多诸侯内心也不服，但他们反抗的唯一办法是面前叫你楚王,背后阴阳怪气叫你楚子。

楚子,楚子,楚子,重要的事情在背后说三遍。

周桓王听说后,更加很生气。同样,除了摔碗砸凳外,他还是没什么办法。

摔、摔、摔,表达严重的气愤摔三遍。

随国听不见你摔,也不管周王什么生气。它只想活命。演完这一出戏后,随国就与楚国开启十多年的蜜月期。

为什么只有十多年?说好的一生一世呢?因为周桓王去世,儿子周庄王姬佗继位后,想到这个远方的兄弟就来气,便在某天把随侯叫到洛邑去。从祖宗十八代说起,论血脉,这是实在亲戚;论地位,你一个侯居然认一个子做王?论感情,只好骂你一通又一通!

随侯回家后痛定思痛,突生羞愧,就不再像原来那么钟情楚武王,进而故意不参加楚人主持的沈鹿之会。这下又惹楚武王生气了。

屁股不疼了?那我就帮你再整个伤疤。

楚武王五十一年(前690年,够长寿吧),楚国再次攻打有点随便的随国。这是楚武王最后一次征战,他死在了途中。令尹斗祁、莫敖屈重秘不发丧,以完全领会楚王意图的气魄,秉承楚人英勇的气概,兵威制服随国。随国再次称盟。

注意:三国是"死诸葛吓走活仲达",春秋才是"死楚王逼降活随侯"。

文王武功

楚武王去世后,儿子楚文王继位。楚文王的"文"和秦文公的"文"一样,都是文武齐全的文,不是文质彬彬的文,相当威猛。

因为老爸在位五十一年,所以楚文王熊赀(zī)一生的大多数时间都在学习,主要是跟着申国来的"保申"学习。据说他学会了君王最重要的技能,能分辨直臣和佞臣。不知道是不是占卜看相算命。好在他并没有沉迷于学习,沉迷于看相算命,而是完美地继承了楚国的光荣传统,一上台就锋芒毕露,东征西讨。

他做的第一件事情就是遵从老爸遗愿,迁都,从丹阳迁至郢都。这和周王室的迁都完全相反,一个是主动型,一个是被动型。郢都对楚国的意义重大,是国力强盛的象征和扩张成果的展示。

第二年，楚文王就开始拔萝卜、割韭菜活动。第一趟灭掉南方最大的非姬姓诸侯国申国；回家时，又顺便打下外公家邓国，邓国也灭了。邓国就形同股灾中的散户，很无辜，很可怜，割韭菜就割韭菜吧，居然还是顺便割。堂堂散户，死都死得没尊严。但有些散户也是活该，心眼太多想玩大户，比如息国。

息侯和蔡哀侯献舞是连襟，蔡侯娶姐姐，息侯娶妹妹。妹妹比姐姐漂亮。某次妹妹从娘家陈国回息国，经过蔡国时，蔡侯就心怀鬼胎地出面请客。他**有贼心又有贼胆就是没有贼机会**，所以只是轻薄调戏了小姨子几下。可妹妹回到息国，一番添油加醋地撒娇后，息侯就不干了。

什么素质啊！息侯想教训一下这个没素质的连襟。考虑息国实力还不如蔡国，息侯就想到一种更加没素质的办法。

这年头，拼的就是人品！**要么欲与天公试比高，要么欲与粪坑试比臭。**

息侯找到楚大哥，说蔡献舞仗着是姬姓就不怎么待见你。这样，你假装攻打我，然后我去向蔡国求救。蔡献舞没什么头脑，不知道天高地厚，肯定会出兵来救。到时我们两边夹击，就可以直接俘虏蔡侯。

这是什么主意？这得有多大的勇气才能想出这么没底线的计谋？同时，**也得有多大的勇气才会相信这是真的计谋！**楚文王信，因为他自信，这是一头熊的勇气。息侯也信，他信个鬼，这是一头猪的勇气。

蔡侯献舞果然就这样被抓住，一头雾水地被楚国带去郢都了！楚文王准备把他杀掉祭祀拜神。这时，一个叫鬻拳的大夫说，大王如想要涉入中原事务，就不能随便杀掉诸侯王。为了避免诸侯因畏惧而远离我们，最好还是放他回去吧。

楚文王没理他，叫屠夫继续磨刀。

鬻拳急了，一手握着匕首，一手拉住楚文王的衣袖说，我宁愿和大王一起死，也不想看到楚国失去中原。

服了这些忠臣的理论，你刚刚**不是说"如果想"，难道我就不能"如果不想"？**

楚文王吓了一跳，你的"如果"里，居然让我有生命危险。算了，我听你的，改杀猪吧！

鬻拳说，大王你愿意饶恕蔡侯，这是楚国的福分。但我刚刚冒犯大王犯下死罪，请杀了我吧！

听这话，也真佩服这些忠臣的坚守，他们确实是一群有理想的人。

楚文王说，不用了，好人坏人我看得出来。你是忠臣，我不会杀你！

鬻拳就拿起佩刀说，大王能赦免我，我却不能赦免自己。说罢就把自己的脚给砍了。然后对着其他人大喊，你们看到没有，这就是对大王不敬的下场。

这确实是欲与天公试比高的人品。

我们不得不佩服这些忠臣的行为，如此执着、勇于自我践行理想，而不是要求别人。他们是制度和规则的坚守者。品质让人感动，但这些行为真不好学，砍自己的脚，自残啊，到底怎么砍？

介子推：别看我，我也不知道，这个技术含量更高。

楚文王也很感动，就把那个脚掌藏进纪念馆，并安排鬻拳出任大阍，掌管城门。在围城式的城市管理中，管城门是集权力、责任、地位为一体的体面工作。

另一边，死里逃生的蔡侯终于搞清楚**自己是怎么来的，心里就开始盘算着也让息侯知道他该怎么没的。**

蔡侯就找机会向楚文王解释息侯为什么会害我。

对啊！为什么，这么缺德的主意都想得出？太神奇了！

因为他老婆，我小姨子，实在漂亮。"只是因为我在人群中多看了她一眼"，然后，就成了"一个眼神引发的惨案"。

楚文王很好奇，有多美？

蔡侯说，多美？反正我在楚国就没见到这么美的美人。她也是我至今见过的最漂亮的女人。

原来这样啊，那我一定要去看看到底多美！

这下好了。将计就计的蔡侯很高兴，他要的就是这个效果。不是比缺德吗？息侯，你来啊，谁怕谁？

比赛终于要升级了。激动人心的时刻再次来临，因为息侯的老婆息夫人确实很美。见过面后的楚文王也是这么认为的。

楚文王不是蔡侯，楚文王也是有贼心有贼胆，至于机会呢，没事，他可以制造。楚文王一顿耀武扬威后，息国就被打成息县，息夫人和息侯也一起被带回郢都。

在楚文王眼里，弄掉息国还不是像弄死一只鸡一样！对不起，不能说你是鸡，应该说就像捏死一只蚂蚁一样。

唯一的问题，就缺乏理由、缺乏动力。没理由不能随便捏，我不是文王吗？文王都是讲道理的王。现在好了，理由是你们自己提出来的。你们要互相举报，我只好"勉为其难"再拔一回萝卜，再割一把韭菜。

回到郢都后，楚文王对息夫人说，你就嫁给我吧。息夫人不肯。

楚文王说好吧，我是讲道理的王，我不强迫女人，我只强迫男人。那我就杀掉息侯，灭他的宗祠。这一招实在狠，息夫人只好同意，成为楚国夫人。息侯也因此暂保性命，拿到"绿卡"，变成楚国的永久居民，变成小息息之类的甲乙丙丁。

这是楚文王耍流氓的典范，但流氓有文化。他尊重知识、尊重女性，就是不尊重同行。

息夫人与文姜、夏姬、西施并称春秋四大美女。古代评"美女"不光要剔除颜值中的滤镜、美颜、瘦脸，还要看她对历史的影响。什么叫倾国倾城？不是你美美地走过，城门就倒了，而是你美美地走来走去，引发几个君王的打打杀杀，把城墙打坏，把国家打灭。息夫人完全符合上述条件。三家诸侯在争夺纠纷后，最终息侯灭国，蔡侯也走在灭国的路上。当然，美女自己也要在男人们的争夺中拿捏好无辜的表情，如果到处使坏，说三道四，违背儒家的道义，那就不是四大美人，而是四大妖姬（妹喜、妲己、褒姒、骊姬）。

欧洲那边什么海伦啊，女神啊，特洛伊啊，吹得轰轰烈烈的样子，其实在我们这都只能算小场面，几句话的事，打几个喷嚏就完事。他们没什么历史底蕴，找不到大故事大场面，只能把小事件拍成大电影，添油加醋做大做强视觉效果，然后再冠名"史诗级别"感动北美票房。

息夫人自身也很传奇，据说出生时，陈国的桃花都开了，所以文学爱好者又给她取名为桃花夫人。她嫁给楚文王三年，相继生了两个儿子：楚堵敖熊艰和楚成王熊恽。但息夫人就一直闷闷不乐，常常独自一人看桃花，唉声叹气。楚文王问她为什么这样，息夫人说，我一个女人，伺候两任丈夫，死又不能去死，还能说什么？

楚文王一听，为这事啊！那这事是谁造成的？必须有人出来担责。对，就是**假媒人蔡侯**。

就这样，回家才三年的蔡侯，又像小鸡一样被拎到楚国。

这回没有鬻拳了!

鬻拳:我只剩一只脚了,这脚还有用呢!

蔡哀侯只好被软禁在楚国,九年后去世。

这就是美女的杀伤力。一声叹息就能把一个诸侯弄成客死他乡。

娶到美女又拿到地皮的楚文王很舒服,但他还要继续打豆豆,并逐步涉足中原。中原的齐桓公已经崛起,帮助郑国郑厉公复位。郑国就改向齐国。楚文王马上派兵打郑国。郑国不得已,又和楚国结盟。

齐、楚矛盾开始形成。

另一边,巴国人认为楚人瞧不起自己,趁楚国疏于防范,就乘机打权县。楚文王一怒之下就杀掉玩忽职守的权县县长阎敖。看来华夏第一县的县长是高危行业。想不到阎敖的家人也是暴脾气,觉得阎敖冤枉死去,不值当,索性就转身和巴人一起造反。

楚文王决定亲征,以暴制暴,但这一战很不顺利。重庆人很牛,伏击了湖北人。楚文王感觉身体不适,想先回郢都调整一下,但守门的大阍鬻拳居然不开门。他说楚国自先王以来,亲征的战役都打赢,请你再去打,直到赢回来。楚文王被一激,回头就把黄国灭掉,但自己也病发身亡,和老爸一样,都死在攻战的征途中,都算英雄战死沙场。这对父子一武一文,死得其名,真没的说。

黄国:嗯,那打我是几个意思啊?

听闻楚文王噩耗的鬻拳十分愧疚,说我两次冒犯大王,纵然大王不诛杀我,我也不敢偷生了。他转身交代家人,说我死后将我葬在王的附近,我仍要为他守住大门。说罢,便自刎而死。

这确实是欲与天公试比高的人品2.0版本。

楚文王去世后,他与息夫人生的两个儿子就相继走到历史的前台。

二十四、成穆的持续强悍

都说"晋有强臣,楚有强君",所以不要以为楚国刚刚出过武王、文王后就会歇会儿,他们的强悍永远在路上。楚王们各有各的强,各有各的悍,强悍得五花八门。楚国的好戏才算正式开始。

成者为王

在楚国的章节里,现在才轮到楚成王,但他早在齐桓公、宋襄公、晋文公的故事里露足了脸。要不是春秋"黑幕",他才不会沦落到连续三届只获得"最佳男配角"。类比那些国民老公、国民女儿,楚成王是春秋的国民楚王。

楚成王熊恽有个亲哥哥叫熊艰。哥儿俩都是息夫人所生,按照惯例,熊艰继位。但大家都认为熊恽更有能耐,"大家"包括母亲息夫人和熊艰本人。在如何不让弟弟超过自己的问题面前,**熊艰并没有选择上补习班、喝补脑液**。因为比他聪明的弟弟已经在努力学习,他学又有什么用?聪明到识时务的熊艰只有一种选择,那就是杀了弟弟。

熊艰一直找各种杀弟弟的理由,但理由总会被身边人解释过去。熊恽很害怕,不可能一直这么幸运,就跑去楚国的下属单位随国。这样过去三年,熊艰好像有点忘记了弟弟,开始沉迷于打猎、女色等不良嗜好。但弟弟却没有忘记,他时刻感受着威胁。为了去除威胁,同样聪明到识时务的熊恽也想到唯一的办法,那就是杀掉哥哥。

果然是亲兄弟!

不过想法一样,效果却很不同。熊艰想杀熊恽,杀来杀去没杀成。熊恽想杀熊艰却是一刀切,而且杀后还不解恨,说哥哥三年来没干什么正事,根本对不起熊家的英明神武,简直就是个熊货。为了证明自己才是正选,熊恽就不给哥哥定什么王,而是封为敖,叫楚堵敖。不但敖,还有点堵。前面说过,"敖"在楚国也是王的意思,类似中原的"哀公""殇公",可能还夹点歧视。如同都是有钱人,人家叫企业家,而你叫暴发户。

熊恽继位后,任命他的叔叔子元为令尹。子元叔叔是怪叔叔,不厚道,一直想做王,还垂涎嫂子息夫人,但他畏惧老臣斗伯比,一直没敢发力。斗伯比去世后,子元就自我感觉天下无敌,天天歌舞晚会,做事肆无忌惮,居然直接向嫂子表白。息夫人很狡猾,说我老公(特指第二任老公)是盖世英雄,常常出击中原。楚国已有十多年没有介入中原,你如果也有这样的进取心,我自然待见你。如果你只会像现在这样醉心楚国娱乐业,我就不敢再和你说话。

子元听后很惭愧,痛定思痛,他决定打郑国。

郑国：晕！你泡你的妞，关我啥事？

子元这次选错了。郑国有叔詹、堵叔、师叔"三良"辅政，虽然国力不及郑庄公当年，但给人家做小弟的资本还是够够的。叔詹很快就看穿子元的心思，所以一面向齐国大哥求救，一面玩起了空城计。想赢怕输的子元果然中计，不敢攻城，又畏惧齐兵到来可能造成两面夹击，就悄悄撤退了。他们在路上随便打几个野兔级别的小村庄，就浩浩荡荡回楚国，鼓吹大胜郑国。

这事太假了，根本瞒不过息夫人。子元也无奈，正面追求已经没希望，就想霸王硬上弓，顺便一起造反。可他连郑国都不敢打，哪来的本事造反楚国？没几下，就反被楚成王和斗家给灭掉了。

怪叔叔死了，大家就商量谁来做丞相。身世具有神话色彩的**斗子文**（斗谷于菟）被推选了出来。

传说斗子文是斗伯比的女儿未婚所生的孩子，被外婆扔到了野外。后来外公斗伯比（楚武王的丞相）出去打猎时，发现有只老虎一动不动在守候什么，射箭也射不到它，就派人去查看。跑龙套的小哥看完回来说，那老虎看护着一个孩子。大家很吃惊，一起去看，果然是。斗伯比就下令把孩子抱回来。回到家后和老婆聊天，说起今天的怪事，才知道这孩子原来是自己的外孙，于是就取名为斗谷于菟。"于菟"在当时有老虎的意思。

传说真不真不重要，重要的是**有传说，说明有能耐**。古人常常会给自己造势，说自己来路不明，不是人，是什么神鬼的亲戚。这些故事的命运也和主人公的命运连在一起，如果主人公后来牛掰了，这些故事就变成传说，会锦上添花，让他更加有威信。如果故事的主人公后来被杀掉，那对不起，不管什么故事就都是造谣、扯淡，没有人会记住。

现在能流传关于于菟的传说，证实子文是个牛人。没错，**他对楚国的意义和管仲对齐国的意义一样。**

子文上台之后，楚国大治。

楚国在楚成王时代确实是一个顶峰，丝毫不比他的孙子楚庄王差。只是生不逢时，楚成王遇到群雄并起、中原为主的时代，霸业的称号总是照顾主场的齐、宋、晋。齐桓公、宋襄公、晋文公相继拿走三届中华最佳男主角，而实力雄厚的楚成王，只能在黑幕重重的评选活动中，连续斩获三届最佳男配角。

楚成王真的很冤。

公元前 656 年，楚国面对以齐国为首的诸侯联军毫无惧色，勉强订立"召陵之盟"，说明齐国当时也没有胜算的把握。小白叫来七八个小弟，才逼迫人家签一张重新给周王室上贡茅草的破协议后，继续风马牛不相及。论起来，双方只能算平手。

平手的齐桓公是春秋首霸。

楚成王说，好，我陪！

公元前 639 年，宋襄公说他要做盟主，请楚成王去参加。成王去了，直接秒杀襄公，举手投足之间就轻松抢走主角戏份。

公元前 638 年，宋襄公恼羞成怒，决定和楚国干一架，他要完成连齐国都不敢做的中原事业。宋、楚双方在泓水正面打起来。高举"仁义"大旗的宋国完败。宋襄公受伤回国，不久也死了。

楚成王笑掉大牙，这样的人也想称霸？

但是，中原随即宣布第二届"霸业"的最佳男主角是宋襄公。

楚成王只好收起笑声捡起来大牙，咬牙说，好，我再陪！

公元前 632 年，代表中原的晋文公与楚成王再次交战。山西人牛烘烘，打败了湖北人。楚成王早就看透晋文公是内定的霸主，一直反对与晋国冲突，但好大喜功的成得臣居然不听王命，擅自出兵，结果成得臣也兵败自杀。

没的说。楚成王都可以宣布第三届最佳男主角是晋文公，现在是谁已经不重要，重要的是为什么是谁？为什么不是我？

中原坐台专家：可能是因为没有文化吧。

我楚国没文化？你去打听一下，如果我们没文化，如何管理中国的大南方？如果我们没文化，用什么治理国家？难道我们天天都是提着刀、拉着弓上班？你们骂我们没有文化只是因为没有你们说的文化，没有与你们一样的文化。我们有不同的文化背景。实践已经证明，你们的文化可行，我们的文化也可行，至少在南方可行。可行的文化多了去，不是只有你们一种。

楚国：你说我说的对吧，秦穆公？

秦穆公：理是这么个理，多学点也没坏处。

楚人突然想起来，他们的熊通爷爷早就解决了文化的差异问题。我们已经称王,都已经是王,还称什么霸?

不是我喜欢称王,是你们逼我"称王"。我本将心向明月,奈何明月照沟渠。

【文化自信】我们有时候还不如楚王,至少没有他自信。某些文艺界的大咖一直到今天,还以能评上国外的×奖为荣,以参加人家什么盛会为能。这都是意识的误区,缺乏独立思考的盲目跟从。

西方人根本不懂我们的艺术,也不想懂我们的艺术。他们很害怕,害怕一旦了解我们,就会发现我们比他们更加灿烂辉煌,他们就会失去现在的地位,失去两百年前利用人家家庭矛盾骗来、抢来财富所支撑的面子地位。

他们的信心和优越就是建立在我们的不自信上。

不崇洋媚外应该是艺人的道德底线,是艺术的本质要求。他们只有公元,我们还有公元前。不要让楚武王笑我们舍本逐末,让楚成王笑我们模仿高雅。

在楚国心里,他就是主角,能把配角演成主角因为他比主角更重要。中原的大戏,如果没有楚国,怎么演?

楚成王的一生已是够够的,成绩辉煌,荣誉等身。他的遗憾不是在世的春秋,而是离世的寒冬。他不是自然去世,而是被儿子杀死。

楚国常常这样,君王之位的交接总会沾上血腥的"优胜劣汰"。

穆王继位

春秋的弑君,楚国要说排第二,就没哪个诸侯敢说第一。楚穆王做太(世)子时,预感自己将被换掉,就和导师潘崇商量先发制人,最终逼死老爸楚成王。他还不解恨,准备谥号老爸为"灵",但死去的成王不肯闭眼。穆王不得已,就改为"成",成王这才死得瞑目。

楚成王弑君只是杀哥哥。到穆王商臣这里就敢杀老爸。真是一代更比一代强。

问题是他把自己搞成自己的杀父仇人,该如何不共戴天?

韩国总统:楚王也是一个高危的职业。

一般来说,楚国弑君继位的君王都比较有建树。如果你碌碌无为,人们看到你就只会想起你弑君的暴孽;如果你能建功立业,功业的正面话语就能洗刷弑君的负面新闻。

楚成王很清楚，处理负面新闻的最好办法，就是再造一条新新闻。让新新闻上头条，逼走那条负面新闻。在多年征战新闻的刺激下，楚国人民已经不记得他杀哥哥的事。楚人只会自豪地说，成王带领我们从一个胜利走向另一个胜利。

弑什么君？那是他家的事，很久的事，忘记了。

楚穆王也很清楚。他的新闻更负，形象更黑。他需要更大剂量的洗衣粉，更多的征战新闻。新闻还是从扩张运动及灭国入手。**对于王位的非议，没有什么不是灭一个诸侯所不能肃清的，如果有，那就两个。**

楚穆王说，我给你三个吧。

江国的国家不大，但历史悠久，早在商朝就有。它是嬴姓的一脉分支，地理位置大概在宋、齐、楚之间，和平时期，属于市区 CBD 黄金地段。到春秋后，周王室约束不了诸侯，没能维持和平，地理优势就变成"枪口优势"。江国要在诸侯们的分分合合中走好每一步，才能在地图上保住名字。它原先主要依附楚国，后来不知哪里抽筋，突然被忽悠去参加齐国、宋国对楚国的攻战。齐、宋无非是想借着楚国成王与穆王的政权交接，有枣没枣打一竿子，打到就是赚到，没有也没什么。这是诸侯国的潜规则，谁家倒霉出乱子，邻居就想着趁乱打劫去诓点什么。没什么好谴责，反正这回是你，下回可能就是我。

但这种"没什么"的有效性只限于大国之间，你江国傻傻地凑进来什么意思？好比一群都是两斤酒量的人在一起喝酒，你羡慕气氛好就跟着坐下来，结果你只有两瓶啤酒的酒量，没几下就只能被咿咿呀呀地拖出来。

所以齐国、宋国玩完就回家洗洗睡，但江国就回不去了。

楚国很生气。我让你活这么久就是为了让你引狼入室？让你和外人合起伙来欺负我？新继位的楚穆王正愁着找不到诸侯来练新闻，江国就自己跳了出来。于是楚国出兵，灭掉了江国。

两国实力相差太大，大到都没有什么战争场面好描写。要不是晋国中途插一竿子，估计连战争都不需要，大声咳嗽几声，恐吓几下就可以。

这是一个典型的活得不耐烦的案例，但也不能因此就说江国是自己作死的。**在弱肉强食的年代，很多时候你的死和你作不作其实也没多大关系。**

六国就是一个连理由都没有，就直接被楚穆王灭掉的国家。六国不是六个国家,"六"应该是陆,安徽省六安市可能就是六国的所在地。六国最辉煌的时期是在商朝。据说商朝的大牢就设在六国,常年驻军,有点直辖特区的意思。有这段光辉的历史,喜欢看出身的周王室自然就高看它一眼,定六国为伯爵。

楚国才是子爵。

校长家的外甥,书念这么差居然一开学就当语文课代表。

楚国肯定很气,所以楚穆王灭它的时候肯定很爽。

同样命运的诸侯还有蓼(liǎo)国。

蓼国惨到"死都不知道怎么死的"。我们已经搞不清它到底是楚武王所灭,还是楚成王或楚穆王所灭。可能都有份吧。诸侯国的标志是宗庙、宗祠,这种建筑物比较好修建,楚国打败一次,拆倒一个,那些分散逃命的难民在某地重新聚拢后,再建一个,所以还有东蓼、西蓼的说法。许多小诸侯国都以类似逐级消亡的方式离开春秋。楚人意识到灭国容易,易民困难,就想到了郡县制的管理办法。以县为单位,管地管税管人,将它固化成楚国的一部分。

一定是楚穆王彻底灭掉了蓼国,所以这笔账就记到他头上。

从此,蓼国就变成廖姓。

楚进中原

楚人开始接受楚穆王。虽然他灭的三个诸侯国并不大,但见过大世面的楚人要的不是数量,而是穆王积极的态度,以及熊氏的那个味。

穆王也知道光灭国还远远不够,要想以高热度占领头条,就必须踏进中原,拨开楚国历代祖先最渴望最心痛的话语神经。

中原正好出现一个机会。晋襄公去世,世子夷皋继位灵公,国政都在赵盾手里。楚大夫范山建议出击中原,做一做试探。

楚穆王:我也是这么想的。

范山:从郑国开始吧。

楚穆王:我也是这么想的。

郑国:能不能有点新意?

郑穆公姬兰听说楚兵又要"莅临"郑国,心中又烦又惧,就嘱咐公子坚(后来的郑襄公)、公子庞、乐耳三人坚壁清野,等待救援。鸡蛋对石头,肯定不能正面砸过去。他一早就派人去晋国求救,只要熬到晋兵来郑,两边一夹击,说不定还能再来一次城濮之战。

想法很好但没用,因为对手斗越椒也知道你要干什么。

斗越椒:我不是成得臣。我会用计!

斗越椒和蒍贾商议,决定做个圈套。斗越椒命令部队装出一副鄙视郑国的样子,认为郑国一个能打的都没有。打郑国就像出差,围是围着郑城,但就在郑人眼皮底下天天吃着火锅唱着歌。气死你!

气是气不死郑国,但公子坚的智商却被火锅给熏了,坚持不住了。

明明是唾手可得的肥肉,而且就在面前,穆公你是没来看啊,这场面完全就是送分题。他们这么大意,我看都不用守城,出城就可以把楚军收走,如探囊取物的那种"收",如城管出工收地摊小火锅的那种"收"。

那场面就像篮球赛的最后几秒,你们领先2分,还控制球。教练说不要投篮,把时间耗完就可以。但你就在篮下,面对无人防守的空篮,太诱人。你在想,如果把球投进,变领先4分,对手不是更没办法吗?

是的,公子坚想投篮、想得分的欲望非常强烈。

然而就在公子坚出手的一瞬间,斗越椒竟从记者台飞出来,从石头缝里蹦出来,给他一记追帽火锅。蒍贾捡到球马上跑回场,一个三分命中。

楚国反超1分,时间刚刚好。

郑穆公的心里一万次翻江倒海。你到底是公子坚(坚守),还是公子尖(进攻),还是公子奸(卧底)?

冒出的公子坚被俘,穆公的计划破产,只好求和。他们一边赔钱一边说各种好听的话,说感谢楚军不远百里来郑国亲切指导诸侯结盟的具体工作。

楚军名声大噪。楚穆王也威名大噪。

威名传出去后,吓坏了一个"有辜"的陈国。

陈国也打了胜仗,而且是彗星撞地球,极其变态的胜利——胜楚国。楚穆王派公子朱去攻打陈国,居然打了败仗,副将公子茷还被生擒。这是陈共公妫朔一生,乃至陈国立国以来都十分罕见的闪光点,能亮瞎春秋诸侯的双眼。

那是不是要放礼花庆祝?不是!别说礼花,连掌声都没有。他是真正"人间清醒"的陈共公。

陈共公知道楚国不是你想打就能打。这次不知道为什么，可能是公子茂自己绊了一跤，让陈国偶然捡到胜利，"胜利"根本说明不了"实力"。你趁泰森烂醉如泥时，推他一把，难道能说明你打得过泰森？所以共公当机立断，做出一个英明的决策：求和。

郑国也是求和，"和"同样是和，但陈国的"求"却是不一样的求。 郑国求来的是屁股被打，认罪赔钱，还要感谢大哥的"和"。陈国求来的是屁股不疼，钱也不花，说不定大哥一高兴，还能赏点什么的"和"。

陈共公的思路很正确。他得到楚穆王的愉悦认可。

公子茂成了最幸福的俘虏，一路好吃好喝伺候着，都搞不清自己到底是陈国的俘虏，还是出使陈国的使者，好几次都以为是断头饭，好几次都虚惊一场。小心脏扑通扑通跳过几回后，才发现是陈共公善待俘虏。

相比之下，宋国的表现就十分不明智。"不明智"也是因为它的实力比陈国强很多。它不愿意直接摇着尾巴叫大哥，结果反把马屁拍成半推半就的样子，还时不时泛点酸臭的味道。

楚穆王说要在息地搞场小聚会，通知郑、陈、蔡等国参加。名为聚会，实则就是检测诸侯国的态度。郑穆公和陈共公提前赶来，开水烧好，茶叶泡好，专心等候楚老大过来。这已是一个很标准的拍马屁动作。郑、陈二君以为此举一定能博得楚穆王的好感。但在看到蔡国的动作后，郑穆公和陈共公立即意识到自己的严重不足。甚至对比起来，那马屁都不算有马（纯粹是个屁）。蔡庄侯甲午比郑陈二人还早到，关键是见楚穆王时，蔡庄侯行的不是诸侯相见的礼仪，而是臣子面君的礼仪。楚穆王非常高兴，特别表扬了蔡国。

郑陈：没这么干的吧！这是人干的事吗？这是国干的事吗？

大家轮着拍马屁，轮到蔡国，你蔡庄侯居然把马牵回家了。

郑国很郁闷，准备好的马屁套餐已经拍不出来。为了缓解气氛，郑穆公就转移话题说宋国很不配合，居然不来参加会盟。

宋国：我就不能假装不知道吗？

楚穆王就顺着说，你提醒得及时，我正准备打他。

宋国听说后，吓了一跳。真是躺着也中枪。宋昭公权衡再三，决定"先发制人"——赶紧快马加鞭跑息地去。与其被动等打，不如主动来拍。

楚穆王很满意，邀请宋昭公一起去打猎。

楚王按照打猎的分工，吩咐宋昭公准备一些引火的柴草，方便猎后直接烧烤。这项任务让宋昭公很不舒服。宋国爵位高，国家也算大，就是弱一点，但也不至于被安排去负责茅草之类的工作。打猎的主业肯定是弓箭车马什么的，你带堆茅草明显属于后勤工作。打到猎物还好，打不到的话，你带茅草去，还带茅草回啊？

宋昭公切身感受到来自楚国冷冷的鄙视。我带着诚意扑面而来，你们居然嘲弄我。内心不痛快的宋昭公就不把这事放在心上，消极怠工。第二天一早，就半故意半大意地忘记了。

等到打完猎，大家要准备开始烧烤时，发现没有多少茅草。

楚王很生气。我让你带茅草就是要考验你对我的诚意，看看底线在哪里，看看是真是假，现在一试，果然就试出来了。

【听话】忠诚与听话，其实是一种强制的态度，不需要讨论合不合你口味的问题。合你的观念时，你才听话、才忠诚，那不算。要在与你的意见不一致时，你能听、能去执行才是、才算。

所以"蔑视茅草"不是宋昭公认大哥该有的态度。

茅草：其实我是一张考卷。

宋国的"忤逆"也使得楚大哥变得有点被动。郑国、陈国、蔡国都在看着，看楚国如何处置违背他指令的诸侯。为了"以儆效尤"，楚穆王就把宋昭公的驭者（司机）抓起来痛打一通。

所谓打狗要看主人，茅草的背后是楚王，驭者的背后就是宋昭公。宋昭公就有一种"打在你身上，痛在我脸上"的感觉。

打过、痛过之后也就过了，楚穆王最终也没打宋国，但这事影响很大。前面说过，宋昭公回去后，被祖母和大臣各种嫌弃。小白脸弟弟公子鲍就充分利用"嫌弃"收买国人人心，放大强烈的对比效应，进而发动政变，取代宋昭公。

那楚国为什么没去打宋国？除了有宋国过来求和并已被教训（打驭者）外，更主要的原因是楚国内部也发生了动乱。

攘外必先安内，楚国自己也没空。

平治内乱

准确地说，接下来的内乱不是一场，而是一系列。

城濮之战后，成得臣（子玉）自杀，来不及自杀的斗宜申（子西）因楚成王的新旨意而免死，回到楚国后还被重用。子西对楚成王怀有感恩之情。楚穆王弑君（父）上位后，子西就一直不服，想为老楚王报仇。不久，他就和仲归（子家）密谋杀害穆王，但保密工作没做好，消息走漏反被穆王杀死。

大家可能会有一个疑问：楚国的大夫里面为什么会有很多"子""斗""成"之类的名称？这种现象很像鲁国的"三桓"。

【若敖氏】在楚国历史上，进入春秋的君王是熊仪，他死后被葬在若敖，后人就称为若敖。"若敖"是一种尊称（与葬礼有关），有点像中原的谥号。他的儿子熊坎继位，后世称为霄敖。另一个儿子留守若敖（守墓），并将若敖作为姓氏，这便是若敖家族。

若敖氏能人辈出，不久又分出两支，一支是斗氏，另一支是成氏。其中，斗伯比、斗廉、斗祁、斗勃、斗谷于菟（子文）、斗般及成得臣、成大心、成嘉等人在武王至庄王时代更是星光熠熠，相继担任楚国的军政要职。

斗宜申刺杀穆王未遂，但却因此拉出楚国朝局的"派系"序幕。各地的部落也开始找对应的大臣进行"投注"。成嘉是成得臣的儿子、成大心的弟弟，在楚穆王去世前一年出任楚国令尹，但不知什么仇什么怨，居然引起群舒部落的叛变。可能是群舒压的"宝"不是成嘉，而是若敖斗氏。所以成嘉上台后，群舒们竹篮打水一场空，有种股票质押爆仓的气愤。

所谓群舒，是指一些偃姓部落组成的部落"国家"，位于楚国东面。可考证的有舒、舒蓼、舒庸、舒鸠、舒龙、舒恭、舒鲍、宗、巢等九国。国家都不大，但因为地理位置比较重要，所以在春秋的舞台上还有点戏份。它们开始是依附于徐国，楚国强大后又做楚国的附庸。

所以对他们来说背叛不是什么新鲜事。

楚穆王本着解铃还须系铃人的原则叫成嘉去处理。成嘉也不负众望，过去痛打一顿，还抓住几个首领。但以暴制暴的办法不是很凑效。"生命不息，背叛不止"，群舒不久又在齐国、晋国、吴国的教唆下，几次反叛几次被征服。就这样断断续续地坚持近百年才彻底消失。

赶早不如赶巧，就接着群舒的故事说。第二年，楚穆王去世，楚庄王刚刚继位，他们又反叛。这次反叛对群舒没什么，但对楚庄王本人的意义很大，对楚国的意义重大。

蝴蝶效应，正是它起的头。

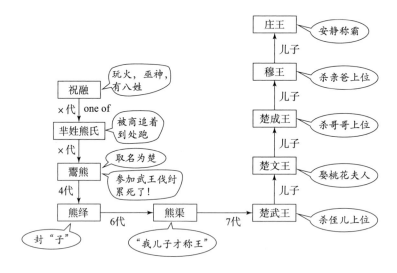

楚人的中原化路线图

二十五、庄王的蛰伏起步

楚庄王继位时还不到二十岁，按现在标准，可能年纪偏小，但在当时，是继位的黄金年龄。**黄金年龄就要炼制黄金**。武王、文王、成王、穆王四代先王一脉相承，持续百年，他们喊打喊杀将楚人的强悍本性发挥到极致。此时的楚国，火撩得很旺，矿养得很富。庄王再不炼都有点对不起黄金。

摆在楚庄王面前有三个梗点：楚人的血脉中流淌着**尚武好战但又缺乏条理的基因**；一片广袤但又松散的国土；错综复杂但又视死如归的"**楚文化**"信仰。庄公要想进取中原，获得中原认可，就必须尽可能发挥楚人的优点，克服并化解缺点。但要做这些事之前，他首先要完成自我蜕变。

先把自己的事办好了再说。

见面有礼

楚穆王去世后，太子熊侣在令尹成嘉和太傅潘崇的拥立下继位，为楚庄王。消息传到东边,群舒那颗倔强与不安分的心再次被激起。

反叛,我们要继续反叛。上次没有反叛好,没有反叛够。

成嘉和潘崇大怒,决定来个彻底的平叛。他们安排斗克和公子燮留在国都守城,亲自带兵去会会**这群让人感觉不舒服的群舒**。但他们还没来得及见到群舒,斗克和公子燮却先让楚国感到不舒服。

斗克是斗般的儿子,是若敖家族里比较特殊的一个。"特殊"是指他被秦国俘虏过。要不是秦国急于与楚国联盟对付晋国,斗克很可能一辈子都留在秦国斗下去。历史给他机会,让他回楚国。楚国希望他能痛定思痛,奋发图强,然后去斗诸侯。他理解错了,回来就想要克楚国。

楚国:你这个名字,是斗克,还是都克?

有一段在秦国做俘虏的履历,让斗克的仕途很不顺,可能还常常被人鄙视,久而久之,最终就导致心理扭曲。许多时候,正是我们的观念、偏见断绝了那些有污点的人重新做回正常好人的机会。

相对而言,公子燮就好很多。他的简历没问题,水涨船高要求也更高。多年来,持续的自我感觉良好已培养出公子燮的忘乎所以。他想接替成大心做令尹,而且是信心满满的样子。

非常自信,邻居家的礼都提前收了。

楚穆王却起用成嘉。不得志的公子燮就在信心上种下一颗嫉恨的种子。

于是,两个有类似仕途遭遇和心存不满的人在一起做一件如此重要的事。那就坐下来聊聊吧,一聊就发现,我们不但心情差不多,兴趣也差不多,而且理想还十分相似。

理想就是造反。

那就赶紧吧,赶紧为实现理想而奋斗吧!岁月不等人,也不等理想。

他们就把城门一关,宣布戒严,然后派刺客去刺杀成嘉。刺客没有名字,因为他没有刺杀成功,但刺客的未遂却变相地发挥了报信的作用。

成嘉没被刺杀,但在画面中,他肯定把手中的杯子或者碗掉到地上,然后大喊一声"不好"。于是,去打群舒的部队马上回头围攻郢都,改打斗克和公子燮。

郢都的味道马上变了。

看到成嘉带兵回来,两个活宝马上慌了。公子哥的特点就是想一出是一出,没有下一步的计划,更别提什么预案。像造反这么严肃的事,他们一样能做得十分随性。我们不得不承认，贵族圈确实有一群天生带着艺术气质的投机者。

斗克和公子燮**一直以为只有自己能来真的，没想到别人也可以来真的。**他们喝酒时喝出的雄心壮志根本经不住吓，马上软下来，弃城跑了。不过也不白跑，他们跑的时候还带走一件重要的宝贝——楚王熊侣。

熊侣：我怎么感觉像人质啊？

但跑去哪里似乎也没有一个明确的规划。

爱哪儿就哪儿吧！自由飞翔？斗克一行途经庐地时，还意外发现"劫王"的行为居然受到大夫庐戢梨的热烈欢迎。没心没肺的斗克和公子燮就稀里糊涂跟着人家称兄道弟，一起喝酒吃饭，结果就在酒桌上被戢梁杀了，做了一对饱死鬼。

真是佩服这俩公子哥，把政治斗争当作综艺节目来戏耍。他们一定是××卫视看太多，中毒太深。

楚庄王得以解救，回到郢都。虚惊一场。

谁能想到叱咤风云的楚庄王起步居然这么狼狈。真所谓"天将降大任于是人也，必先……"

熊侣：停！接着奏乐，接着舞……

有惊无险

从庐地回来的楚庄王饱含着恐惧、迷茫和失望。他没有心理疏导师，也没别的办法，只能喝酒压惊。于是，楚庄王就开始喝酒、唱歌加跳舞、泡妞、打猎、捉迷藏。快活的画面非常符合农民想象君王们该有的样子。周星驰的"凌凌漆"说，这叫**疼痛转移法**。

楚庄王：是叫恐惧转移法。

不过，楚庄王后来建立不可一世的功业，这事就要重新看待。**这段"腐败"就被文学描绘为蛰伏、韬光养晦等"战略性腐败"。**当然，这种战略有很大的风险，谁也不敢保证它不会节外生枝、中途夭折。而且不管在哪里夭折，战略都会跟着夭折，跟着成为顶风作案的"**典型性腐败**"。

楚人有尚武的传统，他们不允许君王长期如此荒诞无为。歌舞升平的楚庄王随时都有被杀掉的风险。若真被杀死，历史也只会记下一个叫熊侣的脓包，楚国的败笔，好在杀得及时，可为后代君主引以为鉴。

【回头太难】"浪子回头金不换"的浪子,很少一开始就准备在未来的某一天回头。他们没有规划回头的"回",他们只想从此浪迹天涯地"浪"。回什么头,张学友都唱《回头太难》。

所以事实是他在外面浪久了,心腻心累了,年纪变大,荷尔蒙变味,潜移默化生出新的思考。正好这时又发生一件什么事,给他一个触发点,点燃导火索。他突然一个转弯,回头说金子我也不要。

事情就是这么简单,**一语能点醒的梦中人都是要醒的梦尾人。**

人世间又有几人会是一辈子的古惑仔?

楚庄王的故事和晋文公的故事颇有相似。他们都符合儒家、周礼和文学的口味,先抑后扬,积极向上,并最终取得胜利。他们的每一步都必须是有计划的"预谋"。他们的故事一定能鼓舞人心,吸引不明真相的我们跟着积极向上。

他们在用果因的事实,引导我们建立因果的关系。

楚庄王可能真的有计划。有人说他的计划是在韬光养晦中观察谁是忠臣、谁是奸臣。听起来很不错,但判断忠奸的办法多了去,没必要用这种"自损八百"的战略性腐败。**看人用人其实是一个人的政治天赋,他如果没**有这个能力,再怎么韬光,怎么养晦,也很难学会。

如同为了检验你是否真的爱我,我就去找别的女人,和一群别的女人鬼混三年再回来,"回来你是否依然爱我"?

有这样的考验吗?你当是唱歌吗?这不明显是拉偏架的解释吗?

事实是楚庄王并没有那么严重地放浪形骸,只是后人为了文学需要,为了先抑后扬的定义,手一哆嗦,笔墨重了点,就多抑了一点。他是一边喝酒,一边关注着朝政,谁想谋反,有个风吹草动,他都会知道。就像明朝的嘉靖,他是不上朝又不是不办公。他只是换一个办公地点而已。那楚庄王为什么没有立即主动作为?**因为他虽有真切的王位,却还没有完全的王权。**楚国有许多需要他以王位的名义去做的事,他没没做。他在王位椅子里熬着王权。

喝酒的这几年,楚国的铁粉蔡国因为晋国郤缺的攻打,就"粉转路"变成晋国的盟国;巴国的山戎部落、东夷的越部落、庸国的蛮族部落等也相继骚扰楚国边境。从事情的性质上看,都很严重,但从事情的程度来说,又都是楚国的家常便饭。楚国可以随时对这些不起眼的对手发飙,予夺予取,事态还在可控范围之内。

楚庄王还有更重要的事,那就是等,等成嘉、潘崇这一批老臣死去(或者失去权势)。他被斗克劫持,其实就是这两人用人不当造成的,但他俩又及时回马补救,反变成救命恩人,其中的危险和憋屈只有楚庄王自己知道。他们不顾楚王的安危就直接攻打郢都,不考虑楚王会不会被杀就直接反击斗克,一点没有投鼠忌器的谨慎。警察还担心匪徒撕票,一个崭新的楚王就这么不值钱?

或许在成嘉和潘崇的眼里,能做楚王的人多了去。

楚庄王一定非常郁闷。救我的人是你,害我的人也是你。你不但为我遮风挡雨,还为我招风惹雨。我还不能发飙,因为人们只看到你显性的"救、遮、挡",看不见我所承受的"害、招、惹"。我还要做出感激你的样子。

商人说他们是扶贫的主力,呵呵,他们也是致贫的主力。

大醉初醒

成嘉终于病倒了,离开楚国的政治中心。天天玩"感情深,一口闷"的楚庄王长舒一口气,看了看自己立在门口的警示牌"进谏者,杀无赦",冷冷一笑。

这眼神已被伍举捕捉到。

伍举说,我听说楚国有一只大鸟,栖息在朝堂上,不鸣也不飞,不知道为什么?大王你知道这是只什么鸟吗?

楚庄王听完一笑,大鸟就是凤凰,是楚国的图腾,类似中原的龙。中原的龙是王,楚国的凤就是楚王。伍举不是无举,是有举,很会说话,开局就是一顿马屁,不说有个人,而说有只大鸟。这马屁,我喜欢。

楚庄王回答,这只鸟,不飞则已,一飞冲天;不鸣则已,一鸣惊人。

伍举很满意。答案不但内容充实,形式还这么对仗。

楚王却不是很满意。他再看一眼"进谏者,杀无赦"的牌子,心里有点堵。他还需要一个台阶下。

没理由自己立的牌子,过段时间自己又把它劈了。那不是很尴尬,很没有戏剧性吗?太缺乏教育意义,太缺乏宣传意义!就像牛顿的"万有引力"一定要整个苹果砸头的故事,楚庄王也需要这么一出。

浪子已摆好准备回头的姿势,就等谁来按一下按钮,扶他一把!

正好,大夫苏从跳了出来。

苏从实在熬(憋)不住!他不像伍举那么圆滑。大家有话直说吧!不要打那些哑谜,什么鸟不鸟,还大不大?统统不要,张三李四,都把名字点出来。

苏从一出场就大哭。这个动作的吸引力指数在历史故事里从来都是居高不下。果然,楚庄王就问他为什么哭。

苏从说,我要死了,楚国也将要亡,所以我哭。

扯淡!你得病了?就算你得病,你死你的,楚国不是好好的?

苏从说,我想来劝你,但你肯定不听,所以我肯定会被你杀死。你现在不理朝政,整天唱歌跳舞、沉迷娱乐,楚国不是也要亡吗?

这话也太不吉利了吧!我这正喝酒,你不来一起干两杯就算了,还说楚国要亡,庄王大怒,说你明明知道会被我杀掉还敢来,你是不是傻?

苏从说,我因劝谏而死,后世还会说我是忠臣。你若因荒淫无度而亡楚,后世只会说你是昏君。你说谁傻?

后世:我就不这么说。

楚庄王一下子站起来。这不就是我要等的台阶吗?我不是可以马上走下台阶接管舞台、恢复楚王该有的样子吗?

楚庄王的态度突然来个180度大转弯,说我怎能杀你,你是楚国的忠臣。然后,他又当场砸掉门口的牌子,转身来了一个让所有导演都满意的"浪子回头"。

他随即宣布楚国的重大人事任命:任命蒍贾为司马,樊姬为夫人。同时,提拔重用潘尪(wāng)、伍举、屈荡等几名大夫,以分割令尹斗越椒的权力。

楚庄王似乎早就忌惮着若敖家族的势力。

从这里可以看出,楚庄王的"酒色犬马"和那些亡国之君的腐败堕落完全不是一回事,他没有表现出昏君最基本的标配——杀忠臣。就算他立着"进谏者,杀无赦"的牌子,也没听说真的杀了谁,反而就看见他导演了一出楚国的强心戏,激发了一批慷慨激昂的爱楚青年。

这三年,他只是没有按照传统楚王的方式做事,但绝不是无为。史书没有说吧,其实这三年他可能一直在读书,读中原的周礼文化。他在研究中原，总结前辈们的过失——**他们要踏入中原，但并不了解中原**。他们用对待蛮夷的方式来理解中原，坚持"打一顿就好"的观念，一直难以突破，一如潮水一般，涨一回退一回。楚庄王想再次进军中原，就必须有新的思路、新的路径。武力可以使诸侯畏惧，那什么才能让诸侯接受和臣服呢？

这些只会喊打喊杀的楚人、粗人，你们看不见楚庄王亮剑前的磨剑，就只会看见他喝酒；看不见他挑灯夜读，只看见他上课睡觉。

谁见过天天睡觉的鸟，然后就能一飞冲天？谁见过天天打游戏，不看书不做题，然后随便参加竞赛就能得金牌？

蛰伏不是躺在被窝里睡觉。蛰伏是闭门谢客、苦思冥想，是博览群书、苦心孤诣，然后才能凤凰涅槃。熊侣同学的三年高中生涯终于结束了。同学们说他经常旷课，三年不参加一次考试，还用社会考生身份高考。同学们哪里知道，其实他一直在家请私教复习功课，模拟考试。

他就是邻居家的孩子吧。我们学不了，就不要瞎学，没能学他在家偷偷补习，只会学他旷课打游戏。等成绩出来后，你就会发现他只是假死、装死，而你是真死，还死得很惨。

比尔·盖茨辍学创业，你也学辍学？呵呵！

楚庄王喝酒迷醉后建霸业，你也学喝酒？喝喝，呵呵！呵死你。

楚庄王现在不装了。他已经酒醒，开始上班。上班就要办理业务，那就一个一个来，冤有头债有主，先从庸国开始。

灭掉庸国

庸国是一个历史悠久的诸侯国。在商代就有庸国。一个诸侯国能历时两朝，说明过渡时，他的君主肯定经过审时度势认真思考，然后及时站位弃暗投明。

商朝：俗称叛变。

庸国运气好，赶上周武王对商纣王最后也是最重要的一战，牧野之战。它在里面做什么、贡献什么其实都无所谓。它搭上集体一等功后，周王室就既往不咎，给予肯定，封其为伯爵。

气死楚国。姬发看城里人，明显高看一眼。

但身份归身份，革命又不是请客吃饭，是要打仗。打仗要靠实力。庸国的实力也不弱，它的国土里有盐矿，算是富贵人家。它的国民还学会喝茶，有闲情逸致，有文化情调。周边的一些部落，如成百濮部落等还过来拜它为大哥。但一切的美好生活随着楚国的日益崛起而不断打折，进而逐渐消失。庸国很郁闷，失去安逸的憋屈是不能长久憋着的。

憋久了，会憋出病，会憋死人。

庸人终于逮到一个机会，爆发出来。楚国在那只大鸟喝醉酒的第三年，又遇到天灾。庸国看在眼里喜在心上，又是天灾又是人祸，这么好的机会没理由不把握。庸国就带着成百濮和麇（jūn）人等部落起兵，直逼郢都。

我庸国不是平庸的那个"庸"，我不想再做你的属国。

宿醉的楚庄王刚刚酒醒，脑壳还有点疼，就召集大家研究这事。有人就提议迁都，避避风头——阪高这地方不错。蒍贾大夫坚决反对，"我可往，寇亦可往"。问题要彻底解决还得靠打，跑是解决不了问题的。

楚庄王采纳了蒍贾的提议，因为它很合上意。我刚刚宣布要"一鸣惊人"，你们就劝我跑路？那我以后还怎么混？楚国的英勇血统还流不流？

结果楚国一出击，成百濮和麇人部落就马上溃败。

在成百濮和麇人眼里，楚国那个熊侣脓包不是天天喝汤醉酒吗？信息有错吗？不是说好他们不会出兵吗？

原来是信息不对称啊。

晕，醒了也不告诉我们一声。那行，庸国你自己弄，我们先回家。

庸国：你们说跑就跑，不仗义啊！

庸国的形势变得比原来预料的、比现在看到的还要糟。激活的楚庄王是天才的元帅，第一步就把外交引入战争。他联络秦国和巴国一起攻打庸国，并以七战七败诱敌深入，然后一举歼灭。

这下好了，预料之中的庸国直接灭亡，预料之外的庸国连渣都不剩！

楚国就在庸国的大地上设立上庸县。

楚国：你就是平庸的那个"庸"。

所以说庸国就是典型的"唬人型"送分题，题目的内容很多，但解题的思路却很简单。 楚庄王当然不客气，干脆利落拿分走人。他绝不拖泥带水。他要把时间和精力用在"中原"这道难题上。

郑陈摇摆

郑国自晋文公后，很长时间都依附晋国。他和别的诸侯不一样，有着

"得天独厚"的地理位置——紧邻着楚国。那是一个虎视眈眈的楚国，所以位置就只能是位置，不是优势。

旁边的蔡国也有这种"优势"，但小蔡已成功解决"虎视眈眈"的问题。它早就死心塌地依附楚国。

郑国不肯，也不敢肯。郑国不同于蔡国，它的肉更肥，所以晋国十分重视郑国。晋人不会轻易放弃郑人。

局面让郑国十分为难。**它希望两边都讨好，但天下的霸主只有一个，所以它常常两边都讨不好。**插播一句：那些配备两个领导的单位，领导之间千万不要闹矛盾，否则下属会疯掉，集体会疯掉。

办公室主任：疯什么掉？

执政晋国的赵盾已经开始怀疑郑国。赵盾发现郑国正悄悄与楚国来往，就想给它打打"预防针"，警告一下，故意不让它参加聚会。

郑穆公为此感到恐惧，就派子家去解释。说郑国从来都是向着晋国，晋国是当之无愧的诸侯首领。郑穆公当年就住在晋国，和文公相处甚欢，并在晋国的帮助下继位郑国。郑人一直记得这份恩情。楚国是南蛮，没文化、没教养、没底线，穷兵黩武。郑国不得已才与楚国见个面，握手寒暄而已，郑国没有说对不起晋国的话，没有做对不起晋人的事。请晋国务必要理解郑国的苦衷。

赵盾理解了。事情好像就这样过去了？不！因为郑国反而越来越不能理解晋国。作为诸侯伯的晋国最近处理诸侯国的事，越来越不按周礼的套路来。

案例一，齐国的公子商人弑杀世子舍后自立为君。赵盾说，弑君违制，要带盟军攻打齐国。公子商人就私下贿赂赵盾，事情就不了了之。

案例二，宋国的公子鲍联合他的祖母级姘头弑杀宋昭公，自立为君。赵盾说，弑君违制，要带盟军攻打宋国。宋文公也私下贿赂赵盾，事情再次不了了之。

晋国也罢，赵盾也罢，这些草率的惩处终究让"正经"的郑国大感失望。晋国哪还是我们当初认识的模样？它变心了！它受贿，爱财！

感情的问题，**不是我见异思迁，而是他已经不是原来的他。**

于是，郑国就这样，慢慢地、潜移默化地由暗送秋波变成约会聊天，变成了楚国的郑国。楚国白得一个郑国。晋国似乎没有发觉，或者没空发觉,总之没有反应,或者反应不大。因为它虽然失去一个郑国,却捡回一个陈国。

数量都是1,但质量不一样。

楚国:我算政治账,不算经济账。

晋国:最近的春秋,只能算混账。

陈国虽不像蔡国对楚国那么死心塌地,但也是楚国小弟名单上的常客。那一年陈共公去世。按照礼仪,做大哥的楚国好歹要来吊个丧、送个花圈什么的,但就这么简单的事,不知是故意,还是忘记,楚庄王就没有派人去。继位的陈灵公很生气。我当你是大哥,可你根本没认我做小弟啊!你只当我是个跟班的死跑龙套?好吧,我走!

赌气的陈国就主动去找晋国。

楚国为什么不作为?其实那年还是楚庄王的蛰伏期、喝醉期,许多国事都耽误了,当然也包括吊丧。但陈国不理会这种现实,不听这种解释,"我不听,我不听"。陈灵公继位后就去参加晋国赵盾主持的新城会盟。

会盟之后,陈国就成了晋国的小弟,陪同晋国出兵去责家里闹矛盾的诸侯,在晋国吃香喝辣的时候顺便跟上去喝点汤。

陈国的"叛逃"最终还是引起了楚庄王的重视和不满。庄王准备攻打陈国,但他太小看陈国,想着陈、宋一起来,一块解决,免去重复出兵的麻烦。结果战线拉得太长,反给了晋国救援的时间和机会。楚兵只好无功而还。

对楚庄王来说,这次试探很不成功。

不久,楚国又想到一个很取巧的办法。它让郑国交投名状,去攻打宋国,借力发力,间接打击,间接试探。

郑国:总算当一回原告。

郑国攻宋

郑国和宋国属于传统的死对头。从郑庄公开始,双方就常常厮杀。宋国在鹿上之盟和泓水之战被楚国玩弄后,恨死了楚人。宋国因此成为晋国最铁的小弟。宋人的"铁"并不是因为晋国有多好,而是要证明他们对楚国有多恨。

在宋国面前,楚国和郑国的利益不一定一致,但感情绝对一样。这么

坚定地共（被）恨一个人，他俩不成为闺蜜都难。所以楚、郑一拍即合，我出粮，你出人，去抽宋一顿。

外有大哥指示，内有自身需求，郑国就仗着楚国靠山，出兵宋国，即大棘之战。战争初期，楚国没有出动，晋国也不好出面，毕竟是小弟们之间的纠纷。让孩子们玩吧，大人们尽量不要插手。

但宋国打不过郑国。宋国的大将华元被囚，吕乐被杀。而且郑国还割走宋国几百名战死士兵的左耳。太侮辱人了！

华元被俘的过程还有个小插曲。华元在战前杀羊煮肉犒劳士兵，但忽略了自己的驭者羊斟（zhēn）。会不会是因为他姓羊，所以就帮他顾忌一下羊肉？羊斟很不爽，所以在打仗时，对华元说："畴昔之羊，子为政；今日之御，我为政。"（成语"各自为政"）意思是昨天分羊肉时，你做主，今天两军交战就是我做主。然后不管三七二十一，羊斟就驾车冲进郑军，往死里冲。**孤军深入，非常孤，非常深**。华元就被郑兵抓了！

华元也是机灵鬼，不知如何周旋的，没多久居然又逃了回来。他问羊斟说你的马是不是不听使唤（才使得我被俘）？羊斟敢作敢当，说不是马的问题，是人（你和我）的问题，然后就跑鲁国去了。

马没问题可以跑，羊有问题也可以跑，问题是宋国输了，输得老惨。宋国感到很没面子，老牌的资本主义，总是打不过新生的帝国主义。晋国也感觉没面子，背叛我的郑国居然反过来打原来的盟友，还这么认真，这么凶残。晋国决定行使盟主的权力和责任，处理一下家事——叛徒。

晋国赵盾出兵。一直在冷眼观察的楚国一看晋国出兵，也紧跟着出动。小孩打不过，你家大人要出手，那我们也要出大人。

其实晋国根本就没心思对付楚国。楚国的"螃蟹政权"已完成蜕壳期，外壳很生硬。可晋国这边，自晋灵公亲政以来，君臣之间的矛盾摩擦日益增加。另外，秦国还惦记着当年拥立公子雍未遂，以及在令狐战役被突袭的仇恨。所以赵盾一看楚国出战，担心秦国也乘机出兵，两面夹击，就决定放弃，撤兵回晋国去。

只留给宋国一个背影和无尽的失望。

赵盾回家后不久，晋国就发生政变。赵穿杀死晋灵公，晋国进入晋成公黑臀时代。成公黑臀比灵公靠谱很多，继位第一年就想到郑国的事。

晋国：牵挂你的人永远是我。

于是晋国再次起兵攻打郑国。面对晋国死缠烂打的追求，郑国烦了，也怕了，当然主要原因是楚国这次没能及时出来救援。

郑国就与晋国盟誓，再次回到晋国的怀抱。

楚国为什么没有来救？因为楚国正在下另一盘棋，楚庄王正亲领大军北上，以"勤王"的名义攻打陆浑之戎，史称"陆浑之战"。

楚国的陆浑之战很顺利，意义也很深远。

二十六、楚国的步步为营

楚国此时在春秋的"国设"，很像当年重耳流浪在秦楚时的社会"人设"。它还没表现出牛掰，但所有的人都认为它一定会牛掰。

我叫邓肯，这是我的故事，我来 NBA 之前，他们已经开始抢我。

詹姆斯：我也是。

这个理论用在股市也非常合理。

【股市预期】股市里，不管什么理论，只要大家信它就可以。如果某天某只股票的表现符合理论中正面的样子，成理论要涨的股票，大家就会去追捧、去买。然后因为你们抢着买，它就真的涨。而它一涨，你们又说该理论完全正确——果然涨。所以很多时候你认为是因为 A，所以 B，实际上可能是因为 B，所以 A。也就是此前说的互为因果。

同样，人设和舆论就是另一对 A 和 B，俗称说死你、美死你。

这套"不劳而获"的理论要有一个前提条件，就是你的表现要能让大家看到积极的态度。重耳有，楚庄王也有。人们看到流浪十九年的重耳还活着，天不弃的样子；他还贤能如初，是人不弃的样子，有内有外，所以重耳必然"崛起"。

楚庄王低开三年对比重耳在外十九年，数字小了点，但对比度更大，效果一样好。楚国刚刚经过四代君王的南征北战，地域广大，资源丰富，楚人好战的血性已经渗进每个毛孔。庄王的病恹恹一度让人以为楚国风水吃尽，要结束四代的"魔王"传统。但楚庄王一醒，人们又强烈地发现楚国君王的血性其实一点没变，还有不少新鲜的味道。

这是文明的味道。他们确实有变，但不是变向腐败，而是变得更强。

天不但不弃，还在吸筹加持，所以楚国一定还有更高的"巅峰"。

楚人长久以来似乎只专注于战争本身。他们认为能用拳头解决的事，就没必要用别的办法。他们一直这样做，也一直这样成功。他们让中原诸侯习惯楚国的"豺狼"形象。豺狼除了吃人外，其他的事情就不擅长，如果这只狼"病"倒，那就只有等死！所以中原除了畏惧它，多少也有点鄙视它。

但现在不一样。**楚庄王上台后，"狼"吃人的本性还在，却又多出一道新的内容建设——文化文明**。楚国开始注重内部建设。楚人把多年打下来的国土进行逐步消化，要改变以前那种"今天打下来，明年又叛变，后年再打"的恶性循环。楚国也要搞经济，搞文化建设。

军事、经济、文明三点定一面，三叉戟，那楚国还不得起飞啊？

问鼎中原

随国被楚国吃掉后，那座蕴含铜矿的铜绿山就成楚人的资源。楚国的青铜制造进入一个新的时代，并带着春秋进入新时代。作为重要的战略物资，铜矿成为楚国崛起的最大王牌。楚庄王把"冶铜"的牌子打出了最好的效果。

天下商人在进出楚国后，肯定会发现楚国变化巨大，市场的商品变多，城市的规模变大，房子的装饰变漂亮，宫殿甚至比中原还更有王者气派！

这些变化很快便传到中原诸侯的耳朵里。中原就渐渐形成一种舆论。楚国不一样了，以前只是力气大的傻大个，现在他手里还握有北大的计算机文凭。

人如其事，事到如今，楚庄王也要配套着豪情万丈。

楚庄王：没办法，我也想低调啊！但事实不允许。

楚国最近捷报频传，想要低调确实很难。庄王压抑不住激动，决定挥师北上攻打戎狄部落陆浑。陆浑在河南嵩县附近，陆浑之戎是周王室南部的戎族，是在几家诸侯的三角地带滋生出来的"戎狄"，按道理谁都不能去剿，但又谁都可以去剿。楚庄王钻了空子，说陆浑戎族经常欺负周王室，他要出手相救。

救什么救？明白人都看出楚王的真实用意，攻打陆浑名义是打豆豆、打戎狄，其实就是踏马中原，剑指周王室。不过他们也百密一疏、白璧微瑕，细节没做好，出了一点文化小毛病，暴露出楚人底蕴不深的问题。

楚人在打陆浑之戎时，居然挂上"勤王"的名号。是不是有点搞笑？他都已经称王，还勤毛线啊？御驾亲征才对！这不正好暴露他"称王"的不自信？他或许认为楚称的是"副王"，周是"正王"，所以才有"勤"的前提。

诸侯国：我怎么蒙圈了呢？

问题是就算可以勤，也勤得很奇怪。因为楚国一打陆浑，等于也开始搞"尊王攘夷"。那它自己不夷了，转正拿到京户，还是破格提干了？而且，陆浑的"夷"也非常冤枉，说它打周王室应该曾打过，它也不过是做过劫匪而已，劫谁不是劫？工作一旦开展起来，哪会区分对面的客官是谁？

陆浑：也是很久以前的事吧。

楚国：多久也算！

楚国打陆浑戎族其实还有一个重要原因：陆浑戎族一直与晋国友好，如同晋国养的一匹狼。需要时威胁一下周王室，搞得周王室一直都需要晋国保护的样子；需要时顶一顶楚国，在楚国出征时，它就在背后袭击楚国。

楚国真的很烦陆浑，如同对待苍蝇、蚊子一样，一定要灭掉陆浑戎族。当然，理由能好听就尽量用好听的，所以才提起它欺负周王室的陈年往事。

陆浑戎族也是郁闷：什么世道啊！楚国也好意思说"勤王"，这不是贼喊捉贼吗？但贼还真抓着了！戎族在楚国面前不堪一击，也就是一个称职的等饭盒的跑龙套，楚兵一攻，他们很快就投降。几十年后，晋国的荀吴又以此为理由，把陆浑彻底灭掉。

陆浑：寿命到了，里外是个死。

楚军在打败陆浑之戎后，亲自挂帅的楚庄王却没有停下来的意思，而是突突突，继续北上。问题的重点就越来越清晰了。

说好的"勤王"，现在终于要变成"请王"？

北上的楚兵在洛水南岸搞起阅兵仪式，喊打喊杀，响彻云霄。见过秀肌肉的，没见过去人家门口秀的。"勤王"活动终究生出"王不见王"的尴尬气氛。

为了缓和紧张局面，恐慌中的周定王姬瑜派出王孙满去慰问楚军，探听虚实，弄清楚他们到底要干什么。

我不知道王孙满长得帅不帅，但可以肯定，这个王孙蛮能掰。

楚庄王直接问,周朝的九鼎有多重?

【九鼎】九鼎不单纯是九个鼎。相传九鼎为夏禹所铸,象征九州,夏、商、周奉为传国之宝,是天子权力的象征。天下九州,相应有豫鼎、冀鼎、兖鼎、青鼎、徐鼎、扬鼎、荆鼎、雍鼎、梁鼎。

鉴于九州一直有不同的说法,所以九鼎"九"在哪里也不重要,重要的是此"鼎"可以顶天。楚王问的肯定不是鼎的质量、鼎的价格,而是问周王室有多重,还能存多久?

王孙满知道眼前的楚王耍起流氓来,多重的鼎都能搬走。他必须把话题**掰扯到你多重你都掰不走**的"诡异"。

王孙满说,鼎是国家重器,在德不在武。现在周王室衰微,国力疲软,但德还在,天命还在。当年占卜说,周要传七百年三十世。现在还早,你就不用操这个心。总之,鼎的轻重不是你可以问的。

说好七百年就是七百,少一年、少一天都不算。

王孙满的这段对答被后世传为佳话。他成功地把故事(问题)重心转移走,明明是配角却演出主角的光环。

其实,楚王在后面对上的一句话更加精妙,他说:"**子无阻九鼎,楚国折钩之喙,足以为九鼎。**"相当霸气。楚国早就称王,早就和你们平起平坐,只不过作为邻居,好奇问问你家祖传的那玩意儿到底长啥样,你不说就算了。

这句话可以理解为,我们楚国虽然没有九鼎,不过取下兵器上面的小铜钩就足够做出九鼎。不取铜钩的话,我们就有武器,这是武力的象征;取下来修铸,我们就有九鼎,这是修德的表现。**武与德均在我手中,予取予夺,可自由切换、任意发挥。**

不同于你周王室,空有德而缺武。

武德兼顾也是楚庄王的执政理念。我不光会念书,人还长得帅;不光帅哥会念书,我家里还有钱。气死你!

不过像楚王这种高富帅,好像也气不死我们。路子不一样,差距这么远,拯救地球的任务自然就交给如此优秀的你们。我们继续涮火锅斗地主,打八十泡红茶,以仰慕的方式支持你的伟大事业。

平灭若敖

就在楚庄王攻打陆浑之戎、问鼎中原时，楚国的后方出事了。

斗越椒造反。楚国好像自己崴脚摔了个跟斗。

斗越椒的"斗"不是跟斗的"斗"。他是一块绊脚石。斗氏和成氏同为若敖家族，在楚若敖之后，哥哥一系负责做楚王，弟弟一系就用"若敖"为氏主要负责做令尹。从第一代斗伯比开始，此后的十一个令尹，他们家族占了八个。

既是职业户，也是钉子户。

斗伯比之子斗子文辅助楚文王、楚成王，将令尹的职务功德推到一个新高度，与同时代的齐国管仲几乎站在同一水平上。他也把若敖家族的影响力带上一个新高度。不过他曾说过一个预言，指出若敖家族里有一个可能毁灭自家的人。

这个人就是斗越椒。

斗越椒是斗子文的侄儿。斗子文有一回去看望襁褓中的小侄儿，听到孩子的哭声像狼叫，就断定孩子长大后会毁灭家族。他建议弟弟子良赶紧除掉孩子。

这是什么道理，什么预言？

斗子文自己是弃婴，是不是看谁都应该是弃婴？

子良当然不会信哥哥的鬼话。你自己的儿子叫斗般，哭起来还像猪叫，你咋不送人？

这很可能又是一个断章取义的桥段，事实传着传着就走偏了。结合斗越椒此后的表现，楚国的舆论也喜欢给他添加一些"天注定"的证据。但故事既然这么传，我们就应该这么信。至少长大后的斗越椒确实没有辜负伯父的"期望"，也没有辜负他这个斗字。生命不止，奋斗不息，斗争也不息。

开始，他的小目标是令尹，但很不顺利。

"令尹"的位置在斗子文之后，成得臣（子玉）上位，后死于城濮之战，接着由蒍吕臣（就是蒍贾的老爸）短暂过渡一年，就轮到参加城濮之战没来得及自杀的斗勃。斗勃建议楚成王不要急于要立世子，得罪了世子商臣（楚穆王），被商臣诬告。商臣说斗勃在泜水之战不战而退是因为受了晋国的贿赂，楚成王大怒，就把斗勃杀了。令尹便换成成得臣的儿子成大心。成大心很称职地工作到自然死亡。大心死后，他的弟弟成嘉接上去，出任令尹。

此时的斗越椒很郁闷。成大心和成嘉都是他的堂弟，辈分更小，但都已经令尹来令尹去地玩了一遍，而他一直是个司马。再怎么说，他也在攻打郑国时立过大功劳呢。好不容易熬到成嘉也病死了。斗越椒心中又燃起新的希望，但楚庄王却通知斗般（斗子文的儿子）出任令尹。斗越椒继续做司马。

斗越椒：什么意思，铁打的司马，流水的令尹？

当时的楚国危机四伏。楚庄王三年来一直在看"书"。他看到楚国的令尹都是斗家、成家，心中就生出忌惮。好不容易等成嘉死了，结果大家又一致推荐斗般。晕，还是你们斗家。

民主推荐，民主选举，拼的就是人气。

没办法，大家就是这么喜爱斗斗"豆豆"。

韬光养晦的醉汉楚庄王看在眼里，记在心里。为了缓解两家"独"大，他开始培养工正蒍贾。"工正"相当于今天的纪委书记。不久，蒍贾还真的抓到斗般的把柄，借口正法了斗般。

但楚庄王也没能高兴太久，因为朝野民主推荐出来的令尹居然是斗越椒。还是斗家。为什么？因为满朝都是若敖家族的人。

斗越椒：我还想问为什么呢。

关键是斗越椒已经愤怒了。他的堂兄弟都当过令尹，现在才轮到自己。要不是命长，估计令尹的名单上就没斗越椒什么事。

【斗志】许多人在年轻时本着"不想当将军的士兵不是好士兵"定下理想目标，加班加点，艰苦奋斗。但领导就捏着鼻子，"高瞻远瞩"地照顾这个照顾那个，死活不给他重用。等到他不再年轻、不再那么想奋斗时，潜规则中的资格排名又让他的理想突然实现。此时他的人生可能会出现两种极端，一种是无所谓，轻描淡写说谢谢，然后继续得过且过，形成一种人在上班心在退休的工作状态，混吃等日子。还有一种是极端的愤怒，咸鱼翻身后，长久压抑的心理产生过度逆反，到处报仇雪恨。以一副理所当然的小人得志状，故意忘记初心，肆意摆弄权力。

斗越椒属于第二种。

斗越椒早就把小目标抛弃。他曾真心地爱着"令尹",但始终近而不得。他一度认为霸占他令尹位置的兄弟们都是傻冒,现在他又发现楚王才是大傻冒。

他怒了,决定释放怨气,决定报仇"造反"。

楚庄王也不傻。他早就看出点苗头,一直防着斗越椒。他起用蔿贾,就是要牵制朝局。蔿贾还行,但蔿家不行。**蔿贾是牵得住斗越椒,但蔿家制不住斗家。**留住郢都的蔿贾挡不住被老斗煽动起来的斗氏家族,反被斗家给杀了。

蔿贾被杀后,他的儿子"敖"跑了,并且隐名埋姓,不敢叫蔿敖,而改为"孙叔敖"。(此处敲黑板,有重点)

命运真是嘲弄人,楚庄王刚刚还与周王室那边鼎啊、钩啊的耍嘴皮逞强,哪想还没回到家,老巢就让人给端了。而且端他老巢的老斗谁都不服,完全不听庄王(苏从)提出的谈判条件。

斗越椒:和条件无关,我们必须死磕。

楚庄王没办法,只好与他在战场相见。

老斗的箭法极准,与楚庄王对峙时连续两箭都差点射中楚庄王。那箭头非常特别,锋利无比。楚王的士兵很害怕,军心也开始动摇,形势越来越危急。为了缓解士兵的紧张心理,楚庄王决定编造一个谎言。**虽然他生平编造过无数个谎言,但这个最完美。**

庄王说他认得这两支箭,是当年戎蛮献于文王的"透骨风",藏于太庙,想不到被越椒偷走。现在他都射了,已没子弹,大家就不必忧虑。

原来如此。斗令尹也是傻啊!败家,一下子全射光了!

楚王又说,明天我就有办法破解他们。

怎么破?斗越椒也是常年征战的将领,什么鬼没见过,你楚王往哪里跑,他就敢追到哪里。但他没有想到今天还真遇见一个鬼。

这个鬼叫养由基。小养也是个神射手,但名气还不大。

老斗追楚王追到河边,过不去,桥被刚刚过河的楚王给拆了。楚王的本意是制造障碍,以便拖延时间,没想到还有意外收获,居然还能截获大鱼。

老斗在河对岸大骂。养由基就站出来说,老斗你不是牛吗,不是神射吗?河面这么宽,你能射得过来吗?

老斗问，你谁啊？

养由基说，我是乐伯手下的养由基。

谁知道你？但老斗想要击溃楚王军队的士气，就说我不但能射过去，还能把你这个没什么名气的养什么基射死！

养由基说，那好，我们比试一下吧！

老斗也犯傻，堂堂一个总理居然和一个团级干部较劲。双方约定说大家不躲不闪，互射三箭。

老斗心想，我三箭过去，哪还有你什么养由基，回家养鸡还差不多。所以比赛就正式开始了。

和打篮球一样，你心里老想着这球要进，它反而不进。俗称心脏不够大，或是不够专注。斗越椒的第一箭居然掉地上，第二箭是准，但养由基赖皮，突然蹲下去躲过了。

老斗大骂，养什么基，你赖皮啊！

养由基笑笑说，不好意思，刚刚腿抽筋，反正还有一箭，你不是神射吗？（一箭就可以）我这回肯定站直喽！

老斗面子上挂不住，而且心里也自信，就把弓深拉下去。这第三箭更准，正中养由基的脸，但养由基张开口，咬住了箭。

舌头：有牙真好。

老斗吃了一惊。养由基说现在轮到我，我只射一箭就可以。

老斗说，好。

养由基说，你是令尹，有身份的人，你可不要跑啊！然后就射了一次空箭，弹棉花一般。老斗心里虚，没看清真相就赶紧闪开。

养由基说，诶，我还没射呢，你不是说不闪吗？你还要……要不……

养由基话还没说完，箭就射出去。一边说话一边射，吸引别人的注意力，也是赖皮。这回他赖赢了！

可怜的老斗还在认真听对方到底说什么，可能是下风口，声音忽强忽弱"要不要什么啊"，后面是不是"脸"字？却突然来一箭。这箭方向准，力道大，直贯脑袋。

典型的作死。

斗越椒一死，叛军也就溃散了。养由基的名声由此大噪，得了个"养一箭"的荣誉称号。这人还有一个本事，叫"百步穿杨"，后面再说。

楚庄王现在得意了，马上挥师杀败斗家的叛军，并借题发挥进一步清理斗家的各种势力。

那个哭声像豺狼的斗越椒真的引火烧身，毁灭若敖家族。斗家人，不论大小都要处死，"造反灭族"是天经地义。斗般的儿子斗克黄当时出使齐国、秦国，听到斗家变故，就跑回楚国，主动受死。就是他首次说出关于豺狼哭声的天意，"坦白"斗越椒注定造反的故事。楚庄王一来对故事本身很满意，二来肯定斗克黄不畏死，主动回来请罪的"忠举"，就赦免了他。

斗克黄百感交集，为了纪念"死里逃生"，就把名字改为斗生，寓意为楚庄王使我重生。

楚庄王也百感交集，为了纪念"平叛若敖"，就举办一个庆祝的酒席。

哪想酒席上的故事一点不比战场少，甚至更加精彩。

绝缨之宴

平息叛乱，同时也除掉权臣势力，楚庄王很高兴，就宣布举办一场大型的宴会，称"太平宴"。大小官员都可以来参加，并且可以带家眷一起来。

整个宴会觥筹交错，气氛活跃，其乐融融，一直持续到晚上。楚庄王兴致犹在，想把宴会再推向一个新的高潮，就叫宠妃许姬姜氏去给大家倒酒，他想再打个"通关"。但就在这时突然来了一股妖风，把大殿的火给吹灭了。

门窗也不关好？那就赶紧找火吧。

太黑了，伸手不见五指的黑。

既然看不见五指，那就有人把五指伸出去乱摸。这一摸居然摸得许姬姜氏。许美人见不到五指，也看不清脸，但她"眼盲手快"，反手一掏就抓扯掉"五指主人"脖子上的帽带（缨），然后十分嘚瑟地屁颠屁颠跑去找楚庄王告状。

为什么嘚瑟？

因为这女人想告诉楚王她的吸引力有多强，强到有人敢冒杀头的风险来调戏她。既然这么有魅力，大王以后一定要更加宠爱哦。

宠不宠爱还是后面的事，现在人赃俱获，大王要先为这个臣妾做主。

什么主？要知道楚庄王演的不是言情戏，是政治戏。他不是娘炮，他是政治家。他根本没理会女人家的矫情，反而在点火之前叫大家把帽带都摘下来。

这下就没事了，已经搞不清谁是谁。其实就算不摘，只要楚王不理会也一样可以小事化了。他这样做，无非是想表达态度给当事人一个彻底的放心。

等等，如果灯亮之后，谁手里、桌子上没有帽带，不一样脱不了嫌疑吗？所以这只是楚庄王给某人的一个暗示：我是真的不计较，你放心吧！

楚王：绝对不是我没有能力计较。

实际上对于大多数宾客来说，他们吃饭唱歌玩得好好的，根本不知道为什么要"脱帽子"，只有那只咸猪手知道。他知道楚王为什么要求大家脱帽，同时也明白楚王赦免了他。**不但免了他的罪，还挽救了他的面子。**

尤其是面子，大恩不敢言谢。

事后，许美人还不依不饶去找庄王理论。庄王告诉她，今天的宴会本来就是**放飞自我的主题，放松心情的活动**，有人酒后失态也是正常的事情，没有必要因为一件小事而搞得大家不愉快。

说得很好，但这个故事也就是故事。大家可千万不能学，老婆还是要存好。**我们没有楚王的气魄和气势，就不要模仿人家的气度。**

熊侣的气魄和气势是什么？是自信，是做好充分准备的那种自信。所以宴会的插曲不重要，中原的正事才关键。宴会是总结过去，更要展望未来。现在万事俱备，也不欠东风，是时候迈开脚步，迈出气魄，迈出气势。

不好意思，不管脚步怎么迈，这次还是迈向郑国。

郑国：我想死的心都有。

二十七、强楚的中原争雄

铁打的营盘流水的兵，这是军营的故事；铁打的郑国流水的霸，这是春秋的故事。就像三国里的蜀汉，要"收复"中原就要走祁山。诸葛亮六出，姜维还九出。不管是郑国，还是祁山，表现的形式和感叹的无奈基本一样。地理位置摆在眼里，诸侯不选择你，历史也要选择你；征服欲望驻在心里，老天不选择你，霸王也会选择你。

晋楚争郑

郑国其实也算强国,要说打架斗殴(尤其是单挑)也有一手。但它投错胎了,成年后就各种不走运。**它的地理位置、身份特征、实力排名等等组成的人(国)设形象在春秋时期十分显眼又十分被动。**它和宋国、卫国有些恩怨,打来打去可以理解,常常也是赢多输少。麻烦的是夹在晋、楚中间,也老打,老挨打。谁能经得住如此反复的折腾?

从春秋的整体形势看,所谓的晋、楚争霸,其实就体现在晋、楚争郑;所谓的晋、楚争郑,本质就是晋、楚打郑。轮流打,变着花样打。郑国应该是参加战争次数最多的诸侯国。换作其他诸侯,老么打早就抢救不回来了。那些年的郑国,每年的财政收入得有多惨,不是说数字惨,而是用途惨,那点钱不是用来分发抚恤金,就是用来支付战争赔款。

历史记载郑国夹在晋、楚之中打来打去的笔墨非常多,多到我们都看乱了。那几年的东周要是有考试,要是考时事政治的话,郑国的问题一定是诸侯国中最难的卷子,是难点也是重点。

郑国:你还好意思抱怨考试难?

十年前晋成公带兵来"打劫"一番,郑国不得已就依附晋国。现在,想要迈开中原步伐的楚国又来了。

春秋经过第一轮兼并后,诸侯国之间的实力相差无几,战争思想也发生了改变,主要是打出输赢论清是非曲直,不一定要打死多少人灭掉祖宗社稷。所以打仗的理由就很重要,要师出有名。但楚国的传统套路是打仗不需要理由,目的就是吞并你。既然说不通为什么要灭你,就无须解释为什么要打你。

霸气是很霸气,但它违背春秋"残存"的礼仪。

楚庄王上台后,情况终于变了,尤其是孙叔敖为令尹,更有新人新气象。楚国现在出师也讲究名头,一来可以鼓舞士气,二来可以为踏入中原做好思想和舆论的双重准备。

如同你是一个聪明又努力的人,你就缺乏一个机会。楚国是一个亢奋又实力超群的诸侯,它就缺乏一个理由。

万事俱备,只欠东风。还好,东风不久就会自己吹来。

郑国:我叫东风?

郑国的家门又不幸了。郑穆公兰去世，新继位的郑灵公夷因为吃老鳖的事与公子宋闹翻，被弑杀。郑国再立公子坚为君，为郑襄公。公子坚就是当年斗越椒攻打郑国时，被生擒的那个智商坚持不住的"公子坚"。他是长子。

一个是被俘的人，释放回去后做了诸侯。

一个是俘虏别人的人，回去后造反被杀。

公子坚：没办法，气死你。

但公子坚也不要高兴得太早，郑国的国君就是个劳碌的职位。楚国送来的见面礼已经摆在他的案头上。

楚庄王：郑国弑君。

为什么弑君，弑的什么君？政变的细节不重要，重要的是人家已经找到搞你的理由。在事件的诸多因果逻辑里，找到自己需要的那一部分。这种"断章取义"的技巧在诸侯国的外交争执中屡见不鲜。毕竟，事情的解释权归有实力的人，楚国爱怎么解释就可以怎么解释。

郑国就是弑君。

公子坚：又不是我弑君。

楚国：又没说打你。

公子坚：可我是郑襄公啊。

楚国：可我已经来了啊。

公元前600年，楚庄王拜公子婴齐为将，率师伐郑。郑襄公吓得半死，这个有点像捡来的君位还真不"省事"。屁股都还没坐热，就来个大苦活。

郑国没什么办法，只有向晋国求救。

郑襄公还真有福气，捡得到君主，也等得来援助。晋国听说楚国来争夺郑国，就派郤缺出兵来救。晋、郑联军就和楚国在柳棼干了一仗，战争的具体过程我们已不得而知，结果是晋国赢了，史称"柳棼之战"。

"柳棼之战"和次年的"颍北之战"几乎一个模样，都是郑、晋联军胜、楚国败，但又都没有详细过程，可能是小规模的小摩擦，也可能是楚庄王对晋国的一种试探，还可能是楚国送给刚刚继位的晋景公姬据两份"见面礼"。

所以在本轮争夺郑国的竞争中，晋国暂时领先2分。

但争夺陈国就不一样。陈国早在四年前就被楚国拿下1分。

晋成公也在公元前 600 年集合宋、卫、郑、曹四国伐陈，想扳回 1 分。但他出师不利，在出征途中生病，不久病死在扈地。

陈国虚惊一场，投降仪式都想好了，但晋国没来没用上。也不用遗憾，先存着，以陈国的国力早晚用得上。陈国这些年以投降求盟为国策，在春秋不灭国的礼仪掩护下，一直"且行且珍惜"。万万没想到，它的真正隐患其实在国内。诸侯间的斗争无非争个"站位"的是非曲直，破点钱财，自家兄弟之间的斗争却是你死我活的殊死搏斗，常常丢命。

"搏斗"的故事前面介绍过。陈灵公因为和夏姬搞出太过张扬的男女关系，而被夏姬的儿子夏征舒杀掉。

灭陈复陈

在楚国看来，夏征舒是标准的弑君，还篡位。想有所作为的庄王根本无法拒绝这个可以作为的理由。

可探子回来说，陈国不能打。他们把城墙修得很高很牢固，里面的粮食也囤积得很丰富，属于短小精悍型。

楚庄王听完有点犹豫。一个叫宁国的大夫却提出不同意见，他说，陈国是个小国，如果城墙修得很高，粮食贮藏很丰富，说明征用了很多老百姓，税赋肯定也很高。他们的老百姓肯定很疲惫，属于外强中干型。

楚庄王觉得很有道理。

那就出兵吧！其实对楚庄王来说，这些分析无非是军心问题，让楚国的将士们克服畏惧的心理。陈国的实力到底如何，在他眼里都不算什么。

管你什么乌龟鸟蛋，墙不墙，楚国一套降龙十八掌过去就是。

事实的确如此，这仗就相当于洪七公打江南七怪的某一怪。楚庄王亲率三军，公子婴齐（子重）、公子侧（子反）、屈巫随行，直达陈都，如入无人之境。

整个战争场面只能用一个字来形容：略。

楚国的重点不是研究能不能拿下陈国，而是要研究陈国这块肉该怎么煮。A 计划先实施，按照楚国的传统做法，灭社稷。这样，周王室少个陈国，楚国多个陈县。公子婴齐很高兴，出任县长。

夏征舒造反虽情有可原，但已被贵族定性为弑君篡位，判定车裂。

问题是夏姬。这个妖艳美丽的女子，让陈灵公命丧黄泉，让陈国变陈县。她是标准的倾国倾城，已酿成祸水的红颜。

然而谁能想到，**她的故事新篇第二季其实才刚刚开始。**

楚庄王，还有公子婴齐、公子侧、屈巫这些正常发育的成年男子看到夏姬后，都想到一块了。至于哪一块，我想你懂的。按照"春秋礼仪"，大家要按照顺序来，来……来发表意见。

庄王是王。他说后宫佳丽虽多，但都比不过夏姬。他想纳她为妾。

屈巫马上跳出来，说不行不行，楚国打陈国时对外宣称是为了消除弑君篡位的叛逆，这是一个多么高大上的理由。你如果娶了夏姬，人们就会认为你是为了一个女人来灭陈国。这要传出去，楚国还怎么在中原称霸？

楚庄王觉得有道理，毕竟我已经是个有理想的君王。

理想还没实现时，理想就是他人要挟你的手段；理想实现后，理想就是你蔑视他人的资本。

公子侧看到楚王得不到，就激动不已，说我中年无妻，请大王赐她为我继室。

屈巫也激动不已说，不行不行，这女人是个不祥之物，**不但会克夫，还会克奸夫**。她"夭子蛮，杀御叔，弑陈侯，戮夏南，出孔、仪，丧陈国"，你要是娶了她，早晚会生祸害。

楚庄王一惊，我刚刚还多看她一眼，会不会被"传染"了？

屈巫这么定调，公子侧就没招了。但他也懂屈巫的心思，也不想让屈巫得逞。公子侧说，主公娶不得，我娶不得，难道你就娶得？

屈巫被他一反击，也只好连声说不敢不敢。

但你把夏姬的底细了解得这么清楚，就为了"不敢"？你糊弄鬼啊！

鬼也糊弄不了的夏姬就成了摆在楚国君臣面前的一道难题。杀了可惜，留着"单身"又容易引起争执，楚王最后决定把夏姬嫁给连尹襄老，一个搞后勤的老人。行将就木，但可以挂个名号。因为襄老当时刚好路过楚王的窗口。

连尹襄老：我到底是中奖了，还是中标了？

应该算中毒。一年后连尹襄老也死了，不过他是死于邲之战。

果然克夫，而且克的方式还很多。床前床后，屋外屋内，不分场合随时克。

经过一番折腾后，A计划也就整得差不多了。陈国变陈县，夏姬跟襄老。但方案实行没多久又变了。出使齐国的申叔时回来后，一听说这件事就去找楚庄王说道理。他说如果别人家的牛跑来践踏你田里的庄稼，你是不是可以把牛牵回去？楚庄王说，这样做有点过了吧，赔点粮食就可以。

申叔时说，陈国因为陈灵公的过错被夏征舒弑杀，我们就把陈国灭了占为己有，是不是也有点过？陈灵公与楚国结过盟，算是小弟。我们为小弟报仇没错，但报仇就能把小弟的家给霸占了？那以后谁还敢做我们小弟？

楚庄王觉得有道理。不是申叔时说得多有道理，而是申叔时会这样认为，说明中原那些诸侯也会这样认为。陈国对我来说可有可无，最好有，而且以我楚国的实力，随时都可以有。但现在正是我楚国"中原事业"的上升期，还是先不要刺激他们，不要违背他们的"礼仪"。

于是处置陈国的 B 计划就端出来，"修正版"的 A 计划。陈县再恢复陈国，立公子午为陈成公。原县长公子婴齐继续回楚国做公子哥，但夏姬不退，保持 A 计划，还是襄老的。

陈国终于长嘘一口气，死后复生，躲过一劫。

正所谓"人停机不停"，陈国可以复生，但"劫"字不能休息。陈国的话音刚落，故事又在郑国重新开始。绕不开的话题，终究要回来。

百日攻郑

第二年，楚庄王乘势而起，以令尹孙叔敖将中军，子重将左军，子反将右军，亲自统率三军，北伐郑国。一副拿不下绝不回家的气势。

屁股已经坐热的郑襄公获悉楚军出兵郑国，还是一样着急。着急和屁股热不热真没关系，只和实力有关系。实力光靠屁股又坐不出什么结果。他只好再次使出最为拿手的必杀技、撒手锏——向晋国求救。

撒手锏是很有杀伤力，但晋国这次的反应有点迟钝。

楚军却异常锐利。娶走夏姬的襄老请为前锋，踌躇满志，一路凯歌。

楚庄王很纳闷，不是不祥之物吗？难道夏姬是补药，才把老襄老整得跟打了鸡血似的？庄王很欣慰也很好奇，就找来老襄老问个究竟。

襄老说，哪有什么补药，其实都是我副将唐狡的功劳。

那要赏赐唐狡点什么？

唐狡说，大王已经给过我最厚重的赏赐，哪敢再奢求什么。

已经赏赐过了？不会吧！

唐狡继续说，我就是上次在庆功宴会（绝缨之宴）上失手牵了许姬的那个人。感谢大王让大家都解下帽带，才让我免受羞辱。

楚王感叹说，如果我当时马上点火，哪有今天如此勇猛的唐狡？我要重用你。

唐狡说，我得罪君王，君王却不惩罚我，所以我要报答你。但今天我把丑事说出来，也就不敢再面对你。

唐狡说到做到，当晚就跑了，放弃了领导的"器重"神秘失踪。和当年韩原大战时秦穆公的三百名野人一样，以游戏外挂的角色出现，挂完就消失。

楚庄王：早知道就不问了。

真是好奇心害死猫。但跑一个唐狡对郑国来说也算不上什么福音，对强大的楚国也没什么影响，除了连尹襄老。

襄老：谁看到我副将了？

谁能看见？估计襄老只能去贴寻人启事。

郑国抵挡不住楚国的进攻，楚军已经围了郑国都城十七天。楚军三班倒，人可以休息，但攻城不能停止。7×24小时工作制的成效很明显，士兵们已经能听到城里的哭声。

楚庄王于心不忍。他觉得是时候让郑国看看楚国的诚意了，就下令停止攻城，并后退十里。希望以此唤醒郑国的觉悟，弃暗投明，背晋事楚。

但不知为什么，庄王的良苦用心没有传达到郑国。郑国看到楚军退走，并没有表现出楚王预想的"感表涕零，并深刻反省，豁然省悟，然后永结同心"的响应。反而是加固城墙，抓紧吃饭休息，更加坚定守城的信心。

因为郑国以为是晋国的救兵来了。

楚庄王：刚刚撤退是不是没说明白我为什么撤退？

白退了。郑国人什么素质啊，也不调查一下，你家门口哪有什么晋兵，全是楚军好不好？一点眼力见都没有，一点觉悟都没有。

郑国：唤醒觉悟，是不是要先唤一下，你一声不吭就走，我怎么醒？

郑国一误会，楚庄王自己反而醒悟：一是舆论宣传很重要，二是郑国不见棺材不落泪。那就继续攻打，狠狠攻打！

楚国：我攻！

郑国：我顶。

楚国：我攻，我攻，我再攻！

郑国：我顶，我受，我受不了。

死磕的楚国居然连续围攻三个月。

你们听过程咬金吗？这里是楚咬郑啊。

郑都城终于被攻破。楚庄王很气愤，但仍旧保持着理智。他吩咐进城的士兵不要劫掠，要秋毫无犯。素质，一定要注意我新楚人的素质。

我要用事实来证明，来教育这些郑人。你们是不是傻啊？我一个好人就想来你家做做客、唠唠家常、喝杯茶而已，你至于死顶这么久吗？

郑人终于彻底反省。郑襄公裸着上身，牵着羊（肉袒牵羊）出来谢罪。这是战败投降的仪式。这是郑人的礼仪，就算去要饭，也要把贵族的姿势摆好。

羊：那为什么是我？

羊是温顺的动物，代表任人宰割。郑襄公说，我不道德，不知道天高地厚，没有很好地服侍您，让您动怒，亲自来问罪。我已经知罪了，是生是死全凭您一句话。如果您能念我先祖的好，让郑国延续宗祀，那我以后就是您的附庸。

郑襄公也是苦命的诸侯。要不是那只老鳖，现在在这里拉羊头送羊肉的人应该是郑灵公夷。捡来的便宜真不好占。

郑襄公的请罪情真意切，真实表露，但公子婴齐却不领情。他认为郑国是没办法才投降。他建议楚王把郑国灭掉，建个郑县什么的，由他来做县长，他有经验，顺便也可以弥补上次当县长未遂的遗憾。

楚庄王没同意，既然不要陈县，又哪会要郑县？郑国还是郑国吧，免得申叔时又来讲一回"牵牛踏田"的故事。

楚国接受郑国的投降，双方签订盟约协议。郑襄公让弟弟公子去疾去楚国做人质。一般来说，做人质都是世子去，比较有诚意，为什么这回是弟弟？因为公子去疾在郑国的人望很高。此前正是他不愿意做郑公，才轮到公子坚出任郑襄公。所以呢，逃过了牵羊的一劫，最终还是没逃过人质的遭遇。有时候命运这玩意，你不想直接面对它，它那就在转角的地方等你。笔者老家的方言说"**出麻未死，出珠也要让你死**"（麻是麻疹，珠是水痘）。

公子去疾：我的名字能不能去麻疹，消水痘？

晋来救郑

晋国肯定不想失去郑国,所以才有此前锲而不舍的"柳棼之战""颍北之战"。

那这次为什么安安静静?

其实听说楚王这次亲征,尽出楚国精锐,晋国也相应地点卯三军:荀林父为中军元帅,先谷副将;士会为上军元帅,郤克副将;赵朔为下军元帅,栾书副将。赵括、赵婴齐为中军大夫,巩朔、韩穿为上军大夫,荀首、赵同为下军大夫,韩厥为司马,还有部将魏锜、赵旃、荀罃、逢伯、鲍癸等。能拿得出手的将领几乎全都拿出来。

没错,晋军的阵容很强大,场面很恢宏,但目标很模糊,态度很暧昧。

搞不清楚为什么,郑国死扛了近一百天,晋军还是没到郑国。

一路上犹犹豫豫、磨磨蹭蹭的晋军是在途中听说郑国已破,襄公已降,去疾已去,犊子已完了!老板都关门打烊了,你还磨洋工,出洋相了吧?

你出兵时,是奔着救郑国去的,现在郑国都投降了,那救什么?救尴尬,还是救寂寞?都不是,现在就说"救"自己吧:下一步咋办?

晋景公不在军中,几个大臣的意见也很不一致。

栾书认为郑国拿出最好的人质给楚国,说明郑国的决心很坚定。楚郑现在的关系肯定很铁,至少要铁一阵子。晋国应该缓一缓,不要冲着人家气头去救郑国。

先谷不同意。他说堂堂晋国就因为这个破理由退兵,回去怎么和景公解释,以后还怎么带领诸侯小弟?

对啊,关系好又能怎样?就算你嫁人了,你俩结婚了又能怎样?不是还有"策反"的案例吗?不是还有"红杏出墙"的话梗吗?

主帅荀林父也想撤兵,但他威望不够,性格有点优柔寡断,而且主战的先氏和赵氏在晋国的话语分量很重,气势咄咄逼人,所以几个大臣扯淡了半天,最后决定还是继续向郑国进兵。

哪里失去的,就到哪里夺回。

只是事情再次出现意外。他们还没到"拟出墙"的郑国,就在邲地遇到"禁止出墙"的楚国大军。双方面红耳赤地吵了几句,都不肯输掉面子,都想到硬碰硬地打一架。争风吃醋的磕磕碰碰终于酿成刀光剑影的打架斗殴，史称**邲之战**。

名义是为了郑国，实际上还是冲着伯业。

二十八、楚霸的邲地之战

历史似乎要重演，互换个角度（色）演，像《神雕》《射雕》这类热门故事一样，换拨演员就可以继续翻拍。对比三十五年前的城濮之战，在邲地的双方，晋国还是晋国，楚国还是楚国，只是作为催化剂的宋国变成郑国。好在郑国与宋国也算是旗鼓相当的冤家，谁来都合适。

催化剂的轮换也把交战双方的牌面掉个位置。原来是晋国晋文公对阵楚国成得臣，现在是楚国楚庄王对阵晋国的荀林父。

楚国：现在轮我出石头，你出剪刀。

史诗般大电影"城濮之战"的导演、编剧都是先轸，同时他还兼职主演，一枝独秀。现在要上线的"邲之战"却是用群星璀璨的模式走拼团的人气。两者还有一个巨大的相似点：本来都是可打可不打的仗，最终在几个特定英雄的推动下还是打了。

楚不想打

晋国是大国，此前还多次干过楚国。楚庄王心里没底，就召集大家讨论是打、是和还是退？

开始，他们主要是讲道理。

孙叔敖说，如果我们还没有获得郑国，与晋国来争，我们一定要打一仗。现在郑国已经成为我们盟誓属国，那还管什么晋国，非要拉这个仇恨吗？

伍参不同意，他说郑国以前之所以跟晋不跟楚，就是认为楚国的实力不如晋国。现在晋国一来，我们就跑，不正好印证这个观点吗？况且，晋国知道我们围郑国可以来救，我们知道晋国要去围郑国，也一样可以去救。

接着，他们就开始发赌咒。

孙叔敖说，我们去年打陈国，今年打郑国，将士们劳师远征，已经很疲惫。现在又要和晋国开战，如果不胜的话，就算吃你的肉也弥补不了你的罪过啊!

伍参当然不乐意,我又不是唐僧,吃我做什么。伍参说,如果仗能打胜,那就是你没远见。如果打败,我就应该死在战场上,哪还有机会给楚人吃?

话说到这个分上,双方就等于都给嘴巴装上了火药。楚庄王很为难,孙叔敖是令尹,有地位,不能拆他的台,还要培养他威望。伍参没明确什么职务,书上说他是嬖(bì)人,就是楚王喜欢的人,身份可能比较低微。**或许**他的职业就是"被喜欢",对应等同于女神身边的职业暖男。

伍参到底牛不牛先不说,他儿子是那个和楚庄王打"三年不飞,一飞冲天"哑谜的**伍举**。伍举有官职,是军队的右司马。伍举生了一个儿子叫**伍奢**。伍奢在楚平王时期做到太子太傅,这是大官。他们爷孙三代官是越做越大,但名气都不大。名气要靠第四代来提升,曾孙**伍员**,即伍子胥。伍子胥牛到差点把楚国给灭掉。正是因为他的名声太大,才让笔者觉得有必要"拔出萝卜带出泥",提及伍参、伍举、伍奢(三连伍)。这样算起来,伍家已经有四代,要不要再来一个凑齐五个,真正的伍家?还真有,据说伍子胥的儿子叫伍封,不过没什么故事,还不如五分、五毛的名气大。

插播完伍家的广告,我们继续讨论庄王的为难。既然手心手背都是肉,楚庄王就说,民主决策吧!

想不到吧,楚国的文化都文明到这个程度,中原人居然还说人家蛮夷!

投票很快就有结果,赞同撤兵回家的有五票,要求和晋国死磕的有二十一票。这个结果已经很明朗。

于是,楚王综合大家的意见,做出一个重要的决定:撤兵,回楚国去!

晕,这不是忽悠大家吗?果然是蛮夷!

楚王:我叫大家投票,又没说按照得票多少决定。

这叫领导的艺术。我什么都被你猜透了,你们按照规则就能判断出结果,那还需要我做什么决策,不如你们来做领导好了。

当然,楚王的正宗解释是:前令尹虞邱也投了撤兵的票,一票顶五票,不,是顶五十票。前后两任令尹的意见一致,我们回家!

其实就是楚庄王自己不想打这场战。他心里没底,担心可能会打输。至于什么讨论啊、投票啊、令尹啊,都是虚的,都在耍套路。

【结论之前】生活中也常常有这样的情况。你的倾向结论××一开始就已经在你的心中。你活了这么久，有一种东西叫直觉，会很大程度影响你的判断。你接下来的调查研究，其实都在找这个结论的辅证材料。等找到了，必要变充分，再站出来说因为 ABC 什么的因素，所以我们得出结论××。

比如你认为他是坏人，他做的每一件事你都可以往坏处想、往坏里解释，然后说他果然是个坏蛋。如果你喜欢的那个人，他做的每一件坏事，你都说"我说句公道话"，然后就开始偏袒他，就算解释不了逻辑，也会找出"情有可原"来推测"他这样做一定有他的道理"。

所以有时候，**结论其实成形在过程之前。**

楚军开始退兵，但伍参不肯善罢甘休。**作为宠臣，伍参靠的可不是颜值，而是谋略。他不是娘炮，而是一名很有智慧的谋士。**他看穿了楚王的心思，便开始充当起先轸一样的角色。

他又去找楚王，并开门见山直奔主题。

伍参问，大王为什么要害怕晋国而抛弃郑国啊？

楚庄王说，哪里，郑国不已经成为楚国的附属国了吗？

伍参说，我们围攻了近百日才获得郑国。但楚国刚刚走，晋国又过去，容易让人以为是晋国来救郑国，并且成功救赎。郑国不是又要回到晋国那边去？以后楚国还能得到郑国吗？这不等于抛弃郑国吗？

伍参的推理看似很合理，其实也符合是"结论之前"的模式。

但楚庄王才不关心这个。他在一连串问号的追打下，终于说出了最后的担忧：令尹说打晋国未必会赢啊！

伍参：我早就知道你担忧这个。

老谋士就分析说，晋国主将荀林父威信不够，很难服众。而副帅先谷因为是先轸的孙子、先且居的儿子，"恃其世勋，且刚愎不仁"。栾氏、赵氏也是久战沙场的世家，各有主见。晋军的人数虽然多，但号令不一，难有作为。而且你作为一国之君，遇见晋国之臣却退兵回避，以后传出去，岂不成天下笑话？

楚庄王突然觉得很有道理。**尤其是后面那个"打脸"的递进比喻，好揪心啊！**

于是楚王又决定掉头！一路向北，迎战去。

孙叔敖：又咋了？

楚庄王：民主投票其实也能反映一定的道理。

历史就是这样不讲理。在大是大非面前，楚庄王这种出尔反尔的决策其实是带兵的大忌，甚至威胁到领导的威信。但人家后来赢了。结局好一切都好，就没人再回来讨论他那些优柔寡断、政令反复的管理学问题。

没办法，胜利到来后，你前面的任何环节都可以被认为是谋略。

晋想不打

其实不只是楚国在犹豫，晋国那边更犹豫。主帅荀林父考虑要稳妥，想稳赢，但心里也没底，前怕狼后怕虎，所以根本不想打。但副帅先谷考虑要立功，不但想打，而且还先给自己打上了鸡血。他可能认为打楚国是先家的祖传手艺，不能荒废。

年轻嘛，出征没点功业就回家，以后喝酒都吹不开牛皮。

谁知道这回生效的不是"专注打楚三十五年"，而是"出来混的，迟早要还"。

荀林父是晋献公托孤重臣荀息的孙子，也是名门之后。他参加过城濮之战。当年，他是晋文公的驾车司机（不能理解为今天的司机，当时是很重要的官职），经历襄公、灵公、成公到景公"五朝元老"，是个标准的老干部。

三十五年前晋国赢了，但他也目睹楚国"豺狼之军"的英勇和冷静。所以没有十足的把握，他不愿冒这个险。

首先是师出无名。本来说好是出来救郑国，现在郑国都投降了。人都死了还救什么？如果改打楚国，就与出发时的计划不合，不利于做士兵的思想工作。没有理由，舆论会影响士气。

但先谷马上反驳。郑国就是因为我们来迟才投降，现在我们把楚国打败，夺回郑国，不等于还是救了郑国？一个目的，两种手段而已。如果我们就这样不管郑国，那些小国以后还有什么可以依靠？它们就会效仿郑国投靠楚国，那晋国还谈什么霸业呢？

这样分析很有道理，就事说事已经很有说服力，但先谷觉得不够，又补充一段比较狠的讽刺。先谷说，荀老你要是怕楚国的话，你先回去，我带自己的兵马去找他们算账。

哪想荀老干部就顺着问，楚王亲征而来，军中兵多将广，你现在孤军去打,不等于把肉扔给狼吃吗?

这个老狐狸!我这样说是激你,你就真的让我去打吗?

先谷很气愤,索性来个彻底开撕,说如果我不去,那堂堂晋国就没人敢出战?这种耻辱我吞不下,我宁可死在战场上。

这话很有意思。先谷是想羞辱荀林父,大概是说我去了你没去,你就应该是吞下耻辱的那个人。可从逻辑上说,先谷去了就说明晋国有人去,不存在"堂堂晋国没人敢出战"的事实,也不存在耻辱。那没有耻辱你让荀林父吞什么?

所以啊,年轻人,还是嫩了点。荀老干部就呵呵了事。

先谷说到做到,真的带兵直奔楚军。路上遇到赵同、赵括兄弟,一打招呼,居然也是志同道合的"愣头青",就一起去了。

赵括不是后来战国纸上谈兵的赵括。现在还是春秋,这个赵括不在纸上谈,是直接去现场谈。不过结局一样,都是瞎谈。

先谷和赵氏的出兵看似个体行为,其实还是牵一发而动全身,把晋军的部署彻底打乱了。荀林父开始觉得没什么,反正你不听我的,要送死你去,不关我的事。后来司马韩厥提醒他,先谷鲁莽出战,必然被楚军打败,虽然他是自己找死,但你是晋军主帅,领导负责制,这份责任你一样逃不掉。

荀林父一听才醒悟过来:对啊,前面光顾着讨厌先谷,怼来怼去忘记还有责任的事,那怎么办?

韩厥说,现在只好一同出兵掩杀过去。如果能赢,是你主帅的功劳;万一输了,我们三军六帅一起担当。

荀林父觉得有道理,尤其是"一起担当"四个字说得相当有道理。这就是老匹夫认的道理,只想着如何把自己做到没有责任。**这不是一个将军的担当,而是一个官僚的赖性。难怪他会由驾车的"司机"升到主帅,难怪将军们不服。**

封建王朝的官场,赢的却总是这种人。他们没有国家利益,没有集体荣誉,只有自己的一亩三分地。国家诚可贵,名誉价更高;若为自己故,二者皆可抛。

士兵:那我的生死呢?

荀林父:置之,度外。

郑国想打

晋、楚两军终于在邲地对峙。楚国可能不想打，晋国不可能想打。但有个诸侯国非常想打，那就是郑国。

楚国晋国：你当然想打，又不是你打。

郑国：我打得少吗？

郑国很想促成这场仗。**打打更健康——晋、楚打一打，郑国更健康。**

吃瓜群众可以说，郑襄公是好了伤疤忘了痛，你半裸上身、牵羊谢罪的画面还在黑板上，又要去掺和晋、楚之间的恩怨吗？

键盘大侠也可以说，郑襄公正是没有忘记这段耻辱，所以他要找机会借力发力一雪前耻。

你怎么认为，接受哪个观点，关键看你喜不喜欢郑襄公。当然，郑襄公太遥远，如果是你的身边人呢？如果我们自己就是郑襄公呢？在我们事业一再失败，还要抵押房子投资时，你怎么看？如果连续 N 任领导都不待见你，你还会不会为 $N+1$ 任领导继续拼命工作？是识时务者为俊杰，还是知耻而后勇？

是不抛弃不放弃的浓鸡汤，还是见坏就收、割肉止损的淡鸡汤？

其实这都不关观念的事，这是郑国的智慧表达。春秋所谓的大义在郑庄公时代就已想通了：国家之间还是利益最重要。**名誉属于君王个人，利益才属于全体国人。**所以郑国一定要抓住机会，促成晋、楚的"好事"。

郑襄公派大夫皇戌去晋营，对荀林父说，郑国一直都向着晋国，这次为了保全社稷才不得已委身于楚国。现在你们来了，正是时候，**你要是了解我们在这一百天对楚国的死磕有多狠，你就会知道现在的楚军有多疲惫。不要等他们缓过气来，赶紧吧！**如果你们出兵干他，我们一定紧随跟上。

晕！郑国还有什么家当跟上？还有羊？

栾书根本不信，他说郑人在耍诈。先縠却觉得郑国说得很在理。双方各据一词。很正常，他们都是先有结论，再给结论找对应的理由。根本**不是因为理由，所以得出结论，而是因为有了结论，所以才有理由！**

近乎着魔的先縠不等荀林父做主，就直接和郑国约定。

这是带兵大忌，副帅抢主帅的戏。军中大帅可不是小白脸的"帅"，不是帅在你侬我侬、刮风下雨哭鼻子的嗲戏，而是帅着千军万马性命的血戏。

在游说晋国的同时，郑国双管齐下也派人去楚军大营。郑国现在是楚国的小弟，名义是带着牛羊礼过去犒军，顺便哭求楚军先不要回家，至少要等晋兵走后再走。

面对郑国的哀怨挑激，楚国还能保持理智。孙叔敖看出晋国也不是很想打，就建议楚王先去谈判，谈成的话，大家就罢兵回家，面子都挂得住。如果谈不成，那楚国诚意有了，理屈在晋国，打起来也是"师出有名"。

这个建议好！楚庄王就派蔡鸠居去晋军大营。

荀林父听说楚军来和谈，高兴坏了。这是两国人民的福分啊！怎么谈判他都想好了，赶紧吩咐后厨准备几道硬菜。

但先谷的办公室在军营前。他先接待蔡鸠居。先谷什么谈判都不要，很直接很暴力地把蔡鸠居骂了一通。你抢我晋国的属国，还谈什么判？

你把我小三都那啥了，居然说谈判？小三也有帽子，好不好！

蔡鸠居没有机会开口，挨了一顿骂只好离开。不巧，刚出营就遇见赵同、赵括俩二愣子组成"双节棍"又把他骂一通。

蔡鸠居好不容易跑出晋大营，又撞见赵旃。赵旃本在外面，听说有楚国使者来访，专门赶回来，快马加鞭担心错过，还好赶上最后一骂。年轻气盛的赵旃浑身都是"正义"，面对抢走郑国的楚使者，他不但大骂，还用弓箭指着蔡鸠居，有图像有配音，非常有英雄气势。

蔡鸠居相当郁闷，这趟差出的，我才说一句"我是楚国使者蔡鸠居"，后面就再没机会开口。当然，此行的收获也是满满，全是骂声。

三连骂，还换人骂！

回到楚营的蔡鸠居，强忍着委屈，开始各种哭诉。不但如同三连拍一样复制三连骂，还添油加醋增加不少"PS修图"效果。楚庄王大怒，难道楚国真怕你？你们去打听一下，我楚国立国以来怕过谁？

蔡鸠居：对，打狗还要看主人！哦不，应该是打人不能打脸。

荀林父：人呢？先谷哪儿去了？对了，谁能告诉我，我到底是不是主帅？

厮杀升级

既然决定要打，以楚人的性格，那是一刻都不能等。楚王问谁给我出去挑战？大将乐伯马上跳出来。

挑战还不是打仗,有点单挑的意思。说白点就是出去热身秀才艺。

乐伯的"才艺"不错,带领的小团队也一流。

乐伯乘上战车(负责射箭),许伯驾车,摄叔为车右(负责刺杀)。三人就直接杀奔晋营。晋兵还没有反应过来,只有一小队士兵按照横店战场的模式在肆无忌惮地走来走去。

乐伯就一箭过去,射倒一个。摄叔也不是吃干饭的,跳下车就生擒一个。这一系列动作的最大特点是快,趁着晋军还没有反应过来,他们又驾车回楚营去。

秀个才艺,秀完就跑,来去一阵风。有本事你来追我啊,追啊!

追就追!晋军已被激怒。撒野撒到自家门口,秀什么才艺啊?鲍癸、逢宁、逢盖可能是当天值班的带班领导,所以第一时间就追出来。乐伯就大喊,我左射人、右射马,射错就算我输。果然,在他精湛的射艺下,晋国的士兵又倒下几个,马也倒下几匹,连逢盖也被射伤。晋兵吓坏了,但乐伯也高兴不起来,因为刚才光顾着嗨,箭给射光了,只剩一支了。

这事要在电影里好办,主角就盼着没子弹,然后可以玩拳脚耍帅。但乐伯不好办,他要面对一群晋兵,双拳难敌×条腿。晋兵可不会按导演的要求来拿盒饭,如果乐伯射掉最后一箭,他们群殴上来就会有生命危险。正在犹豫之间,突然发现一只受惊吓的麋鹿经过,乐伯急中生智就把这只麋鹿射死。

乐伯大声说,晋国的哥们,你们好!这只麋鹿就送给你们做晚饭吧。

鲍癸懵了。说好的撕破脸,没想到你突然送来一眼默默的温情——"我下碗面给你吃",猝不及防啊!鲍癸觉得楚国这么讲礼貌,我们晋人难道就不会大度吗?就不追了,回晋营去。

其实鲍癸内心也畏惧乐伯的神射。他又不知道对家没有子弹了,看到麋鹿被射死的那一刻,还想幸亏是这只麋鹿,不是我死。但回营后却被晋将魏锜臭骂一通:窝囊废,人家秀才艺,你不会也秀回去啊?就这样让楚人踢馆吗?

我晋人不答应。二人转谁不会唱?不就是射箭吗,谁不会?

于是,晋将魏锜和赵旃临阵搭档,先后冲向楚营。

士会听说魏锜和赵旃杀出去,赶紧和郤克一起去找荀林父。士会说魏锜、赵旃这俩"官二代"因为没有被重用,心中有气,年轻气盛,横冲直撞不知进退，容易触发楚国怒火。我们要做好防备，应对楚兵突然掩杀过来。

荀林父也被一波波突发事件搞得反应不过来。老官僚习惯按照经验办事，以前打仗很少有"拼才艺"，更别说拼得毫无节制，拼到毫无纪律，教科书上没有说，也没有预案。

其实荀林父不喜欢这两人，因为他们不听话。领导不喜欢不听话的手下，但他俩是官二代，很不好处置。老官僚的处世方式很保守，尽量不得罪人，何况是牛哄哄的魏家和赵家。最好是他们违抗军令擅自出击，还一出就被楚人杀了。借刀杀人，而且刀还不是我借的。

到时我一定会哭，没有眼泪也要大哭。

但士会和郤克都没领会领导意图，以为荀林父就是优柔寡断，单纯能力不行。他俩只好盘算着自保，带着本部兵马跑后山去埋伏。

好了，现在又多两个不听话的同志，等于又进一步证明荀林父的领导能力确实很差。与某些领导一样，手下们当他们是领导，他们才会做领导，如果大家不当他们是领导，他们什么都领不了。换句话说，没有丝毫的魄力、能力。他们缔造不了政权，甚至不会加固政权，只会享受政权、消耗政权。好一点会运用，差的就只能破坏。他们是政权的负值。

"凝聚力"的问题很棘手，三军六个主副帅，除了荀林父自己，还有五个，到底还有几个会服你？这是他与先轸最大的差距。**战场之外能力高低的差异，早就决定了战场上成败得失的结局。**

思想和行动一样毫无束缚的魏锜奔到楚军阵前，与楚将潘党不期而遇。很突然的样子，两人都不知道该怎么办，只好默默地瞪着对方，对峙着，心里盘算着该如何打破僵局。正巧一群麋鹿跑过，魏锜心里一阵窃喜，立即搭箭射倒一只。然后大声对潘党说，晋国也给你送顿晚餐。潘党可能不知道前面发生的事，所以一脸懵圈没有反应过来。但这不影响魏锜那种扳回一局的快乐心情，他像进球后的球员一样嘚瑟地跑了一圈，绕过一群看不明白咋回事的楚兵，以胜利者的姿态欢快地跑回晋营去。

楚兵：这人有病吗？

麋鹿：我就想知道，你们到底是来做什么的？

另一个自由奔袭的赵旃估计没有什么射艺，无法直接展示，但这也不影响他一定要扳回嘚瑟的决心和毅力。他带着本部兵马到楚营门前，又是喝酒又是摆造型,一副谈笑风生的样子。看到楚军没反应,又脑洞大开,变本加厉,居然派士兵假装成楚兵混进楚营。

赵旃本想调戏一回楚兵,明天回去要是吹起牛来,绝对不会输给魏锜。人都进楚营了,相当于老虎的屁股都摸了!但弄巧成拙,楚军马上发现几个假楚人。你们都不会说我们湖北话,很明显啊,就像计算机病毒一样,格格不入。

那就杀毒吧!

楚营门口的赵旃就不敢再摆什么造型,什么三连拍,赶紧跑吧。装归装,装不成就算了,如果因为装还把命装丢,那就划不来了。

不过话说回来,他这种独创的鄙视方式确实很欺负人。楚庄王听说这事后,气愤得不得了,竟亲自追出来。

晋军这边发现魏锜回来,就问赵旃呢?魏锜说我不知道啊!人家就问你俩不是一起出去(装)的吗?

是一起出去啊!**不过我们是各装各的,在嘚瑟的道路上我们各有千秋,所以分道扬镳了。**

荀林父立即醒过来,赶紧派人去接应赵旃。他是赵穿的儿子,而赵穿娶的是晋襄公的女儿。换句话说,赵旃的外公是晋襄公。他虽然不听话,但考虑人情世故也要出去接应一下,就算做做样子也要做,回去也好有一个交代。

赵旃很幸运,楚庄王亲自去追他,还是让他跑脱,因为他丢盔弃甲了。他把自己的铠甲挂在树上,搞一个假目标,分散楚军的注意力,然后脱身。对于一个将军来说,战场上丢铠甲是件很丢人的事。但晋国已不指望逃命的赵旃还会顾忌什么形象问题。

追在前头的潘党突然看到对面来了一队人马,误以为是晋国大军(其实是荀林父派出接应的小部队),赶紧回头报告楚王。楚王也吓一跳,担心中了晋国的圈套。好在孙叔敖听说楚王亲自出营,怕有闪失,也带上大部队出来接应。看到援军的楚庄王冷静下来,并马上恢复灵敏的战场嗅觉。他看到对面的尘土并不高,判断不是大队人马。孙叔敖也建议,干脆将错就错,直接掩杀过去。

楚庄王就是这么想的。既然是误会,那就把误会进行到底吧!

战争终于打响。谁能想到一直不温不火的才艺比赛突然画风一转,变成赫赫有名的邲之战。老兵们说,对峙的枪一定要管好。士兵们一紧张,擦枪走火可能就把本可以不打的仗真的打起来。

谁能想到战争居然是由毫无亮点的赵旃点起来。晋兵都以为只是出来找赵旃,但还没找到。哪想现在人没找到,仗却先打起来。

此番出营的晋兵是来寻找失踪人口赵旃,也就几百人吧,哪里抵挡得住楚军大队人马,没几下,对战就变成追跑比赛。晋兵跑,楚军追。

往哪里跑?自然是朝自家大营跑啊,那楚军就跟着追过去!

结果呢,**逃命的变成了给皇军带路的。**

荀林父这下真蒙了,根本来不及准备。本着"能不打就不打,能小打就小打"的原则,老同志一直在苦苦地拉锯,任由你们这些年轻人去秀才艺。想不到,刚刚还晴空万里,突然就乌云密布、倾盆大雨!

赵旃,你个五雷轰的家伙!

骂可以骂,但一骂完就发现问题很严重,因为晋军根本没办法列阵。也就是说,晋兵防不住,顶不住楚军的冲击。那能咋办?跑啊!

奔跑吧,兄弟!逃跑吧,兄弟们!

万万没想到,已经爱上作秀的晋人在逃跑的路上,还不忘给自己加戏,又生出许多故事。

晋军溃败

这是一场多米诺式奔跑。开始是赵旃跑,因为赵旃一人跑,就引发几百人跑,现在几百人跑又变成几万人跑。

故事一,赵旃逢小逢。那个起头的赵旃再次出现。他看到晋国的大旗就赶紧从藏身处跑出来。他不是出来领跑,已经丢盔弃甲,连马车都没有。他是看到自己人了,要出来求救。正巧遇见晋将逢伯的车,但他只看到背影,不知道是逢伯,就拼命追喊将军救命,一边跑一边还自我介绍说我是赵旃赵跑跑!

逢伯正驾车载着两个儿子逢宁和逢盖,听声音知道是赵旃在后面,就吩咐两个儿子要假装听不见,不要回头,专心跑我们的路。他明显是不想救,一是担心马车拉不动,如果停下来还耗时间;二是我不回头假装没听见,你不知道我是谁,事后也不好找我算账;三是他应该也不喜欢赵旃。但地主家的两个傻儿子没有领会老地主的良苦用心,很傻很天真地问为什么,并回过了头。

好奇害死猫,好奇害死人。

赵旃眼神不错,一眼认出是逢伯的儿子,就马上改口喊逢君救我。老逢没退路了。他十分恼怒儿子,哀其不幸,怒其不智,并丧失理智般地做出一个让人难以接受的决定。他大骂两个儿子说,你们既然知道是赵先生,就应该让车(座位)给他。然后命令儿子下车,让这个罪魁祸首但身份显贵的赵旃上车。

赵旃得救了,有车坐就等于有安全。

逢宁、逢盖两兄弟却失去了保护,如同两块肉扔进食人鱼群之中。

这是什么父亲?为什么要两个儿子都下车?就不能挤一挤?难道不是亲生的?扔一个也行啊!也不会超载吧?难道赵旃很胖,是个死胖子?

故事二,晋人竞过河。溃败的晋兵被楚兵追赶着,一路追到河边,过不去。晋兵只好沿着河岸,边跑边找船只。荀林父的兵先到,然后遇见先谷。看着比自己还狼狈的先谷,荀林父想到此前他一个劲求战的嘚瑟样,心里真是一万只马在胡乱奔跑。

接着是赵括。虽然也一样跑路,但赵括仍能坚持"爱打小报告"的风格,一点没有忘记告状,一定要向上级检举坏人。他状告弟弟赵婴齐偷偷准备了船只,不告诉他就先过河跑了。这还是不是兄弟?以后还能不能一起愉快地逃跑?

荀林父吐血了:我这带着一堆都什么人呢?

荀林父没心思处理赵氏的家长里短,都出来当乞丐讨饭,还要讲究身份吗?你都跑路了还在意发型吗?现在的精力是找船只。但船只很匮乏,没找到几只,逃命的残兵败将却越来越多,赵朔、栾书、荀罃、赵同、魏锜、逢伯、鲍癸等陆陆续续都来到岸边,船更不够了。

但令人吃惊的是:柔弱的荀林父果断起来着实有点让人难以接受。老虎不发威你当我是病猫?他一旦决定要跑路就只想着跑路?他就没有想过,越聚越多的士兵为什么就不能组织起来,列队再战呢?

荀林父:你确定他们会听我的话?

热心网友:或者让一部分过河,一部分断后呢?

荀林父不傻,但他对不听话的手下也无可奈何。叫谁去断后,你都叫不动。另外,为什么要让某个谁先过河?反正都是讨厌的人,还是顾好自己吧!

他把鼓打起来,对自己的中军将士说赶紧过河吧,先过河有赏。没错,就是击鼓,不知道还以为是进攻呢。

能把进攻的手段融入逃跑中,也是一种战争思想的创新吧!

但船只毕竟有限,先谷看出荀林父的小团伙思想,心里非常不爽。你这么自私难怪大伙一直不服你!对了,现在我更不服你。他就先跳到船上,大声号令手下的士兵说,再有谁敢抢我们的船就把他的手砍了。

刚才打楚国是不行,但现在打晋国、打自己人呢?呵呵,此前我们晋人专注内战几十年,我们有的是信心。

"有信心"的晋兵制造出来混乱与自相残杀的局面,让楚人感到非常吃惊非常意外。我们都没说要把你们往死里打啊!你们至于这样吗?

难道这是自残性碰瓷?

晋国:没见过世面吧!这是大国的溃败,人多和人少能一样吗?量变到质变,知道吗?

故事三,荀首救荀罃。荀首是老江湖,混乱中抢到船,但发现儿子荀罃不见了,就大声呼叫。有人告诉他,荀罃被楚军抓走了。他听完就要回岸上去找。荀林父问他现在去又有什么用,荀首说他去抓别人家的儿子,以后可以交换。

荀首平时为人不错,一回到岸上说出自己的小目标,居然很快就召集到几百人,包括魏锜在内。

所以晋国不是不能打仗,关键看为谁打。为国家打嘛,能赢就赢,不赢就跑;为自己打嘛,一定要赢,就算输了也要在局部赢回来。**关键看谁带大家打。如果是先轸,那就不解释。如果是荀林父呢,这不一直在解释吗**?

荀首带着小部队,士气反而高涨起来,他们竟敢杀回去。楚军死也想不到逃命的晋人还有一出"回马枪"的戏。楚人以为晋兵都在忙于抢船只逃跑,他们可以放心收割比赛。负责后勤的连尹襄老正肆无忌惮地清理战场。这是安全系数几乎满格的职业,他根本没准备什么"小心"。所以荀首突然杀过来,老襄老都没反应过来到底怎么回事。

荀首就一箭过去,要了襄老的老命。又一箭过去,公子谷臣也被射倒,魏锜乘机过去把公子谷臣给虏走了。

荀首虽然勇猛,但也不傻。他知道自己这几百人的队伍靠的就是出其不意攻其不备,所以捞到便宜就赶紧跑,否则等楚军反应过来,父亲不但救不了儿子,连父亲都会没掉。荀首就取了襄老的尸体,虏走公子谷臣,觉得足够谈条件换儿子就赶紧撤回去,继续参加抢船过河大会战。

毕竟,抢船过河才是晋兵当前的"正经"工作。

襄老也是衰到极点,在一场大胜仗中居然能丢掉性命,还是在战争快结束的时候。看来屈巫去年说"夏姬克夫"还是有一定的"乌鸦"道理。

夏姬再次成为寡妇。恭喜屈巫,他的欲望小宇宙将再次被点燃。

对比一下。我们看到逄伯,以为这封建礼教在吃人,连儿子都不要,还一下子抛弃两个。好在同一场仗又让我们看到荀首。这是我中华文化的博大精深所在。内容丰富,不是一种类型走极端,而是许多思想一起存在,一直都在磕磕碰碰,相互竞争,愈演愈强,互相提携。文字是死的,人是活的,同样是周礼,要看你怎么理解,怎么继承发扬。**那些动辄骂老祖宗这不好那不好的香蕉们,请不要把断章取义的残疾心态当作表现能耐。**

逄宁:看看别人家的爸爸。

荀罃:咱们能比吗?

确实不能比,荀罃回到晋国后最终成为中军主帅,辅佐晋悼公再次称霸,并开创智氏一脉,是晋国六卿、三家分晋等系列故事的重要节点。

庄王远谋

晋兵在跑,慌不择路的样子;楚兵在看,犹豫不决的样子。晋军除了各种父子、各种跑法外,每个人还有各自的戏路。

溃不成军的晋兵在逃跑路上自相残杀,毫无战斗力可言。楚军已屯聚在邲城边上,蓄势待发,随时可以向晋军开展一场更加猛烈的追击。

伍参也多次建议楚王乘胜追击,争取更大胜利。但楚王认为晋楚匹敌,终究要讲和,不能只一味打打杀杀。三十五年前楚国在城濮之战失利,真正创伤的不是士兵的伤亡,而是士气的打击和面子的伤害。那一仗让楚国深刻认识到中原的潜在力量。那是一种无形的震慑力,足以让楚国停止试探中原的步伐。战前两位令尹的犹豫,就是这种阴影的延续。所以今天打败晋国,要死伤对手多少人还是其次,挽回信心和面子才是楚国最迫切的需要。放弃追逐,冷看对手狼狈逃跑,就是这种"需要"锦上添花的操作。

大家都来看,看看我们曾经畏惧的晋国是怎样的狼狈。

楚国的军队就在河边列队,观看一场视觉盛宴——3D版晋国大撤退。

楚人再也不会认为晋国是一道无法逾越的门槛。什么城濮、柳棼、颖北,滚蛋吧,它也只是我们的一个对手而已。

被参观的晋军就像一个裸男站在那里。贵族的心高气傲被摧毁得渣都没有。他们甚至还能听到岸边楚兵在好心帮助,指点他们往哪里跑。

那边的水浅一点,可以蹚过去,这边的水面宽一点,水流比较缓,可以游过去。有些假装"圣母"的楚兵甚至还去现场指导。有几辆落在后面的晋国车辆陷入淤泥,楚兵就教他们说把车横木拔掉就能拉出来。有些车子由于太高被树枝卡住,楚兵就在远处大喊说,你们把大旗再放低点,就可以顺畅过去!

顺畅毛线啊!车是顺畅了,但人却不顺畅!

大哥,我在跑路啊!你不精准打击,反而搞精准指导,你这指指点点就差下手的热情,我都不知道要不要跑,都跑不好了。

跑跑也要面子啊!你这句句嘲弄、句句扎心还让不让人跑?

但就算这么难堪的局面也难不倒晋国文人。厚重的文化积淀还真不是吹的,关键时刻就能派上用场。对此,晋国舆论是这样解释:**我们晋人一直只知道打胜仗,没有吃过败仗,不像楚国。所以对溃败逃跑确实比较生疏,没经验,需要老师指点,需要有经验的老司机传授。**

楚国:关键你们第一次就有创新。

战后,潘党又建议按习惯,把战场上晋兵的尸体堆积起来,建成"京观",以纪念伟大的胜利。楚王再次拒绝,反而下令把这些尸体埋了。既然决定不再追,不想继续拉大仇恨,就没必要建京观羞辱晋国。楚王不想激起晋人的仇恨,不想影响以后的和谈。如果想要建京观,刚才继续追杀过去,尸体就会更多。"京"是大的意思,堆起来更高更大就更可观。

邲之战以楚国胜利告终,但最高兴的应该是郑国。这一仗下来,郑国一来现实安逸,可获得一段时间的太平,不会再被争来争去;二来心里安逸,老虎打豺狼,管它谁赢谁输,最好打死一个、打残一个,我的心里才平衡、才爽。

但从整个春秋看,邲之战其实只是**楚王的胜利,不是楚国的胜利。**

此战的胜利证明了庄王的能耐,胜利的冷静表现了庄王的德义。楚庄王交出一份完美的周礼报告,获得中原的一致好评,并因此拿下"春秋五霸"的荣誉称号。**但他个人的得,背后却是楚国的失。**

楚国削弱了原有的霸气。几百年来,楚文化一直那么倔强,中原不肯承认但又无可奈何。这种差异如同吃饭用筷子还是用刀叉的问题,其实都一样,餐具而已。中国强大时,用刀叉就是野蛮落后,中国衰弱时,用刀叉又变成文明时尚。楚国有楚文化,中原有周文明。**中原的棺材下葬是南北朝向,楚国是东西朝向。**差异才是它与周朝并称为王的真正"法器"。现在它放弃了特点,想用"法器"换"法号",向中原靠近,向周礼转变,靠得越近就变得越普通,越像诸侯就越不再有王的底蕴。

在秦国之前,历史似乎考虑过楚国,但现在只剩"似乎"了。

二十九、春秋的楚庄霸王

楚庄王的"霸"其实不像晋文公、齐桓公那样,生前就享受着霸业的权力和荣耀。他的功绩主要是去世后才被肯定。他是一个劳碌命的楚王,立志中原,奔向远方,一节又一节,一仗又一仗。中原的路有不少"套路",当然有了"邲之战"的铺垫,接下来会轻松一点。高考都过来了,以后的路障就只是大学的期末考而已,大不了补考就是。

但晋国就没那么轻松。它面临重修,搞不好还要被开除。

晋赦败帅

和城濮之战的成得臣主动找死不同,荀林父是在司马韩厥的建议下,被动(半推半就)地"参加"由先谷等激进分子引起的邲之战。

荀林父:我基本没怎么领导,最多就是参加。

所以失利的黑锅还真不能让荀林父一人背。

晋景公原本想按照"战败者死"的规矩,依法处死荀林父。但这个善于和稀泥的老官僚多年积攒下的人脉,很快就发挥了功效。**不做事就不会得罪人,有机会做点事锦上添花还容易得好评,这是封建文官制度总要生出官痞,但又难以更改也无须更改的事实。**群臣们的意见:一是此次战争失利是因为先谷不听指挥所造成,不能怪老荀;二是当年楚成王错杀成得臣,让晋国在城濮之战后没有后顾之忧,晋国要引以为鉴,留下报仇的人。

晋景公听群臣这么一说,突然觉得自己应该被这么有道理的理由说服。因为这两个理由太好反驳,所以**一旦反驳了,群臣就会没面子**。那不是晋景公敢赌愿赌的风险。

理由不关键,群臣很关键。这是朝局,不是民意,是官意。

晋景公才继位,不敢得罪这些人,所以就要认同他们的"有道理"。于是,让晋国丢掉霸主之位、失去霸主气势、牺牲许多士兵的荀林父居然没被处死,甚至还继续做他的主帅(其间,愧疚的荀林父也曾向景公请罪求死,但被士会等人劝谏救下)。至于先榖,横竖都必须死。他被问罪责罚,此后又畏罪(被逼)勾结戎狄造反,最终被灭门。

通常皇帝犯错误,我们都会怪罪他身边的奸臣,因为皇帝没办法由人来惩罚(只能靠天惩罚)。汉武帝因为太子的事很后悔,想惩罚自己,也只能颁布"罪己诏",其他人都没资格妄议。皇帝有权威,有唯一性,这好理解,但很少有说主帅犯错误打败仗,还能享受君王的待遇,找身边副帅来做替罪羊。

你的部下不听命令,你可以杀了他,或者解职,这是你的权力,也是职责。**你什么都不做,任由他不听话,那就是你领导的不作为。你没有领导能力,为什么就没有责任?** 按照这个逻辑,如果他听话,但又打败仗呢?那就是谋士的责任,因为谋士出错谋。这样的主帅干什么都有人背锅,除非他自己死在战场上。如果打胜仗呢,主帅会说是副帅、谋士的功劳吗?与他无关吗?那主帅的意义在哪里?我想他一定会解释是自己领导有方。

有益无害,有权无责,这样的将帅谁都抢着当。他们也会注意到,打仗不重要,人缘很重要,甚至比能力更重要。**能力只能回答你能不能打胜的问题,人缘却能解决你打败仗的兜底问题。**

第二个理由说留下荀林父可以为晋国报仇,荀林父和成得臣是一个级别的吗?成得臣此前好歹打过几个漂亮的胜仗,荀林父除了做官,继续做官,做大官,大官僚外,还有什么亮点?报仇?有这个能力的晋臣多了去,士会、韩厥、郤克、赵朔、栾书都在门口站着排队呢。

所谓的"群臣",其实也是这几个卿大夫起的头。他们不希望荀林父有罪。荀林父是主帅,如果主帅有罪,"覆巢之下,焉有完卵",他们或多或少都有罪责。就像市长跳楼了,本市就不可能评上文明城市,县里的形象就大打折扣，奖金也受到影响。如果先谷有罪，先谷和我们都是卿大夫，大家平等平行，你湖广出事，怎么可以问责我闽浙呢？

所以对于群臣来说，先谷出事比荀林父出事更好。

还有一个问题：群臣能保住荀林父，说明**晋国六卿制度形成的官僚文化开始影响晋国的政治走向**。

先谷也没什么好说，"上蹿下跳"本就是赌局。如果能赢，他就能很快建立威望，取代荀林父，但现在输了，那就接受吧。从这个角度看，荀林父虽然也不想失败，但内心也不希望你能打赢。

但先谷只是先谷吗？不，先谷的背后是先轸和先且居。官僚的"厚黑"断了先谷的命，也结了先氏的功。这是"官×代"最复杂的命运使然。

【二代效应】先轸、先且居都是牛人，能力超强。这种人一般不会留意身边的队友，内心只一味想着如何让晋国强大，如何建功立业。他们没有荀林父的官僚思想，不会趁着功勋卓越时培植亲信。先且居去世后，官×代先谷接手先氏的荣耀和爵位，迅速进入六卿队伍，但他的能力和机遇都不好，无法以功勋建立威信和地位。

邲之战后，先谷显耀的官职反而放大了他的失利。先家因为上两代人的"嚣张"能耐，无形中得罪或压制了一些人。他们不喜欢先轸、先且居，却无可奈何，但不喜欢先谷，现在却完全"可以奈何"。

先轸父子留给先谷的是爵位（政治遗产），却没有人脉（舆论遗产）。如果先谷能力很强，利用政治平台静待时机建功立业，就可以引导舆论（你们不服也得服）弥补不足。如果先谷的能力一般又好高骛远，立功心切犯下错误，政治平台就会放大错误，形成舆论压力说死他。

不是开玩笑，"说死他"是真的可以把人说死。

这是政治圈的逻辑概述。在民间，俗称"祖上积德，造福子孙"。

楚势威武

邲之战后不久，楚庄王就把萧国给削掉了。楚军开始有点大意，萧军还因此俘虏走宜僚和公子丙。庄王本想认个亏说你把这两人释放，楚国就不打你。哪想萧军不知天高地厚，非要坚持真理，不畏强敌，把这俩俘虏给杀了。庄王彻底动怒，老虎发威，萧国"嗷"的一声就变萧姓。

萧国"嗷"后第二年，楚国又出兵教训了宋国。因为宋国曾经企图救援萧国。

"企图"也不行?是的,想想都不行!此时的楚国确实可以拳打脚踢,大杀四方。

在这种形势下,留下"活口"的荀林父真的很难找到报仇机会。不过两年后,差点憋出病的荀主帅还是想到了一个突破口,打郑国。

晕,老套路就是老套路,叫什么突破口!

错了,老套路这回在老荀手里还真玩出新槽点。**旧瓶装旧酒,但他打手电筒了(照亮)**。荀林父带兵围住郑国,围而不打,只在城外面打劫一番。大家说,你来都来了,好歹也发一炮吧!

荀林父偏不,他说只给郑国施加压力,制造危机感,让楚国不要那么舒服,膈应楚、郑。

这得有多么胆小的英雄才能想出如此自我娱乐的策略!

荀林父:有没有感受到我冷冷的冰雨在你脸上胡乱地拍?

楚国:呵呵,毛毛雨。

楚国很快就收到郑国的求救信息,也很快就开始研究如何突破"突破口",但还是来不及。不是来不及救,而是来不及出兵,因为晋兵已经飞一般地撤了。

他们就是骚扰,纯骚扰,比撩妹都纯洁。也真难为荀主帅,挖空心思的一番骚操作不过是把晋军搞成熊孩子的模样。

楚庄王确实感到不舒服。他很快就想到反突破、反膈应的对策——打宋国。宋国一直死心塌地跟着晋国,多次骚扰楚国。楚庄王决定正式出兵宋国。他想让宋国不要死心,而是要有"想死的心",不要只塌地,要连城墙一起塌。

好戏将再次上演。

围攻宋国

细说起来,楚国想通过打宋国来敲晋国,也不是没理由。

宋国国家不小,但战斗力很弱。它是商朝的后裔,一直自我感觉良好,瞧不起杂七杂八的小诸侯,比如新生的郑国。但很遗憾,从郑庄公开始,在宋、郑发生的冲突中,宋国输多赢少。它只能更加讨厌郑国。后在齐桓公称霸的启发下,它又盯上盟主的位置,确立了大目标。宋襄公又受齐桓公待见，托了孤，在护送齐孝公回齐国后，宋国就彻底膨胀了。**被酒精灌醉的士兵会找到做将军的感觉，被欲望灌醉的宋襄公会立下谋求霸业的理想。**

巧了，楚成王就是醒酒神器。他在泓水之战让宋国损兵折将、毁名消誉。好在宋襄公以礼治国，人缘不错，宋人并没过分埋怨他，反而是恨透欺负老实人的楚国。但以宋国的国力，它除了在家里扎扎小人、发几句毒咒外，拿楚国根本没办法。不止宋国，其实整个中原都有这个问题。就在这时，晋文公站出来，在城濮之战干倒楚国。

晋国不但赢得中原诸侯的认可，更是深度赢得宋国的感激涕零。"替我报仇"的恩情就让宋国成为晋国最铁的小弟。

能铁一直铁，专注"最铁"三十八年。

楚庄王现在要打铁。因为他自身硬。

硬归硬，那是军事硬。学习中原礼仪后，楚庄王很清楚，现在还需要一个出兵的理由。**有理由的硬才能成为硬道理。**否则人家小宋好好地躺在摇椅上晒太阳，安守本分能有什么错？明明是晋、楚、郑之间的恩怨，为什么要烧到它身上。

那就造一个理由吧。

楚国决定派使者去齐国。地理上，去齐国要经过宋国；外交上，经过人家门口要有外交文书。楚王想故意不带文书，如果宋国不敢发作，说明宋国怕我，相当于当面调戏你老婆，你还不敢作声，那我下回组织会盟你就不敢拒绝；如果你发飙，把我们使者那啥了，我就有借口对你反发飙。

这是一个制造事端的好办法。大家都说好，除了这个使者。

很明显，使者就是诱饵，好比鱼钩上的蚯蚓。

诱饵是高危行业。说白了，就是把你当作死人，然后活用。

不知道什么仇什么怨，公子婴齐建议让申无畏去执行这项光荣的任务。大国的使者，又是去友邦齐国，会很受善待，当然光荣。只是被套上"诱饵"的光环后，"光荣"就不只是光荣的荣誉，还可能成光荣的牺牲。

申无畏名叫无畏，人又不是无知。他向楚王索要路过宋国的文书。

楚王说，小小宋国，不用了吧。

不用是什么意思？我刷脸啊？

申无畏说，宋国不同其他诸侯，二十年前楚穆公组织厥貉之盟，和郑、宋、陈三国一起在野外举办"打猎+烧烤"活动。宋昭公忘带柴火,穆王生气,鞭打了他的车夫。那就是我去办的差事,宋人此后一直记恨着我呢。

楚庄王说,那就给你改名字,叫申舟吧!(写在齐国的文书上)

申无畏无语,名字可以改,但一"刷脸"不一样会被认出来?

楚庄王大怒,说宋国要敢把你怎样,我就灭了它。

申无畏就不好再说什么。如果他再推辞的话,**宋国会不会被灭还不知道,他自己一定会先被灭**。申无畏就把儿子申犀带到楚王面前说,我领会大王的意图,但请善待我的儿子。

回家后,他又交代申犀说,我这回**不是去执行光荣的任务,而是去执行光荣牺牲的任务**,到时候你一定要请楚王为我报仇。

一切正如申无畏所料。宋国执政的华元正为楚国不写文书而愤怒,等双方一会面,又认出使者居然是那个羞辱先君的申无畏,心里的怒火就更旺。华元力劝宋文公,说楚国如此轻视宋国,早晚会欺负我们,不如现在就杀掉申无畏,为宋国报点仇恨,能报多少算多少。然后再向晋国报告,准备应战。

申无畏看到这阵势,知道自己横竖都是死,就想干脆死个痛快。他开口大骂宋文公是个靠泡祖母上位的娘炮。

【骂人】其实也是一门学问。从目的上看,吵架骂人都是想通过让对方不舒服来达到让自己舒服。

从形式上看有三种,"**简单重复**"是最基本、最管用也是最能代表"骂"本质的一种表现,一般是谁骂最后一句就认为是谁赢,所以谁大声一点就说明谁更有体力,更有机会坚持到最后;"**指桑骂槐**"就显得更有文化,脱离了低级趣味的"复读"模式,能给围观者以更高的听觉享受,但不能指太远,万一槐都不知道是骂他,那就白指了;"**含沙射影**"的骂法更高端,最好是对方在现场不能立即发觉,但过小段时间后,又能突然觉悟到,有一定的延迟。此时他又不能重启骂战,只好认倒霉,含恨"吞咽下去"。如再提及,等于自取其辱。

从内容看也有三种。第一种是纯粹的"骂街"词语,骂对方是猪、狗等,你大爷、你妹等,用在谁身上都可以,**属于暴力型**,很常见,很口语,但层次比较低,要配合表情才能达到目的。计算机也很容易识别,都能把×屏蔽掉。第二种高端一点,是针对对方的某个身体缺陷来骂,比如你个瘸子、瞎子，等等，有特定的指向性，**属于侮辱型**。如果不过瘾，还可以增加修饰词，如"死"，组成"死瘸子""死跑龙套"等，更能挫败对方。

伊天仇：如果你非要说我是个跑龙套的，请不要在前面加一个死字。

第三种最狠，是要骂出你过去的丑事，俗称揭短，**属于嘲讽型**。熟悉他过去的糗事，看准痛处，哪壶不开提哪壶。一骂出来，谁都知道是说谁，指向非常明确，一点都不会误伤。对爱热闹的网友来说，简直就是盛宴，能从听觉中听出视觉。

申无畏确实无畏，对宋文公开口第一骂就直接上大炮，走极端，嘲讽他的过去。宋文公无处躲藏，毫无迂回空间，毕竟事实摆在那里。他怒不可遏，唯一能反击的手段就是下令杀掉申无畏。

楚庄王的"担心"也可以说是"理想"实现了。楚王听到奏报时正在吃饭。他马上把筷子扔了，开始拜将，一刻都不肯耽误的样子。五个月后，楚王亲征，司马公子侧、申叔时、申犀等人随从，围住了宋国的国都睢阳城（今属河南商丘）。

五个月时间用作长途奔袭，不算快，但你要是结合此后发生的故事就会明白，这五个月楚国做了多少事，那就是神速了！

典型的领导重视且高度重视才有的速度。

当然，楚国能准备，宋国、晋国也可以准备。楚国准备好怎么攻城。宋国准备怎么守城。**至于晋国，它也准备好怎么忽悠宋国守城。**

晋国解扬

宋国在第一时间向晋国求救，但晋国犹豫了。

晋国的朝野在邲之战后对楚国产生了畏惧心理。他们害怕楚国，又觉得不去救宋国于情于理都说不过去。谋士宗伯就给晋景公出了一个主意。宋国和郑国不一样，楚国邻近郑国，附近有宛城、申城等比较大的城市，军事补给比较容易。宋国相对较远，楚国的补给线也比较长。晋国可以派一名使者去宋国说我们马上去救，请宋国务必顶住。宋国想到有晋国的后援，就会拼命守城。楚国久攻不下，就会因为粮草不济而不得不退兵。

如果不考虑缺德的话，伯宗的主意确实是个好计谋。以时间换空间，以空间换人间，换人奸诈。但同样也有个问题，谁去做使者？要跨越楚国的包围圈，这个使者的风险不会比没有通行证的申无畏小多少。

解扬说，我去。楚国我熟！

大家都了解解扬，能文能武，不但武艺高强，还能言善辩。去执行这种高风险的任务确实是不二人选。

不过勇敢归勇敢、聪明归聪明，该出的事还是要出。解扬已经化了装，但本地产的化妆品根本盖不住他独特的气质，没几下就被楚军给逮住了，还很快被认出。因为这家伙曾在**北林之战**被楚国蒍贾抓过一回。

【小冲突】春秋时期，诸侯国之间因为各种小事，发生过许多小规模地域性的冲突。这些冲突的特点是多、杂、小，如孩子们之间的嬉闹打架。我们今天已经很难知道其中的具体缘由和胜败伤亡。如果对春秋的主线影响不大，我们往往只能假装看不见，不知道了。

"北林之战"大概是在郑国第一次离开晋国投靠楚国时，晋国和楚国因此发生的摩擦。发生地在北林。

既然抓过一回，那就不用介绍，一回生，两回熟。来干什么估计也**不用"解"释，直接"解"扬吧！**

楚庄王说，上次抓了你，我们不杀你，放你回去，但今天你又自投罗网，还有什么好说？

楚王：不思悔改啊你！咋的？开瓶有奖，还想再来一瓶？

解扬有骨气，说晋、楚是仇敌，你杀我也是分内的事，没什么好说的。

解扬：我以为学会几句楚语就能蒙混过去。看来山西人的口音是改不了！

不过楚庄王还不想杀他。宋国能一直死磕，就是仗着晋国会来救援。所以楚王想让解扬去和宋国说晋国没办法来，宋国只能靠自己守城。

这样一来，宋国的小心脏肯定受不了。

说白了，糊弄宋国的"心理梗"，晋、楚双方都想得到。真是苦了宋人，不管是前男友还是现男友都想着如何骗它。

解扬本来不想答应，但一想到如果自己死了，晋国的"忽悠计划"就没有办法进行下去，所以就将计就计答应楚王。

天真并耿直的楚王，在学习中原的礼仪道德后，根本不会怀疑中原人解扬。他哪会想到中原的忽悠会这么顺其自然。解扬站在高处，对着城墙上的宋军大喊说，我是晋国使者解扬，要来给你们送信，但不小心被楚军给抓住。我现在告诉你们，你们一定要坚持住，晋国国君正准备亲率大军来救宋国。

楚王一听台词完全不一样。被骗了！你赶紧给我下来。你们中原人叫我们学礼仪、讲信用。结果呢，你们自己居然不讲信用。

楚国的大心脏都受不了了。

解扬说，我能怎么办吧？如果取信于楚，就要失信于晋。假如楚国有人为了保命而背叛自己的国家，取信于外国，你说是信义，还是不信义？如果我这样做是不信义，请赶紧杀了我吧，也让天下人看看楚国的取信标准吧！

楚王：我就说咱俩的事，好好的你扯到楚国做什么？

楚庄王一时语塞，书到用时方恨少。他对于"中原信义"的学习还是浮于表面，理解太肤浅，属于照本宣科死读书。

当然事实也有点难。**我们通常只教育孩子要讲信用，却很少提及当信用产生矛盾时，只能二取一时怎么办？忠孝难两全怎么办？**

解扬告诉你，按时间顺序吧，两者先后取其先；按轻重顺序吧，两者相左取其重。反正怎么算都轮不到楚国。

楚庄王被他这一顿洗脑，也彻底服了。其实解扬是在偷换概念，拉扯一些无关的"实"来冲淡自己的"骗"。楚王完全可以剥丝抽茧，就说我是楚王我必须维护楚国的利益，你现在伤害楚国的利益，就必须死。但楚王没这么"坏"，他觉得事已至此，杀掉解扬也解决不了什么问题。

结果就是**解扬发扬自己的小忽悠完成了晋国的大忽悠。**他是忽悠着来、忽悠着去，动动嘴皮子，不流下一滴血。

解扬很爽，后面回到晋国还被提拔为卿士，但他留下的楚国和宋国却变成一对冤大头，如同传销头子跑路后的"投资者"。楚国这次交的学费太贵了！宋国因为解扬这一顿忽悠，就给自己打了鸡血，居然硬生生顶住九个多月（《史记》说五个月）。双方不但身累，心都累了。

关键是物质也累。双方都面临后勤崩盘的威胁。

庄王有点动摇，不想继续打。申犀想到父亲申无畏的牺牲和生前遗言，就跑到楚王那边哭。庄王也很无奈，粮食只够维持七日，想不到宋国这么坚韧。

申叔时就提出一个观点。他认为宋国之所以不肯投降，其实是盘算着楚军不能持久。我们就让士兵在这里耕田盖房，让宋人看到我们根本就没有走的意思，击垮他们的精神依靠（意志）。

事实确如所料，宋国一看楚军好好的城不怎么攻打，开始不务正业搞农业，搞建筑业，心里马上就慌了。打仗无非是拼气势，不行就拼勇气、拼武力。楚人这样搞，难不成要改拼死磕？

华元无计可施，就趁夜摸黑混入楚军公子侧的营房。他拿出匕首对着公子侧，准备搞场极端的谈判。怎么个极端？谈得成叫谈判，谈不成就叫殉葬。为了两国的持续仇恨，咱俩一起殉葬吧。这也是一种置之死地而后生的办法。楚、宋面临着共同的困难，所以就算没有背景音乐，他俩也都能拿出最大的诚意。

公子侧说，我们没什么粮食，只能吃七天。

华元说，我们不一样，我们有肉吃。呵呵，不过是人肉！

那还打个毛？

不打了！不打了！全天下都在看我们笑话呢。

两人当场就约定，楚军明天退兵三十里，宋君出城投降求盟。然后呢，因为长夜漫漫、时间宽裕，他们又聊起家长里短。说到动情之处，两人惺惺相惜，竟然还结拜成兄弟。真是不打不相识。

说笑归说笑，两位将军能这样做也算豪气冲天，斩断绳索的死结，挽救无数苍生免于无辜伤亡。

消息传回去，宋文公没什么意见，反正他现在也没有实力（资本）有其他意见。只是楚王有点不舒服，心想这公子侧也是傻，我们好不容易想出种田盖楼的办法，刚刚唬住宋国，你倒好，一见面就兜底牌，你是不是虎啊？当然，最主要还是担心宋国也不讲信用。你们查清楚没有，华元的祖上是不是姓解？

楚王也想结束这场战争。不要说士兵，他都想家。那就再相信中原人一次吧。

楚国很欣慰，这次赌对了。宋人很讲信用，宋文公如约出来请盟。看来宋襄公的家教还是比较实在。他的"仁义"大旗虽然在泓水之战倒下，但宋人却没有因此放弃信义。

宋国很伤心，早知道这样的结果，还不如早点停战请降。谁能想到晋国能这么渣，楚国还这么痴？

晋国很尴尬，到底是要畏惧楚人的强大展示，还是要庆幸楚国的元气大伤？

花开三枝

对宋的战争结束了。对于结果，楚国不是很满意，宋国是很不满意。晋国不知道满不满意，但解扬肯定很满意。

解扬：知识改变命运。

晋国：是忽悠改变命运吧！

楚庄王很快就发现此战的意义非凡，影响深远。九个月的持久围宋等于实打实地展示出楚国的实力。实力是指楚国的综合实力。战争不只前方的厮杀，除了士兵、武器、粮草等后勤补给外，楚王九个月的外出还证明了楚国内部十分稳定有序。**春秋的诸侯国，君主敢出去半年的都没几个。**你说他们会不会震惊楚国？他们敢不敢也放空君位九个月？如果不敢，那就不要去惹楚国。

至于晋国，诸侯普遍认为，邲之战之后，它是彻底怕了楚国。

关键是楚国最后也没有灭宋国，非常讲周礼。楚庄王只是让华元去楚国做做人质而已。华元是谁？连公子都不是。

这样的大哥还不赶紧拜？

所以围逼宋国就变成楚国一场杀鸡儆猴的实景表演。

宋国：我觉得杀一儆百的比喻更好一点。

楚国已经按照中原的标准成就霸业。你们一直说我只会打篮球，现在我改踢足球。不好意思，一样拿个金球奖。我楚国此前按照自己的方式打仗吞并，你们说我蛮夷，没有文化，不会文明。那好，我现在用你们的标准试试。不好意思啊，一样"霸"出个未来。

晋国也彻底明白了。晋景公看出楚国的锋芒毕露，惹不起还是躲一躲，就把精力放在周边一个叫潞国的戎狄部落身上。

潞国也是作死，君主婴儿（就这个名字）是晋景公的姐夫，但他管不住权臣酆（fēng）舒。在某次君臣冲突中，婴儿的眼睛被打瞎，老婆也被杀死。晋景公大怒，就派荀林父带兵去清理。

荀林父打楚国不行，他做不了主帅，但打戎狄完全在行，因为只要带自己的中军就可以，不需要考虑领导力问题。而且以晋兵的战斗力，打戎狄就很少输。荀林父也不管什么婴儿还是酆舒，一顿操作，全部盘点走。

晋国终于给了荀林父一次翻身的机会。

另一边的齐国也好久没作声了,齐顷公无野是齐桓公之后的第六个君主,但他只是桓公的孙子。齐国此前乱了好一阵,霸业可能有点消沉,但霸气一直都在。此次围宋之役就是楚国使者要去齐国惹的由头。齐、楚最近关系很不错。

所以事情发展到这个地步,无野心中的小宇宙也开始蠢蠢欲动了。它的理想很"单纯",楚国主要负责南方,当南霸,齐国可以操劳北方,当北霸。至于晋国,表现成这样,就应该安心在家,当爸霸。

当年你爷爷晋文公从我爷爷齐桓公手里接走中原霸主的位置,现也这么久了,该还给我们了吧?父债子还,爷债孙还,没毛病,一样对仗。

三十、晋齐的鞌地之战

霸主只有一个,齐顷公想要,晋景公也想要。

楚庄王:你俩到底咋想?

楚国的异军突起,打破了晋国的一枝独秀。中原的伯业格局必须调整方向,诸侯的竞争氛围必须改弦更张。

晋景公对楚国已没什么想法,但灭了潞国后,信心又回调,也谋划着恢复晋伯地位。鉴于过去几年在军事上的失利,晋景公听从伯宗的建议决定另辟蹊径。他要改变**以军事对抗的争霸模式,尝试以和平发展的立霸模式**。

晋国决定通过外交手段获取诸侯的信服,走一条文质彬彬的称霸道路。郑国、宋国现在是楚国的死盟友,不好挖,那就放弃吧。晋国要重点争取那些还在中间的诸侯,多做外交努力,争取早日"团圆"。

在景公看来,齐国就非常中间。

晋欲和齐

齐国是中原数一数二的诸侯,只要齐国能认我好朋友、好兄弟、好大哥,那其他诸侯就好办了。

历史也多次证明,只要齐、晋联合起来,楚国就不在话下。

但齐国不这么想。齐顷公认为齐国现在应该比晋国强，所以晋国使者郤克来建交时，他思想不重视，接待也不用心。

齐顷公甚至不安排专题接待郤克。他想等几天鲁国、卫国、曹国的使者到了，一起来办，做次批处理。

客一起请，菜一次做。

不久，鲁国大夫季孙行父、卫国使臣孙良夫、曹国使臣公子首也相继来到齐国。齐顷公很快就发现一个十分奇特的巧合：郤克瞎了一只眼睛，季孙行父秃顶，孙良夫脚瘸，公子首罗锅。在兵荒马乱的年代，某国有个残疾使者也很正常，但四个国家的使者都有残疾，还同时来齐国，那实在太巧了。

这个概率可以买彩票，可以打新股。

齐顷公想想就好笑，笑完还不肯停。他是个孝子，觉得不能只顾自己高兴，也要让母亲来瞅热闹，开心一下。

母亲萧同叔子原本只是一个小妾，怀孕时年纪小，心里害怕，生了孩子就把他丢弃在野外。孩子靠着野猫喂奶、老鹰叼草护暖才活下来。一段时间后，才被人发现捡回来，所以叫无野。这段故事的传奇性和楚国斗子文有一拼，完全可以说明一对苦命的母子。

患难过来后，顷公对他母亲的感情很深，所以想带母亲出来看一出好戏也情有可原。只是他把戏给整过头了。

齐顷公为了增加视觉效果，还特意找来四个患有同样残疾的马夫分别为四个使者驾车，然后请母亲到楼上看。

于是，楼上的观众就看到一支奇特的队伍。一个瞎只眼的马夫带着同样瞎只眼的郤克走在前排；接着是秃顶马夫带着同样秃顶的季孙行父，后面跟着脚瘸马夫带着脚瘸的孙良夫；最后是罗锅车夫带着罗锅的公子首。

上回出单，今天出对，成像效果更加强烈。

脚瘸的孙良夫在马车上是怎么被看出来呢？应该是靠解说吧！儿子亲自给母亲解说。母亲也是无知，听完就知道乐呵。她不知道乐呵背后的危险，难怪会生出无野。反正当年扔了无野都能捡回个君主，凭什么不让乐呵？如果无知能有这么好的收获，为什么不继续无知？

公孙无知：说谁呢？

郤克看见为自己驾车的老司机是个盲人，还以为只是巧合，等发现楼上的观众在笑，又看到其他三个同行，就马上明白是怎么回事了。

你也不打听一下，我这眼睛是怎么瞎的，告诉你，打仗打瞎的！那请顷公告诉我，你的眼睛准备怎么瞎？

你已经瞎了吧，玩什么不好，居然玩人。玩什么人不好，居然玩我！

郤克随后召集其他三个使者，说出自己的重大发现。大家一致气愤，一起气愤。这种无形的骂声在"骂人"等级里就是侮辱，而且场面这么大，影响更坏。他们同病相怜、同声共气、同仇敌忾，互相搀扶起来的怒火就更加浓烈。这次出使齐国，看来是没能和齐国达成什么协议，不过我们四国可以达成协议。这个协议就是——打齐国。

带着仇恨，往死里打的那种协议。

郤克结仇

报仇！此仇不报，我郤克以后不过黄河了。

但晋景公不同意。我叫你去做什么你还记得吗？

郤克就带着情绪解释了他在齐国的"奇幻之旅"。

携手和平发展的使命当然记得。不过，现在是"我本将心向明月，奈何明月照沟渠"。齐国根本就不拿我们当回事。它只想在楚国的宝马里哭，也不想和我们一起开心地骑共享单车。

晋景公听完也很气愤，但仍旧不同意打齐国。郤克同志，你的心情我可以理解，但我们最好不要把个人情绪带到工作中来。

不带可以暂时不带。不过，一代将领的子孙，郤氏家族的血脉也不是那么容易妥协。从现在开始，郤克一有机会就提议去打齐国。

齐国太鄙视我们。齐顷公哪里是在笑我，分明就是在笑我们晋国啊。**我们要争霸，就要把那些敢于鄙视我们的傻冒打成傻冒2.0。**

晋景公依旧不肯。齐国最近和楚国正关系火热，我们如果轻易和齐国开战，等于把自己暴露在楚国面前，难保楚国不趁火打劫。

中军主帅士会也不同意。但比起景公只看到诸侯之间的牵制，他还看到郤克的倔强与不安分。

郤克多次求战不成后，就把奋斗目标由恳请景公出兵转为想法自己出兵。他本着**恨齐**的情绪，打出**壮晋**的口号，借助**郤氏**的民望，开始招募士兵。

专注的人，也是可怕的人。

士会担心再这样下去，郤克内心小宇宙被压制得越久、越狠，到时爆发出来就越强烈。如果他不能爆发在齐国身上，万一遇到新触点，就可能爆发到晋国身上，发生内乱。

士会只好下出一盘很大的棋，把损失减到最低点。这把火既然一定要烧，那就烧到外面去，既然一定要烧，那就烧得旺一点，赢面大一点。他辞去中军主帅，推荐郤克顶替自己。士会希望掌兵的郤克能调动所有资源，以更加充分的准备去对付齐国。用郤克的毅力和信念来训练并提升晋国的士气。

一定要去打齐国的话，就要打赢齐国。

郤克是个难得的将才。他很愤怒，但不鲁莽。全晋国的人都知道他要复仇，但每次大家以为他要出手时，他就是不出手。他是智慧的愤怒。他不会骂你，不会威胁你，不会隔靴搔痒地逞强。他在等待一个机会，然后将对手一招毙命。

当上中军主帅的郤克反而不再天天叫嚣打齐国，但他仍旧继续做打齐国的准备。他安排弟弟郤至专门负责与楚国的外交工作。他很清楚，不斩断齐、楚联盟的威胁，就不可能很好地打击齐国。

士会下一盘很大的关于郤克的棋。郤克也要下一盘很大的关于齐国的棋。

晋景公、士会不同意打齐国，因为他们看到楚国的隐患。郤克坚持要打齐国，因为他一直在寻找消除楚国隐患的办法。

此时的晋国，既要掌握齐国的动静，也要掌握楚国的动静。

鲁国出击

楚庄王当然希望晋、齐两国赶紧火拼，好让楚国能从中渔利，并适当取舍。很遗憾，楚庄王熬不到那一天，明明知道它们要出好戏，但酝酿太久，久到不是"等你等得我心疼"，而是直接"等你等到我死了"。

楚王：你们倒是打啊！

郤克：你倒是死啊！

楚庄王是等到死，而郤克是等你死。这就是谋略！

当然，也不能说就因为楚庄王去世了，晋、齐就打起来。齐、晋的窜

(ān)之战是在楚庄王去世三年后才发生。楚国的政权交替只是其中一个条件,很重要,但没有别的条件也玩不起来。你牌打得再好,三缺一,你玩给我看?

"别的条件"就包括鲁国。

鲁国的季孙行父也是当年赴齐国参加奇幻之旅的四使者之一。他的复仇之心一样未曾熄灭,但他只是鲁国"三桓"之一,发言权十分有限。直到比他年纪大、辈分高、权力大的东门遂(鲁宣公的叔叔)、叔孙得臣相继去世后,季孙行父才被提拔为正卿,执政当权。鲁宣公忌讳"三桓"势力,暗中让东门遂的儿子归父去串谋晋国,希望能借晋国外力除掉"三桓"。但归父不看历史、不听时事,居然把鲁宣公的绝密国书交到一直想拍郤克马屁的屠岸贾手上。

没错,就是那个和晋灵公玩得很投缘的屠岸贾。此时他凭借着独特的综艺娱乐天分再次获得晋景公的赏识,重新进入晋国政坛。

屠岸贾对王侯们的那点心思了如指掌。

归父只知道屠岸贾得宠,以为送钱就可以,哪知还有一种关系叫作"一起下过乡,一起扛过枪,一起受过辱",哪知事实将变成**屠岸贾找栾书、栾书找郤克、郤克找季孙行父**。于是,那份绝密国书就转回季孙行父手里。

国书:我回来了。

季孙行父也不是省油的灯,有这么确切的消息,马上就"回手掏"消除了政治隐患。他气死鲁宣公后,立了才十三岁的鲁成公,并赶走归父所在的东门氏。因为宣公和归父的阴谋涉及"三桓",此举就等于挽救"三桓",所以季孙行父在"三桓"中的威信越来越高。

一直伴随着季孙行父关于复仇齐国的声音也就相应越变越大。

大到隔壁的齐顷公都听见了!

齐顷公权衡再三,决定先发制人,先摁死鲁国。

从综合国力来说,鲁国肯定不是齐国的对手,但这并不意味着每次每城的战争,齐国都能干过鲁国。

齐顷公亲征鲁国,很快就包围龙地。快是快,"这艘船是出了名的快,沉得也快",他的宠臣卢蒲就魁却在攻打北门时被龙人给抓走了。

大意了吧,捕蛇的农夫还有被蛇咬死的时候,何况你今天攻打的是龙地的龙人,名字都这么霸气,很有画面感的样子,你还不输点什么?

齐顷公是爱憎分明的人，正如他爱母亲就可以开国际玩笑一样。他也爱着卢蒲就魁。他就有点低声下气地求龙人不要杀卢蒲就魁，只要能放卢蒲就魁回来，他就不攻打龙地。

这算什么"求"？你家熊孩子来砸我家大门，你说把他放了，咱们就一笔勾销？不道歉吗？不赔钱吗？那以后谁有空都来砸着玩玩。

龙人当然不肯，管你什么宠臣、什么齐公，来我家门口撒野的熊孩子统统要没收工具。本来还没想到要杀他，你这么一说倒是提醒了我们。

结果呢，龙人不但把卢蒲就魁杀了，还挂在墙上。

看到兄弟像腊肉一样挂在墙上，顷公大怒。

本地帮派实在太没有礼貌了，一点面子不给。

齐国军队带上齐顷公的仇恨开始日夜攻城。龙人懵了，杀个杂毛小队长，你们至于这样加班加点，二十四小时不休息吗？

龙人最终抵挡不住，城破！爱憎分明的齐顷公下令把城北的军民全部杀死。注意，只杀城北，不是屠城。**一个理智的愤怒者，才有真正的"爱憎分明"。**

卫国听说齐国出兵去打鲁国，当年的受辱四使者之一的卫国大将孙良夫，也按照卫侯（这一年正好是卫穆公和卫定公的交接年）的意思出兵去救鲁国。

真是牛掰的决定。卫国居然主动介入齐鲁的矛盾。小卫是不是喝醉了，把"看齐"听成了"抗齐"？然而卫国才不这么认为，它也有理有据，一是卫、鲁十年前就缔约盟国，鲁国也曾帮它抵抗北狄，现在鲁国有难，卫国岂能袖手旁观？二是卫人捏着贵族气质，很看重面子，齐国取笑它，必须报仇。

亡国不可怕，反正卫国经常亡国。但面子没了，以后复国就没信心！

而且它救的是鲁国的鲁，而不是鲁莽的鲁。卫国的计划是乘齐国全军出动后，去骚扰它的后方。如果正规军对打，卫国根本没的玩。但去欺负人家老百姓，类似大人打小孩，至少信心应该没问题。

但不知是引路人的导航出问题走错了路，还是地图过期了，他们绕来绕去居然走到齐顷公大部队跟前。这下好了，猎人变猎物。故事就是这么戏剧，逆转就是这么暴力。也服了卫国，一个诸侯国能犯这样的失误还真是有点搞笑。

不过测绘技术属于现代科技的产物，春秋时候，地图是十分重要的战争武器，一般人很难看到，一般国家也很难画出、画准。

卫国：我是一般中的一般，简称一般般。

卫国出动

面对齐军主力，卫国副将石稷认为事实与计划相差甚远，最好撤兵回家。

大将孙良夫立即反对，先不说我们撤退人家会不会从背后追袭，就算回到卫国，怎么跟国君交代？怎么向国民交代？说我们出征齐军，迷路了，然后我们遇到齐军了，就跑回来？

这什么逻辑？面子不要了？以后谁还会叫我们将军？叫驴友算了。

驴友：我们迷路没这么严重。

孙良夫这么说，也可以这么做，因为他是主帅。

主帅决定要打，还要快打，主动打。

卫国就作死般地冲入齐营寨。想法是好的，希望出其不意，杀几个齐兵，但不知是消息走漏还是动机被识破，总之很快就被齐军反包围。

没办法，齐国有人数优势，很容易形成包围。

齐兵：别说卫军，我们人挤人，连自己都能被自己包围。

要不是石稷断后死战，附近守新筑城的仲叔于奚大夫紧急救援，孙良夫肯定会死于战场。很明显，卫国打输了！

但卫国输的是面子，里子还有不少收获。一是输只输在场面上，突袭不成就溜跑，所以并没有死伤多少人；二是卫国找死（敢死）的举动天下尽知，关于卫国救鲁、卫国守信的名声就传开了；三是卫国敢对齐国动手，勇气可嘉，以后结盟就算排名上不去，口碑也可多得不少分，遇到吹牛皮也有底气。

这些"卖点"将成为卫国此后求生存的加分项。

鞌之战后，卫侯不但不怪罪老孙，还要奖赏敢于主动救援的仲叔于奚。不过仲叔于奚传承了卫国作死的精髓，他不讨要土地财宝，只说要"曲县""繁缨"。

【曲县】经查阅，"县"在古代同悬，应该是指一种礼乐的方式，类似悬挂的编钟之类。天子奏乐时，四面皆县，称作"宫县"，会产生环绕立体声的效果；诸侯奏乐时，留空南方，只县三面，称作"曲县"，也叫"轩县"，会有回音效果；至于大夫，就只有左右县，听听就可以了。

所以"曲县"是代表诸侯的待遇。

同理，"繁缨"是诸侯马车上代表身份的装饰。

仲叔于奚有点居功自傲，居然要求享受诸侯的待遇。他也有点犹豫，诸侯待遇只能由天子授予，**他现在向诸侯要诸侯的礼仪**，很不合理。难道是想像信用卡一样，主卡外再办一张副卡？

周王室：没这么办的吧！

你让局长提拔你当局长，那局长自己去哪里？是你心大还是你认为局长心大？于奚啊，你可长点心。

宋襄公：他就是一个爱礼仪、讲排场、喜欢自我娱乐的艺术狂热分子吧！

但历史没有给他解释的机会。以孔子为代表的文史记录者，秉承一贯的价值判断，直接给他一个"不自量力，贪慕虚荣"的二傻子形象。

情结也罢，虚荣也罢，一个小插曲而已。

回到战场本身，仲叔于奚的主动救援，给了卫国喘息的机会。卫国马上就和鲁国一起去找晋国。

它们明确告诉晋国，你要是还想继续做我们大哥，就赶紧出兵救我们吧！我们已经被齐国欺负成这样，如果再晚一点，**就算我们不想变成"齐国人"，也会变成"齐国的人"**。

现在的确是个好机会，郤克一直等待的就是这样的机会。楚国已经是楚共王时代，郤克的弟弟郤至致力于晋、楚的和平外交已取得初步成效。而且晋国得到楚国大夫、大叛徒屈巫的指点，主动接触到楚国的后方——吴国，找到楚国的软肋。吴国成为郤克的手中一张重要的王牌。如果楚国趁晋国出兵打齐国时来打晋国，郤克就可以打出吴国这张牌，请吴国出兵打楚国，反牵制楚国。

吴国：来啊！激发链条发生，一起开发串联模型。

好神奇的模式啊！如果真能成立就可描述为：鲁国（卫国）←齐国←晋国←楚国←吴国。

齐国现在主动进攻鲁国，又打败卫国。晋国要维护春秋秩序，出兵打齐国还能以救鲁存卫的名义，名正言顺。一番道理后，晋景公也想通了。

于是晋国出战,能不能全链条不知道,先来段"区块链"。

晋国出战

真正的大佬出场了。

如果晋国没有出来,鲁卫的复仇也就是骂街的层次,就算打起来也只会被当作古惑仔收保护费的冲突,连名字都不会有。只有山西大佬出场,这场仗才叫会战,才会有名字。双方在"鞌"地开战,称鞌之战。

复仇者开始联盟。复仇者郤克十分慎重。晋景公说给你七百辆战车,郤克说齐国是大国,不可以小瞧,要求再加一百辆,并且要把晋国压箱底的大将都派出来,**不但要 7+1,而且要非常 7+1**。

对比郤克的慎重,是齐顷公的轻率。

齐顷公听说晋国出兵,丝毫不惊慌,还想着不要等到晋军入了齐国境内再打,就亲自带着五百辆兵车出境应战。免得扰民。

在看他来,去和晋国打仗如同去晋国挖宝,或者去受贿,接受一下胜利的果实就可以回来。不要耽误过年!所以时间很重要。齐顷公带着士兵们快马加鞭,只用三天行军就与晋军在鞌地遇见了。

如果这是一场赛跑的话,齐国已经胜利。很遗憾,不是。齐国丧失了一次以逸待劳的好机会。齐顷公要争夺"最佳参赛奖"已把齐军搞得疲惫不堪。而晋国还有鲁、卫、曹三个好友加难友带着兵马在新筑城接应。

人数没他们多,身心还比他们累。齐顷公可能认为带兵的郤克是瞎子,他们全军就都是瞎子。兵瞎瞎一个,将瞎瞎一窝?

齐国的高固将军甚至担心对手是残疾人,配对对仗不起来,就主动请战,要单独去晋营试探一下,看晋国人勇不勇。他驾车到晋营门口,碰巧遇见要出门办事的士兵小队长甲。甲还没搞清楚来者是谁,高固就搬起大石头砸过去,直接砸脑袋。然后,高固又跳到小队长甲的车上,把马夫乙踢下去,自己驾车绕着跑一圈,大声喊:我的勇力还没有用完,你们谁要买吗?(兜售余勇)

晋军真没反应过来咋回事,不是说好明天决战吗?怎么提前了?一了解,才知是齐国某个"卖力气"的勇士过来找人斗殴未遂。等晋国落实清楚想要对付时,发现早已来不及。

因为高固秀完肌肉就跑,飞快地跑回去嘚瑟了,臭屁一个晚上。

感觉邲之战开启了一个很魔幻的战前"才艺秀"。

高固对顷公说,我试探过了,晋兵虽多,不过都是些无用无勇的鸟蛋。

晕,这么简单的事实就能这么暴力地推断出这么绝对的结论?但顷公对此深信不疑,因为他早就这么认为。邲之战后,他看到晋国的落魄,认为晋国不行,同时在楚、齐结好之后,双方又多有喝茶聊天,使得他又认为齐国和楚国是一个级别的水平,齐国很行。

楚国在邲之战打晋国打得那么轻松,那经过加减乘除计算后,齐顷公认为齐国打晋国也不会难到哪里去。

齐国:开局就一个齐顷公,其他实力全靠想象。

但许多时候不是别人可以你也可以。成功人士告诉你因为努力所以成功,等你真去努力,才发现"他的成功"不过是诱饵而已。

结果的世界都很简单,但过程的世界无比复杂。

通过性的成功可以复制,比如不限制名额的通过性考试,你的敌人就是你自己,只要好好复习、掌握知识,就可通过。竞争性的成功很难复制,比如有你无我的排他性选拔,他的成功正是因为你的不成功,你学他又有什么用?

齐国没想过,晋人面对楚国有畏惧之心,但对齐国,他们从来都不曾畏惧。

毕竟双方还未正式交战过。

齐顷公就是这么自信。第二天开战前,他甚至要求士兵不要吃早饭,等收割完晋军再回来吃,好像时间都会被他掐得刚刚好。

顷公可能会认为,士兵因为没有吃饭,就会想着赶紧打完回来吃饭,就会特别卖力杀敌,所以齐国一定会赢。但他没考虑另一种因果:士兵因为没有吃饭,冲打几下就会没力气追杀,只剩逃跑的力气,所以齐国会输。

正如此前说的因果关系常常可以掉换过来,互为因果。数学上还有一个专门的理论叫作必要条件和充分条件,然后还有叫"充要条件"。

顷公这么想,也这么做。他亲自披甲出阵,让邴夏御车,逢丑父为车右,身先士卒,并大声告诉士兵们,我往哪里攻,你们的箭就往哪里射。

当然不是射我。

齐国士兵在顷公的激励下果然勇猛,晋国的军队因此被冲散,死伤不少。甚至郤克也被这群饱含对早餐渴望和齐侯激励的"一股作气"所伤。

箭射中郤克的左肋，鲜血直流到鞋子。**要不是当年被取笑的一幕被一次次重放，郤克真的想放弃**。作为中军元帅，他想要亲自击鼓，激励将士，可刚敲几下突然发现车轮上也有血迹，心里就又慌了！

原来我的流了这么多血啊！那我还能抢救得过来吗？

一边的御手解张大叫：那是我的血啊！元帅你至于吗，留一点血到鞋上就士气锐减？我早就中了两箭，不还一样在驾驭马车吗？中军元帅是全军的魂魄，三军以你为进退。你要鼓起勇气，带动士气，才能取得胜利。

另一边车右郑邱也附和道，是啊元帅，**人都是生死由命！**

不是由箭，不是生死由箭！

圣母婊：他可能晕血呢？

这顿批评和激励有理有据。郤克顿时醒悟，不再幻想着自己被抢救的场面！

不好意思啊，刚刚好像有点走神！

郤克马上站起来，大呼冲杀，并把鼓击打得咚咚作响。

晋军的士气果然被鼓动起来，后面的将士们看到元帅自己都冲过去，还以为前方已经胜利。那肯定要赶紧冲上去，要不然一会儿战争结束了，赶不上立功岂不是白来一趟？

如同股市。你身边的大户不叫你买，自己却偷偷在买，你马上就感觉到发现了什么大秘密，赶紧全仓杀入。这叫身先士卒的领导艺术。所以庄家搞的那些噱头不管是真是假，只要股民认为是真，就会进去哄抢把股票拉起来。

"晋国进攻"这只股票也是这样涨起来的。

齐国的进攻随着时间的推移也不可能一直保持冲劲，尤其是没吃早餐造成的"码衣式不健康"开始表露出来。而晋国在快抵不住时，又突然被郤克带动起势。时间对接得刚刚好，此消彼长，此起彼伏。齐国的一股气快用完，而晋国的一股气才起来。

下棋也是如此，打球也是如此。先防守，再防守反击，杀伤力十足。

齐国没招了，省点体力逃命吧。

韩厥是三军司马。他看到郤克受伤，就请命去追杀。

司马是十分重要的工作岗位，相当于军纪委。韩厥是这个岗位的老干部。当年赵盾因为改立灵公与秦国爆发令狐之战。战争前期，韩厥曾经当机立断，铁面无私处死一个扰乱军纪的家伙，深受赵盾的赏识，进而被任命为司马。算起来到现在已经有二十六年，一直连任，是个老司马。

老司马一向秉公执法，有很高的威望，但就是眼神有点不好，当然主要也是因为做人比较实在。

他追击齐兵时，居然没能分辨出真假齐顷公。

齐顷败退

开战之初，齐顷公为提升身先士卒的效果，特意穿上十分耀眼的战袍。生怕别人不知道他冲在前面。效果确实不错，齐兵在第一波进攻中非常卖力地跟上冲锋。但溃败时，这身招摇的铠甲也让他始终保持在对手的聚光灯中心。无论他怎么跑，往哪里跑，后面追的人都能很欢快地追、准准地追。

而且现在追他的人还是久经沙场的老将韩厥。

正所谓忙中出错，祸不单行，这身嘚瑟服装已经够倒霉，没想到在跑路的过程中还有两匹马因为树枝的剐蹭，摔倒了！

碰瓷也不是时候，可能这匹马也没吃早餐。

机智莫过逢丑父。逢丑父对齐顷公说，现在来不及了，干脆我们把衣服换过来，你换我在身边驾车，万一有什么不测，我也可代替君王就义。

齐顷公表示严重同意。

没多久，韩厥果然赶上。据说此前一个叫綦毋张的晋国大夫失去战车，正好看到韩厥，就请求搭车。韩厥同意了，但其间耽误的时间正好给了齐顷公与逢丑父换衣服变身的机会。

韩厥是个按规矩办事的人，执法如此，做事也是如此。齐顷公是诸侯，身份与成败无关，所以韩厥还下车对车上的假齐顷公行了臣子礼，说我们君主因为难于推辞鲁国、卫国的哀求，才不得已派兵来得罪上国（齐国）。我正好忝为其中一员，现在就请让我为你驾车，去鄙国一趟吧！

这是合礼仪的话，但在此窘迫的形势下，很容易让人理解为调侃，**说者无此心，听者有他意**。误会常常都是这么来。我们相信韩厥不是。他有周礼教化出来的真心。他出任司马，就是因为敢于斩杀赵盾的驾驶员。

当年一杀，今日一拜，其实是一个道理。

假顷公假装口渴不便说话，便命身边的假逢丑父去取水。这又是一个机会，一个所谓"万一不测"的机会，真逢丑父正想法为假逢丑父出逃。

假逢丑父居然还没有反应过来，傻傻就下车瓢了瓢水。真逢丑父一看就气，这不是傻吗？只好又说，水太浑浊，你快去山那边看看有没有清水。

韩厥作为一个礼待君王的人，并没认为有什么不妥，还觉得逢丑父太不会做事！而齐顷公也终于反应过来，这是叫我跑路啊。

真齐顷公就借着找水的机会跑掉了。假的齐顷公还故意感叹说，看来土八蛋逢丑父是跑了，不等了，我跟韩将军走吧！

按说鞌之战是韩厥第一次见到齐顷公。但在这个"真假顷公"前，他应该有稍微见过顷公一面。当时，韩厥在追赶时，齐侯车上的射手可以反射他。射手邴夏还说中间那个肯定是贵族，要射韩厥。可顷公不知道哪里抽风，说既然是贵族，就不要射杀。结果韩厥身边的两个士兵都被射死了。

韩厥因此感受到齐侯对贵族的礼遇。所以本着一副惺惺相惜的心态就没有死死揪住不放，这才让假逢丑父有机会去取水开溜。韩厥的眼神确实也不怎么样，他一路追来，只靠那身华丽的铠甲来判断前面就是顷公。

这就可以解释他追到后，为什么还会被忽悠。以貌取人都会看错人，何况以衣服取人。开好车就是好人？戴名表就是贵族？用苹果就是土豪？

失误大了！假美猴王到郤克如来佛面前一下子就暴露本性。郤克说，这货不是齐侯啊！我"一眼"就能看出是个赝品。

当年在齐国笑我一只眼的人，我还会不知道？

韩厥大怒，你是谁啊？敢骗我？

逢丑父说，我叫逢丑父，你要问齐侯去哪里了，我告诉你们吧，刚刚那个去取水的，假扮我的便是我主公。

好好的一等功让你搞成三等功。韩厥想把这个不诚实的家伙处死。郤克也认为你搞得我仇报不成，该杀。

逢丑父大叫，从来就没人能代替自己的君主赴难，今我逢丑父能使自己的君主免于受难，按照晋国的标准，看来我是该死的人。

郤克转念一想，有道理，逢丑父也算是一个忠臣。杀忠臣不祥，到时候人家说晋国小气，还不重视忠臣。那就算了，无罪释放吧！

于是，逢丑父名声大噪。他回国后又得到齐侯的重任，可谓名利双收。

解扬：等等，他的理由好像抄袭我的逻辑套路。

逢丑父用亲身经历告诉大家，以衣冠取人不可以，以名字取人更不可以,名字有"丑"不要紧,关键心灵要美。

在齐顷公的瞎指挥下,鞌之战终于表现出很完整的一边倒。齐国所依赖的"无早餐"士气已经荡然无存。晋军畅通无阻,很快就进入齐国境内。在一旁等候多时的鲁国、卫国、曹国等也开始有理有序地进行趁火打劫。

齐国的高、国二卿看清形势,立即劝说齐侯求和。

齐晋和谈

齐国求和的态度很诚恳。当然,这个时候也没法不诚恳。

齐国使者国佐说给晋国钱和宝物(类似战争赔款),并答应还给鲁国和卫国原来被齐国占领的土地。

韩厥还是一样依礼对待国佐。但主帅郤克不答应。郤克认为我现在灭你齐国都有可能,你给我谈什么和?如果真要和,那就两个条件,一是把萧君叔子送来晋国做人质;二是把齐国的所有道路都改成东西走向。以后你们要是再欺负人,晋国军队就可以长驱直入。

这两个条件的侮辱指数绝对不亚于当年顷公取笑四使者。哪有用长辈做人质的道理?

国佐很愤怒,说齐、晋算兄弟之国,齐侯的母亲也是晋侯的母亲,哪有这样侮辱自己母亲的?另外,道路都是根据地理实际修建,哪能都改成一个方向?你这样明显是欺负人,不想议和了?

郤克得势不饶人,强硬说,就是不议和,你能怎样?

国佐愤慨地说,齐国也是千乘之国,偶尔小败还不足以削弱我们的实力,你如果不肯议和,那就再打一仗,如果我们又败,齐国就军民全出再打,如果三战都输,齐国就亡了,都是你晋国的,也不用什么国母为质,什么化阡陌为东西。

说完就走了,不谈了,不是你谈不谈,而是我先不谈!太气人了。

这话很软,但语气很硬,态度更硬,结果就变得很可怕。谈判交流的话语和态度如果太硬,就容易把谈判本身搞僵,叫僵硬。

现在轮到晋国傻了!谁都知道水无常势、兵无常胜,齐国带着受辱的怒火回去,士气又会高涨起来。

鲁国、卫国听说有退还土地这么实在的和谈条件,也倾向于和谈罢兵!

郤克感到出乎意料，明明是我可以盛气凌人，我打赢了为什么不可以任性？为什么突然就变成这么尴尬的气氛？

其实这道理和齐顷公当年一样，叫欺人太甚。

郤克本也不想继续打，听说楚国已开始动员出兵，要来救齐国（就是之后的阳桥之战），心里也有顾忌。他之所以这么任性，无非是想借机多要点利益，多欺负一下齐国。没想到，一不小心就踩过界了。

有实在利益的孙良夫当即表示，这个锅他可以背。孙良夫马上去追国佐，说郤克其实是不敢擅自主张和谈，刚刚鲁国和卫国一起去商量表态，并劝说了他。他现在也同意和谈。

国佐当然愿意，只要还有一线生机，谁愿意砸锅卖铁？

等等，孙良夫你不是瘸子吗？这次怎么追这么快？

孙良夫：要做和事佬，有好处谁都会三步并成两步。

国佐：我故意放慢脚步。

孙良夫的脚步也证明了一个事实：**和事佬能成功不是你面子大，而是双方正好需要一个台阶**。有了鲁、卫做台阶，晋、齐再次和谈，这次不说国母，也不提修路。齐国认晋国为大哥，退还鲁卫的土地。晋国释放逢丑父，并退兵。

曹国：我不是也参加了？

鞌之战的大胜为晋国赢回了大国的信心。群臣看到了希望，他们再次同声共气，道貌岸然。说真的，有机会做好人，谁愿意做坏人？有机会表现素质，谁不愿意品德高尚？说时迟那时快，他们从封赏就开始珍惜这个机会。

士会看到儿子士燮最后才进城，有点不高兴，埋怨儿子是不是认为老爸不想见你。士燮说军队打胜仗，国人一定会热烈欢迎，如果我走在前头不等于抢走主帅的荣誉？晋景公准备赏赐郤克，郤克说，这是国君教导有方，将士用命，他个人没什么功劳。景公要赏赐士燮，士燮说，这是荀庚的节制和郤克的指挥才有的胜利，我没有什么功劳。景公要赏赐栾书，栾书说这是士燮贯彻指令坚决，士兵严谨，我哪里有什么功劳。

真是好现象，不争功，还互相谦让。但可能是谦让过头了，群臣的客套让年轻的景公误会了：既然都不是你们的功劳，那就是我的功劳？

晋景公从此就自我感觉良好，以为霸业又回来了，一副功成名就的死相。不久又开始高度信任娱乐大亨屠岸贾,并进一步猜忌大臣"清理门户"。

齐国反而因祸得福。顷公战败后回家,立即面壁思过。他痛改前非,吊死问丧,恤民修政,齐国也因此逐渐变得强大起来。

齐人终于用血泪把一代玩笑国君培养成为靠谱国君。

真正郁闷的只有楚庄王。他已经去世了,看不到自己精心策划的齐、晋矛盾开花结果,看不到鄢之战,否则他一定大有可为。相反,楚国因为年幼的楚共王镇不住局面,又发生了内乱。至于怎么乱,留到下一届再说吧,毕竟,本届很快就要闭幕了。

三十一、楚霸的上善若水

楚庄公把楚国推向一个新的高度。这是中原诸侯的观点,是中原政治家们站在自己的角度,用"修正周礼"的三观来判断他人功绩得出的结论。**实际上,楚庄王是把楚国的文化推到一个新高度,国力就不一定。**

蝴蝶效应

春秋的楚国有八成精力都用于扩张、打仗,很少有三年不出兵的楚王。你问楚人在干什么,他们会说不是去打仗就是去打仗的路上,再不就是在打仗回来的路上,或者就是在家做好打仗的准备工作。四个选项,单选多选都逃不过"攻伐"的考纲。在这种高压态势下,南方的小诸侯(部落)只能战战兢兢,然后苟延残喘,最终变成楚国的一部分。楚国像贪吃的蛇一样,越吃越大,更像玩大鱼吃小鱼的游戏,开始是吃比自己小的小鱼,然后长大,吃中鱼,最后吃大鱼。**楚国鲸吞蚕食的过程和成果,已经实质性称霸南方。**

在西周的地图上,中原诸侯和楚国还有一段距离。到了东周,楚国已把这段距离抹掉了。中原诸侯很郁闷,突然就发现一个僭越称王的邻居站在身边。这个彪悍的邻居常常让他们感到不寒而栗,感到畏惧。

畏惧是相互的畏惧。楚国的压力也很大。比起南方小国,楚国面前的中原诸国除了国力更强外,还有一件重要的武器:文化。

不是文化更先进，而是因为周王室所在，他们的文化是主流、流行色、方向标，中原诸侯拥有强大的话语权。在周礼文化面前，楚人不自信。这种不自信从被逐出中原那一刻起就开始了。

我们可以这样理解，楚国的努力其实不是想要取代周的天下，而是想要周朝更好地承认它，要让周王反省为什么没有认真接纳它，要让周人产生"有眼无珠"的悔恨。就像被抛弃的恋人一样，发誓要活得更加精彩，要比那个取代自己的人更加优秀，让渣人后悔死。

看似立志，实则委屈。

委屈有阴影，也可以有动力。动力就是楚人在筚路蓝缕建国后，没有停止脚步，没有选择安逸度日，而是不辞辛劳，继往开来。楚人坚定的信念和持续的奋斗如银行存钱一般，越攒越多，越积越厚。终于到庄王时代，他们想要兑现。

他们把"强大"兑现出来，但"矛盾"也跟着表现出来。

他们强大到可以灭掉陈国、郑国、宋国，但却不再像以往那样并进自己的版图，反而画风一转，按照中原的周礼方式，不灭国不灭祀，纯粹主持公道，顺便耀武扬威，然后豪情万丈、昂首阔步地回去。

中原刚刚还万分恐惧，很快又发现无须担忧。**好像楚人一路杀过来不是为了杀我，而是为了见我。**

楚国在南方的战争都是求生存、你死我活的吞并之战。楚国是外来的部落，如果你不能吞并别人，就可能会被别人吞并，这是争夺资源中残酷的生死战。而中原的早期战争多是争理，参战的贵族们也习惯把战争理解为身份和技艺的秀场。两种观念下培养的军队力量，其差距可想而知。楚庄王却带着楚国融进中原文化，变成有文化的楚国。楚国却因此流失了部分战斗血性。

楚庄王遇到了最好的时代，**楚国的血狼本性还在，中原的柔软战风还在**，他本可以夺取到更多的利益，但他停下来，在一个十字路口转弯。

历史也跟着转弯，把可能给楚国的机会收回，转给秦国。

喘过气、缓过神的中原诸侯以晋国为代表，马上重视楚国，研究制定制楚政策——扶持吴国。

同在南方的吴人，他们很懂楚人，一物降一物。

很不好意思啊！一直在南方横冲直撞的楚人，常常干不过同在南方的吴人。或许就是因为流淌在楚人身上的彪悍血液，在进击中原后被软化了。

楚国变了，变得更像是一个中原诸侯国。当然，中原诸侯遇到楚国后也变了，变得不再像原来的中原诸侯。双方都到了一个新的高度——华夏文明。

这就是中华的历史，历史不怪中原诸侯，中原诸侯不怪楚国，楚国也不怪楚庄王。历史不可重现，无法验证任何一种推论。

我们假设楚庄王还是按照原来的方式，灭掉陈、郑、宋等诸侯，就可能迅速唤醒晋、齐、鲁等国，它们会提前联合起来对抗楚国。参照秦国统一中国的步伐（时间点），此时的楚国还完全没达到可以抵挡联军的实力。**内部政权还没有进化出"有方略，能持续"的统一思想，无法指导统一的步伐。**楚国经济实力达不到能和中原一起消耗，维持战争的需要。在这种情况下，楚国可能会一时得势，但马上会被晋、齐打败。宋、郑、陈等诸侯不但会跟着复国，那些以前被灭掉的诸侯也会蠢蠢欲动。

从另一个角度分析，楚庄王的精神文明建设没能进取中原，却能消化已有的南方地盘。就像是狮子老虎，吃了那么多肉，如果继续捕杀，到时候不但吃不下新猎物，还会因为奔跑反胃把原来的食物都吐出来。

一定要张弛有度，有物质有精神，两手抓两手硬，双管齐下。要像牛吃草一样，收割需要，反刍也需要。武力重要，文化也很重要。

文化不能增加武力的硬度，但会让用武之人变得更有韧度（韧性）。

中华民族多灾多难，几次将亡，却始终不亡。正是"文化"的绳索把大家串在一起，不抛弃，不放弃。深厚的文化底蕴让我们能够"多难兴邦"。

韧性最终一定会保护楚国，再给楚国机会。吴国能灭它的国都，但亡不了楚国。楚人还能迅速恢复到原来的样子。强大的秦朝在统一天下之后，还有"楚虽三户，亡秦必楚"之说。

历史没有如果，也就没有好坏。讨论历史的我们有好坏，才会说他们的好坏。

楚国的未来就像晋国的未来一样，晋文公看不到，楚庄王也看不到。我们能要求什么？至少在治国上，他们已经取得同代人不可比拟的卓越成绩。

楚国水利

作为一名领导,身先士卒、亲力亲为都可以加分,但他的重点是管理,是把握局势的大方向,并做出判断,快速处理。管理和决策是一个复杂的过程。一个人的智力和视野毕竟有限,不可能什么都懂,所以领导需要智囊。智囊里面装着各种智,接下来就是看他能不能"兼听则明"。

能不能纳谏,能不能纳准谏,成为君王是否称职的重要标准。

楚庄王是个优秀的君王,他纳了许多谏,又及时又准确,所以他的身边能团结一批能臣良将,如虞丘子、子孔、子重、子反、蒍贾、孙叔敖、伍参、申叔时、巫臣等。其中的典型代表是孙叔敖。

孙叔敖对于楚庄王,表面上很像管仲对于齐桓公。他们都是诸侯国改革发展的主导人物。在改革的路上,他们各有各的侧重点,各有各的学科优势。管仲重经济,重军事;孙叔敖重农业,重水利。

从表现力来说,经济的影响肯定更鲜艳,但农业的作用一定更核心。两者的看似两种文化发展的不同思路,其实也不过是齐国和楚国根据各自不同的地理优势做出的不同选择。齐国位于中原沿海、矿产丰富、商贾便利是它的优势,所以经济为主、贸易为辅;楚国背靠南方山林、土地肥沃、水利丰沛是它的特点,所以农业为王、水利为后。

楚国能围困宋国九个月,说明其有强大的后勤补给、充足的粮食供应和完善的运转机构。要知道,前方一名战士的口粮,运输过去要消耗几倍的代价。所以家里有没有粮食很重要;要生产粮食,有没有水利也很重要。

要兴修水利,有没有人才更重要。

楚国在庄王期间修建了著名的灌溉工程——期思陂、芍陂。它们就像都江堰一样,通过调节水位既可防范水涝,又可供给灌溉,至今还在发挥作用。他们还修建了云梦大泽水库,变"沧海"为桑田,拓展了楚国的耕种面积。

这些伟大工程的背后都关联着孙叔敖。

楚有叔敖

孙叔敖有个很出彩的故事,足以让他一出场就自带光环。

他年轻时,有一天外出,高高兴兴玩耍去,却哭哭啼啼回家来。母亲就问他为什么,他说今天外出时看见一条双头蛇,听说看见双头蛇的人不久就会死去。母亲又问那条蛇呢,孙叔敖说,他怕以后再有人看见,就把它打死后埋了起来。

母亲说,我听说暗中助人的人,上天对他必有善报,你一定不会死。

自己都要死了,还会想到别人,高尚的品质跃然纸上,出彩的故事必将感动楚国。果然,孙叔敖不但没有死,还获得一堆点赞的群众,并由此开挂,最后一直做到楚国的令尹。

双头蛇:到底是见过我的人会死,还是见过孙叔敖的蛇会被打死?

双头蛇是指颈部分叉两个头的蛇,一种非常罕见的蛇种,原因在于蛇的基因不稳定,容易发生变异,也就是变异蛇。因为罕见,所以被赋予神秘的色彩。小时候,听老家人说,如果谁家有白老鼠跑过就会发财,长大后发现最应该发财的"家"原来是实验室。所以同样是一种事物,有些地方说遇见是福,有些地方说是祸,没有一个明确的标准。

同样没标准的还有"帅哥"。人们的艺术情怀常常会认为能做出英雄举动、获得一堆点赞的孙叔敖应该是帅哥。其实不是,帅哥只是观众们的一厢情愿。孙叔敖个头不高,头发稀少,两条腿还有点长短不一,典型的那种十年码农,嗨,啥也不说了。

当然,退一步说,这种相貌也符合"奇人"的特征。可能正是因为有比双头蛇还奇特的相貌,所以这条双头蛇就克不死他?

既然克不死,那就"大难不死,必有后福"。

年轻的孙叔敖获得群众支持后,声望越来越高。大家都愿意听他的,他也因此有机会实现理想。他的理想不是去郢都做官,而是兴修水利。他曾经向一个不知道名字的人(某个比较有技术天分的农民伯伯)学习水利技巧,但一直没有机会运用。现在是时候带着大家试一试身手了。

孙叔敖所在的地方是河南省固始县的期思。当时这里是"穷山恶水",地理环境太天然,雨量多的时候涝死,没雨的时候旱死。孙叔敖就带领大家修建一个陂,把上游河流的水位抬高,并开一条水渠引导到平原。这样,没雨时也有水可以灌溉,下大雨时可以蓄水,也可以排涝。非常理想的生态文明,非常和谐的人与自然,后人称其为期思陂。它为楚国形成雩(yú)娄灌区,大大提升了当地的农业生产力。

期思陂建成后,孙叔敖的名声越来越大,良性循环,支持他的人也越来越多。不久，孙叔敖又主持修建了一个更大的水利工程——建水库，蓄水修建云梦大泽。

终于，他的名声传到郢都。令尹虞邱子正感慨于樊姬的"雨露均沾，吸收人才"的理论，不敢独宠于楚庄王，便向楚庄王推荐了民间水利专家孙叔敖。

楚庄王说，这样的人不能只造福一方，他应该要造福一国。

那时候，中原人民没见过大海，认为云梦大水库就可以叫海，有点类似云南洱海的概念。于是就形成"孙叔敖举于海"的说法。其实，这"海"根本不是大海的"海"，水都是淡的。

淡饮"海"水咸操心。

孙叔敖终于走上楚国的最高政坛，有种"寒门逆袭"的感觉。家庭普通、相貌普通的孙叔敖通过努力就可以成为令尹？太刺激，太励志，太感人了。但是……说努力那是必需，说相貌普通也有可能，只是家庭——其实还真不普通。

来到期思之前，孙叔敖是住在郢都。他叫孙叔敖之前叫蒍敖。他的祖父是楚国令尹蒍吕臣，父亲是那个成功预测成得臣兵败城濮的蒍贾，楚国的工正、司马。楚庄王当初为了压制若敖家族，起用蒍家来制衡屈家。结果，蒍贾弄死了斗般，但自己不久也被斗越椒弄死。

蒍贾死后，他的妻女就跑到固始，隐名埋姓。儿子蒍敖，字孙叔，就直接叫孙叔敖，不说自己姓蒍了。此时的孙叔敖二十出头，没多久就开始修期思陂。

那些说孙叔敖出身平民，举于海的文章，有点断章取义的感觉。另外，孙叔也不一定是他的字，很可能是家族辈分的小名。

这也可以解释他为什么会在水利方面那么厉害。其中有他个人关于水利知识的天赋和勤奋，也有其他优势。他带着上层贵族的知识储备来到基层，接受当地无名氏传授的丰富经验，相当于练功的大侠打通任督二脉，有内有外，相互结合终于发生了质的变化。

下基层，到广阔的农村去，你会大有作为。

孙叔敖回来后很快就被提拔，快速升到令尹。他的经历有特殊性，我们可不敢再用"举于海"劝大家去农村。大家手中的牌不一样，不能只看一张。

登上权力顶峰的孙叔敖并没有忘本，很快又开始一个新的伟大征程，修建芍陂（quèbēi）。在大别山，他根据西、南、东三面高而北面低的天然优势，在北面修建一座陂，蓄水成大型水库，直接造福安徽境内几万公顷良田，因为经过芍亭，所以就叫芍陂。**该工程与都江堰、漳河渠、郑国渠并称为我国古代四大水利工程**。2015年还被被列入世界灌溉工程遗产名录。

治水的理念，也成了他治国的理念。他经历了家族的起起落落，对待人情世故显得更加成熟。唐太宗说水能载舟亦能覆舟，老百姓和水其实是一个道理。所以能治水的"孙水水"接手楚国后融会贯通，就成为能治国的"孙尹尹"。

楚国富裕了，楚人有钱了，楚庄王想让街上的马车修得高大一点，更气派一些，鸟枪换大炮，耀眼又炫富。他准备下一道命令修改车辆的建造标准。孙叔敖建议说，你强迫人民改变习惯，会引起他们的不满，不如把街道两头的门槛修高一点，小的车不好过去，人们自然会选择大一点的车。楚庄王觉得有道理。不久，楚国街道上果然就流行起大车来。

马：站着说话不腰疼，敢情不是你拉！

车辆大了，气派有了，庄王又认为楚国的钱币制作太小，不够大气，难以体现楚国作为产铜大国的姿态，就下令把铜镚儿统一放大一圈，这样捏在手里更能摸出财富的感觉。但楚庄王并没有听到别人对他的赞赏，反而是埋怨。孙叔敖解释说，你把铜板变大了，商人很吃亏，市场很混乱，不能再这样下去。

是啊，谈到钱的问题，老爸都没的商量，谈钱伤感情。

楚王只好改回小钱币。经济的门道很深，因为商人很奸。只会打仗、好学周礼的楚王确实不内行，更不要说里面还涉及金融、通货膨胀等高端概念。

楚国强大了，楚王可以膨胀，但通货却不能膨胀。

庄王也是明白人，这颗自我陶醉的心也只在国内耍耍，一到中原就变得非常谨慎，尤其是面对晋国这样的大国。邲之战前，在打与不打的节点上，楚王很犹豫。他十分信赖孙叔敖，毕竟这几年，孙叔敖在治理楚国上，从农业入手，再到各项朝政，搞得井井有条。

一个人的职务可以快速被提拔，但威信和说服力不是一天就能获得，是要几千个日日夜夜，辛辛苦苦攒出来的人品和水平。这就是孙叔敖的成长之路，所以在邲之战才会让楚庄王力排众议，接受他的撤兵建议。

但在撤兵的路上，庄王又因伍参的劝说做出新的判断，决定与晋国干一架。

难能可贵的是，孙叔敖并没有因为楚王不听自己的建议而故意赌气。他是真正的忠臣。事前尽力说，为王提供足够的信息和分析，辅助王做出判断。不管有没有被采纳，在王决定后，事中都尽力做，努力实现王的意图。

孙叔敖这么说也这么做。他继续跟着楚王去打晋国，并在关键的时刻建议楚王趁势一鼓作气直接进攻，促成打败晋国的邲之战。

这才是真正的尊重领导。不是在泛滥的"民主"思想下，说领导和自己意见不一致时，会尽力说服领导，如果领导最后不听，就拿出真理在手中的勇气坚持自己的意见，然后他居然还继续坚持说自己是尊重领导，**这是自私到都不知道自己自大的表现**。

孙叔敖在邲之战中的建议似乎也有治水思想的痕迹。战场上士兵一鼓作气，气势如猛虎下山，和溃坝决堤的倾泻洪水是不是有一样的画面感？所以军事的胜利还是水利的运用。老师总说好好学习，终身受益。你真不知道学的知识什么时候会用到，甚至用到了，你也不知道为什么会想到这一出。

石头缝里蹦出一只猴子，你的脑子里蹦出一个主意。**这是学习的量变到了运用的质变**。你看不到此前的努力和现在的成功有什么因果关系，但它真的存在，默默地存在。

思想的闪光点常常"送"给那些打通任督二脉的学霸，因为他们已经融会贯通，一通百通。

楚霸隐患

通过治水，了解自然，理解自然，参透万物，进而结合家族的兴衰成败，孙叔敖在对待人生、对待政治上形成了一致的态度。理解山水雨旱，顺势而为，而不动辄"人定胜天"改变自然；理解政治人心，顺势而为，而不纠缠是非对错满足个人优越。

有个叫狐丘的老人对孙叔敖说，你做令尹有"三利"，有高爵位、有强权力，还有富钱财。也有"三害"，你爵位高，别人没有，容易被人嫉妒；有权力，与君王分治，容易招来楚王猜忌；有财富，消费层面高，容易引起别人的怨恨。

此"三利""三害"不是对孙叔敖，而是对令尹。权位的利弊，是人的本性的延伸，也是社会该有的样子，不可避免。

孙叔敖思考片刻，回答说，爵位给我尊贵的地位，但我会用卑下的心态对待他人，消除他们对我的嫉恨；权力给我执法的机会，但我会更加谨慎小心，不越边界，消除君王对我的猜忌；财富给我奢侈的待遇，但我已习惯清贫的生活，会尽量将楚王的赏赐分给别人，消除他们对我的怨恨。

总结起来，这种处世哲学就是迁就。平易近人一样可以让你显得尊贵但不盛气凌人；依礼执权一样可以让你实现抱负但不专权独断；乐善好施一样可以让你温饱愉悦但不仗势欺人。话说起来容易，但做起来很难。

不过孙叔敖做到了。首先是清廉，他死后连棺材板都没有；其次是和善，他虽然得到楚王的宠幸和信任，但与人为善，未见其公报私仇；再者是**守礼**，礼在当时的地位就如同现在的法，他治水、劝农、练军，本本分分，从不拉帮结派。

孙叔敖之后，楚国政坛上并未形成孙氏家族。人们最爱这种"干净"的官吏。后世子孙引以为荣，他们不再姓蒍，而成为一个新的姓，孙或孙叔。

他的儿子严格按照父亲的遗嘱回到山里过农民的生活，直到有一天在市场卖柴时，偶遇孟优。孟优是一名演员，是进入《史记》的"明星"，他善于用故事案例委婉劝诫楚王，深得楚王信任。

孟优认出他，了解情况后十分震惊，没有想到令尹的儿子居然会如此落魄。孟优决定帮助他。孟优是历史上优秀的艺术家，善于模仿人。他花了一段时间专门模仿孙叔敖的样子，在通过孙叔敖儿子的"面试"后，便去找楚王。

在楚王面前，孟优大概是说了一场单口相声，或者是演出了一场模仿秀之类的节目。楚庄王非常吃惊，太像了，就问他要不要出任楚国令尹，这当然是开玩笑的话，你个说相声的艺术家哪能镇得住朝堂上的王公贵族？

但孟优也不用这个理由推托,而是借题发挥说外面都在传楚国的令尹不能当。

楚王来劲了,为什么我的管家就不能当?找死啊?我最好的位置你不要,居然还说不能要,难道你们都要做楚王?

孟优解释说,因为做过令尹的孙叔敖,死后连棺材板都没有,儿子也只能靠砍柴度日。

楚王一听突然明白了,原来孙叔敖生前一直拒绝赏赐,不是家里已经有足够财富,而是他不需要财富。但这事不能持续下去,**个人可以,但制度不可以**。

楚王就把孙叔敖的儿子叫来,要给他钱,大笔钱,要给他地,黄金地皮,但孙叔敖的儿子都拒绝了。楚王问他为什么,他说是父亲交代的遗嘱。楚王说那你也不能就这样一直靠砍柴度日啊!

你们父子是露脸了,全国都说你们好,那我不是被打脸了?

不要把自己的名誉建立在别人的毁誉之上。有些老人只要儿女一言不合,就要离家出走,独自流浪。他是又独立又自强,但转身却留给子女一个"不孝"的骂名。

孙叔敖的儿子发现事情确实有点像楚王担心的那样,就说我父亲还交代,如果楚王一定要赏赐什么,就请把楚、越之间的**寝丘**赏给我吧!

那地方贫瘠、偏僻,风水也不好。总之,最大的特点就是没什么人要。

孙叔敖不傻。这才是它的最大优点,没人争夺,以我儿子的智商和地位才能保得住。

楚王:这么偏远,估计孙叔敖也是找了好久才发现。

楚王理解孙叔敖的良苦用心,也很佩服他的克制,就同意了。

我们现在很难知道,孙叔敖的选择对不对、有多对,因为那块地很贫瘠,没有人去争夺?那只是楚国贵族不要,怎么就能确定隔壁的暴发户(越国)也不要?后面没再记载是否有人去争夺,就权当没有。但也没记载其子孙后来都有谁,又都做出什么,总之好坏都没证据。有一点可以推测出来,明哲保身的孙叔敖只把自己在世的楚国做到最好,而不是把楚国的长远做到最好。他这样安排儿子,肯定预见到楚国的隐患,楚庄王一旦不在,楚国极有可能会发生动乱,到时儿子的智商根本没办法在复杂的楚国朝堂上站队立足，所以远离才安全。

这还是孙叔敖明哲保身的思想延续。

事实也差不多。孙叔敖三十八岁去世，两年后楚庄王去世。此时的楚国虽然无比强大，但也是危机重重。楚庄王为了进取中原，把楚国武装到一个巅峰，国力强大意味着各派政治势力也强劲。大家手里都有刀枪，只要一言不合就可能干起来。楚庄王把楚国当作一张弓，拉满弦的弓，不管对向谁，谁都怕，这是楚国的荣耀。但他等不及考虑如何继续、如何放松，自己就先撒手。于是**这张满弓在对外后，也可能对内，一旦失去牵制，就乱射一通。**

儿子楚共王就深受其害，并且被"害"了很久。

楚庄王埋下的隐患很快就爆发出来。巫臣与子重争夺令尹失败后，因害怕被报复逃到晋国。子重并没放过他，杀了他还留在楚国的家人。这事彻底激怒了巫臣，他把余生的精力全都用在培养吴国上。吴国快速发展，很快就具备袭击楚国的实力。自此，楚国因为背后"有鬼"，进击中原的步伐就彻底停了下来。

楚国的后方不再是稳定的后方。**别人是屁股着火，楚国是屁股上火。**着火你灭了便是，但上火你就不能再吃香喝辣，否则今天消点，明天就又上火。楚国为此痛苦不堪。

楚国之苦便是晋国之福。晋国又有机会再次崛起，重新夺回霸主。霸业将在下一篇重回中原。中原也将进一步融合楚国，促成华夏文明。

第六篇（届）楚霸庄王：传统逞强

守\攻	周朝	楚国	晋国	秦国	齐国	郑国	鲁国	宋国	陈国
周朝		2. 王孙对答							
楚国	1. 陆浑之战，问鼎中原	1. 祝融子孙，熊渠称王；2. 武王伐随，文王迁都；3. 息侯蔡侯，桃花夫人；4. 历王弑父，穆王弑君；5. 庄王继位，群舒叛变；6. 平叛越椒平定若敖（养由基）；7. 楚庄称霸，明星贤佐，放清弃贫，水利楚国，文化楚国	1. 攻打郑国，回兵闻晋，忧豫再三，邲地之战；4. 顺势而为，取胜晋军						
晋国		2. 救郑不果，邲地之战；3. 将帅不和，轰然溃败	1. 赵盾主政，重立灵公；2. 赵盾乱；3. 灵公迷乱，赵穿弑君，成公继位；4. 未及教末，景公继位，灭杀潞国；5. 邲之战；6. 郤克主政	1. 储君之争，令狐之役；3. 召回士会	1. 郤克出使；2. 郤克出兵，鞌地之战	1. 赵盾讨伐；3. 子婴讨伐；5. 百日攻郑		1. 侮辱昭公；2. 庄公攻宋；4. 十月破宋	1. 伐陈兵败；4. 灭陈置县
秦国			2. 报复令狐，河曲之战		1. 懿公杀任；2. 阎职惠公弑君继位	1. 赵盾威胁；3. 成公出兵伐郑；6. 再次扰郑		2. 忽悠宋国	
齐国			3. 鞌地之战，顷公兵败				1. 取笑季孙；2. 借表出兵		

403

续表

守\攻	周朝	楚国	晋国	秦国	齐国	郑国	鲁国	宋国	陈国
郑国		2.背楚事晋；4.背楚事晋	2.背晋事楚；4.背晋事楚			1.穆公去世，灵公继位；2.争食鼋之事，襄公继位		1.为楚而战，大棘之战	
鲁国					3.棐地之战		1.文公继位，权臣东门；2.东门立倭；3.宣成公		
宋国		2.畏楚请盟；3.倚仗晋救，宋国死守	1.求援退楚					1.昭公之辱；2.文公祖母	
陈国									君臣淫乱